HUYUTANG SHIJIESHI WENJI

胡玉堂世界史文集

西欧古代中世纪研究

胡玉堂◎著

ZHEJIANG UNIVERSITY PRESS
浙江大学出版社 | 全国百佳图书出版单位

图书在版编目(CIP)数据

胡玉堂世界史文集/胡玉堂著. —杭州：浙江大学出版社，2012.2

ISBN 978-7-308-09373-6

Ⅰ.①胡… Ⅱ.①胡 Ⅲ.①世界史—文集 Ⅳ.①K107－53

中国版本图书馆 CIP 数据核字（2011）第 249189 号

胡玉堂世界史文集

胡玉堂 著

责任编辑 胡 畔 llpp_lp@163.com

封面设计 项梦怡

出版发行 浙江大学出版社

（杭州市天目山路 148 号 邮政编码 310007）

（网址：http://www.zjupress.com）

排 版 杭州大漠照排印刷有限公司

印 刷 杭州杭新印务有限公司

开 本 710mm×1000mm 1/16

印 张 24.25

字 数 355 千

版 印 次 2012 年 2 月第 1 版 2012 年 2 月第 1 次印刷

书 号 ISBN 978-7-308-09373-6

定 价 46.00 元

作者简介

胡玉堂(1918—1988),浙江慈溪人。1941 年毕业于浙江大学文学院史地系,同年考取浙江大学研究院史地学部研究生,1944 年 7 月毕业并获得硕士学位,受聘为浙江大学史地系史地研究室编辑、讲师,从事西洋上古史、中古史的教学和研究。1949 年 8 月任浙江上虞春晖中学校长,1954 年 2 月奉调浙江师范学院历史系任教。1962 年任杭州大学历史系副主任,1983 年晋升教授。历任历史系副主任、主任,浙江省历史学会秘书长、副会长、会长,中国史学会理事,中国宗教学会理事,浙江省第五、第六届人大代表。

胡玉堂从事教育工作 40 多年,先后为大学生和研究生开设世界古代中世纪史、世界古代史、世界近代史、西欧史学史、社会发展史、马克

胡玉堂在杭州大学上课

思恩格斯著作评论、西欧中世纪史、基督教史、法国古代中世纪史、世界中世纪史专题研究、西方史学名著选读等课程。1979年开始招收世界古代中世纪史硕士研究生，先后培养了10名硕士研究生。

胡玉堂对希腊史、罗马史、世界古代中世纪史、法国古代中世纪史均有研究，早年曾出版过《西洋史简编》、《中国史简编》等专著。他与人合著有《世界古代中世纪史》(上海教育出版社，1979)，还参与编写《世界史大事汇编》(浙江人民出版社，1984)、《世界史手册》(浙江人民出版社，1988)等有影响的工具书。晚年专攻基督教史，他对基督教的研究有独到见解，是国内首先承认耶稣是历史人物的非基督教界史学家，其论文《历史上的耶稣》(《世界宗教研究》1981年第1期)曾产生过较大影响，被香港杂志《鼎》全文转载，并称之为“马克思主义史学家的挑战”。胡玉堂治学态度严谨，有深湛的理论修养，能够不囿于旧说而提出新的见解，有理有据，自成一家，受到国内外学术界的重视和关注。

前　言

毛昭晰，1929年生。第九届全国人大常务委员会委员、浙江大学文物与博物馆学系教授。执教讲坛60年，严谨治学、笔耕不辍、学术研究成果斐然。

主要著作有《世界上古史纲》（合著）、《世界上古史》（合著）、《世界古代中世纪史》（合著）、《中国大百科全书考古卷》（特约编辑）等，此外还发表了《羽人和海上之路》、《江南文化和古代日本》等数十篇论文。参加翻译的《泰晤士世界历史地图集》被学术界列为30种中文史学名著之一。

胡玉堂先生是我的老师。1946年我在浙江大学史地系二年级学习时，曾经选修过他开设的西洋通史课。当时先生是史地系最年轻的讲师，他讲的课，条理清晰，内容丰富，深受学生的欢迎。

1949年夏，胡先生被调到著名的上虞白马湖春晖中学任校长，至1954年初重返杭州任教。当时正值院系调整之后不久，浙江大学文学院及理学院的一部分与之江大学文理学院等校合并成浙江师范学院（即后来的杭州大学），史地系也分成历史与地理两系，胡先生返校后在历史系教书，讲授世界古代史及世界近代史等课程。我那时已留校任教，和他在同一教研室工作。从1954年至1988年，我与胡先生共事三十余年，还曾和他合写一本书。胡先生待人热情诚恳，我在工作与学习中遇到困难，总是能得到他的指导和帮助，回想起来，这实在是我一生之幸运。

胡先生是优秀的教师，也是严谨踏实的学者，他对世界史的许多问题,往往有自己独到的见解。之所以能达到这样的境界,一方面是因为他有很高的外语水平,能够像读中文那样阅读英文的史学著作,掌握丰富的史料与学术动态;另一方面是因为他具有深厚的理论素养,得以在繁纷的历史现象中高屋建瓴,理清脉络,揭示问题的本质。他对世界历史的研究,总是能抓住一些关键性的问题进行分析,给人以很大的启发。例如人类从原始社会转入阶级社会之时,存在着一个过渡时期,史学家们称之为军事民主制时期,国家就是从军事民主制发展而来的。胡先生根据恺撒的《高卢战纪》记载的材料和蒙森、奈罗等许多史学家的著述,分析了恺撒征服前高卢人生产力发展的水平和生产关系的变化,认为在恺撒征服前,高卢人的社会制度已经比荷马时代的军事民主制发展到更高的阶段,当时军事民主制的形迹虽然依稀可见,但已衰落,而作为文明里程碑的国家虽未真正形成,却已具有雏形。据此,胡先生认为古代高卢在军事民主制和国家形成之间,曾经存在过一个"雏形国家时期"。在《恺撒征服前高卢的社会结构和雏形国家》这篇论文中,他用具体的史料论证了雏形国家的特征,这就是它的不稳定性与过渡性。胡先生批判了某些历史学家的观点,这些学者认为是罗马人的征服把高卢引入了文明社会,他认为:"恺撒对于高卢的侵略,干扰以至打断了高卢自己独立发展的道路。"如果高卢不被罗马征服,那么它自己也即将跨入"文明时代"。由于马克思和恩格斯对恺撒征服前的高卢人社会都没有作过具体分析,所以胡先生的这篇论文对研究西欧古代史的人来说显得特别重要。

对社会形态更替问题的重视,还体现在他写的《西欧从奴隶社会向封建社会过渡中的几个问题》一文中。在这篇论文里,胡先生大胆地对西欧历史上是否存在过奴隶革命提出了疑问。他认为"把奴隶起义说成奴隶革命,实际上是混淆了阶级斗争和革命的概念",他认为革命是阶级斗争的最高表现,它不仅意味着旧制度的灭亡,更重要的是,它意味着新制度取代旧制度,而西欧奴隶社会中的奴隶阶级并不是一个体现新生产方式的阶级,奴隶起义不能使新的封建制度取代旧的奴隶制度,所以在西欧的历史上有奴隶起义,但没有奴隶革命,在世界各国的历史上也不存在奴隶革命。胡先生在这篇论文中批评了社会上流行的所谓“奴隶革命”的说法，这种坚持独立思考，不看风使舵的学术风骨，令人十分钦佩。

胡先生对西欧封建社会经济制度的发展也作了深入的研究，他写的《西欧封建社会应分为领主制和地主制两个阶段》以及《中世纪西欧的政权、教权和封建制度》等文章都有自己独到的见解，读了不仅使人增长知识，还可从中学习到研究历史的方法。

胡先生在晚年对基督教史的研究下了很深的功夫，他的论文《历史上的耶稣》在海内外产生了很大的影响，香港《鼎》杂志曾全文转载。在这篇论文里，他根据古代许多史料进行分析，认为耶稣是一个真实的历史人物，并且提出福音书中有两个耶稣的形象，一个宣扬对统治者压迫者卑躬屈膝、妥协顺从，强调爱敌人；另一个则主张通过暴力斗争，推翻统治者与压迫者来促使“天国”的实现。胡先生从公元1世纪前半期巴勒斯坦的历史条件、人民运动和教派活动的史料进行考察，认为第二个耶稣的形象是真实的耶稣。耶稣是阶级斗争和民族斗争中涌现出来的代表人物，是饱受压迫的犹太下层劳苦大众的领袖。这一论证有很强的说服力。在这篇论文中，胡先生对“宗教是人民的鸦片”这一马克思主义的科学论断作了十分精辟的解释，他认为在一定的历史条件下，人民的斗争不得不和宗教发生密切的关系，这不是个人的意志可以改变的。所以应该透过宗教的外衣，对这种斗争进行分析和评价。在古代的巴勒斯坦，与犹太教无关的政治斗争是不存在的，不能因为耶稣及其信徒是犹太教的一个教派而否定其人民运动的性质，抹杀其在历史上的作用与意义。这样的论证使人很受教益。有些研究基督教史的外国学者则认为胡先生的研究是马克思主义史学家对基督教史学家的挑战，可见这篇文章的分量。

作为学者，胡先生的研究十分精专，而作为教师，他又是多能的。就我所知，先生为本科生和研究生讲授过的课程有世界古代史、世界古代中世纪史、世界近代史、西欧史学史、基督教史、法国史、马克思恩格斯著作选读、西方史学名著选读等。一个人开设这么多的课程，真是令人惊叹，更不用说他讲课时开阔的思路和独到的见解了。

最近，胡先生的长子胡大林先生和他的几个妹妹要为父亲出一本文集，请浙江大学的严建强先生主编。胡先生的研究生陈钦庄和庞易民协助搜集资料，内容包括胡先生写的论文及一部分讲稿。大林要我作序。我是胡先生的老学生，为恩师的文集写序是义不容辞的，惜我耄耋之年，思路迟钝，文笔拙劣，勉力为之，写了这样一篇不像样的文字，实在愧对恩师。

毛昭晰

2011.10.16

目　　录

著　　述

法国古代中世纪史

基督教史

论　文

著述

ZHUSHU

法国古代中世纪史

绪　　论

一、法国的地理环境

法国，古称高卢，中世纪初期为法兰克王国。法兰克加洛林王朝查理大帝所建立的查理帝国，以法国为主要活动舞台。法兰西这一名称，始于10世纪。今日的法国领土小于高卢或查理帝国，但仍是次于苏联的欧洲大国。[①]

法国位于欧洲大陆西部。南邻地中海，西南以比利牛斯山和西班牙为界，东南以阿尔卑斯山与意大利接壤；东部，它以汝拉山与瑞士为邻，以莱茵河与德国交界。这些海洋山川的疆界使法国自成一体。法国作为统一国家出现于历史，较欧洲大多数国家为早，与此有关。但在法国的北部和东北部，缺少自然疆界，历史上，这一带战争较多，领土变化较大。古代罗马高卢曾以莱茵河中下游为边界。野心勃勃的路易十四，以莱茵河为法国"自然疆界"的借口，发动多年劳民伤财的战争，却没有达到目的。现在的北方邻国比利时和卢森堡，都同法国有密切的历史联系。

从地理位置看，法国可谓是西欧的中心。但是，法国各地的气候差异颇大，北部的气候接近北欧，东部、东南山地，属山地性，而法国大部

---

① 法国领土面积为551208平方公里，为英国面积(244108平方公里)或德意志联邦共和国面积(248210平方公里)的一倍以上。

分土地是海洋性气候。法国处于北纬 42°至 51°之间，相当于中国东北诸省的纬度，但来自大西洋的温和海风和来自地中海的暖热湿润的气流，使法国气候相当于中国华北至华南一带。法国农产丰富，北部为大小麦产地，南部盛产葡萄，广植橄榄，自古以来，以出产葡萄酒、橄榄油著名。

法国山川，也如它的气候和位置，使它成为世界上得天独厚的国家之一。

比利牛斯山是雄峙于法国西南的自然疆界，在南部则横亘着法国的最大高原——中央高原。构成高原的主要山脉是奥弗涅和塞文。它是古代高卢人民反对恺撒侵略，以及中世纪农民起义的重要根据地。

在东部法国，自南向北延伸着两个平行的山脉系统：塞文山脉和阿登山脉系统，阿尔卑斯山脉、汝拉山脉和孚日山脉系统。在这两个山脉系统之间，就是罗纳河和索恩河流域。罗纳河长 812 公里，灌溉面积在 10 万平方公里以上。在罗纳河口以西的地中海沿岸，称为朗格多克；以东沿海，称普罗旺斯，著名的海港马赛、军港土伦等都在这里。里昂，位于罗纳河和索恩河合流处，它是古代罗马高卢的统治中心，现代法国的第二大城市。

法国有不少山地和高原，有的森林茂密，有的遍植果木，有的风物秀丽峻险，使它的山区经济自具特色。但法国大部分居民，依靠的是河流哺育。法国全国可通航运的河道，全长 6900 公里以上。此外，河道改辟为运河的，长及 320 多公里。历代法国人民陆续开运河，长达 3200 公里以上。在加龙河和地中海之间，穿过高原，开凿南运河，沟通大西洋和地中海。在塞纳河、马恩河和索恩河之间，在索恩河和卢瓦尔之间，各有运河。几条大河流域，彼此通行无阻。法国内河航运，在欧洲除苏联外，占第一位。内河交通的畅达，促进法国经济发展，加强人民的交流和团结。

法国西南的主要河流是加龙河。它全长 575 公里，灌溉面积 57000 多平方公里。它同多尔多涅河交汇后，称纪龙德河。纪龙德河流域，实际上是加龙河下游的三角洲。位于加龙河和纪龙德河交汇处，距离出海口24公里的波尔多，是法国重要商港之一，西南地区的最大城市。

卢瓦尔河是法国最长的河流，全长1020公里以上，灌溉121000平方公里土地，支流密布中部法国，是法国的主要动脉，从中游到出海口，就有奥尔良、图尔、翁热、南特等古今著名的城市。

塞纳河长约780公里，流域面积近78700平方公里。它从出海口勒阿弗尔穿过诺曼弟首府鲁昂到中游的巴黎，和马恩河相汇横贯法国北部。它的支流和运河，通达北部边境各地。它的上游和马恩河流域，是香槟地区，中世纪著名的国际集市。首都巴黎是历史上的名城，当今欧洲的第一大城市。[①]

除苏联外，法国是欧洲的最大国家，也是最富庶的国家之一，耕地面积也首屈一指。但人口却少于联邦德国、意大利和英国。[②] 人口密度，每平方公里仅98人，少于西欧其他大国，仅为其北邻比利时的30%。人口增殖的缓慢，是法国关注的问题之一。

二、社会历史分期

在历史上，法国的活动和海洋有关。在欧洲大陆上，也举足轻重。地中海是古代文化的摇篮，又是中世纪东西方文化交流的熔炉，这就使法国成为古代和中世纪的交点，东方和西方的连接点。随着殖民扩张的开展，面对大西洋的法国的活动，遍及全球；另一方面，法国为古罗马帝国重要的组成部分，近代德国和意大利的雏形，为查理帝国分裂的产物；它同邻邦英国、西班牙，关系密切，尤其在中世纪，王室、封建主之间的联姻，封建纠纷复杂；英法战争，法、西王室之间的战争，都是欧洲历史的重大事件。在近代，法国为欧洲以至世界的重要资本主义国家之一；它在政治、经济、文化各个领域，发挥了令人瞩目的作用和影响。两次世界大战，法国皆为主角。一位法国史的专家说，在世界事件的十字

---

① 巴黎人口为9863600人(1980年)，莫斯科8301000人(1982年)，伦敦7170000人(1979年)。

② 法国1980年人口为53963000人。

路口,法国无疑占有极其重要的地位。[①]

法国经历了原始公社、奴隶社会、封建社会和资本主义社会等阶段。它的每个发展阶段,在人类社会发展史上,有典型性,也有特殊性。

原始人类在法国的出现,距今50万年。它是欧洲最古老的文化发源地。许多有典型性的人类远古文化遗物,都在法国出土。

公元前1世纪中罗马征服高卢,是其奴隶社会的起点。奴隶社会的高卢,是罗马帝国的几个行省。尽管高卢并不是一个独立的国家,但比之当时罗马帝国疆域以外,处于原始社会阶段的欧洲广大地区,它是比较先进的。作为罗马帝国的组成部分,我们既要从罗马帝国的整体中了解它,又得了解它的地区性特征。大致讲,从公元前1世纪中至公元2世纪末,罗马高卢社会经济显著发展,政治基本稳定。2世纪末至5世纪中叶,经济衰退,社会矛盾尖锐,政治斗争和内战频繁,人民起义风起云涌,各支蛮族不断入侵。西罗马奴隶制帝国的灭亡和日耳曼诸国的建立,标志着奴隶社会的终结和封建社会的开始。

封建时代,我们也称中世纪,[②]在法国延续1300多年。从政治上看,这一阶段的前500年,它在法兰克王国的墨洛温和加洛林王朝统治下,有的著作称它为法兰克时代。10世纪晚期起,法兰西王国的名称代替了法兰克王国。

从社会经济的发展看,法国封建社会的历史,可以分为两个时期:封建领主制时期(公元5世纪中至15世纪末)和封建地主制时期(公元15世纪末至18世纪末)。

西方著作上所说的封建制度,实际上是指封建领主制。由此,有些著作把15世纪晚期作为西欧封建社会的下限。西欧封建领主制以12、13世纪为全盛期,14、15世纪走向下坡。也因此,有人认为14、15世纪是西欧封建制度开始衰落的时期。其实,衰落的只是封建领主制.而当它开始衰落时,封建地主制正在逐步代替它。

---

① 台维斯:《法国史》,剑桥河畔出版社1919年英文版,第2页。

② 在文艺复兴时期提出的“中世纪”概念,原指自西罗马帝国灭亡至15世纪这一时期。在本书中,我们沿用国内流行的提法;中世纪,相当于封建社会的历史。

从15世纪晚期起，封建地主制已在法国占统治地位，同时，资本主义也在法国封建社会内部萌芽。地主制代替领主制，是封建制度本身的发展，不能说它是封建制度的衰落和瓦解。封建制度的衰落或解体，意味着落后的封建关系已经阻碍生产力的发展，从而经济衰退，社会动荡；它也意味着，社会经济基础和上层建筑之间的矛盾尖锐，从而出现政治腐化、政局混乱、文化发展停滞等现象。公元2世纪末以后的西罗马奴隶社会，曾有这样的经历。15世纪晚期以后的法国，虽然出现错综复杂的社会矛盾和斗争，有内战也有对外战争，但是，生产力不断提高，经济继续发展。16世纪末至17世纪初亨利四世在位时期，法国不仅恢复了胡格诺战争的创伤，而且手工业、农业迅速发展。它不是法国封建制度衰落过程中的偶然性的复兴，而是封建社会上升过程中的一个阶段。路易十四在位的大部分岁月，法国工商业发展，资本主义经济有显著增长，政权稳定，国势强盛，文化兴盛，以至伏尔泰称“路易十四时代”为“接近尽善尽美之境的时代”①。法国封建制度的解体和封建社会的衰落和解体，是路易十四统治晚年至法国资产阶级革命爆发这近一个世纪的时期。在这一时期中，法国衰败的封建制度及其腐朽的封建政权，同日趋强大的资本主义关系和各种反封建力量之间，展开了不可克服的矛盾和斗争。

1789年的法国大革命，粉碎了腐朽的封建制度，确立了资产阶级的政治统治，扫清了资本主义进一步发展的障碍，推动了欧洲范围内的反封建专制主义的斗争。法国大革命是一场最彻底、影响最大的资产阶级革命，是法国近代史开始的标志。大革命后的几十年里，法国经历了帝制与共和、复辟与反复辟的曲折斗争，而近代两大对抗阶级——无产阶级与资产阶级的斗争，则以其最鲜明的形式一再表现出来。1830年的七月革命、1848年的二月革命，在欧洲有广泛的影响。震惊欧洲的巴黎六月起义，“这是现代社会中两大对立阶级间的第一次伟大战

---

① 伏尔泰：《路易十四时代》，吴模信等译，商务印书馆1982年版，第7页。伏尔泰的颂赞，是有夸大的，但是，把当时法国说成是衰落、瓦解中的封建社会，也是不符合历史实际的。

斗”[①]，具有重大的历史意义。恩格斯在《雾月十八日》第三版序言里说：“法国是这样一个国家，在那里历史上的阶级斗争，比起其他国家来每一次都达到更加彻底的结局。在法国，阶级斗争借以进行、阶级斗争的结果借以表现出来的变换不已的政治形式，表现得最为鲜明。法国在中世纪是封建制度的中心，从文艺复兴时代起是统一的等级君主制的典型国家，它在大革命时期粉碎了封建制度，建立纯粹的资产阶级统治，这种统治所具有的典型性是欧洲任何其他国家所没有的。而奋起向上的无产阶级反对占统治地位的资产阶级的斗争在这里也以其他各国所没有的尖锐形式表现出来。”[②]

1871 年的巴黎公社革命，是法国无产阶级的创举，是“19 世纪最伟大的无产阶级运动最伟大的典范”[③]。巴黎公社是人类历史上建立无产阶级专政的第一次尝试，是世界近代史上的重大转折，它宣告了世界范围资产阶级革命时期的终结，开始了过渡到无产阶级革命的世界历史进程。

20 世纪初，法国最终进入了垄断资本主义阶段——帝国主义阶段，法国这个高利贷帝国主义，具有明显的寄生性和腐朽性，它对内加强政治上的反动，对外扩大殖民掠夺。争夺霸权是帝国主义政治的一个重要的特点。帝国主义列强的争霸，最终导致了第一次世界大战的爆发。第一次世界大战期间，法国是协约国的主要国家，它的经济、政治、社会发生了重大变化。在俄国二月革命，特别是十月社会主义革命的影响下，法国人民的反抗运动蓬勃展开，人民的革命斗争是帝国主义历史时代的主要内容。列宁把 1914 年作为 1789 年以来的历史时代第三个时期开始的标志，并认为“这是帝国主义时代，帝国主义动荡和由帝国主义引起的动荡时代”。[④] 始于 1914 年的第一次世界大战，就成为法国现代历史的开端。

自 1914 年到现在，法国经受了两次世界大战，蒙受过 1940 年亡国

---

① 《马克思恩格斯选集》第 1 卷，人民出版社 1972 年版，第 415 页。

② 《马克思恩格斯选集》第 1 卷，第 601—602 页。

③ 《列宁全集》第 13 卷，第 454 页。

④ 《列宁全集》第 21 卷，第 127 页。

的灭顶之灾。但是,不甘心做亡国奴的法国人民,面对希特勒德国的占领和维希政权的压迫,同仇敌忾,救亡图存,展开声势浩大的反法西斯抵抗运动,终于以自己的英勇斗争,配合盟国的军事行动,打垮了法西斯德国,赢得了民族的解放。战后的法国,是第二世界的重要国家。她在恢复和发展经济、维护民族独立和主权、加强欧洲国家的安全和联合、发展中法两国的友谊和交往等方面,都作出了重大的努力。当代法国是法国现代史册上的重要一页,应该受到我们的重视和研究。

第一章　史前时期

史前时期，是人类的未成年期，那是漫长的岁月。

非洲的考古发掘告诉我们，人类已经有了300万年以上的历史。在法国的土地上，原始文化最早的遗迹，即人类最初出现的信号，距今约有50万年。公元前1世纪中期罗马征服高卢，标志着原始社会的结束和阶级社会的开始。

史前时期包括石器时代、青铜时代和部分铁器时代。石器时代，分旧石器、中石器和新石器等时代。每个时代，有不同的发展阶段，考古学称它为一种文化或文化期。文化期是按照典型性遗物的化石出土地点命名的。世界史上旧石器、中石器的文化期，很多取名于法国地名。可见，法国原始文化遗迹丰富，历史渊源深远。

一、石器时代

1. 旧石器早期和中期

距今50万年前人类祖先活动的遗迹，最先在巴黎附近的城镇舍利发现；接着，在法国北部索姆河口的阿布维利发现和舍利同时的文化，考古学上称为阿布维利文化或舍利文化。旧石器早期后一阶段的遗物，在法国北部亚眠附近的圣·阿修尔出土，称为阿修尔文化。它的活动时间，晚于阿布维利文化约 30 万年。[①] 早期旧石期的典型工具，是扁桃形手斧。这是一种经过两面敲击制成的粗陋的石器。它既是敲、砸、切、劈的工具，也是一种投掷的武器。比之阿布维利人，阿修尔人的石斧较平整，斧口较直而锐，斧形较小。阿修尔文化遗址分布较广，遗址中有相当数量巨兽的骨骸，可见狩猎的发展。

早期旧石器人是猿人。阿布维利人，相当于周口店中国猿人。可是，在旧石器早期的法国，没有发现猿人化石。阿布维利遗址，未见用火的痕迹。但这并不说明当时人们不能用火。在阿修尔文化的岩洞中，已经发现燃烧的灰烬。人类在什么时候才能生火，考古学家未有确切的证据，但也不能排除猿人生火的可能性。

具有典型性的旧石器中期的文化，是穆斯特文化。它以法国西南维泽河岸的穆斯特洞穴命名。穆斯特文化期的时间，约为公元前 90000 年至 35000 年。[②] 穆斯特人的体质结构，属古人或早期智人或尼安德特人（尼人）。[③] 法国西南和北部，不仅有尼人的文化遗迹，也多处发现尼人化石。

穆斯特人用敲打、琢削法从石核上取下石片和碎石，又进一步加工成为尖状器和刮削器。尖状器是穿孔、钻穴的工具，也作为装在木棍上的矛头或标枪头，是相当精良的投掷武器。半月形的、扁平的刮削器作切刀和刮削兽皮。此外，还出现了制造工具的新原料——骨，用来制造细小的、锐利的工具。石斧数量较小，加工也较粗糙。看来，这种早期万能工具已被专门化的工具所代替了。

采集植物果实和根，捕捉小动物，是原始人经常的、主要的食物来源，而狩猎、捕鱼在人们生活中占有越来越重要的地位。狩猎，一靠工具，二靠人们集体的力量。人类的生存和持续发展，是依靠他们的群居

---

① 各文化期年代，皆根据乔治·杜比《法国史》第一卷，巴黎，参阅法国拉鲁斯版《大百科全书》法国历史条。

② 《世界上古史纲》认为，穆斯特文化作过放射性碳定年，其绝对年代在 50000—30000 年前。参见《世界上古史纲》上册，人民出版社 1979 年版，第 92 页。

③ 尼人，取名于 1856 年在德国杜塞城附近尼安德特河流城附近的洞穴中发现的人骨化石。

生活的。穆斯特文化遗址中发现大量巨大动物的骨骸，正是人们集体围猎的收获。从穆斯特文化开始，在露天，在洞穴，火的证据已到处可见。火的普遍使用，使人们能取暖、照明、抵御野兽和烹食煮鱼。原始人类的生活和进步，同火不能分离。

2. 旧石器晚期

旧石器晚期，有三种文化标志它发展的三个阶段：奥瑞纳（始于公元前约 30000 年）、索鲁特（始于公元前约 19000 年）和拉·马德林（自公元前约 15000 年至前 10000 年左右）。[①] 法国旧石器晚期文化，从它开始时起，是克鲁马农人创造的，称为新人或智人（亦称晚期智人）。克鲁马农人，以 1868 年在法国西南多尔多纳克鲁马农山洞发现的人体化石而得名。在体质上，他们与现代人差异较小，因此，也称为现代人。现代人的化石，分布世界各地。现代世界人种，尽管由于长期居住条件不同，各地居民都有外表上的差别，但他们都起源于现代人。

旧石器晚期的石器，在加工上，经过压制修整，比以前有显著进步。这些石器，主要是比较小的燧石石片，式样多而专门化。除石器外，还有兽骨、禽骨、象牙、鹿角和硬木制作的工具和武器。沉重的石斧有少量被保存下来，多数工具和武器则是刀、矛、切削刮削器和穿刺器。从石、骨器的形状可见，它们很多是安装木柄的复合工具或武器。复合器具已颇流行。骨针的大量发现，说明人们普遍以皮革缝制衣服。对于沿河、沿海活动的人们，捕鱼是生活的重要来源。渔叉和渔钩的发现，标志渔业的发展。标枪的改进和大批兽骨化石的积累更显示人们已以相当规模的集体行动从事围猎。在索鲁特文化遗址中，发现近万件马骨。野马在当时曾广泛分布于西欧原野。[②]

在晚期旧石器两万年左右的时间中，人们的社会生活有很大的变化。所有各地的克鲁马农人还不可能都过终生定居的生活，但由于狩猎、捕鱼等技术的进步，在生活资料方面，得到相当可靠的保证，他们已

---

① 奥瑞纳和拉·马德林皆为法国西南部的地名。索鲁特在里昂附近。

② 西欧在晚期石器以后，马骨的化石很少发现。到青铜时代，马骨又在遗址中出现，而这时，马已成为被人类驯养的动物。

经能够在一个地方停留相当长的时间，有的甚至有了永久性的居所。他们穴居的地方，是濒河石壁上一个又一个的山洞。山洞只有小径或藤梯出入。洞内有石器、人骨、兽骨和用火的痕迹，在平原上，也有他们聚居的遗址：由石屋和土窑构成的村落。较大规模的围猎，正是集体活动的产物。

生产日益发展，生活资料日益有保障，人们的集体组织也日益稳定持久，早期氏族公社产生了。公社成员共同生产，共同消费，共同生活。男子狩猎，女子采集可食植物，缝制衣服，烹煮饮食，照料工具，负责分配和管理家务。氏族以血亲关系作为维系成员的基本因素。家庭制度的发展，使人们不仅排除了父母与子女之间的婚配，也排除了兄弟与姐妹之间的婚配。氏族就是这样的一种组织，同一氏族内部男女不通婚，而以氏族所属的部落内部的另一氏族作为婚配对象；即就氏族讲，实行族外婚，就部落讲，实行族内婚。氏族同较大的集团——部落，经常保持不可分割的血缘纽带。这种婚姻制度使男随女居，女主男客，人们只知有母，不知有父。妇女在氏族中处于主要地位。当时的氏族，我们称为母系氏族。晚期旧石器时代，是母系氏族的产生阶段。它的全盛阶段，在中石器和新石器时代。

考古发现各种姿态的妇女雕刻；在穴洞中有围猎和动物的壁画；各地遗址中出现许多穿空的兽齿装饰品；在拉·马德林文化期一个墓葬中，有一个妇女脸上涂有赭红色，颈上佩带由70颗象牙做成的项链。这些原始人的艺术，也可能是原始宗教或巫术的迹象。

3. 中石器和新石器时代

公元前一万年至八千年左右，冰川在西欧逐渐消失，大地回暖，树木繁殖，苔原变成森林地带。以前吃草的、寒冷地区的动物群，如驯鹿、野牛、马等，现在被适合温暖气候的森林动物所代替。飞禽群集，百鸟争鸣。旧石器时代就在这时候结束。接着开始的，是中石器时代，那是旧石器和新石器之间的过渡时期。

在中石器和新石器时代，人类社会加速发展，各地发展的不平衡性越来越明显。在法国，南部和北部就有差异。大致讲，法国的新石器时代从公元前五千年左右开始。

中石器时代的典型文化，在法国称阿齐尔文化，以法国比利牛斯山麓的马斯·德·阿齐尔山洞命名。较晚的，称塔登诺阿文化，文化遗址在法国西南斐尔·安·塔登诺阿。有时两者合称阿齐尔-塔登诺阿文化。阿齐尔-塔登诺阿文化的工具和武器，以细小化和琢磨加工为主要倾向。复合工具更加普遍。引人注意的是，从这一时期起，弓箭已成为人类最锐利的武器。弓的长度，约及人身高度，用榆或紫杉木制成。长箭以锐利的燧石为箭镞。用手投矛，可投出 30—40 米；而弓的射程则达 80—100 米以至更远。中石器时代的人能在较远的距离内射击野兽，也能射天上的鸟、水中的鱼。恩格斯说："弓箭对于蒙昧时代，正如铁剑对于野蛮时代和火器对于文明时代一样，乃是决定性的武器。"①

犬作为家畜饲养，是中石器时代的标志之一。犬是人类最早驯服的兽类之一，是人们狩猎防卫的助手。在法国中石器遗址中，曾发现羊和牛的牙齿各一颗，这自然不能说明它们已被人们驯养。羊、牛、猪成为家畜，是在新石器时代。

法国新石器文化，在继承当地中石器文化的基础上，又受到来自地中海和来自多瑙河新石器文化的影响。磨光石器流行，除了大量石器，有石斧、石刀、石锄或骨锄、石杵、石犁等，不少是与伐木、耕地等原始农业有关的生产工具。作为主要武器的弓箭更进步，箭头更加锐利。陶器出现了，而且制陶日趋广泛。在沿海的贝藏上，就有陶片。陶器制造，显示人们手工业的进步，也说明人们有剩余产品需要贮藏，并说明烹煮食物的普遍化。

采集、打猎、捕鱼仍是生活的主要来源，而采集经济已逐步过渡到原始的农业。在距离地中海约 250 公里的鲁加都尔的山洞中，发现麦子的化石，那是公元前 3900 年左右的遗物。原始农业十分粗放。人们用石斧砍倒森林和灌木丛，等树木干枯，就把它们烧光，烧剩的灰炭，正是肥料。接着用锄、刀、木棒，后来用犁来开垦。原始农

---

① 《马克思恩格斯选集》第 4 卷，第 19 页。

业为食草动物的饲养创造条件。在新石器后期的许多文化遗址中，发现大部分人类所驯养的动物的骨骸。只有马，在青铜时代才被人们所驯服。

新石器时代是母系氏族公社的繁荣时期。氏族、部落一般有它的名称和活动的领域，有同一的语言和同一的图腾崇拜。氏族成员有相互援助、血族复仇、共同墓地、共同节日等习惯。两个以上部落又往往结成部落联盟。氏族、部落、部落联盟各有民主产生的首领和议事会。必要时部落联盟选立军事首长。重大的事务，又在氏族部落成员的大会上表决。

图腾崇拜是和氏族社会一起发展起来的。氏族成员相信他们的祖先是某种动物或植物。这种动物或植物就成为他们所崇拜的图腾，也是他们的保护神。原始人还相信万物有灵，太阳、月亮、大地、高山、水、火、岩石、大树等都会成为崇拜的对象。人死后仍有灵魂活动的信念，也得到广泛传播。墓葬和祖先崇拜，相应发展。巫术，是原始信仰的另一种形式。巫师掌握关于自然界事物和人们生产、生活及治病的一些经验知识，附会迷信崇拜在各氏族、部落中占有特殊的地位。

新石器晚期，约在公元前 3000 年左右，法国地中海和大西洋沿岸，特别在不列塔尼半岛，出现了成群的巨石纪念物。巨石群有三种形式：排列为环形的环石；矗立着的长石，有的高达 20 米，或分散竖立，或上千巨石排列成两行；桌石，由若干石板构成，状如桌子或小屋。这些遗物，称为巨石文化。考古学家对巨石文化写了不少著述。一般认为它是墓葬，也是原始宗教的崇拜物。

二、铁器时代

1. 青铜时代和铁器的出现

在新石器晚期，出现铜和金等金属。纯金制作首饰；铜既可制造装饰品，亦可制造工具。但是，铜器不能代替石器。新石器晚期是燧石使用的最高阶段。燧石工具，在硬度和锐利上，并非铜器所能取代。铜的产地，在法国只有局部地区。铜的熔点较高(1050℃—1300℃)，炼铜制铜的工艺，不易被普遍掌握，铜器流行的时期，仍属晚期新石器时代的一个阶段，或称铜石并用时期。这一时期在法国很短暂。它的开始，约在公元前2500年至前2000年之间；它被青铜时代所代替，标志它的结束，是在公元前1800年以后。

战胜石器的是青铜器，代替石器时代的是青铜时代。青铜是铜和锡的合金(含锡3%—12%)。在硬度上，它胜于铜，也超过石器。而青铜的熔点(800℃—1000℃)则低于铜。法国铜与锡的出产不多，开采较迟。欧洲最早的青铜产地是中欧出产锡的波希米亚，这里的青铜出产约始于公元前1800年。法国的青铜生产受到它的影响。法国青铜时代的上限与下限，即它同此前的金石并用时期和此后的早期铁器时代的划分，很难有明显的标志。

从石器向青铜时代过渡，社会生产力显著提高。冶炼和制造金属技术的发展，就是手工业生产上的一次飞跃。铜和青铜的装饰品，各种器皿，品种繁多，形式美观；新型的武器如剑、盔、甲、盾，有青铜部件的战车，先后出现；在工业上，斧、锄等的流行，影响耕地的开辟和农业的发展。原始农业，已向较高的农业文化发展。农牧业的进步，促使两者分工，畜牧业中的牧马，是在青铜时代开始专业化的。

铁器在法国出现，约在公元前10世纪初期。可是，早期在法国出现的铁器，并未普遍流行，大多在东部和东北部，部分见于西南部。铁器的种类，限于武器，如剑、刀、甲、胄、战车等。青铜器仍流行。许多工具和装饰品，是青铜的；就是头盔，也是青铜制品。而且，这些早期铁器，基本上是外来的，或是在外来影响下生产的。

中欧和西欧铁器时代的启幕，分两个阶段：发源于奥地利的哈尔斯塔特文化(约公元前1000年至前500年)①和发源于瑞士的拉·坦纳文化(约公元前500年至公元元年)。② 较早在法国出现的铁器，是受哈

① 哈尔斯塔特，是奥地利萨兹堡附近的一个村庄，是当时欧洲的制铁中心。1846—1863年间考古学家发掘到大量墓葬。

② 拉·坦纳，在瑞士靠近法国的纽彻塔尔湖的东端。1858—1917年间考古学家发掘到大量铁制武器和铁锭。它是古代巨大铁工场的集中地，也是铁器贸易中心。

尔斯塔特文化影响的。在法国，铁器时代代替青铜时代，在公元前 500 年以后。法国铁器的冶炼和制造，通过克尔特人的入侵和扩张，才在各地传播开来。那是属于拉·坦纳文化范畴的。

2. 上克尔特人的扩张和分布

法国人的祖先是谁？这是个复杂的问题，在南法有两支古老的居民：伊比利亚人，居住在西南比利牛斯山麓；利古里亚人，分布在东南阿尔卑斯山区和沿地中海一带，他们都是法国人祖先的组成部分。

公元前 7 世纪至前 6 世纪，从地中海来了腓尼基人和希腊人。腓尼基人，古代世界最活跃的商业民族之一，在地中海沿岸建立了他们的商站，也用珍珠、陶器和纺织品来换取奴隶。约在公元前 600 年，希腊人建立了它在法国的第一个殖民城市马赛里亚。希腊的文化、语言、货币、橄榄和葡萄的栽培，等等，从此传入。

罗马人称法国古代居民为高卢人。高卢人，就是克尔特人。克尔特人，来自中欧多瑙河流域。他们最初可能是一个部落或部落集团。以后，随着克尔特人的扩张，广大地区流行克尔特语。流行克尔特语的不同种族、不同方言、不同发展程度的各族，总称克尔特人。法国是克尔特人活动的主要舞台。在公元前 500 年至前 450 年左右，克尔特人已分布法国各地。前 390 年，克尔特人进入北意，攻破罗马城，在迫使罗马纳款请和后才撤退。前 4 世纪中叶至晚期，克尔特人侵入西班牙和不列颠。前 3 世纪中，希腊中部以至小亚细亚，皆有克尔特人入侵。在前 3 世纪中叶以前的近两百年中，克尔特人迅速扩张，成为地中海北部的重要威胁力量。

公元前 3 世纪晚期，罗马强大起来，克尔特人趋于衰落。西班牙在前 3 世纪晚期先后被迦太基和罗马征服。公元前 191 年，北意的克尔特—高卢人被罗马征服。前 120 年，南法已在罗马统治之下。罗马把在阿尔卑斯山以南，北部意大利的克尔特—高卢人定居地区，称“山内高卢”；法国南部沿海地区，称“那滂高卢”。在阿尔卑斯山和那滂高卢以北的广大地区，总称高卢或“山外高卢”。山内高卢、那滂高卢罗马化较早。罗马称山内高卢人为“长袍高卢”。山外高卢，罗马人称为“长发高卢”,亦称“马裤高卢”。

山外高卢,不同地区,也有差别。[①] 分布在高卢北部的,称比利时人,大致讲,他们是克尔特—高卢人同日耳曼人的混合。在西南部的,称阿奎丹人,那是克尔特—高卢人同伊比利亚人的混合。中部,就称为克尔特人或高卢人。这三支克尔特—高卢人,又分成许多不同的小民族;每个小民族,又由若干部落组成。在恺撒征服高卢前,高卢有 60 个以上的小民族,几百个部落。[②]

3. 罗马征服前高卢经济的发展

克尔特—高卢人的扩张,同近代意义上的武装征服不同。他们是武装移民,或是缓慢的入侵。没有资料表明他们已建立超氏族、部落、部落联盟的权力机构以压迫、奴役广大的当地居民。他们的大规模扩张是惊人的。扩张成功的原因是,克尔特—高卢人是铁器的铸造者和使用者。克尔特文化,基本上就是拉・坦纳文化。

铁剑时代,同时也是铁犁和铁斧的时代。但铁器最初为人类服务,是在武器方面。克尔特—高卢人的两面锋刃的铁剑和匕首,一面锋刃的弯刀和锐利的矛头,标志着他们掌握了当时欧洲最先进的武器。高卢有巨大的铁矿,更为铁器的流行创造了条件。

铁器的流行,是军事上的革命,也是生产上的革命。铁器生产是社会生产力提高的产物,它又推动工业和农业各生产部门的进一步发展。从考古发掘得知,公元前 3 世纪至前 2 世纪,高卢人的手工艺产品,已丰富多彩。他们有多样化的首饰、领饰和手镯,有用陶轮制作的陶器以至釉瓷器。他们已有一批具有专门技术的采矿、冶铁、制铁的工人和兵器匠、造车匠、木匠、金匠、桶匠、陶匠等。他们既制造刀剑甲胄,又制造各种形式的铁制农具和家庭器皿。伐木用的铁斧,耕田掘土用的铁犁、铁锄,已普遍使用。

小麦、裸麦的种植普及各地。罗马征服高卢过程中,罗马军队的粮

---

① 高卢居民分为三个系统,参见恺撒:《高卢战记》第一卷第一节,商务印书馆 1979 年版。

② 基佐:《法国史》,勃来克英译本,纽约伦敦联合出版社,第一卷,第 17 页。

食都取之于高卢本地。高卢长期以产葡萄、橄榄和制造葡萄酒、橄榄酒著名,这是它在前时代打下基础的。畜牧业在高卢很发达,绵羊、山羊、牛,尤其是猪,已被普遍饲养;肉制品和火腿是传统的名产。

生产提高,加上高卢是西欧的南北通道,商业在原始社会已有发展。约在公元前 300 年以后,货币开始流行。高卢依照希腊、罗马形式铸币;稍后,铸造自己形式的货币。高卢有许多城堡,这些城堡还不是商业、手工业中心,而是防御工事。但城堡也作为粮食贮存地点,同时对附近地区居民发挥经济交流的作用。

三、高卢社会的分化与雏形国家

1. 社会的分化

高卢社会的分化,是一个长期的过程。高卢各地区的发展也不平衡。东北马恩河流域及附近发现 50 处以上公元前 5 世纪初的"车葬"墓(人、车合葬),其中首领墓和一般战士墓不同。首领墓中有两三人附葬的现象,这是殉葬。近代考古学家认为:在当时马恩河流域,已经出现贫富分化,"马恩战车葬和首领墓说明,虽然这些首领或国王可能不曾统治过很大的领土,他们已拥有可观的财富";[①]殉葬,说明奴隶的存在。但这些,只能是某些部落联盟在武装扩张过程中出现的现象。在公元前 5 世纪,社会性的阶级分化,是不可能存在的。

在罗马征服前一个多世纪,高卢社会分化加剧。前 2 世纪晚年,一位希腊旅行家描述高卢阿浮尔尼族[②]的"国王"留力乌斯的豪华生活:他有大批侍从,许多游吟诗人陪伴,有大群猎狗跟随;他坐在银饰的车上,向群众撒出一把把黄金;他在三千步见方的封闭式广场上放置满桌婚宴般的食物款待宾客。[③] 这位旅行家的描述有所夸大。所谓国王,只

---

① 《剑桥古代史》第 7 卷,剑桥大学出版社 1928 年版,第 72—73 页。

② 阿浮尔尼族分布在法国中央高原。

③ 引自蒙森:《罗马史》,狄克逊英译,1930 年版,"人人丛书"本,第 4 册,第 158 页。

能是部落或部落联盟的军事首领。但氏族部落分化,一些有权势的氏族贵族、部落首领作为特殊人物出现,并非个别现象。

在高卢的许多小民族里,特权等级和普通群众之间,已存在鸿沟。特权等级包括贵族和特卢伊德教士。[①] 贵族是原来的氏族、部落首领及其后裔,他们利用职权、地位,占有较多较好的耕地、牲畜和其他财富,担任各族的官员和武装骨干。特卢伊德教是流行于高卢和不列颠的宗教,它宣扬灵魂不死,有秘密的神秘仪式。教会中的高级教士,掌握一定的自然和医学知识。教会是超部落的组织,但在高卢各族,都有它的教士;他们一般是氏族贵族出身,在各族担任宗教仪礼的祭司,又是法官,也拥有政治上的权力。

平民、氏族一般成员,已经丧失了原始社会中氏族成员原有的权利地位。他们由于负债,由于租赋的重负,或受权势人物欺压和暴行,贫困无告,在贵族役使下劳动,或为扈从、依附者和仆役,有的卖身为奴隶。[②] 许多不甘受奴役的贫民,成为流浪汉和乞丐。

高卢社会的分化也在贵族内部进行。有的贵族,出身高贵,财资雄厚,其扈从和依附者人数众多,权势凌人。有的贵族日趋破落,甚至沦为其他贵族的扈从人员。厄尔维几族[③]全部人口为263000人[④]。它的一个有野心的贵族奥尔及托列克斯,为了反对本族掌权集团对他的公审,竟能召集一两万家属,包括奴仆、扈从、被保护者和债户示威对抗。

大多数平民地位虽然接近奴隶,但他们当中真正沦为奴隶的,人数并不多。高卢有火焚殉葬的习俗,殉葬者就是奴隶。只是,债务奴隶的人数,在不断增加之中。

2. 雏形国家

公元前1世纪,高卢原始社会已经走到了它的最后阶段。恩格斯

---

① 恺撒:《高卢战记》第6卷,第13节。

② 恺撒认为"普通群众,处境简直跟奴隶差不多"。(《高卢战记》第6卷,第13节。)但大多数平民处境同奴隶尚有距离。

③ 厄尔维几族分布在汝拉山脉以东,即今日以日内瓦为中心的瑞士一带。

④ 恺撒:《高卢战记》第1卷,第29节。

说，在这一阶段，所有氏族社会各机关，已经发展为军事民主制，它以人民大会、议事会和军事首领为主要机构。

但在高卢，情况并不完全如此。高卢各地区各小民族的发展是不平衡的，在北部比利时人各族，基本上还处于军事民主制阶段。比利时人的社会发展，较中部高卢各族落后。在比较先进的高卢人各族中，军事民主制已经衰落，贵族制正在逐步代替原始民主制。

在中部高卢许多族里，平民“关于他们自己，不敢有所作为，从不参加会商”。[①] 原始民主制消失，人民无权，人民大会不起作用，人民所公认的机关议事会以及由人民选举的军事首领，也已失去原有的意义或不再存在。各族掌握权力的是元老院。元老院原来是从氏族首领的议事会演变来的，但由于贵族成为平民的对立面，它也成为脱离人民的统治机关。

可是，即使在原始民主制遭到显著破坏的各族中，氏族部落的纽带并未割断。小民族以下的单位——部落区，已经从“血缘部落”向地区部落发展，却仍保存着部落的组织。掌权的贵族，基本上是原来的氏族部落首领。他们从氏族部落中获得特权势力，亦以氏族部落组织作为他们取得政治上、经济上优越地位的根据地。他们不愿也不能完全废弃氏族制度。平民，既怀念他们以往在氏族中的平等地位，又不愿完全丧失自古以来的公共权利，如牧地、森林等公地的使用以及氏族内部某些民主传统等。贵族和平民都不想和氏族关系决裂。

同时，贵族和平民都是正在不断向奴隶主和奴隶两级分化的阶段，是不稳定的过渡性的阶段。公元前1世纪高卢出现的扈从、依附者、被保护人、佃户、家客、债户、债务奴隶、流浪汉、乞丐、强盗，甚至还出现了雇佣的骑兵[②]、包税人[③]，说明高卢社会的变动，贵族和平民的分化和瓦解，何等迅猛！

在恺撒征服高卢前夕，在高卢各族内部，族与族之间的矛盾斗争极为复杂。几十个小民族中，已有一些比较弱小的族成为比较大的族的

---

① 《高卢战记》第6卷，第13节。

② 《高卢战记》第1卷，第18节。

③ 《高卢战记》第1卷，第18节。

附庸;而大族之间,争雄争霸,常有战争。各族内部,由于社会阶级分化,矛盾重重。恺撒说:"在高卢,不仅每一个国家、每一个部落、每一个地区,并且几乎每一个家族,都分成党派。"[①]加上高卢南部受罗马侵略,东部和东北部受日耳曼人侵扰。所有这些,都显示当时高卢社会和政治状况充满动乱,具有显著的不稳定性或过渡性。

不稳定的过渡性的社会和阶级,只能产生不稳定的过渡性的国家权力机关。这就是雏形国家。它是萌芽形式的国家。在高卢,人类第一个阶级社会——奴隶社会,尚未确立;真正的国家——奴隶制国家,还没有最后形成。

① 《高卢战记》第6卷,第11节。

第二章　罗马高卢

一、罗马占领高卢和高卢经济的发展

1. 罗马征服高卢

公元前 4 世纪初，高卢人几乎征服罗马。300 年后，罗马已经征服欧、非、亚三洲沿地中海的广大地区。山内高卢和那滂高卢，皆为罗马行省。而山外高卢，分裂混乱，内外交困，已成为强邻扩张、侵略的对象。

罗马侵略高卢的统帅恺撒，是当时罗马的政治首领之一。他看到高卢的动荡衰落，又看到高卢是大量奴隶和物资的来源；并且，通过远征高卢，使他能够掌握、训练一支由他直接控制的军队。这些，都是他同政敌竞争的政治资本。公元前 58 年，恺撒 46 岁，受命出任山内高卢和山外高卢总督，并由罗马授权，组织兵团出征。

有两件事成为恺撒出兵高卢的近因：其一是，高卢各族有两个重要的集团，一个集团的领导权由爱杜依族[①]掌握，另一个由阿浮尔尼族和塞广尼族[②]掌握。两个集团激烈地争夺霸权，以致阿浮尔尼族和塞广尼族邀请日耳曼人支援。爱杜依族在遭受沉重打击后乞援于罗马。日耳曼人首领阿利奥维斯都率 15000 战士进入高卢，接着又有十多万日

---

① 爱杜依族，分布于卢瓦尔河、塞纳河、索恩河上游一带的高卢中心地区。

② 塞广尼族分布于索恩河流域。

耳曼人侵入。他们占领塞广尼人的三分之一领土，并要塞广尼人另外再让出三分之一的土地。在这样严重的威胁下，高卢人说，他们只能被迫“离乡背井，远远避开日耳曼人，另外去寻找别的家乡、别的安身之处”。[①]

第二件事：分布在高卢东隅的厄尔维几族因地狭人众，又受日耳曼人的压迫，同附近几个较小的族一起，男女老少共368000人，[②]放弃故土，向高卢西南部大迁徙。这样多人数的长途迁徙，势必在动乱的高卢引起更大的动乱，无疑也威胁罗马边境的安全。

于是，在公元前58年，恺撒军队通过突然袭击，打垮了厄尔维几等族；其中，约有11万人被允许返回故乡。此后不久，罗马军又击溃了阿利奥维斯都的日耳曼人。阿利奥维斯都本人和少数日耳曼人匆匆渡过莱茵河东逃。这样，罗马控制了中部高卢各族。恺撒在给罗马的战报上夸耀自己的胜利，说他“来了，看到了，征服了”。[③]

恺撒在高卢取得的初步胜利是迅速的；但要征服长期有自由传统的高卢人却并非易事。高卢各族人民的反抗斗争顽强、英雄和壮烈。前57年恺撒对高卢北部比利时人各族的侵略，就遭到强烈的反抗。3年以后，比利时人又掀起反对罗马的武装斗争，恺撒率军苦战一年多才得胜利。

比利时高卢人和日耳曼人关系密切。为了切断他们之间的联系，恺撒于公元前57年在莱茵河造桥，拟渡河远征日耳曼人。可是，在广漠的莱茵河东岸，他找不到行踪无定的日耳曼对手，只得回师。西部沿海的高卢诸族常从海上得到不列颠人的支持。恺撒于前55年和前54年两次率军渡海侵入不列颠，皆无功而退。

高卢人民规模最大的一次反对罗马侵略、压迫的斗争，是弗森哲托利克斯领导的起义。这是高卢所有各族直接间接都参与的大起义。前53年，恺撒回意大利，高卢各族一些反罗马的领袖们便在森林中密谋协商，并宣誓团结进行争取高卢自由的战争。前52年的一天，高卢中

① 《高卢战记》第1卷，第31节。

② 《高卢战记》第1卷，第29节。

③ 普鲁塔克(Plutarch)：《希腊罗马名人传》中《恺撒传》英译，“人人丛书”本。

部农民攻入罗马占领的钦那布姆城，[①]杀死罗马商人和主办军粮的罗马骑士。不到 24 小时，反罗马起义的信号传遍全高卢。起义的领袖是一位年青、英勇、果断的阿浮尔尼族的首领弗森哲利克斯。起义的中心是位于奥佛尼山脉的几尔哥维亚城。高卢各族，普遍响应。

恺撒闻讯，急忙离开罗马，以一天 77 公里的速度赶回高卢，他召集了驻扎在高卢各地的罗马军，在几尔哥维亚城附近展开激战。罗马军大败，46 名最勇敢的百人队长战死。这是恺撒出师以来最严重的一次挫败。起义军数约八万，曾乘胜追击罗马军。

恺撒除征调高卢部队外，又从意大利补充兵员，并以让日耳曼人在高卢任意劫掠为条件，招引日耳曼骑兵参战。恺撒军队一般是由有作战经验的军士组成的，装配优越，能攻善守。高卢战士斗志昂扬，但新组织的义军，来自各族，在组织上、装配上、战术上，都有一时不能克服的弱点。对于罗马有壕沟、堤墙、围桩三层防线的军营，高卢战士难以攻破。几个月中，罗马军渐占优势。最后，高卢义军在阿来西亚[②]被包围。高卢各族的增援部队曾到达外围，却未能冲破包围圈。弗森哲托利克斯被俘（4 年后，他被罗马政府杀死）。高卢反抗罗马侵略的斗争继续到公元前 50 年。次年，恺撒班师回罗马。

罗马侵略者对高卢的烧杀掳掠是极为残酷的。据罗马帝国时希腊传记家普鲁塔克的记述，9 年高卢战争，300 万高卢人有 100 万被杀，100 万被俘为奴隶，残存的仅 100 万。这数字不确切。据近代史家估计，罗马征服前高卢人口在 500 万以上。[③]但高卢受罗马侵略军破坏的惨重，在欧洲历史上的侵略战争中，确是空前的。

高卢的面积，为意大利的两倍。高卢人民在经济上、文化上的成就，对于此后罗马历史的发展，有不可估量的重要性。征服高卢，对于公元前 1 世纪罗马的政局和恺撒权势的增长，更有直接的影响。恺撒

---

① 今奥尔良城附近。

② 距离第戎不远处，塞纳河起源地。

③ 杜兰（Will Durant）说，恺撒征服，“为罗马贸易打开五百万人的财力和市场”。参见杜兰：《恺撒和基督》，纽约 1944 年版，第 177 页。这是指罗马征服高卢后高卢尚有 500 万人口。

“用罗马的军队征服了高卢,又用高卢的金钱征服了罗马人”。[①] 他在征服高卢以后,打败了他的敌手,出任终身“执政官”(公元前 45 年),成为罗马帝国的最高统治者。

2. 罗马对高卢的统治

罗马统治高卢约 500 年。在罗马帝国初年,帝国政权在高卢设立那滂、卢丹尼西斯(里昂)、亚奎丹、比利时四个行省。随后,又在莱茵河下游边境设立上、下日耳曼两省。比利时,上、下日耳曼省的土地,大部分不属今日法国。省以下为部落区,大致以罗马征服前的部落区为单位。

里昂城是罗马在高卢的统治中心。高卢诸省的总督,驻在里昂,罗马帝国政府每年在里昂召开高卢人代表大会,由各部落区推代表参加。大会的主要内容是向奥古斯都圣像和罗马女神像献祭致敬,举行庆祝典礼。罗马政府的法令、告示,高卢各族人民的请愿、陈词,都会在会上提出。代表会是帝国统治高卢的一种方式、一种象征,开得颇为威严、隆重。里昂既是高卢的政治中心,也是经济中心。公元 1 世纪时,里昂人口已达 20 万左右。2 世纪后期起,东北和北部边境防务已是重要问题,帝国各地同日耳曼人的交往日趋频繁,高卢东北的特累维,[②]成为高卢又一个政治和经济的重镇。

罗马,通过城市,在政治、经济、文化上控制帝国各地。500 年中,高卢兴建的罗马式城市在 100 个以上。高卢各地,有直属皇帝的殖民地国有土地和分配给退伍军人的军事殖民地。城市,就是这些殖民地的枢纽。城市附近,有专属城市的土地,还分布着罗马—高卢上层人物占有的大小不等的地产。而罗马的殖民地、地产主、官员、商贾和高卢的上层人物,皆在城市定居。许多城市,有商业公会和手工业行会;市内建筑,有罗马诸神的神庙、会议厅和戏院、集会和集市的广场、公共浴室、斗兽和角力的竞技场、跑马厅、教授拉丁文的学校等。

---

① 引自莫罗亚(Andr'e Maurois)《法国史》,伦敦 1956 年版,第 20 页。

② 特累维(Tr'eve),古称奥古斯塔·特累维罗伦(Augsta Trevirorum)。此城今在德国境内,称特里尔(Trier)。

武装力量是罗马统治的主要工具。但并不是在高卢各地都有军队驻守。罗马军队，驻防于边境和设防要塞，特别驻防莱茵河前线。在后方，罗马保持必要的后备部队。从里昂到高卢的边境和边远地区，如到北方和东北边境，到大西洋沿岸，到南方的马赛里亚，都有宽广的战略公路通达。公路两边有壕沟。沿路每隔 10 至 15 公里，都设堡垒，驻有军队。一旦某地有事，罗马军队可迅速调集。罗马兴筑的公路全长在两万公里以上。它用这套治安防务体系，维持了高卢的基本稳定，保持了 200 多年相对和平的局面。相对和平的情况和畅达的交通路线，为高卢经济发展创造了条件。

高卢，是罗马帝国重要的税收来源。罗马政府在高卢的税收为帝国其他各行省的总和。高卢人民负担的直接税有不动产税（tributum soli）和人身税（tyibutum capitis），税额是在全面调查登记的基础上制订的，每 15 年又重新调查估价。间接税有国家收入的关税，地方征收的通行税，还有食盐专利税、市场税和其他摊派杂税。高卢居民的赋税负担，越来越趋繁重，也不公平合理。不少大地产主通过关系可以免税。城市市议会议员是估税、征税的官员。对于违反税收规定隐税、逃税的纳税人，常用刑罚惩处。谁要逃避赋税，谁就得投靠一个有影响力的保护人，使自己成为他的依附者。因此有人说："抓住一个市议员，你就找到一个暴君。"也有人说："估税人员，一群骗子。"而市议员是以身家财产向政府担保完成赋税定额的。在帝国晚期，人民不堪负担，市议员不能完成征税任务，为避免政府追究，有的逃亡，有的投靠权贵为隶农或依附者。

3. 高卢的罗马化

高卢的罗马化，是罗马统治高卢的政策方针，也是它在高卢所推行各项政治、经济、文化措施的后果。从恺撒征服到西罗马帝国的灭亡，原来高卢各地区的居民，已经不同程度地罗马化了；各地区的情况不同，作为总体讲，他们基本形成了一个新部族，即高卢—罗马人。

罗马化是从高卢原来的氏族贵族开始的。帝国政权用封官授禄拉拢高卢社会上层，让他们担任各级官员、市议会议员，甚至选任帝国元老院元老。在罗马军队中，恺撒曾经建立一个兵团，人员都是高卢人，是一支战斗力很强的部队。各级军官职位，包括司令官，也向高卢人开放。对忠诚于罗马、为罗马服务的高卢人，或由罗马政府授予罗马公民权，或由市议会授勋，授荣誉称号。在公元 212 年罗马皇帝卡拉卡拉把罗马公民权授予帝国全体自由民之前，持有公民权者可以享受不受地方政权管束等特权。而罗马兵团成员，一般都有罗马公民权。在罗马式的城市里，居民受到一整套罗马生活方式的熏陶，半圆形戏院里演出拉丁语的戏剧，学校里教授拉丁语法和修辞，在议会里，议员以自己能讲一口流利的拉丁语为荣。过去穿马裤的高卢骑士，已披上长袍。高卢妇女们穿着罗马式的时装，在公共场所和市场上出现。

罗马法通行于全高卢。过去由特卢伊特教士控制的审讯系统被废除了。罗马禁止特卢伊特教流传。罗马的神祇，压倒了高卢的原始崇拜。拉丁语言，最初在高卢社会上层人士中流行，逐渐被各阶层人民所了解。高卢人同罗马统治者、商人对话，在法庭上陈词，了解罗马法律和赋税规章，在田庄土地上为罗马殖民者劳役，参加军队，都得用拉丁语。尽管高卢化的拉丁语，同纯粹的拉丁语有区别，但拉丁语已基本上代替了克尔特语。只是，语言的变化，是经历了几个世纪的长期的过程。

高卢化的进程，从地区上讲，先南部、中部，后北部；先城市，后农村。进程的前后，也表示程度的差别。在农村、山野，保持高卢传统语言习俗和信仰，对罗马统治抱有敌视的农民长期存在。在拉丁文中，“异端”和“农民”是同一个字——pagonus，可见农民对克尔特传统的坚持和对罗马化的反对。

4. 奴隶制和奴隶制经济的发展

恺撒在征服高卢前，高卢社会已出现奴隶制。高卢成为罗马奴隶制国家的组成部分后，奴隶制加速发展。

在被征服前的高卢，并不存在意大利那样的奴隶制大庄园。现在，在国有土地上，在城市土地上，在罗马显贵占有的地产上，也在高卢贵族的土地上，使用大规模的奴隶劳动，奴隶制大庄园发展起来。手工业、矿产和盐场，虽有雇工劳动，但奴隶是主要劳动力。

较之意大利，高卢的奴隶制有自己的特色。在帝国时期，意大利小农普遍破产，受不同程度的奴役。在高卢，自由农民土地被剥夺，人身被奴役，还有一个演变的过程。高卢各地的演变、发展是不平衡的。南部那滂高卢、中部里昂省，罗马化和奴隶制的流行比较普遍。而在北部和西北部，在西南部山区，奴隶制的发展较迟较慢，在帝国晚期，这一带还有相当数量的自由农民存在。在全高卢，中、小奴隶主的数量较多。由退伍军人组成的军事殖民地，就是中、小奴隶主的地产。每个退伍军人享有一定的特权，他的社会地位以及他所分到的份地，基本上和城市市议员相等；份地的所有权，属于他本人；每一份地，都是由奴隶劳动的中、小地产。分布高卢各地的军事殖民地，是帝国政权的支柱之一。

隶农制是一种较奴隶制缓和的奴役关系。公元前1世纪，它在意大利出现。在帝国时期，它有较迅速的发展。不少奴隶制庄园，隶农逐渐代替奴隶。高卢的奴隶制是在罗马隶农制流行过程中发展的。在高卢，奴隶制每跨出一步，隶农制也相应前进。而且，隶农人数增加颇快。高卢从原始社会晚期以来，除了在战争中被俘、被掠卖为奴外，自由高卢人大多是通过沦为依附者而被奴役的。这些依附者就是隶农的广大来源。在帝国晚期，隶农已代替奴隶成为农业上的主要劳动者。

直到公元2世纪末年，高卢奴隶社会，是向上发展的。它的社会结构，基本上适应生产力提高的水平。如上所述，高卢相对和平稳定的局势，它的比较发达的水、陆交通的条件，希腊罗马各地生产技术的传播，新的作物品种的传入，特别是高卢人民的辛勤劳动，促进了高卢经济的迅速发展。

砍伐森林，清除沼泽，高卢农田不断开拓、扩充。耕地的铁犁有改进，麦类的收割有了新发明的收割机。高卢是罗马帝国粮食的主要产地，高卢和埃及是罗马帝国两大著名粮仓。葡萄、橄榄的培植，遍及高卢大部分地区。葡萄酒和橄榄油是高卢传统名产，火腿等肉制品，名闻帝国各地。高卢的铁器、陶和麻、毛纺织品，运销地中海沿岸，垄断日耳曼市场。里昂的玻璃也是帝国的贵重产品。高卢位处西欧中枢，为南北交通要冲，商贾云集，促进生产提高，经济发展。帝国初期，意大利已矛盾重重，经济衰落征象亦有表现，而高卢的农、工、商业却繁荣滋长。当时罗马的作家已以高卢的发达和意大利的衰落作对比。

但是，高卢作为罗马帝国的一个组成部分，必然受到帝国衰落的影响。2世纪末到3世纪，随着罗马奴隶制进入危机阶段，高卢也出现经济衰退、经济政治混乱、社会动荡的局面。

二、奴隶社会的衰落、人民起义和日耳曼人

1. 危机、内战和人民起义

罗马奴隶制经济的繁荣，依靠的是侵略战争中掠夺来的大量奴隶。奴隶劳动的发展，排挤了自由小农和其他小生产者。帝国时期的罗马不能继续发动大规模的侵略战争，奴隶来源减少，而奴隶死亡率很高。这样，市场上奴隶价格高涨，使用奴隶劳动的大庄园、矿山和手工业作坊，越来越难以维持。同时，在奴隶制强制劳动下，奴隶仇恨劳动，自由民鄙视劳动，社会生产不免停滞以至衰落。

在这种情况下，国家税收减少，财政出现危机。但帝国各统治机构日益庞大，奴隶主阶级生活奢侈，军队薪饷赏金不断增加。帝国统治者涸泽而渔，一方面通过提高赋税和增加苛捐杂役，另一方面，依靠发行大量劣质货币[①]，以维持局面。结果，农业、手工业生产进一步下降，帝国货币几乎丧失交换媒介的作用，贸易停顿，城市衰落，城乡贫民流亡，陆地、海上匪盗横行。幸存的自由农民和市民，为了逃避重税和暴政，沦为隶农；不少奴隶制地产，用隶农劳动代替奴隶劳动。可是，在奴隶主阶级统治下，隶农逐渐靠近奴隶，以至成为变相的奴隶。[②] 隶农地位

---

① 在卡拉卡拉时(211—217年)，金币重量已比原来减轻17%，以后币质更劣。3世纪中叶银币的含银量只有5%，后来只有2%，金币含金量也大大减少。

② 隶农有自己的经济和生产工具，并以小生产形式进行劳动，因此恩格斯说隶农是“中世纪农奴的前辈”。参见《马克思恩格斯选集》第4卷，第146页。而3世纪上半叶，罗马皇帝塞维鲁·亚历山大(222—235年)下令，隶农农具所有权皆属其主人所有，这是隶农奴隶化过程中的一个标志。

的恶化，成为社会矛盾尖锐的因素之一。

于是，从2世纪末起到3世纪下半叶，罗马奴隶制帝国呈现危机，史称3世纪的危机。帝国奴隶主统治集团的腐朽反动，争夺政权，内战和分裂，是危机的组成部分。3世纪晚期至4世纪前半叶，罗马皇帝戴克里先(284—305)和君士坦丁(306—337)加强军事专制统治，进行政治、军事和财政上的一些改革，使罗马帝国出现短暂的稳定。但在4世纪中叶以后，罗马奴隶制帝国急剧衰落，最后崩溃。

高卢诸省，在3世纪的危机中，遭受帝国各省同样的命运。在3世纪中叶，高卢也是军阀分兵割据的对象。当罗马皇帝瓦勒里安(253—260)和伽里安(260—268)在位的15年中，先后在帝国各地独立或自称皇帝的，约有三十一人，史称"三十僭主"①。当时高卢曾建立高卢帝国，它的独立时间，较其他各地为久。

波斯图模，原为高卢罗马司令官，拥兵自立，称高卢皇帝(258—267年)。高卢、西班牙、不列颠和部分日耳曼地区，都受他统治。波斯图模的将领维克多令曾一度取得统治权，一年后，维克多令被杀，他的母亲维克多里亚成为高卢军队的实际控制者。在当时高卢的金、银、铜币上，有维克多里亚的铸像。武器制造者马利乌也是高卢帝国短期的领导人。在后几年统治高卢的，是有元老官衔的将领铁特列库。看来，他的军队对他并不一致拥扶，特别是巴高达运动已在高卢帝国内蓬勃兴起。公元273年，铁特列库和罗马皇帝勾结，以他担任罗马南意总督和得到大笔财富为条件，向皇帝交出自己的军队，出卖了高卢的独立。

巴高达，意为战士。巴高达运动，是奴隶、隶农和城市贫民的武装起义。3世纪危机中政治、经济的恶化，内战的破坏，赋役租税的繁重，瘟疫、饥荒的流行，是起义的原因。起义爆发于"三十僭主"时期。它迅速扩大，席卷高卢大部分地区。西班牙北部的农民、牧人、纷纷响应。

---

① 关于僭主活动，史料不详。吉本(Edward Gibbor)认为，当时真正拥有权力的独立统治者，不到三十人。(见《罗马帝国衰亡史》，"近代丛书"本，第1册，第239页)。基佐说，共有僭主三十一人。(见《法国史》英译本，第1卷，第83页)。基佐把巴高达运动的领袖，也列入"僭主"之列。有的"僭主"，在皇帝伽里安后仍存在。

起义者杀死奴隶主大地主，夺取大庄园。高卢中部大城市奥古斯托敦也被他们占领。不少士兵投向起义者，许多贵族仓皇逃跑。公元 273 年，铁特列库和罗马皇帝军队联合镇压，起义军转入地下。而十年以后(283 年)，起义又重新暴发。在莱茵河和卢瓦尔河上流之间的广大地区，都有巴高达部队活动。他们的领袖阿曼德和艾里安，被人民拥立为皇帝，他们铸制纪念章，其中一枚铸有阿曼德头像，上刻“皇帝，恺撒，奥古斯都，虔诚和繁荣”，另一边又铭有“希望”一词。

这时，罗马帝国的军事专制政权开始建立。在罗马皇帝戴克里先军队进攻下，巴高达运动被镇压(286 年)。可是，在公元 4 世纪中叶以后，尤其在 5 世纪初叶，巴高达运动又以更大的规模在高卢全境和西班牙北部重燃烈火。他们同入侵的日耳曼人联合，为摧毁腐朽、反动的西罗马帝国的统治，起了极为重要的作用。

2. 基督教的传播

戴克里先把帝国划分为东西两部，各由一个皇帝(奥古斯都)统治；每部又分两大区，皇帝和副皇帝(恺撒)分治一区。高卢，属副皇帝君士坦丁乌统治。君士坦丁乌的儿子君士坦丁通过战争，打垮了帝国其他的统治者，成为独揽大权的皇帝(323 年)。在夺取和加强专制皇权的过程中，君士坦丁利用基督教作为他的有力工具。

在君士坦丁之前，基督教在罗马帝国流行已经两三百年。罗马政府长期把基督教作为非法组织，多次加以迫害。但它发展迅速，信徒越来越多。罗马帝国 3 世纪的危机，使许多对现实失望的人们，寄希望于未来世界，这又使基督教吸收了大量的信徒。帝国基督教人数，没有一个确切的数字，但有些历史学家估计，基督徒约为全帝国人口的二十分之一，这是一个惊人的数目。[①]

---

① 汤普逊说：“吉本估计帝国在公元 250 年时有一亿二千万人口，其中基督教徒六百万，就是人口的 1/20。”这两项数字，当为过高。舒尔茨曾把同时期的帝国人口算作一亿，其中 1/10 为基督徒。参见《中世纪经济社会史》上册，商务印书馆，第 77—78 页。威尔·杜兰说：“约在 300 年，我们估计东方基督徒可能为人口的四分之一，西方为二十分之一。”参见威尔·杜兰《恺撒与基督》，纽约 1944 年版，上册，第 603 页。

基督教传入高卢,为时较早。[①] 在君士坦丁乌和君士坦丁父子统辖高卢期间,高卢社会各阶层中已有较多的信徒。特别在罗马军队中,基督教占有不可忽视的比重。君士坦丁在率军作战时以看到天空出现十字架的神话来鼓励军心,正说明基督教对军队的影响。过去罗马统治者没有认识到基督教是一种可依靠和利用的力量。君士坦丁认识了它,也利用了它。公元 313 年,他同另一个罗马皇帝李西尼亚在米兰发布对基督教的"宽容敕令",承认基督教的合法地位。在他打败李西尼亚,统一帝国后,对基督教会和教士的特权和捐赠,又层层加码。到了 4 世纪末(392 年),基督教正式成为帝国的国教。

从君士坦丁起,教会的权力、财产、教徒人数,加速增长。公元 300 年,高卢有 26 个主教区,100 年后,已有 70 个主教国。据西罗马帝国晚年一位基督徒《书简》所述,当时教会在高卢境内是拥有过多土地的大地主。[②] 在西罗马帝国崩溃前夕,在罗马在地产主中,基督教会已是经济、社会、政治上力量最雄厚的成员。公元 5 世纪时,帝国残破,在意大利和高卢,基督教会或和罗马地方军政当局合作,或在某些帝国政权不能控制的城市、地区发挥政府代理人的作用。

3. 日耳曼人入侵,西罗马帝国崩溃

罗马帝国晚期,一个皇帝统治一个庞大的帝国,日益困难。公元 395 年,皇帝狄奥多西去世,东西帝国由他的两个儿子分别统治。从此,不再出现统一的罗马帝国。东罗马帝国以君士坦丁堡为首都。君士坦丁堡古为拜占庭旧址,东罗马帝国亦称拜占庭帝国。西罗马帝国都于罗马城。高卢是西罗马帝国的重要地区。

自 4 世纪晚期起,日耳曼人的入侵,已成为帝国政权的严重威胁。日耳曼人,是分布于多瑙河、莱茵河以外的蛮族。它包括东哥特、西哥特、汪达尔、勃艮第、苏维汇、法兰克、盎格鲁、撒克逊等部落集团。日耳

---

① 公元 1 世纪,基督教已传入高卢。2 世纪,里昂已有基督教会。161 年,里昂有基督教主教。2 世纪晚期以后,基督教在高卢广泛流传。

② 息多尼阿·阿坡利奈:《书简》,转引自汤普逊:《中世纪经济社会史》,中译本,上册,第 102 页。

曼人同克尔特人关系密切。恺撒征服高卢时，同他们有接触、有斗争。恺撒的《高卢战记》中，有关于日耳曼人的最早的记载。帝国时期日耳曼人同罗马人经常交往。罗马帝国边疆一带，日耳曼人活动频繁。高卢北部的上、下日耳曼行省，就是日耳曼人活动定居的地区。帝国政府由于缺少兵源，把日耳曼人作为招募士兵的对象。在罗马地方驻军以至皇帝的近卫军中，日耳曼人充当士兵和担任军官的，越来越多。居住帝国境内的日耳曼人，有的以罗马军士的身份分配到土地、房宅，但不少人沦为奴隶和隶农。3世纪时，已有成群的日耳曼人侵入帝国，但入侵规模不大，部分在掳掠后退回本土，部分在帝国各地劳动谋生。

公元375年，在多瑙河下流北岸的西哥特人，因受匈奴人的威胁，举族南迁，请求避难。罗马政府允许他们在多瑙河下游的密西亚省定居。但罗马官吏不对他们供应粮食，引起饥荒。许多哥特人被迫出卖子女或被迫为奴隶主服劳役。官迫民反，他们发动了起义。当地奴隶、隶农、贫民和大批士兵参加起义队伍，多瑙河彼岸的日耳曼人也渡河响应。罗马政府仓皇失措。公元378年，罗马皇帝瓦伦斯统率的军队在亚得里雅堡附近被西哥特人和起义人民战败，皇帝被杀死。继任皇帝狄奥多西和西哥特人议和，答应他们以"同盟者"身份定居并保证供应粮食、牲口。395年，西哥特人在领袖阿拉里克领导下又发动起义，巴尔干半岛南部普遍响应。5世纪初，阿拉里克率西哥特人两度侵入意大利。410年，西哥特人进攻罗马，罗马奴隶为他们打开城门。西罗马帝国首都迁到拉文纳。西哥特人又从意大利进入高卢和西班牙。在反对罗马奴隶主压迫和统治这一共同的目标下，巴高达运动是他们有力的联盟者。第一个日耳曼人的王国——西哥特王国，以图卢兹为首都，于419年建立。它的领土包括高卢南部和西南的阿奎丹，西班牙北部和东部一带。

在5世纪初，汪达尔人、苏维汇人、阿兰人等部落集团渡莱茵河通过高卢，侵入西班牙。苏维汇人在西班牙西北隅建立国家。汪达尔人和阿兰人侵入非洲北部。429年，汪达尔人以迦太基为都，建立汪达尔王国。勃艮第人也在5世纪初从莱茵中游侵入高卢。443年，他们在高卢东南部建立勃艮第王国。今日的里昂是它的首都。449年，盎格罗人、撒克逊人和朱特人渡海进入不列颠。在那里，他们先后建立了几个盎格鲁—撒克逊王国。

5 世纪中叶，匈奴人又大举入侵。匈奴人的烧杀破坏，使各支日耳曼人和罗马军队联合对抗。451 年，罗马留驻高卢的部队会同西哥特人、勃艮第人、法兰克人，同匈奴军队在高卢的卡塔洛原野(今日法国东北特鲁瓦附近)进行大战。匈奴被迫退出高卢。452 年，匈奴人又侵略意大利，曾围攻罗马城。时值瘟疫流行，匈奴首领阿提拉死于疫病(453 年)，匈奴部落集团流散。455 年，汪达尔人自北非渡海进攻意大利，罗马城被攻陷洗劫。劫后罗马城居民仅有 7000 余人，西罗马帝国朝廷名存实亡。476 年，罗马的日耳曼雇佣兵首领奥多亚克，推翻了最后一个西罗马皇帝罗慕洛。传统上把这一年作为西罗马帝国灭亡的年份。

日耳曼各族入侵的潮流并未中止。481 年，在高卢北部的法兰克人，建立了法兰克王国。493 年，东哥特人击败奥多亚克，并在意大利建立东哥特王国。最后南侵建立国家的日耳曼人是伦巴第人。他们在 568 年在意大利北部建立伦巴第王国。

勃艮第在 5 世纪末已成为法兰克的附属国。汪达尔和东哥特王国也在 6 世纪中叶先后被东罗马帝国灭亡。西哥特王国在 8 世纪初叶被阿拉伯帝国灭亡。伦巴第王国于 774 年被法兰克王国征服。在西欧日耳曼人国家中，存在时间最长、影响最大的，是以古代高卢为基本舞台的法兰克王国。

第三章　法兰克王国

一、墨洛温王朝

1. 克洛维和法兰克王国的建立

法兰克人，原来分布在莱茵河的下游和中游。在下游的，称海滨法兰克人（萨利克法兰克人）；在中游的，称河滨法兰克人（里普阿尔法兰克人）。3 世纪晚期起，他们进入莱茵河南岸，其中的一支，曾侵略高卢。有些法兰克人移居帝国境内，充当罗马的雇佣兵或依附大地产主的隶农。但法兰克人不像其他各支日耳曼人举兵侵入帝国，他们只以莱茵河中、下游为根据地，逐步扩张。5 世纪时，高卢北部和东北部都是他们的活动地区。

法兰克人是一个部落联盟。5 世纪中叶，墨洛温[①]家族已在联盟中有特殊的势力。海滨法兰克的军事首领希尔德里克和河滨法兰克的首领西吉伯特，都是这个家族的亲族。481 年，希尔德里克去世，他的 15 岁的儿子克洛维继位。克洛维在位的 30 年(481—511 年)间，法兰克王国形成。克洛维，是法兰克王国的第一个国王，延续 270 年的墨洛温王朝(481—751 年)的开创者。[②]

5 世纪晚期，在高卢南部和西南部，在东南部，都已分别建立了西

---

① 墨洛温是克洛维的祖父。

② 传统上，我们把克洛维登位的 481 年作为法兰克王国建立的年份。

哥特和勃良第王国。西罗马帝国已灭亡,而在高卢的西北部,罗马统帅西阿格里乌还以"罗马人之王"的名义占领塞纳河和卢瓦尔河之间的广大土地。486 年,克洛维率领族人同西阿格里乌斯会战于苏瓦松(巴黎东北),士无斗志的罗马军大败。从此,罗马统治的最后残余被扫除,克洛维的威名大振。十年后(496 年),分布在上莱茵的阿勒曼人进犯河滨法兰克人,克洛维又引兵击退。

就在 496 年,克洛维率领三千战士在兰斯大教堂领受基督教的洗礼。主持典礼的主教莱密奇乌对克洛维说:"低头吧!烧毁你曾经崇拜的,崇拜你曾经烧毁的!"以克洛维为首的这一批信奉原始多神教、以战争为职业的战士,低头皈依基督教,确实是令人瞩目、影响深远的大事。失去了罗马帝国政权依靠的基督教会,现在又有了一个新兴国家的君主作为新的依靠力量。罗马主教对克洛维入教写信欢迎,表示要互相支持。勃良第维尼城主教在信上说:"你的信仰,就是我们的胜利。"而克洛维的信教,主要是由于他看准了基督会是他的巨大的支持力量。克洛维心目中的基督,乃是一个能帮助他取得胜利,巩固并扩大胜利成果的战神和护法之神。

事实上,克洛维也实现了他的愿望。克洛维能够战胜勃良第、西哥特王国,是同基督教会及其信徒的支持分不开的。克洛维信奉的是过去罗马帝国立为国教的基督教正统教会。[①] 西罗马晚年的人民起义、蛮族入侵等,曾打击正统教会。可是,它依旧是拥有巨大财产,大批依附者、隶农和奴隶,并有巨大社会、政治势力的大地产主。并且,它在社会各阶层居民中,在贵族大地产主中,在罗马军队的军官和士兵中,有广泛的信徒。西哥特、勃良第的统治者也信仰基督教,可是他们所信奉的,是被罗马皇帝和正统教会所排斥、被判为异端的阿利乌派。[②] 在以

---

① 在以后的发展过程中,西欧正统教会称为罗马公教,在中国,称天主教会。

② 基督教正统教会主张"三位一体"的神学理论,认为圣父(上帝)、圣子(耶稣基督)、圣灵(或圣神)三者属于同一神圣的实质,同是世界的主宰和创造者,是一个有意志、有智慧、有感情的人格化的神。阿利乌派认为圣子是上帝创造的,不是永存的,基督只是在某种意义上是上帝,他比上帝低一级。圣灵则是上帝的化身进入人体的神灵。三者不是同一实质的。

阿利乌派在君士坦丁主持的尼西亚宗教会议(325 年)上被排斥。381 年的君士坦丁堡宗教会议上,又最后肯定"三位一体"是正统神学,阿利乌派是异端。

正统基督教会为国教的罗马帝国统治下,阿利乌派没有活动的余地。但许多日耳曼人信仰了这一派。西哥特、勃艮第、汪达尔、东哥特和伦巴第人建立的国家,以阿利乌派为正统信仰。信奉阿利乌派的,为数不多的西哥特、勃艮第征服者,统治着大多数信仰罗马正统教会的广大的罗马—高卢居民,正是这些国家政权不巩固、不稳定以及克洛维战胜它们的重要原因之一。

法兰克战士受洗后四年(500 年),克洛维率军进攻勃艮第。勃艮第国王贡台伯尔特一战即垮,向克洛维投降,以纳贡称臣为条件,保持王位。克洛维进攻的下一个对象是西哥特。507 年,两军在伏伊尔(波亚图之南)大战。西哥特军溃退,国王阿拉力战死,西哥特在高卢的绝大部分领土皆由法兰克占领。①

克洛维通过军事征服取得了胜利和权力,又要弄权术来巩固他的胜利,增强他的权力。西吉伯特,河滨法兰克人的军事首领,墨洛温族人,曾协同克洛维作战,因伤致跛。克洛维却唆使西吉伯特的儿子克洛德里克杀父篡位。接着,他又遣使斫杀克洛德里克。这以后,他在河滨法兰克人的大会上否认自己参与杀死亲族的罪恶勾当。失去首领的河滨法兰克,就承认克洛维是他们的首领。好几个军事首领,原是他的亲属,都被他以各种借口和手段杀死。在他晚年,在同族人的大会上,他说:"我好苦恼！现在,我像一个陌生人之间的族客,一旦有难,没有一个亲人来帮助我了!"历史学家对于他使用阴谋诡计、屠杀亲友,是有谴责的。然而,从这些事件上看到,一个部落联盟转变为一个国家,是一次向阶级社会过渡的革命,它有战争,又有部落联盟内部的血腥斗争。

克洛维死后,法兰克王国继续扩张。到 6 世纪中叶,它先后征服图林根(531 年)、勃艮第(534 年)、巴伐利亚(555 年)等族和部分撒克逊人。南方的普罗旺斯于 536 年,西南的加斯科尼于 567 年,也由法兰克兼并。法兰克作为西欧最大的国家建立起来了,虽然克洛维后国内的分裂和内战还是一个长期的现象。

---

① 此后西哥特以西班牙为主要领土。它在高卢保留的是高卢西南加斯科尼一隅和南部那涝高卢沿海一带。

2. 封建社会的开始

日耳曼人的国家代替古罗马帝国的统治,标志高卢封建社会的开始。新生的法兰克王国是一个新型的国家——封建国家。

法兰克封建社会的基地高卢,是古罗马帝国的领土。它曾受到破坏,但比之日耳曼人的社会,具有较高的生产力水平。罗马—高卢居民,广泛使用较先进的犁田、锄地、伐木、开荒的生产工具;对农田具有多次翻耕、施肥、种植、收割的丰富经验;土地利用一般采用二田制[①];栽培葡萄、果木和酿酒、榨油,有长期积累的技术知识;畜牧,特别是养猪,是他们的传统职业;城市虽然衰落,但不少手工业仍在民间保存;水陆交通,仍有其他地区所不及的有利条件。法兰克的封建制度,就是在这样的生产力水平上发展起来的。

法兰克的统治者,是大地产主阶级。有两类大地产主:新生的法兰克大地产主和来自罗马社会的大地产主。克洛维在征服过程中没收了大量土地、森林。他把其中部分分配给由普通法兰克人组成的公社——马尔克;部分赏赐给他的亲兵、将领、廷臣和其他宠幸者,即贵族;部分作为王家土地。来自罗马帝国的大地产主,是指同克洛维合作、归顺法兰克的罗马—高卢权贵,特别是教会。教会和归罗马权贵的地产,在罗马帝国瓦解过程中是受到一些损失的。在西哥特、勃艮第王国内,罗马教会更受到阿利乌派教会的侵凌和排挤。但是,克洛维和他的后继者不仅使罗马教会保留、恢复它原有的土地,而且,又不断得到大量的封赠。通过教会,许多罗马权贵也成为国王的臣属,成为统治阶级的一个组成部分。

法兰克王国初步编成的《萨利克法典》[②]规定,杀害各种身份的人,罚金数目差别颇大:杀死一个奴隶,罚款 30 索里达[③];杀死一个半自由人,罚 63 索里达;杀死一个普通的罗马人,罚 100 索里达;杀死一个法兰

---

① 二田制,即土地二年轮耕,一年种谷物,一年休耕。休耕地也作为牧畜放牧地。

② 它是法兰克古代习惯法结合建国初年的情况汇编而成的法典,在克洛维时期已经编制,克洛维死后不久编成,以后又陆续有所增补。

③ 索里达(Solidus),罗马金币。当时两个索里达可买牛一头。

克自由人，罚200索里达；杀死一个与国王同席进餐的罗马人，罚300索里达；杀死一个伯爵或国王的亲兵，罚600索里达；杀死一个罗马教会的教士，罚金也是600索里达；而杀死一个主教，则须罚款900索里达。一个特殊身份的大地产主阶级已经形成，他们就是法兰克的统治阶级。

谁是大地产上的劳动者？在法兰克王国初建时，大地产上仍有奴隶劳动。可是，隶农已经成为主要的农业生产者。罗马社会早期的隶农，原来就是人身被不完全占有、具有自己的经济和自己的生产工具的依附劳动者。只是，西罗马晚年，在奴隶主阶级统治压迫下，隶农处境变化，越变越恶化，甚至成为变相的奴隶。这是当时奴隶和隶农大起义的重要原因。现在，在奴隶、隶农起义和日耳曼人的入侵中，奴隶主政权垮台了，新的日耳曼国家建立起来。许多大地产换了新的主人。那些来自罗马帝国的旧的大地产主，在客观的形势下，也不得不改变奴隶主的奴役剥削方式。他们在仍保持大地产主的地位和利益的前提下，让隶农逐渐恢复了本来的地位，变成中世纪的农奴。

法兰克人等各支日耳曼人，在建国前处于原始社会晚期的阶段。但是，奴隶制度在公元1世纪的日耳曼社会中已出现。罗马史家塔西佗在《日耳曼尼亚志》[①]中，描述了日耳曼人奴役的“奴隶”情况：“每人都有自己的一所房屋和一个家庭……奴隶主只从奴隶那儿索取一定数量的谷物、牛和衣服。”[②]这种日耳曼式的奴隶，实际上相当于农奴。法兰克的统治阶级把这种“在他们的故乡已经实行的比较温和的隶属形式——在罗马帝国，奴隶制也日益转为这种形式——发展起来，并提高到普及的地位”[③]。在法兰克的大地产里，这种较奴隶制温和的奴役制度的推广，日益普遍。在法兰克王国初期，奴隶的人数还是不少的。可是，农业奴隶的地位和境况逐步向农奴转化，这是大势所趋。

这个新社会，就是封建社会。应该说，在墨洛温王朝的法兰克社会

---

① 塔西佗为公元1世纪后期至2世纪初人，其《日耳曼尼亚志》成书于公元98年左右。

② 塔西佗：《日耳曼尼亚志》第25节。见《阿古利可拉传·日耳曼尼亚志》，商务印书馆1957年版。

③ 恩格斯：《家庭私有制和国家的起源》、《马克思恩格斯选集》第4卷，第153页。

里，封建关系在数量上尚未处于压倒优势：它有大量的原始公社的残余，如在马尔克里，在新征服的日耳曼部落中，公有制是占优势的；它有罗马社会奴隶制的残余，这在家庭仆役中、在手工业和矿产盐场中，更普遍存在；它还有人数不少的自由的小生产者和受不同程度剥削、奴役的劳动者。但是，大地产主统治、剥削农奴和依附农民的封建关系已经形成，而且已经作为主导的社会制度在不断发展。在罗马奴隶社会里，隶农制向奴隶制靠近；在法兰克封建社会里，奴隶向隶农转化。法兰克封建制度的确立和法兰克封建国家的形成，是封建化的前提和开端。

3. 墨洛温王朝的衰落和丕平家族的强大

克洛维死后，法兰克墨洛温王朝继续了 240 年。法兰克王国作为一个国家，同近代国家显然有很多不同之处。它有国王，那是墨洛温家族的合法继承人，而国王并没有固定的领土和居民。王国，有时有一个唯一的国王，称为全法兰克的国王。克洛维后墨洛温王朝国王共计 28 人，其中只有 5 个拥有全法兰克国王的称号，而 5 个中的 2 个，又是有名无实、在位时间短暂的国王。一个国王死去，他的儿子就裂土为王，于是出现了 4 个、3 个或 2 个国王。每个国王统治的地区，往往不连成一片。在王族的成员之间，阴谋、残杀、冲突、内战是经常的现象。内战破坏生产建设，阻碍文化的发展，也削弱王权。国王为了加强王权，竭力拉拢贵族和教会，不断慷慨地赠赐土地。而土地和权势迅速增长的教会和贵族大地产主，恰恰又进一步使国库空虚，王权衰落。封建大地产的不断发展，王权必然尝到越来越衰微的苦果。7 世纪中叶，达哥贝一度成为名实相符的全法国王（630—636 年）。但这以后 110 多年，贵族大领地主擅权，国王成为“空头国王”或“影子国王”。

高卢各地区发展不平衡，加上长期的分裂内战，这就使法兰克国家的四个部分独立发展：东北的奥斯达拉西亚，据有莱茵河西岸土地；西北的纽斯特里亚，主要为卢瓦尔河和松姆河之间的地区[①]；东南勃艮第，

① 纽斯特里亚，不包括不列塔尼。不列塔尼半岛长期独立，未成为法兰克王国领土。

包括前勃艮第王国领土;西南是阿奎丹。阿奎丹和南法,长期是诸王掠夺的目标。勃艮第也不足单独成为一种力量。在法兰克竞逐的,主要是纽斯特里亚和奥斯达拉西亚两国;前者受罗马化影响较显著,后者,包括今日法、德、比利时等地,保留原始法兰克人的粗犷的习俗比较长久。

王权衰弱,担任宫相(王室财产总管)的大贵族掌握实权。奥斯特拉西亚、纽斯特里亚和勃艮第各有宫相,他们在国内争权夺利,也为争夺全法兰克的最高权力而斗争。开始,勃艮第被纽斯特里亚的宫相所征服。687 年,在塔斯特里[①]战役中,奥斯特拉西亚的宫相赫斯塔尔·丕平打败了纽斯特里亚宫相所统率的军队。此后二十几年(687—714年),赫斯塔尔·丕平成为法兰克的实际统治者。赫斯塔尔·丕平的祖父奥斯特拉西亚的宫相兰顿的丕平(也称老丕平)曾任国王达哥贝的监护人。老丕平同他的儿子(赫斯塔尔的父亲)因企图篡夺王位,被捕处死。但是,丕平一家的势力未衰。赫斯塔尔·丕平的胜利,说明家族已是全法兰克最强大的政治力量。

4. 查理·马特及其改革

在赫斯塔尔·丕平去世时(714 年),奥斯特拉西亚和丕平家族受到挑战。赫斯塔尔·丕平指定他六岁的孙子作他的继承人,却把他的一个私生子查理囚禁起来。714 年,纽斯特里亚和勃艮第联合起来,向奥斯特拉里亚进攻。阿奎丹已独立,这时也蠢蠢欲动。萨克森人攻入莱茵河地区的法兰克尼亚。在这奥斯特拉西亚危急的时候,26 岁的查理逃出了监狱。他出任宫相(715—741 年),召集并扩编了他父亲的军队。这支军队以奥斯特拉西亚中的小地主和自由农民为主力,富有战斗力。他打垮了国内的反对势力,击败了纽斯特里亚和阿奎丹的军队,赶走了萨克森人。而他的更主要的战功则是击退当时对法兰克和西欧造成最严重威胁的阿拉伯人的入侵。

伊斯兰教阿拉伯人的扩张是惊人的。632 年穆罕默德去世,阿拉伯半岛基本统一。80 年后,711 年,穆斯林(伊斯兰教信徒)已经进入西

---

① 塔斯特里,在北部圣康旦附近。

班牙半岛，灭亡了西哥特王国。720 年，他们越过比利牛斯山到达阿奎丹。此后 10 年中，法兰克南部半壁山河都在他们的铁蹄之下。732 年，在西班牙的阿拉伯军队的统帅阿布狄-艾尔-拉曼统率的大军，攻陷波尔多，向法兰克中部进攻。这一年的十月，两军在都尔和波亚图之间会战，史称都尔战役或波亚图战役。

会战中，阿拉伯手执弯刀的骑兵首先进攻。法兰克军队，主要是步兵，武器是战斧。关于这一战役的具体情况，没有历史记载，只知道经过一天的酣战，查理的法兰克军队击败了阿拉伯军，统帅阿布狄-艾尔-拉曼阵亡。第二天，当法兰克军进攻时，发现阿拉伯军失去统帅不敢再战，也可能是阿拉伯军由于某种原因或某种考虑而连夜撤退。查理并没有立即乘胜引军追击，这说明阿拉伯军还有一定实力，使查理不敢进一步进攻。① 而且，查理始终未能把在南法沿海活动的阿拉伯军队赶走。然而，无论如何，都尔之役是一次意义重大的战役。这一战役以后，穆斯林军队再没有在比利牛斯以北的西欧大举侵略。欧洲，保持了基督教的欧洲。假如当时阿拉伯军队胜利了，欧洲的历史恐怕就得重写了。

通过这一战役，查理威名大振，因此号称查理·马特。“马特”，义为锤子，表示他有铁锤那样的打击力量。都尔战后，他继续南征北战，取得了一些胜利。他 741 年去世，名义上仍是宫相，称为公爵，实际是全法兰克的统治者。

查理·马特扭转了墨洛温王朝下法兰克长期分裂和衰落的局面，使法兰克王国趋于统一和强大，这同他所推行的改革是分不开的。墨洛温诸王曾无条件地将土地封赐给贵族和教会，封赏土地可由受封者世袭。结果，耗尽了王室领土，造成了贵族和教会大领地主的独立地位。查理·马特使封赐土地成为一种有条件的土地占有制——采邑制。受封采邑的封臣必须对封主效忠，为封主服骑兵兵役，采邑终身享用，不得世袭。封臣如对封主不忠，拒绝为封主效忠、拒绝为封主作战，采邑可随时收回。因此，采邑制使主臣关系同土地封赐关系紧密地联

---

① 参看吉本：《罗马帝国衰亡史》，“近代丛书”本，第 2 卷，第 802—803 页。

系起来。同时,封臣获得采邑,也连同获得采邑土地上的劳动者;这些劳动者,逐渐沦为土地占有者的依附农民。这样,人身所有权又同土地占有权联系起来。采邑制所规定的封臣的兵役义务,指他必须自备马匹、武装、盔甲等装备,为封主服务。军队主力,由以自由农民为基础的步兵,转变为以中小地主为基础的骑兵,封建军队已成为由封建地主组成的武装。农民地位日趋恶化。

通过采邑的分封以加强中央政权,必须具备一个前提:中央政权控制大量土地。当时法兰克王国政权的实际掌握者查理,在平定国内贵族叛变、驱逐外敌入侵的过程中,没收了大批土地。但这些土地还不足以应付他封赐采邑的需要。过去长期以来不断受国王、贵族赠送土地的教会地产,相当庞大。于是,他就把大量教会财产收回,作为他对部下分封的采邑。他又让他的战士、臣属担任教会神职。他的部将米罗担任兰斯、特里尔两个大教区的主教,他的侄子休成为巴黎、卢昂、巴雅三个教区的主教兼任两个修道院的院长。受他控制的教会高级人士,得出兵为他打仗。尽管查理为维护基督教信仰立下汗马大功,尽管他积极支持卜尼法斯在莱茵河彼岸的查理族地区传教,然而法兰克教会人士因丧失教产而对他长期怀恨。在 120 多年后,法国的主教们还对加洛林王朝的国王路易造谣说,有一位圣徒曾在基督启示下看到查理在地狱的底层受罪。

二、加洛林王朝和查理帝国

1. 加洛林王朝的建立

查理·马特去世时,把法兰克领土分为两部分,由他的两个儿子加洛曼和丕平分别统治。747 年,加洛曼脱掉公爵冠服,换上长袍,在意大利蒙特·卡西诺修道院隐居为修道士。他的弟弟丕平就成为法兰克唯一的宫相和公爵。

丕平,别号矮子。他从父亲那里继承了以采邑制维系忠诚的,以中小地主为基础的武装力量。他独揽国家大权。可是,法兰克还存在墨洛温王朝的国王希尔德里克三世。在实力上,他推翻墨洛温王朝的空头国王是没有问题的。而他为了不引起当时有权势的大领地主们的反对,就寻求天主教会和它的领袖罗马教皇[①]的支持。

丕平为了纠正查理·马特对法兰克教会的损害,陆续把部分教产发回给教会,并努力尊重它的独立发展。他大力支持天主教会在莱茵河下游、中游日耳曼部落中的传教事业。在意大利,罗马教皇正受意大利北部的伦巴第王国的威胁,需要有一个世俗的力量作为他的同盟者。而丕平家族,正是西欧最强有力的家族。相互的需要使他们勾结起来。

丕平遣使告诉教皇:在法兰克人中还存在的国王,已只有国王的名义,却没有国王的权威,他要教皇对这个问题表示意见。教皇回答说:“让具有君主权力的人拥有国王称号,事情更好。”这是教会对他夺取王位的支持。不久,在751年11月,在苏瓦松举行的法兰克战士大会上,丕平被拥戴为国王。教皇特使卜尼法斯主持国王登位的宗教仪式,为丕平举行涂膏礼。墨洛温末代国王被送进修道院。三年后,教皇又亲自到法兰克,在圣丹尼斯教堂重新为丕平举行涂膏圣礼。丕平被称为“蒙上帝恩宠的国王”。此后,西欧国王登位,举行宗教典礼并被称为“蒙上帝恩宠”而立的国王,成为惯例。

从矮子丕平起,法兰克开始了加洛林王朝[②]。在法兰克王国,这个王朝延续到987年休·加佩被选为国王,历时236年。

丕平为了答谢教皇给他的“上帝的恩宠”,答应教皇提出的出兵意大利的要求。754年,他打败了和教皇为敌的伦巴第人,迫使伦巴第国王埃斯塔尔夫降服,并把他在三年前占领的拉文纳总督区献给教皇。当丕平带着大批战利品回国时,埃斯塔尔夫在法兰克军队包围下不得不投降。伦巴第军原来占领的意大利中部的拉文纳、五城地区[③]和其他一些地方,割让给教皇。这是丕平给教皇的赠礼。从此,在意大利中部

---

① 罗马主教,习称 pope,中译为教皇或教宗。教皇在以后发展过程中,才成为西欧各国教会的名副其实的领袖。但西罗马帝国灭亡后,教皇在西欧教会中的领袖地位,已逐渐被人承认。西欧各国教会,称为罗马公教,或称天主教。

② 加洛林王朝(Carolingians or Carolings),从查理(Charles)的拉丁字 Carolus 而来。

③ 五城,指安哥那、幸尼加里亚、法诺、彼萨罗、里米尼五城。

出现了以教皇为首的国家——教皇国。[①]

在其余的年月里，丕平致力于巩固他的统治地位。他用兵平服阿奎丹的内乱，继续同莱茵河彼岸的萨克森人作战，收服南方那滂的阿拉伯人所占领的一些地区。上述地区的动乱问题虽然没有全部解决，但是，当他去世时，法兰克已是西欧最强大的国家。

2. 查理帝国的建立

丕平于768年病死于巴黎，两个儿子查理和加尔曼继立为王。771年加尔曼死，查理成为唯一的君主。[②] 查理身体健壮，身材不高，精力充沛，雄心勃勃。他26岁登位，在位时间长达46年(768—814年)。而在他长期的在位时间中，他发动了53次重要的远征。[③] 他征服了广大地区，统治了一个庞大的帝国，查理帝国，或称加洛林帝国。他被称为查理曼，即查理大帝。

查理登位不久(769年)，镇压了阿奎丹的叛变。773—774年，他应教皇邀请，征服伦巴第王国。他的岳父伦巴第国王被送入修道院。他把伦巴第国王的铁王冠加在自己头上，并重申意大利中部属教皇领地。教皇祝贺他是法兰克人兼伦巴人的"上帝恩宠的国王"。

他的历时最长、规模最大的军事行动是对莱茵河东北的萨克森人的征服。它开始于772年，继续到804年，前后30余年。这期间，萨克森人起义此起彼伏，用各种形式进行顽强的反抗斗争。查理出兵18次，其中有两次剧烈战争。他强迫一万家萨克森人迁居高卢和弗兰德等地，曾在一天之内屠杀4500名萨克森战士。他把萨克森的大量土地分封、赠送给教会、修道院和贵族。当地居民，在枪剑战斧的威胁下被迫归信基督教，服从教会，并向教会提供劳役，交纳什一税。凡保留原始信仰，不信基督教，不奉行教会规定的仪礼的，皆杀无赦。

---

① 教皇国领土，此后有变化。它存在前后历1100多年(756—1870年)。

② 查理和加尔曼兄弟不和。他们的母亲竭力缓和关系，为两兄弟娶了伦巴第国王的两个女儿，但仍不能解决问题。查理同伦巴第公主不久离婚。他以后的婚姻似乎也不得意，先后娶了9个妻子，其中5位是正式的王后。

③ 查理在位最后14年只两次出征，可见他在60岁以前几乎每年都在战争生活中。

778 年,他率军越过比利牛斯山进攻西班牙的穆斯林。在阿拉伯人和当地居民的抗击下,他引军加国。回师途中,在比利牛斯山隘,他的后卫部队遭受巴斯克人伏击,损失惨重。后来的骑士诗歌《罗兰之歌》,就歌颂这场战役中查理将领罗兰及其骑士为效忠封主而英勇阵亡的故事。以后,查理军队和阿拉伯军仍有多次战斗。801 年,他的军队占领巴塞罗那,并在西班牙北部沿山地区建立"西班牙马尔克(边防区)"。

在 785 年后的十几年中,他征服图林几亚、巴伐利亚等日耳曼各族地区,征服了居住多瑙河中游,来自亚洲的阿瓦尔人的汗国,夺取了潘诺尼亚一带地方。他同西部不列塔尼半岛的不列颠人的战斗,从 786 年起陆续进行到 811 年,兼并了不列塔尼半岛的部分土地。

一个庞大帝国建立起来。它的领土包括今天的法兰西、比利时、荷兰、瑞士,包括德意志大部和意大利北部,也包括奥地利西部和西班牙的东北隅。帝国面积略小于西罗马帝国。800 年,由于罗马教皇利奥三世被意大利贵族囚禁,他亲自率军拥教皇复位。这年年底,教皇利奥三世,在罗马圣彼得大教堂把古代罗马皇帝的金冠加在他的头上。观礼人群对这位大半生在战争中度过的征服者高呼:"上帝加冕的奥古斯都查理,伟大的和平的罗马人的皇帝,长寿胜利!"历史上的尊号、赞词常常名实不符,以至被后人认为它带有讽刺意义。72 岁时,查理大帝患肋膜炎去世。

3. 查理帝国的统治

查理帝国是以恢复古罗马帝国的名义出现的。实际上,两者的性质不同,所走的道路不同。查理帝国是法兰克封建国家发展过程中出现的,凭武力征服、扩张而产生的帝国,长期分裂内讧。王权衰微的法兰克,强大的中央政权和统一的国家,是加洛林王朝建立以后的新的经历和尝试。何况查理帝国又是这么巨大而庞杂的大国!帝国的制度和统治机构,无疑是粗糙的,甚至是简陋的。但是,查理为他的帝国的统治,是付出了巨大努力的。而且,这些努力,对此后的法国和西欧各国有多方面的影响。

查理政府是法兰克历史上最强有力的中央政权。可是,严格地讲,帝国并不具备现代意义上的国家官僚机构；或是说，在中枢，它只有王家的宫廷，却没有国家的政府。宫廷的主要官员，是为查理个人服务的。他们是：宫廷总管（主管膳食）、宫室长（主管衣着）、御酒官、御厩官等，都由贵族担任。以掌印官为首的一批秘书人员和宫廷教士等，由教会人士担任。只是，这些宫廷官员，是查理国家军政上的咨询对象。查理也常指派一些亲信官员，分管政法、财务、军警等。以后法国封建政权仍长期保持法兰克时期宫廷官员的名称，而实际上已是掌握国家军政权力的大臣。如宫廷总管即是首相，掌印官是掌玺大臣，御厩官则是骑兵元帅。

而且，按照当时的实际情况，很难说有另设一套国家机关的需要。军队，是国王以他最高封建领主的地位向各地封建领主征集的。国王所需要的经费，主要依靠王室领地内庄园的收入。除了按照封建惯例收受封建领主的贡献外，没有全国性的税收。什一税的普遍征收，可能始于查理，但它是教会的收入。查理，也像过去法兰克的国王们那样，带着他的宫廷人员和金库，从一个庄园到另一个庄园驻扎，享受当地的供应。查理帝国没有首都。查理停留较多的是今日的亚琛，而它也不是经常性的、固定的政治中心。查理颁布了很多诏令（capitulary），其中，关于王家庄园的管理经营，规定不厌其烦、面面俱到，可见庄园经济在政府财政中的重要地位。

查理在边境设边防区，由侯爵（markgraf）任军事长官，在全国各地，设伯爵区，由伯爵（count）任长官，负责地区军队的征集和指挥，维持秩序，主持法庭，并为分散各地的王室领地征收租税、指派劳役。伯爵的副手是副伯爵，亦称子爵。伯爵等地位由终身职位而世袭。他们原来就是贵族领主，又利用军政权势，扩大他自己的领地和势力，逐渐成为各地的大封建领主。他们滥用职权以至独立行事的情况，在查理在位时期已常有发生。为了加强控制，查理经常派遣由他亲信的伯爵和主教（或修道院长）两人组成的巡按使（missi dominici）巡视各地，他们接到申诉，审理案件向皇帝汇报情况，传达皇帝指示。皇帝的不少诏令是根据巡按使的汇报制定的。

查理每年召开大会，以商讨国政，了解情况并发布诏令，称为“五月校场”。五月校场原是法兰克人在原野上举行的战士大会。在查理时期，它已是贵族和教会高级人士的大会，每年五月在亚琛，也在其他地方的郊野举行，参加会议的教俗人士，住在各自的帐幕里。许多使者在他们和查理之间来往。查理也同他们一起讨论，听取他们的意见和建议，向他们提出各种问题，了解各地情况，然后作出决定，宣布诏令。约在秋天，查理又召开少数显要贵族和教会重要人士参加的会议。这是查理的顾问会议。它为“五月校场”做准备，或按照“五月校场”的讨论，根据查理的指示，研究并作出具体措施。

4. 帝国瓦解

查理帝国是短命的。这不是由于查理治国的谬误或无能，而是社会历史发展的客观条件不允许庞大、统一的查理帝国存在。

封建制度在迅速发展，大领地主的力量和独立性在增强。采邑制建立了主臣之间的权利和义务关系，加洛林王朝初期王权的强大，与此密切相关。但王权是代表封建领主的利益的。查理是通过征服不断扩大封建领地并赋予领主特权而获得封建领主的拥扶的。其结果，又使大领主日益成为统一政权的离心势力。

查理帝国包括许多部族、部落，它们的社会发展水平、文化水平不同，它们有不同的语言、习俗和习惯。族与族之间，地区与地区之间，缺乏经济、文化的经常交流，缺乏共同的利益。帝国版图是凭武装力量拼凑而成的，因此它也容易破裂。

继查理大帝皇位的，是他的幼子路易。[①] 路易同教会关系很好，号称“虔诚者”。他的元配皇后生三子：罗退尔、丕平和路易（别号“日耳曼人”），继配皇后又生一子查理（以后别号“秃头”）[②]。路易登位之初的十几年中已有变乱，而诸子之间尚能维持相持不动的局面。829 年，由于对 6 岁的幼子查理分封领地，变动了对诸子已封的领土，内战于次年爆发。[③] 838 年次子丕平死，840 年路易死去。更大规模的内战展开了。841 年 6

---

① 路易的两个兄长，在查理去世前死去。路易登位时，年已 35 岁。

② 路易登位时，三子年龄各为 19、11 和 8 岁。幼子查理，生于 823 年。

③ 路易一家，父子兄弟之间混战，虔诚者路易一度被俘，并被迫在贵族大会上承认他的“错误和无能”，把皇位让给罗退尔；可是，丕平和路易反对罗退尔，虔诚者路易重新复位。

月,以罗退尔和已死去的丕平的儿子为一方,日耳曼人路易和秃头查理为另一方,在封坦内[1]大战。这是一次死亡数以万计的大规模的血战。有的历史学家说,法兰克的自由民战士在这一战中伤亡殆尽[2],结果罗退尔战败,后兴兵再战,又败。

为了避免在内战中自取灭亡,843年8月三兄弟议和签订《凡尔登条约》。这个条约决定帝国三分:秃头查理得些耳德河、缪斯河、索思河、罗纳河以西的高卢土地,称西法兰克王国;日耳曼人路易得莱茵河以东地区,称东法兰克王国;罗退尔拥有皇帝称号,领土包括上述两国之间的狭长地带,北起北海,南至意大利中部。870年8月,路易和查理签订《墨尔森条约》,瓜分了东、西法兰克之间原属罗退尔的狭长领地。西法兰克、东法兰克和罗退尔所领有的意大利,分别发展为法兰西、德意志和意大利三个国家。

事实上,东、西法兰克和罗退尔王国领土的疆域和国内情况,都是不稳定的。本国国土的分裂、各国之间的争夺、外族的入侵、大封建主的独立,使当时西欧各国呈现经常动乱不定,分化割裂的现象。9世纪晚期,在原来查理帝国的国土上,可以计算的有7个王国:西法兰克、纳瓦尔、普罗旺斯、勃艮第、洛林、东法兰克、意大利。在西法兰克内,独立的诸族有29个。[3]

外族的入侵,使动荡的西欧更加动荡。在南方沿地中海地区,阿拉伯人从他们已占领的北非、西班牙出发,侵袭意大利和法国南部。9世纪时,他们先后占领西西里、萨丁尼亚、科西嘉和东地中海的克里特等岛屿。南意和普罗旺斯都有他们定居。来自东方的匈牙利人或马扎尔人,在10世纪上半叶进掠中欧和西欧。但比较广泛地侵扰欧洲,并对欧洲历史产生比较重要的影响的,是来自北欧的诺曼人的侵入。

---

① 封坦内(Fontenaille)法国中部奥克西里(Auxerre)附近村庄。

② 有的史家估计这一战役中,参战人员共约30万人,每方各15万人左右,死亡人数约4万人。参看基佐:《法国史》,英译本第1卷,第211页,又克金(Kithin):《法国史》第1卷,牛津1898年版,第159页。上述数字,可能夸大,但战争规模巨大,伤亡惨重,可以想见。

③ 参见基佐:《法国史》英译本,第1卷,第227页。

诺曼人，指分布在北欧斯堪的纳维亚半岛（挪威、瑞典）和日德兰半岛（丹麦）的部落集团。一般认为他们是北欧的日耳曼人支派。他们以捕鱼、打猎为生，善于航海。他们已处于氏族公社向阶级社会过渡的阶段。欧洲其他地区较高发展的社会生活，吸引他们分支侵略。8 世纪末和 9 世纪，是他们连续向外扩张的时期。他们的东支，称瓦拉几亚人，从 9 世纪中叶起，占领了诺夫哥罗德，建立基辅公国。西支侵入北海、大西洋沿岸的西欧各国。稍后，又从地中海在各岛和意大利南部登陆。

诺曼人侵入法兰克，在 9 世纪中叶以后。他们从沿海深入腹地，西法兰克中部不少城乡居民，被烧杀掳掠。885 年，3 万以上诺曼人乘 700 艘三桅帆船，沿塞纳河进攻巴黎。巴黎居民，在巴黎伯爵欧狄（或称奥多）领导下，据城奋战 13 个月。守城战士向皇帝胖子查理乞援。查理率师至巴黎附近，不敢同诺曼人作战，却以 700 镑的白银，买得诺曼人的撤退。911 年，西法兰克国王“单纯的”查理，封诺曼人首领罗罗为公爵，并以西北滨海之地作为他的领地，是为诺曼底公国。

在西法兰克王国，加洛林王朝的王权越来越衰弱，保卫巴黎的欧狄一家却强大起来。欧狄被贵族选为国王（888—898 年在位），而反对派贵族又选加洛林家的“单纯的”查理为王（893 年被选，898 年欧狄死后才为国王，922 年被废）。欧狄的弟弟罗伯特被封法兰西公爵，他曾称王，但不久战死。987 年，罗伯特的孙子，法兰西公爵休·加佩，由贵族选举为国王。法兰克王国加洛林王朝的历史结束了。加佩王朝（987—1328 年）统治下法兰西王国的历史开始了。

三、法兰克社会和文化

1. 封建制度的发展

封建制度的发展过程，就是社会封建化的过程。

法兰克社会的封建化，内容复杂，范围广泛。它包括各种大量的前封建关系向封建关系转化。在地域上，它包括罗马帝国境内的高卢，也包括罗马帝国疆域外各支蛮族活动的地区。因此,封建化的进程很不一致。就查理帝国分裂后的各地区讲,莱茵河、多瑙河以外地区,直到12世纪晚期封建化才基本完成。意大利和高卢封建化完成较早。在西法兰克——法兰西,当10世纪末加佩王朝建立时,封建化已基本完成。法国封建制度的发展,在西欧各国具有先进性和典型性。

法兰克奴隶转化为农奴,受到阻力较少。而自由农民转化为农奴和依附农民,则是一个漫长的过程。有高卢的自由小农,更有日耳曼各族从马尔克分化来的自由农民。在7世纪初叶,马尔克已经瓦解。马尔克成员的份地已变为可以自由转让或买卖的私有土地——“自主地”。拥有小块土地的小农,无力抵抗自然灾害、疾病瘟疫的侵袭,不堪连绵不断的战争、兵役和罚款的沉重负担。豪强贵族和教会的巧取豪夺、侵占兼并,都促使他们倾家荡产。这些农民,或卖身投靠,或献地委身,乞求庇护。投靠、委身者的命运,就是丧失人身自由,沦为农奴或依附农民。在劳动人民农奴化的同时,大领地主的领地不断扩大,权势不断增强。墨洛温王朝的大领地主,已是王权衰微、内战连绵的重要因素。但当时尚有相当数量的自由农民存在,在频繁的战乱中,大领地主亦不稳定。采邑制规定了大、小领主之间的主臣关系,加速了采邑地内自由农民的奴役化。它在一定时期内加强了王权和封建秩序。可是,就在加洛林王朝时期,至少从查理帝国瓦解起,大领主的领地不断扩张。及身而止的采邑,已逐渐成为世袭的封地。享有不受政府司法和行政管辖的豁免权的大领地,越来越多。而劳动人们的奴役化,又必然使领主对领地上丧失自由的居民拥有人身统治权。这样,尽管受国王封赐的大领主对国王负有义务,即领主的领地所有权是有条件的,但他们对领地的所有权和他们对领地居民的统治权,是结合在一起的。这是封建领主制的基本特征之一。大封建领主,事实上成为自己领地的实际统治者,成为独立割据的诸侯。国王的管辖权力,只局限于王室领地。

2. 封建等级制

国王分封土地,是由于领受土地的大封建主向他效忠,为他作战。大封建主如公爵、侯爵、伯爵、主教、修道院院长等,也仿照国王,把土地再分封给下一级的封建领主，一般是领地不大、爵位较低的子爵、男爵。中小领主，再分封土地给骑士。于是，整个封建主阶级构成了一座封建的金字塔。塔尖是国王，下层是骑士。这一封建等级制，在西法兰克——法兰西王国，从10世纪起逐步形成。

授、受土地的双方，建立封主（或称领主）和附庸（或称陪臣）的关系。封主对附庸，除授予土地，还负有帮助和保护的责任。在动乱的社会里，中小封建主是需要保护的。附庸必须效忠封主并应召作战，通常每年从军40天。附庸又得应召参加封主的法庭和有关会议，也得用自己的费用参加封主举行的宴会。在封主的婚丧、继承、授爵等大礼时，附庸缴纳献金；封主被俘，由附庸偿付赎金。建立封主和附庸的关系要经过一定的仪式：誓忠礼。受封者半跪于封主之前，双手放在领主掌间，对领主宣誓："从这天起，我以终生和全身，成为你的人。"封主则授以树枝或泥土，作为授予封地的象征。对教会主教、修道院院长授封，另授指环和权杖。

封建等级制，是封建主阶级内部土地所有权的瓜分形成。它说明，封建领主的身份地位和他们之间的关系，皆以土地为标准、为纽带。在封建等级制流行时期，王权事实上瘫痪了，封建等级制代替了国家机关。它是压在广大劳动人民头上的统治机构，对外敌，它也发挥保卫乡土和对外扩张的作用。它是适应封建领主分裂割据的特定的历史时期的上层建筑。

然而作为维持封建秩序机构的封建等级制，只能在无秩序中维持相对的秩序。在法国，封建领主之间的关系，限于授、受土地的两级。"我的附庸的附庸，就不是我的附庸"。国王以下的封建主的附庸，就不是国王的附庸。而且，封建等级制并不是从上层到下层层次井然的。封建内战、婚姻继承、多次的分封再分封，使封主和附庸的关系搞得很混乱。一个封建领主可以有许多附庸，同时，他也可以有几个封主。有时，封建主甲授封地予乙，乙授封地予丙，丙又授封地予甲。在封建战争或纠纷中，谁支持谁，征召谁，有时成为复杂的问题。

3. 农民境况

在封建化基本完成的10世纪晚期，法国的耕地都已被封建领主分割。奴隶、隶农、自由农民的差别，已经消失，绝大多数都成为农奴，小部分成为依附农民——维兰(villeins)。维兰不像农奴那样负担各种奴役性的义务，但他们仍受领主的沉重剥削并受领主管辖。封建领主通过它对主要生产资料——土地的所有权，用劳役和实物地租作为对农奴和依附农民剥削的主要形式。领主领地的基层组织，是封建庄园。庄园是领主榨取农民的基本组织形式，也是封建大地产所有制和小农经济相结合的经济单位。国王、教俗大封建主拥有成百成千个庄园，中小封建主也占有数量不等的庄园。庄园大小不一，有农民三四十户至三四百户不等。9世纪初法国圣·泽曼修道院土地和人口清册[①]中记录了庄园情况。其中一个庄园有117户农民。它的全部耕地折合市亩，共计五千几百亩。此外，尚有葡萄园、草地和森林。

庄园耕地，通常分领主自营地和农奴份地两类。前者由领主管家直接管理，后者由农奴使用。农奴以每周三至四天时间，自备牛、马农具，在领主自营地上进行无偿劳动。在农忙时节，这种无偿劳动时间还得增加。此外，农奴还要替领主伐薪、割草、放牧、磨粉、酿酒、运送、修建、铺路等。这些都是劳役地租。农奴的份地收入是归自己支配的，可是，他们也得从收入中向领主缴纳一定数量的实物地租，包括粮食、麦酒、家禽、幼畜、蛋、鱼、麻、毛织物和其他生活用品。附加于地租的其他苛杂剥削，名目繁多。如农奴必须使用领主所设的磨坊、面包炉、榨油器等，交纳费用；过桥、摆渡以至通过主要道路，也得纳税。由于农奴对领主自营地上的无偿劳动消极，庄园中的领主自营地逐渐减少，农民份地增加，实物地租相应上升。

农奴的奴役身份，又给他们带来许多沉重负担：农奴必须缴纳"人头税"；结婚须得领主许可，如女方是另一领主的农奴，须纳"婚嫁税"；死后由儿子继承份地，须缴"死手税"。农奴和依附农民在领主法庭上诉讼或受审，缴纳诉讼费和罚金等。所有居民皆须把收入的十分之一缴给教会，称为"什一税"。

在法兰克时期，自然经济占绝对统治地位。庄园经济自给自足，粮

---

① 圣·泽曼修道院清册，亦称伊尔米农修道院院长清册，1844年公布。

食、衣服、家具、农具和其他生活需要，基本上都由庄园的农奴生产制造，甚至武器等军事供应，也由领主向特定的庄园征集。在法兰克绝大部分地区，城市已失去它作为工商业活动中心的作用。每个庄园，周围一般为森林、荒野，居民很少对外交往，庄园成为一个闭塞的小天地。农奴和依附农民生活困苦，全家住在简陋的小屋子里，当父母外出劳动时，孩子们和小猪、家禽在一起，在泥地上打滚，农奴和依附农民曾发动个别的、集体的反抗斗争。但庄园生活和外界的隔绝，使农民斗争带有不可避免的分散性和自发性。

4. 天主教会

法兰克天主教会是西欧教会的基本力量。自克罗维及其三千战士信教后，法兰克教会开始了它的黄金时代。如果按教会全部土地计算，它是领有最大地产的大领主。“据罗特估计，在7世纪末，高卢教会的全部土地，不是少于而是多于土地总面积的三分之一。”[①]查理·马特曾没收不少教产，而矮子丕平后，教会地产迅速增加。相应封建制度的发展，教会及其上层人士已是权势显赫的大封建领主。在王权衰微、诸侯割据的年代里，教会主教和修道院院长都是在自己领地上独立擅权的大领主。

教会大封建主同世俗大封建主有不同之处，教会是一种组织或团体，教产属于组织。它同世俗领主的领地不同，不会受婚姻、继承或封建内讧而分割或侵削。它的上层人士是选任的神职人员，不像贵族那样可以世袭领地。它的组织系统，是教阶制：领袖是罗马教皇；在国内，它有层层的阶梯机构，即大主教、主教、本堂神甫等，教产和教堂遍布法国各地；每一处封建领地，每一个庄园，都有大大小小的教堂及其地产。

修道院是信徒隐居修道的地方，是当地传教和宗教活动的另一中心，又是为教会培养人才、研究神学活动的机构。从6世纪到10世纪，法国新建的修道院共计1055个，平均每年新建两个以上，每个修道院

① 《马克思恩格斯全集》第19卷，第546页。

都拥有相当大的地产;在地产劳动的,除修道士外,有农奴和依附农民。圣·泽曼修道院占有土地共达36500公顷(合547500亩)。修道院一般是独立的,直接听命于教皇,有的受主教节制。

所有居民,几乎都是主教的信徒。在世俗统治者合作下,教会控制了各阶层居民的生活和思想。每个人的一生,都离不开教会的礼仪和宗教活动。星期日,人们都得去教堂做礼拜。宗教节日,已成为风俗习惯的组成部分。婴儿一离开母胎,就接受"洗礼"成为信徒。成年后,领受"坚信礼",以坚定信仰。结婚,行"婚配礼",否则婚配不合法。临死,受"终傅礼"。为了使自己的错误、罪行得到上帝宽恕,行"悔罪礼"。通过"圣餐礼",可以让基督的血肉充实人们的肉身。"圣职礼",凡担任教会职务的,都得参加。教会不仅是它领地上的统治者,也参与或掌握全国民事方面的司法审判权。教会有各种办法处罚受它怀疑或对它不驯服的信徒,其中最严厉的是"绝罚"(开除出教)。如果你被判处"绝罚",那么,你不仅不能参加任何社会活动,而且,你的亲人和左邻右舍,都会把你当作一个瘟神似的回避你;你在政治上和经济上的权益,都将丧失。

在这种情况下,作为法兰克统治集团重要成员的教会及其代表人士,控制了人们的生活、习惯、思想,也垄断了社会文化教育的各个方面。教会组织确是法兰克以至西欧封建统治的得力机构。

5. 文化教育

在法兰克时期500年,比之其他历史时期,以社会经济和文化的衰落为特征。以致有的历史著作不恰当地称它为"黑暗时代"。衰落的主要原因是西罗马帝国晚年严重的社会经济、政治危机和频繁的内战的破坏,也由于入侵高卢的蛮族的粗野等。中世纪西欧文化是在较低的起点上发展的。它是社会经济发展水平较低,人们认识水平较低的情况的产物。教会人士垄断文化教育,正如恩格斯所指出的,是上述情况的结果,而不是原因。[①] 教会的垄断和控制,教会提倡的蒙昧和禁欲主

① 《马克思恩格斯全集》第7卷,第400页。

义，对于西欧文化的发展是起着抑制、不利的作用的；但这一切，也是当时西欧社会经济和知识状况的反映。

劳动人民没有机会受教育，而法兰克的国王和贵族中，也很难找出几个掌握知识文化的人。查理曼是重视文化学习的，他能听懂人们读给他听的拉丁文字，也练习写字；但据说，他除了能签署自己的名字外，没有写过什么东西。这样，法兰克王国的统治阶级中，能够识字、读书、写作，具有一定政治、法律和计算知识的，只有教会人士。教会对于强调世俗生活享受和违反基督教信仰的古代文学、艺术、哲学，曾经禁止和破坏，但是，来自古代社会而且是罗马帝国重要力量的教会本身就不能摆脱古代传统，加上，教会出于自己需要，也为了适应封建统治的需要，古代的文字、思想、知识、经验，是要通过教会改造而保存下来的。有的著作否定教会在古代中世纪之间的桥梁作用，是不符合历史真相的。

教会和修道院附设的学校，是墨洛温王朝唯一的教育机构。教育内容是"七艺"（七门"自由艺术"）。这是古代遗留下来的学科，教会修改内容以符合教、俗封建主的利益。"七艺"中文法、修辞、逻辑，对于教士讲道、传教，对于封建主的法令、通知、信函等，都有用处。数学，用于租赋、买卖、捐赠、赏赐计算；教会还给数字以神秘的解释。几何学同土地的分配、分割有关；教会又在几何学的内容中，加上许多奇异荒诞的所谓地球情况的描写。天文学同历法不可分离，多得难以胜记的宗教节日，计算则是中世纪历法的重要内容。音乐，主要是唱赞美诗，教堂仪礼少不了它。

教会提倡禁欲，宣扬忍耐、节制，等候未来世界的"永福"，及用迷信、神来迷惑人心，都是愚弄人民、麻痹反抗斗志，使人民安于贫困落后的现状，忍受现世苦难的手段。这是教会在意识形态上为封建主阶级服务的重要方面。然而，作为封建统治阶级组成部分的教会，不为自己的阶级服务是不可能的，何况，法兰克时期的封建制度还是处于上升的阶段。

教会以神的信仰、神学的教条来压制人们对物质世界和现实生活的探索和追求。在法兰克时期，天主教哲学的主流是教父学，它阐述古代基督教理论家德尔图良(3世纪初叶)所说:“正因为荒谬所以我相信”,发挥奥古斯丁(生卒354—430年)提出的下列思想:信仰先于理性,高于理性;一切同上帝无关的知识都是不重要的。这些支配思想,宣扬盲目信仰至上的教父学哲学固然是当时知识水平低下的反映,但它长期以来是抑阻科学、文化知识发展的重要因素。科学在法兰克时期,是历史上的低潮时期之一。炼丹术代替了化学,天象的观察,成为迷信“天意”的说明,而这些,也只是个别隐修僧侣进行的带有神秘色彩的活动。用“圣物”和“圣水”治病、巫术、原始的医药知识代替了医学。放血和饮水是民间流行的医疗方法。

歌颂上帝和歌颂圣徒的神圣故事和传记,是教会文学的主要内容。某些修道院僧侣撰写编年史。6世纪都尔城主教格里高利(生卒约538—594年)著作十卷《法兰克人史》,内容间杂着许多无稽的宗教传说,文笔并不高明,但仍有史料价值。民间故事和民歌流行各地,但受到教会的鄙视和压制。

查理大帝认识到为封建统治服务的文化教育是重要的。他除了指示各地教会举办学校外,还设立了宫廷学校,命令一些贵族子弟参加学习,还从英国、意大利请来了“大师”讲学,其中阿尔昆是较著名的学者。在文化内容上,也重视阅读并模仿古代作家的著作写作。由于他们提倡学习希腊、罗马的文艺作品,某些历史学家说,这是“加洛林的文艺复兴”。查理统治时期的文化教育,比此前法兰克是有一些起色的。阿尔昆的学生,曾任查理的臣僚和亲信的爱因哈德(生卒年约770—840年)所写的《查理大帝传》,对于歌颂查理的丰功伟业,虽多溢美,但内容没有中世纪其他著作的神秘和迷信,文理清晰流畅,是中世纪西欧最著名的传记,也是一本历史著作。然而,就“加洛林文艺复兴”总体讲,显然仍以为上帝服务的前提下进行的,它的影响也微弱到不成气候。所谓“加洛林文艺复兴”的寿命,比迅速瓦解的帝国还短暂得多。

第四章　城市与市民　领主和君主

一、城市和商品货币经济的发展

1. 10 世纪后期起农业手工业的提高和经济的发展

从奴隶社会废墟上建立的法兰克封建社会，经过 500 年的缓慢发展，从 10 世纪后期起，展开了广阔的发展前途。法国封建社会进入了发达阶段。生产力显著提高，商品货币经济发展，城市普遍兴起，市民作为一种新的力量而登上历史舞台。国内各地区交往日趋密切，国际关系复杂化；大领主分裂割据虽未消失，但王权增强，政治局面有所改变。

农业的发展是封建社会生产力提高的重要标志。法国 10 至 11 世纪的耕地制度，法兰克时期的二田制已逐渐被三、四田制所代替：在一块土地上，第一年秋天播种冬季小麦，第二年春天种大麦或荞麦，第三年休耕。这样，土地种植的利用率从二分之一提高到三分之二。就谷物产量讲，加洛林王朝的农田一般是种一收二或种一收三；12 世纪时，已达到种一收六以至种一收七，产量提高二至三倍。犁耕已普遍，有无轮的轻犁，也有有轮的重犁；有的地方，有六至八匹牛牵犁的深耕。从 10 世纪末起，出现用马代替耕牛以加快农活速度。水力磨坊在农村推广。葡萄在南法农村普遍种植，这时已有显著发展。森林和沼泽地，长期以来，不断得到开发。在法国封建社会发达阶段，耕地面积已较过去大量增加。教会的传教活动和新修道院的建立，往往同移民垦荒结合。

伴随着经济的发展，从10世纪后期到11世纪起，法国人口增加迅速。有的史家把人口的压力作为发动十字军东征的原因之一。

古代高卢的手工业技术，如采矿、冶炼、金属制造、纺织、制草、木工、石匠等，还在民间保存下来。铁矿、铜矿仍在某些地方开采，加洛林的宝剑和铁斧是欧洲名产。北方些耳德河口佛兰德尔伯爵领地的诸城市，长期以来毛纺织业著名。9世纪初，查理曼以佛兰德尔毛纺织品作为赠送给阿拉伯统治者的礼物。11、12世纪法兰西呢绒名闻全欧，主要是佛兰德尔诸城市的产物。10世纪法国北部一些地方，毛织业逐渐发展。8、9世纪时，法国贵族夏穿麻织衣服，冬着皮袄；10世纪晚期起，毛织服装流行。

除了佛兰德尔，南部法国还保存一些古代城市，如地中海沿岸的蒙彼利埃、尼姆、阿尔、马赛，西南的图卢兹、波尔多等。它们经历了西罗马帝国晚年和法兰克时期的劫难，作为工、商中心的作用，越来越小，但是在居民中，还有相当数量的手工业者和商人。从10世纪晚期、11世纪起，尤其在十字军发动东征以后，这些城市迅速发展。

然而，直到10世纪初叶，在法国大部分地区，古代城市虽然保留名称和遗址，但已成为主教驻地或大封建领主的统治城堡，不再是手工业、商业中心。在自然经济统治下的庄园中，有些庄园中已有一定技术的专业生产的手工业者，如武器、农具、某些装饰品、家具等。而这些手工业者，是农奴和依附农民；手工业依附着农业发展。庄园不能生产的铁钢原材料、精贵武器、食盐、奢侈品、香料等，依靠行商承担。

生产的提高为手工业的独立发展和商品货币经济的开展提供了条件，也提出了要求。粮食生产有剩余，为市场提供了商品粮。葡萄酒和其他农村副业产品，有待作为商品而运销各地。长期在庄园内部劳动的各种行业的手工业者，经过长期的技术和经验积累，有条件在较广阔的地区经营并出售自己的产品。同时，广大的农村需要市场供应和商品交易。深耕细作或开荒伐林，需要坚锐的工具；衣料、食盐等普遍需要日益增长；骑士需要作战用的坚甲利器；教堂和贵族邸宅需要各种贵重家具、陈设、装饰和香料。

商业交易已在发展。地区性的贸易市集，在查理曼时期已经存在。

某些庄园具有较充沛的手工业生产能力，领主为了增加收入，允许接受外来生产任务；有的领主更进一步，以征税为条件，让庄园中熟习某种技艺的农奴离开庄园，在一个新的地点集中，同外商和附近居民接触，既出售商品，又保证原料来源。新的手工业者的集中地，多为水陆交通要衢，一般为古代旧城市遗址，在当前的主教、修道院或伯爵驻地附近。这些新的手工业者和商人集中的地方就是新兴的城市。

2. 城市和行会

南方，由于经济发展较早，也由于某些古代城市仍残留一些工商业者，城市兴起先于北方，而城市在法国各地普遍出现，在 11 世纪初期，城市的市民来自农村。“从中世纪的农奴中产生了初期城市的城关市民。”[①]他们既是手工业者，又是出售自己商品的商人。外地行商早已存在，本地人中，也出现了专搞供销的商人。初期城市仍保持着农村的面貌，居民还没有放弃种蔬菜、养牲畜的农民生活。居民除手工业者和商人外，还有少数骑士、贵族的仆人、驻防的士兵、教士、房屋的业主、高利贷者等。以后，随着城市发展，非工商业人口减少，农村生活习惯消失。

初期城市居民不多，人口数以千计的城市已不算小。而人口的增长却很迅速。巴黎在 10 世纪时，居民人数不会超过两万，1291 年，约有 10 万居民；14 世纪，达 275000 人左右。里昂人口 10 世纪时在两万以下，14 世纪时约有 35000 人。城市为了安全保障，周围围以城墙。居民人数的剧增使旧城不能容纳，于是另辟新区，再造新的城墙。扩展的城市依然拥挤，街道狭窄，临街房屋的楼房往往凸出，以致两边房顶几乎相碰。光线很差，半明半暗。环境卫生恶劣，结果疫病流行，死亡枕藉。在城市中央有一块相当大的广场，附近有市场，市场的一端有教堂。高耸的大教堂是城市最考究的建筑。教堂旁边是堂皇的市政大厦，会议、公共宴会都在这里举行。大厦钟楼上大钟的钟声，是举行群众大会、召集民兵、保卫城市的信号。

---

① 《马克思恩格斯选集》第 1 卷，第 252 页。

城市手工业者，按照不同的行业，有自己的行会组织。行会普及法国各城市，只是南部法国的城市一般没有行会组织，在那里，各种有关生产的规章制度，由市政当局规定。行会的生产单位是作坊。作坊主或称匠师，下有帮工和学徒二到四人。在匠师与学徒之间，有师徒关系。学徒从师数年，升为有少量工资的帮工。帮工期满，经行会审定，可升为匠师，独立开设作坊。行会垄断城市本行的生产，外来的手工工人如不经行会同意，就不得在城市开业。在行会内，每个手工业作坊的人数、机体、产品的数量和质量规格，原料的分配，帮工工资和学徒期限，劳动日长短，都由行规规定，不得违反。行会有基金，作为成员互助救济和举办公益事业之用。行会有会场，崇拜本行业的祖师，各有自己的节日。行会数目，随城的大小而有不同。行会内部各作坊生产不分工，分工加细，则行会数目相应增加。如巴黎皮匠，从1160年以来分作五个行会：皮鞋匠、鞣皮匠、补鞋匠、制皮带匠、制钱袋匠。13世纪末巴黎纳税名册上，已有300多个行会。商人也有行会，有的城市有几个商业行会，如零售商、毛布商、药材商、首饰商、船主等。有的城市，全城商人都参加一个商人行会。

行会在保持各作坊利益平衡、限制竞争、保护当时还很脆弱的手工业上，在传授生产经验、保存和提高手工业技术上，都有积极的作用。尤其是在组织城市居民联合同压迫、剥削他们的封建领主们的斗争中，起了很大的作用。

3. 城市自治

初期城市土地属于领主。城市居民虽然已脱离了庄园，却还没有完全解除对领主的依附身份。他们得向领主缴纳代役税；领主作战时，他们也负有军事上的服役义务；在政治、司法上，领主是他们的统治者和法官。领主还把城市居民作为勒索压榨的对象，任意征收苛捐杂税，如不能达到目的，常对城市施加压力和威胁。摆脱领主的封建束缚和压力，争取城市自治权，是城市市民的迫切要求。

城市取得自治权有两条道路：用金钱买得自治，用武装斗争争得自治。南法沿地中海的一些城市，在领主控制下多少保持有古代留下来的自治传统，加上对外贸易发达，经济力量较雄厚，它们通过向领主交纳金钱而取得较大的自治权。其他西南一带有财力、有条件的城市，也通过相同道路而获得自治权。北部和中部的许多城市，或用金钱，或经斗争，取得了不同程度的自治权。很多城市的自治权是不完整的：它们虽然自己选举市政机构，也享有相当大的自主权力，但国王或领主，仍派官吏或代表驻扎在城市里，以保持其统治权。巴黎、奥尔良、布尔日、里昂、南特和沙特尔都是如此。有的城市，通过曲折的剧烈斗争，取得了较完整的自治权。这些城市有选举产生的市议会，有市议会选举的市长。它们可以自己制定法令，决定赋税，保管金库，组织法庭审判，负责军事。它们有自己的徽章、印信，自己的监狱、绞刑架和示众的木桩。法国北部一些城市的“公社”运动，就是争取成为完整的自由城市的斗争。建立公社的城市：1077 年有康布雷，1108 年有圣康坦、博韦、努瓦荣三城，12 世纪初叶有兰城，1113 年有亚眠和苏瓦松，1125 年有圣里奇和科尔比，1138 年有兰斯，12 世纪中叶有桑斯、艾坦普、第戎、索缪尔等，1190 年有阿布维尔。

可是，争取自治权的斗争是曲折的、反复的。公社的成立，在很大程度上是在封建分裂，国王为扩张势力支持城市反领主斗争的形势下进行的。14 世纪以后，王权增强。王权要利用市民的财力人力，就需控制城市，城市的自治权相应地削弱。兰城的长达一个世纪的斗争可以说明上述情况。12 世纪初，兰城是主教高得利的领地。市民用大笔金钱买得了主教允许兰城为“公社”的诺言，他们为了进一步得到保证，又向国王胖子路易送钱。1112 年，高得利等花光了钱，就背信弃义地命令解散兰城公社，毁弃城市的印章、旗帜。市民忍无可忍，就拿起剑、枪、斧头、弓箭等武器，武装暴动，杀死了仓皇逃避的主教。但国王在教会主教的压力下出兵，起义失败。十几年后，经国王“赦免”，兰城复兴。1175 年，它又取得了国王允许它自治的特许证。可是，在主教的反对下，自治机构又被取消(1190 年)。1194 年，市民再次发动武装斗争，结果保留了部分自治权。1331 年，它的自治权全部被取消，由国王派代表直接统治。

获得自治权的城市，被授予“特许状”，规定它所享受的自治权利。

各城市所享受的自治权虽有程度不同,而城市市民的人身自由都被承认。"城市的空气使人自由",在劳动人民的人身依附成为普遍现象的中世纪,市民取得自由,是一个大胜利。逃往城市,成为庄园农奴和依附农民的一条出路。城市为了限制人口,有一条共同的规定:凡在城市住一年零一天以上的居民,便成为自由人。

4. 商品货币经济的发展

城市的发达标志着商品货币经济的发展。法国许多城市生产的商品,闻名国内外。城市不仅与附近地区,与本国其他城市,也同国外商人进行贸易。

法国为西欧南北、东西交通通衢,海陆商道的中心。西欧有两大沿海的国际贸易区域地中海沿岸和北海、波罗的海沿岸,一个内陆的国际市场香槟市集。地中海沿岸的纳尔滂、蒙彼利埃、马赛和西南的波尔多、图卢兹,以呢绒、染料、造船、制革等工业著名,同意大利、西班牙和地中海东部有广泛的商业交往。十字军东征后,南法城市国际贸易活动更趋活跃,发展迅速。著名的佛兰德尔地区和北部不少城市,呢绒业、麻布业发达。佛兰德尔的呢绒生产过程本身,就同其他国家有联系。它的羊毛原料来自英国,它的部分呢绒成品在意大利佛罗伦萨等城市加工润色后运往东方。佛兰德尔又是地中海、波罗的海商货的中转地区,商贾云集。

法国有几处较大的市集,其中以香槟最为著名。香槟市集由四个城市定期轮流举行,实际已是全年经常活动的商业区。12、13 世纪各国商人荟萃,各种商品展销。除了法国各地的名产外,意大利和南法的商人运来了东方的绸缎、绣花的薄纱、地毯、珍珠、宝石、象牙、香水、药材和胡椒、肉桂等香料,北欧的毛皮、皮革,德意志的金属和武器,还有马匹、牲畜和各种原料。香槟原来是独立的。1284 年,它成为归属法国国王的伯爵领地。14 世纪,它走向衰落。

商品生产的发展需要货币,货币已在各地使用,不少领主和城市却不自铸货币。但五花八门的货币,金银含量不同,更有伪币充斥,这给贸易带来了困难。于是,在重要的市场上都有专司鉴别币值的兑换商人。大量的硬币,商人携带不便,也有风险。这样,又出现汇票和期票的使用,有利于货币的流通和商业的发展。

商人需要货币,封建领主也需要货币。封建主,面临经济生活的变化,尤其是参加过十字军东征的教俗人士,生活享受的欲望提高,亟需用货币购买各种商品。他们加强货币剥削和榨取,也设法借款。教会是反对放款取息的,但十字军东征中发了财的僧侣骑士团,特别是以法国为活动基地的圣殿骑士团,就是广泛经营高利贷业务的金融企业者,国王和许多封建领主都是它的债户。13 世纪晚期,意大利佛罗伦萨、热那亚的银行家兴起。意大利银行家是教皇扶植起来的。教皇委托银行家向各国教会征收各种捐税和献纳,也向这些银行家借支款项。银行家拥有巨大资金,活动范围遍及各个天主教国家。

5. 农村的变化和农奴制的衰落

在农村生产发展、实物地租增加、劳役地租减少的背景中,城市普遍兴起。商品货币经济进一步的发展,势必引起农村进一步的变化:货币地租逐步代替实物地租和劳役地租。

在城市开始普遍兴起时,农民还处于奴役或不同程度的人身依附地位,劳役地租还没有退出历史舞台。然而,已有剩余产品的农民,把剩余产品变成商品出卖,加入了城乡贸易,即卷入了商品货币关系,拥有了一定数量的货币。需求货币的封建主,也要求农民用货币交纳地租。于是,通过折算,货币地租逐步代替实物地租和劳役地租。同时,农民为争取人身自由,通过交纳货币以赎免他们的奴役或依附身份。封建主也允许农民赎买自由。一般讲,死手税、婚嫁税、人头税和领主任意摊派征收的劳役杂税等同人身奴役有关的税收,可以用一笔钱币赎免。

农奴赎役、赎身的过程,就是农奴制衰落的过程。农奴制在法国的衰落以至消亡,各地先后不同,就总的情况讲,13 世纪基本上是农奴制发展的顶峰,而在 13 世纪晚期以后,农奴制显然趋向衰落。尽管农奴的解放延续数百年(主要在 13 至 16 世纪),而且,农奴制的残余长期延续,某一时期某一地区农奴制的复辟仍有出现,但 13 世纪末至 14 世纪是法国农奴取得人身自由的关键时期。14 世纪在法国大多数地区自由农民已占农村人口的大多数。部分农民在 15、16 世纪取得人身自由。

农奴制的衰落,意味着劳役地租被货币地租或货币实物混合地租所代替,也意味着以劳役地租为主要剥削形式的封建庄园的瓦解。随着货币地租的流行,从 13 世纪起,法国出现了两种租佃制度:纳赋永佣和定期租佃制。封建主把庄园中的份地,以赎金和折算后的货币地租作为租赋定额,让原来耕种份地而已获得人身自由的农户租种。这种土地称为纳赋地[①]。租种这种土地的农民,有永佃权,租额长期不变。定期租佃制有两种收租形式,一种是固定地租,在某一定期内租额不变;另一种是分成制地租,租期长短不同,租额因地而异,一般为收成的二分之一。定期租佃地主要是原来庄园中的领主自营地。

封建庄园是封建领主制下的生产单位,是领主奴役、剥削农奴和依附农民的基础组织,随着农民奴役、依附身份的消失,这些封建庄园开始瓦解。土地所有权虽然还被封建主掌握,但身份自由的佃农,已经不是隶属或依附封建主的人,而是国王的直属臣民。他们向国家纳税,他们有财产继承权,有签订任何民事契据的权利,有自由迁徙权和其他法律权利。封建主对佃农,还保持经济上的地租剥削,但人身的奴役和政治上的关系转变了。简言之,过去领主和农奴的关系已经向地主和佃农的关系转变了,封建领主制已经向封建地主制转变了。这种转变是一个过程。13、14 世纪是这一过程的重要开端。而在全法国范围内,在经济、政治各个领域内,封建领主制为封建地主制所取代,则在 15 世纪晚期。

6. 人民起义

农奴制的衰落和货币地租成为主要的地租形态,是商品货币经济的产物,又促进商品货币经济的发展和生产力的提高。但赎金和货币

---

① 农民赎买人身自由时规定农民今后必须缴纳的赋税,这种赋税,称为“桑斯”(cens);租种土地,称为纳赋地(censiva)。

地租对农民来讲是一笔不小的数目。富裕农民虽有能力承担，许多农民却交不出这笔款子。于是有的农民负债，长期受高利贷的盘剥，有的多方营求谋生之道，有的流浪逃亡。这样，货币地租引起农民的分化，也引起农民的动荡。

在转变过程中，农村的动荡不安，农民生活的困苦，加上各地区之间的经济交流打破了昔日孤立的庄园生活，使农民反对封建主的斗争更加尖锐、更加广泛。农民逃亡到城市，是斗争的普遍形式。个别和集体的逃荒，是斗争的又一种形式。第一次十字军东征时(1096 年)，大批法国农民参加了十字军。他们是在宗教宣传欺骗下参加远征的。而在实际上，这些农民为摆脱他们的艰苦处境而到东方追求土地和自由，可以说是一次大规模的逃荒。

12 世纪后期和 13 世纪初年，流行于法国南部的两个异端教派——卡塔尔派(纯洁派)和韦尔多派[①]，反对教会上层和封建主穷奢极欲的生活，反对封建特权和不平等的社会制度，抨击维护封建秩序的天主教教义，得到广大城乡群众的信仰。从里昂附近至西南部的许多城市和农村，特别在阿尔比城一带，信徒众多。因此，亦称阿尔比派[②]。有些不满现状、反对教会的封建主，也站在他们一边。他们的浩大声势，使教、俗权贵无法维持对这一地区的统治。1209 年，教皇英诺森三世组织主要由北法封建主参加的十字军向他们进攻。阿尔比派顽强斗争四年才战败。1218 年，在图卢兹又爆发起义。法国北部诸侯调集新的封建武装，阿尔比派被最后镇压。天主教会和封建诸侯在南法烧杀抢劫，富裕的南法城乡受到严重破坏。

1251 年，法国北部农民在十字军的名义下汇集，自称“牧人”，向南方“进军”。沿途农民纷纷加入，人数数以万计。他们曾进入巴黎、奥尔

---

① 卡塔尔派(纯洁派)，受巴尔干半岛流行的保罗派和鲍米尔派的影响而形成的教派，认为天神(善)和魔鬼(恶)交战，天神要把人从罪恶中解放出来。它把封建秩序和天主教会都作为恶魔的化身，反对教会上层和封建主穷奢极欲的生活，主张通过节欲、素食等以纯洁灵魂。韦尔多派由商人韦尔多发起，主张赤贫生活、平均贫富，斥责教会和贵族享受特权、贪财积产。

② 在阿尔比城一带活动的，以卡塔尔派较多，阿尔比派亦称卡塔尔派。韦尔多派，亦称“里昂穷人派”。

良和都尔等城市，打击、杀死了不少天主教的神甫和僧侣。封建主调集武装，镇压了他们。

二、国王与领主的斗争和王权的增强

1. 十字军・英王在法国的领地

加佩王朝初年，大封建领主分裂割据。国王名义上是封建等级制上的第一人，是全国贵族的领袖，实际上仅是诸侯之一。休・加佩问佩利哥特伯爵阿台贝说："谁让你做伯爵的？"这位伯爵傲慢地反问："谁让你做国王的？"

城市、商品货币经济的发展，货币地租的流行，农奴制和封建庄园的瓦解，城市和市民反封建领主的斗争以及王权利用这种斗争而扩展权势，这些都在经济和政治上削弱封建领主的独立势力，加强王权的力量。但上述过程是一个长期的演变。其间，国王利用客观上的有利形势，运用政治和军事上的力量，逐步扩大王室领地，兼并、减削诸侯领地，从而使王权对领主树立压倒性的优势，进一步建立等级君主制以致最后形成专制君主制，统治全国。

在法国，王权和领主的斗争不仅有长期性，而且有它的复杂性。它不仅是法国国内的问题，而且受国际形势的影响，并且通过国际斗争才取得决定性的后果。十字军东征和诺曼底公爵威廉征服英国后的英法关系，就是对法国发展有重大影响的两大历史事件。

十字军东征（1096—1270 年）中，法国封建主的武装是主要力量。十字军所建的耶路撒冷王国及其他封建小国的统治者和作战的骑士主要是法国人，第四次十字军建立的拉丁帝国的皇帝是佛兰德尔的鲍尔温。近两百年中，法国教俗封建主把他们对东方的扩张和侵略作为大事。法国封建主同东方的密切关系，促进彼此物质文化和精神文化的交流，有助于法国商品货币关系的发展。许多法国的封建主为了参加十字军远征筹措金钱，借款抵押，以致贫困化；不少封建领地在它们的领主出征中，统治、管理不免削弱；更有一些封建主在东方被俘、死亡或长留东方不归,他们在法国的领地管辖更成问题。总体来讲,十字军使法国的封建领主制削弱,并为王权的加强创造了条件。

1066年诺曼底公爵威廉征服英国,成为英国国王(1066—1087年),称威廉一世。诺曼底公爵是法国国王的附庸。法国国王有一位国王作为附庸,这给法国王权增强和国家统一增加了困难。尤其在英国建立金雀花(普兰他日奈)王朝后,问题更加复杂。原来,法王路易六世在位时(1108—1137年),为了扩大王室领地,让他的儿子、继承人路易七世(1137—1180年)同阿奎丹女公爵伊利诺结婚。伊利诺统治阿奎丹、加斯科尼等法国西南大片土地。路易七世娶了伊利诺,使法国王室领地大大扩充。可是,路易同伊利诺的感情很不好。伊利诺说:"我并不是同一个国王,而是同一个僧侣结婚。"路易七世参加十字军,迷恋一个漂亮的女奴隶。他自东方回法国后,离婚不可避免。伊利诺不久同年轻、精力充沛、风趣逗人的金雀花族的安茹伯爵亨利结婚,并把整个法国西南部作为陪嫁送给亨利。亨利从他父亲那里继承了安茹、缅因两块伯爵领地,他的母亲是英国国王兼诺曼底公爵的女继承人,因此他从母亲那里继承了英国王位和诺曼底公爵。1154年,亨利为英王,称为亨利二世(1154—1189年)。亨利三世在法国的领地,约占法国全国领土的三分之二,相当于法国王室领地的六倍。他的庞大国土,历史称为安茹帝国。

法国国王同割据称霸的诸侯们的斗争,必然包括他同英国国王的斗争。英、法两国王室为争夺领地而进行的战争,从法王腓力二世起到百年战争的结束,历时两个半世纪。

2. 腓力二世

12世纪时,法国王权开始加强。路易六世和路易七世巩固了原来的王室领地,制服了王室领地内抢劫商人、掠夺修道院的中小贵族。在城市和领主的斗争中,国王以一个上级领主和中间人的地位而进行干涉;他给城市以特许证,或是委派他的代理人作为城市的统治者。

可是,直至路易七世在位时期,王室领地还包围在几个大封建领主的领地中。除了英王亨利二世在法国的庞大领地外,北方的佛兰德尔伯爵，东部的香槟伯爵和勃艮第公爵，南方的图卢兹伯爵等都是独立的大诸侯；其他一些领主，如西部布列塔尼，南部朗格多克等地，也独立不受国王的约束。法国王权的强大，王室领地的扩展，在12世纪晚期至14世纪初期130多年时间里，即在腓力二世、路易九世、腓力四世在位时期，才有显著的表现。

腓力二世(1180—1223年)，于15岁时继位为国王，在位43年。在登位次年，就同佛兰德尔伯爵、勃艮第公爵等大领主作战，王室领地有所扩大。而腓力的主要目标是使金雀花在法国的广大领地归入王室领地。亨利二世的安茹帝国的势力，比腓力二世大；而在金雀花家族里，父子、兄弟之间，不断内讧，给予腓力可以利用的机会。他利用亨利二世和他的儿子理查(别号"狮心")的矛盾，同理查联合战败亨利，迫使亨利求和接受条件。不久，亨利死去，理查继立为英王，称理查一世(1189—1199年)。1190年，理查和腓力都参加第三次十字军。次年，腓力赶回法国，同理查幼弟约翰串通，以支持约翰为英王为条件，拟夺取英王在法国的领地。理查闻讯自东方改装回国，中途被奥地利公爵所俘，又被德意志皇帝囚禁，于1194年才回到英国。理查的回国及其同腓力的战争，使腓力的计谋受到严重威胁。但理查在法国的一次攻城战役之中阵亡(1199年)，约翰继位为英王(1199—1216年)。于是，腓力又同约翰为敌，支持在英国和法国的反约翰势力同约翰作战。1200年，约翰向腓力割地称臣。1204至1208年，腓力又连续击败了约翰的军队，英王在法国的领地，除了西南阿奎丹的基恩、加斯科尼和英吉利海峡几个岛屿外，皆成为法王领地。

约翰不甘心失败，西欧德意志皇帝奥托四世佛兰德尔伯爵等大封建领主也妒嫉腓力二世的胜利，他们结成同盟，于1214年从法国西部和东北部两方面向法王进攻。西部沿卢瓦尔河入侵的英军，被法军战败。与此同时，在佛兰德尔发生以德意志皇帝为主帅的联军为一方，同以法王为主帅，勃艮第公爵等诸侯、教会和城市市民参战的军队为另一方的两军会战，即布汶战役(1214年8月29日)。战斗结果，法军大胜。两万北法城市市民作为重要力量参加会战，是一件重大的新事物。布汶战役的胜利，为加佩王朝王权的强大打下基础。巴黎市民热烈欢迎腓力胜利凯旋。号角齐鸣，鼓声震耳，街道铺满鲜花绿叶，教堂挂满花毯，到处有人唱歌、跳舞，巴黎大学的学生载歌载舞地狂欢了七天七夜。法国开始以一个第一流的大国出现在西欧。腓力二世被尊称为“奥古斯都”。

王室领地迅速扩大，建立行政机构，加强管理，成为重要课题。腓力二世在原来王室领地分区区长(prevot)之上，设置行政官——巴伊(bailli)。在中部和南方新并入的王室领地，行政官称塞内沙尔(seneehal)和米地(midi)。行政官代国王执行法令，处理政务，征收赋税，征募士兵，掌握司法审判；也保护城市权利，限制、干涉封建领主的行动和事务。行政官多由国王亲信充任，每年回巴黎向国王汇报工作、接受指示。他们的任期由国王决定，可以调任或罢免。他们有俸禄而无封地，因此不可能成为当地的封建领主。腓力为王室领地创设地方行政官制度，为后来法国地方行政制度打下基础。在另一意义上，这种制度，正是王权压倒领主制的表现。

在腓力二世在位后期，法国大部分领地皆由国王掌握。王室领地于 1180 年有 38 个分区，在 1223 年已有 94 个分区。在法国，只有佛兰德尔、布列塔尼、勃艮弟和香槟仍为独立的大领地。王家收入，从 128000 利弗增加到 438000 利弗。他支持城市进行反对领主的斗争，保护商业活动；而城市既向他提供金钱，又向他提供士兵和其他服务人员。

3. 路易九世

腓力二世的孙子路易九世(1226—1270 年)，是法国历史上另一位著名的国王。他 11 岁登位，由母后摄政。在母后扶助下，他打败了反对他的封建贵族联盟。图卢兹伯爵的领地大部分归属法王(1229 年)，国王的权力已及法国南方。

他作战英勇，治国强而有力。可是，在思想作风上，他同祖父很不相同。他虔信天主教，封建传统道德观念较深。他的政策的总方针是在基督徒之间要保持和平安定，而对异教徒须狠狠打击。英王亨利三世入侵法国，被他打败；他却仍让英王保有法国西南部基恩、加斯科尼等大片土地。他为了同西班牙保持和平，放弃了对卡塔罗尼亚领地的争夺。而他却花费了大量的人力物力，率领第七、第八两次十字军，千里迢迢地到埃及、突尼斯去征服异教徒。结果，在第七次十字军东征时，他被俘，花大量赎金才被释回；在第八次十字军东征中，他染病死亡(1270 年)。他死后，天主教会给予"圣徒"称号，历史上称他为圣路易。

路易九世的改革事业，对法国的发展起了重要的作用。地方行政机构，基本上沿袭了腓力二世以来的旧制。但旧制下王室领地上由国王委派的行政官，有滥用权力、侵占财产、暴敛财物的情况。在南方一些新近归并王室领地的地方，国王派去的行政官更把他们的辖区当作征服地区看待，贪婪放肆、武断专横，引起当地居民、贵族的怨愤和反对。为了纠正这种情况，路易派按察使代表国王到各地听取臣民的申诉，调查官纪民情，处理了一些违法乱纪、贪赃枉法的官吏。1247 年后，路易每年皆派巡察使出巡。

他力求加强以宫廷为中心的中央政权。他使国王主持下的宫廷会议分组进行工作。在路易以前，负责预决算和审核王室领地收支的审计院，已从宫廷会议中分化出来；路易任用熟悉王家权利、财务的专职人员负责审计工作，使审计院发挥更大的作用。

路易的司法改革是有历史意义的。从路易在位时开始，巴黎高等法院——巴力门(parlement)成为全国最高的上诉法院。它的权力范围，不仅统辖全部王室领地，也受理法王附庸诸侯领地内的申诉案件。路易常亲自主持司法审判；在巴黎附近芳森的大橡树下，在他的王家花园内，他同顾问们一起审问当事人，判决案件。他下令在王室领地内禁止封建主私斗。他宣布，法国任何诸侯，即使对对方宣战，在 40 天内不许交锋，由国王听取申诉后裁决，这称为"国王的四十日"。

他实行了货币改革，发行一种质量较好的货币。在王室领地内，王室货币为法定货币，禁止私铸货币；在王室领地外的诸侯领地和城市里，亦得通行。在全法兰西，原来各地自铸的五花八门的货币，渐被淘汰。这一改革，有力地促进了商品货币关系的发展；王室领地也因此增加了收入，控制了全法的经济。

路易九世不像腓力三世那样以武力扩充王室领地为战略目标，但他掌握了全法最强大的军事力量。他除了保有向贵族、市民征集武装的权力外，还组织了一支支付军饷、自由应征的雇佣军，有骑兵、弓箭手等战士，也有警卫、警察人员。他通过中央和地方的行政改革、货币改革、司法改革、军事改革，对法国的王权和统一作出了贡献。他在位 44 年中，除了登位初期 12 年封建主叛乱和 1251 年的“牧人起义”外，在国内和国境上，基本上是和平的。相对的和平安定局面的保持，为法国的经济发展创造了条件。13 世纪中叶，法国农业手工业生产和商品货币经济迅速发展。

4. 腓力四世

“美男子”腓力四世(1285—1314 年)是路易九世的孙子，而他的政策作风又同他的父亲不同。他在位 29 年间，充满军事、政治、外交上的斗争。这些斗争，并不都是成功的，但在提高法国王权的里程碑上，刻着他的名字。

他即位时，中部的波亚图和南部的图卢兹伯爵领地已归并王室。他通过与那瓦尔王国(比利牛斯山区)和香槟伯爵领地的女继承人的婚姻，又合并了这两个地区。有两个大地区是他扩张王室领地的目标：英王占领的法国西南部土地和北部的佛兰德尔伯爵区。

他同英王爱德华一世(1272—1307 年)的战争是胜利的。可是，他在佛兰德尔被击败，同教皇的斗争也在高峰，乃与英国订立和约(1303 年)，放弃了他已占领的加斯科尼地区，并把他的妹妹和女儿嫁给英王父子。在和约后他又归并了西南的一些领地。但英法两国王室之间的问题没有解决；而且，法国公主的出嫁，成为以后百年战争中英王觊觎法国王位的借口之一。

腓力出兵占领了佛兰德尔这块工商业发达的富庶之地。1302 年，在佛兰德尔主要城市布鲁日倡导下，诸城市市民于 5 月 18 日的晨祷时间起义，杀死大批法国驻军和城市贵族。腓力派兵镇压，7 月，在库尔特累被佛兰德尔市民部队打垮。法国贵族骑士们在战场上遗弃上千个黄金踢马刺，所以库尔特累战役也被称为踢马刺战役。以后，腓力继续用兵。由于佛兰德尔市民的英勇反抗，腓力只得到边陲的几个城市。佛兰德尔问题，是百年战争爆发的又一导火线。

对法国东部的勃艮第，腓力以通婚保持了较好的关系。但同神圣罗马帝国的诸侯，却发生过战争。里昂及其附近地区原属神圣罗马帝国，1307 年并入法国。

为了筹备战费，腓力四世向法国教士征税。顽固而自负的罗马教皇卜尼法斯八世(1294—1303 年)反对。他在 1296 年发布的教皇通谕中宣称：世俗君主无权对教产征税，也无权对神职人员使用权力。他下令：凡动用教产或从教产中抽税者，如未得教皇允许，皆应处以绝罚(开除教籍)。腓力的对策是禁止法国臣民把金银货币和军事物资输出国外。法国教会每年有大笔金钱向罗马教廷纳贡输款，腓力的禁令断绝了罗马教廷来自法国的财源。教皇权衡利害，不得不允许法国教会以自由捐献名义向国王纳税。1300 年，罗马举行五十年节大赦年，西欧信徒云集罗马，向教廷纳款献礼。卜尼法斯过高地估计了罗马教廷的威信和力量，在罗马公开谴责腓力对教会犯有罪行；他又通令法国主教来罗马开会讨论法国教会的处境。于是，腓力于 1302 年 5 月在巴黎召开由教士、贵族和市民代表组成的三级会议，取得法国各阶层人士对他的支持。同时，他派人去意大利揭发教皇隐私，联络教皇敌人。1303 年 9 月，他派遣一支武装人员，突击教皇别墅，把教皇凌辱、痛打一顿。一个多月后，卜尼法斯八世去世。1305 年，在腓力的支持下，法国波尔多大主教当选为教皇，称克莱门五世(1305—1314 年)。1309 年起，教皇教廷移到法王势力控制下的阿维农凡七十年，人们称当时教皇为“阿维农之囚”。这件事标志新兴的王权战胜了原来凌驾于世俗统治者之上的教皇权力。

在腓力四世加强王权的努力中，三级会议召开有重大意义。举行三级会议，一方面说明市民阶级已成为重要的政治力量，另一方面也说明封建主们已从过去的分裂割据而通过会议的形式，在国王领导下共聚一堂，取得相对统一的意见。以三级会议作为重要的组成部分的等级君主制，是法国政权向专制君主制发展过程中的一个阶段。

腓力使他的中央和地方各级机构充分发挥作用。他任命了一批支薪的官吏,建立了一个为王权服务的官僚机构。他所任用的行政、司法官员,很多是来自城市、具有罗马法基本知识的法学家。他们为君权的集中和国家的统一,在理论上和实际行动上作出了贡献。

军事费用、行政费用、官吏和雇佣兵的开支,使腓力四世的开支浩繁。他的支出,估计为腓力二世的六倍。有的法国史家说,同过去的法国国王比较,他是"最浪费"的。他开征了许多新设的税收。炉灶税(按土地、户口征收)、盐税等,是经过三级会议通过实施的,当时还没有成为长期的经常税,但在法国史上它是第一次。此外,他还向不参加军事行动者征收代役金,对教士征税。他向城市借款,借而不还。他向经营放款取利的犹太人和意大利银行家借款,还勒索、没收他们的财产并将他们驱逐出境。在十字军中发了财的圣殿骑士团,以法国为主要活动基地。1307 年,他解散了骑士团,逮捕、监禁许多圣殿骑士,骑士团的巨额财产被全部没收。所有这些,似乎还不足以解决他的财政问题。为此,他又使货币变质、贬值。他在 1314 年患中风去世时,民怨四起。

三、教会、经院哲学和文化

1. 天主教会的权威及其对教育和哲学思想的控制

加佩王朝建立后的三个多世纪,是法国封建社会的发达阶段。天主教会,作为封建主统治阶级的重要组成部分,作为阶级意识形态的专制权威,它的权势也在不断提高。

城市、商品货币经济发展,阶级斗争尖锐化,王权在同领主分离势力的斗争中增强,国际关系的复杂化,东西文化交流频繁,所有这些使思想、文化、教育等领域出现了新的变化和发展。原来,封建主阶级中的世俗权力同教会权力就存在矛盾;现在,新的思想、文化潮流更对教会的垄断提出挑战。为了应付挑战,教会一方面加强控制,另一方面也在组织上、神学理论上、统治方式上作了一些改革或改进。

在封建制度发展过程中,教会受到两种主要威胁:世俗封建势力侵蚀教会组织系统——以教皇为首的教阶制，教士生活的世俗化。教会中的一些领导人物和卫道人士，因此提出两项改革主张：一、反对世俗册封，即主教、修道院院长和其他神职人员，应由教会内部产生，不得由皇帝、国王或任何世俗封建领主任命。二、教士独身，禁止教士婚配、姘居。这种新主张的推行，是一个长期的运动。它以 10 世纪初年发起的修道院革新运动克吕尼运动开始。11 世纪晚期，罗马教皇格利高里七世同德意志神圣罗马帝国皇帝亨利四世开展了激烈的斗争。1122 年，教皇卡立斯都同皇帝亨利五世订立《沃尔姆斯约定》，规定主教、修道院院长和各级神职人员由教会内部产生。斗争告一段落，教会取得神职人员的选举和任命权。此后，教皇与德意志皇帝仍有争战，但基本胜利属于天主教会。12 世纪晚期和 13 世纪，是教会权力的全盛时期。英诺森三世任教皇时(1198—1216 年)，教会权力到达顶峰。西欧各国的君主，或受他制约、控制，或屈居附庸地位。

在法国的国王、贵族同教会之间，有矛盾，但相互勾结、利用，是关系的主要方面。克吕尼运动的中心克吕尼修道院，在今日法国东境当时属勃艮第公爵的领地。在 10 至 12 世纪 300 年中，法国新建的修道院 1185 所，其中极大部分皆属克吕尼派。教皇发动的十字军远征，法国国王和贵族是主要的支持者。镇压南法阿尔比派异端的十字军，由英诺森三世发动，以北部法国封建主为主力。腓力二世同英王斗争取得教皇的支持。路易九世被教会尊称为圣徒。直到腓力四世，才同罗马教皇发生冲突和斗争。但就从腓力四世时起，阿维农教廷出现。阿维农教皇在全西欧标志教皇权力衰落，而在法国，王权与教权相互利用更加显著。教皇直辖的异端裁判所，在法国王权的密切合作下，曾以镇压异端为名，屠杀、监禁了许多人民，没收了大量财产。法国在天主教世界长期处于极为重要的地位，教会在法国也长期是意识形态领域中的垄断者。

控制教育，是教会思想文化的一个重要方面。法兰克时期，教会基本上就是教会和修道院办的学校。城市发展过程中，西欧不少有思想、有学识的人士，陆续向城市集中。各地追求知识学问的青年，也到城市求学问师。巴黎大学，就是从城市学校中发展起来的西欧历史悠久的最著名的大学之一。[①]

巴黎大学的前身,一般认为是著名哲学家皮埃尔·阿贝拉尔(生卒1079—1142年)讲学的学校。阿贝拉尔是巴黎圣母院教堂附设学校的教师;据说,听他课的学生数达五千左右,一说多达两三万人。学校虽然是教会办的,但有这么多的教俗人士来听课,它的内容已同过去教会或修道院办的学校大不相同。而且,从阿贝拉尔本人的思想来看,他的讲课内容已同教会的正统神学和传统的教育内容唱对台戏了。

创办巴黎大学的是巴黎的教师组织——教师按照行会形式组织的教师行会。学生分四馆:诺曼馆、英格兰馆(包括德意志)、毕伽迪馆(包括尼德兰地区)和高卢馆(包括法、意和西班牙),说明学生来自西欧各国。巴黎大学开设文艺(即七门"自由艺术")、神学、医学和法学四系,其中的医学、法学是以前教会学校所没有的学科。它的公开讲学和自由辩论的教学方式,也为学校思想的发展开辟了道路。巴黎大学的各级学位学士、硕士、博士是各级教师的职称,可见西欧各地对教师需要迫切。13世纪以来,巴黎大学是欧洲学术中心之一。

对于巴黎大学这样一个重要的教育基地,教会极为重视。12世纪末,教会以不许私人办学来垄断办学特权,引起师生反对。1200年,腓力二世批准巴黎大学,但仍表示,他承认教会有办学特权,并派军警镇压反对教会的师生。大学师生上诉教皇,英诺森三世宣布巴黎大学受教皇直接保护,接着他派托钵僧团成员控制大学。路易九世的亲信神甫索邦为巴黎大学神学院投资建设,这神学院因称"索邦",它在此后法国天主教神学上有权威性的发言权。

经院哲学[②]是教会控制下的哲学思想,也是教会为了适应新形势而在中世纪初期教父神学的基础上加以发展的神学思想。

哲学是探索真理的。而在经院哲学家看来,真理已经肯定:信仰

---

① 巴黎大学被批准在1200年。此前,在意大利南部的萨勒诺,因同阿拉伯交往密切,医学发展,在10世纪已出现医科大学。在意大利的波伦那大学,以学习罗马法为中心,在1158年得皇帝腓特烈的特许承认。

② 经院,指教会控制下的学校,也指大学。经院哲学在11、12世纪流行,13世纪全盛,14世纪开始衰落。

上帝,为上帝的旨意服务,就是真理。哲学的任务,是论证神学教条的“真理”。教条框框,压倒科学实验。从教条出发,运用演绎推理,搞空洞繁琐的形式主义的论证,就是他们的“辩证法”。他们的三段论证,由于神学教条是它的大前提,只能搞咬文嚼字的定义,搞繁琐的推论。人们因此称经院哲学为繁琐哲学。

可是经院哲学比起以前的教父神学,是一种进步。教父神学以信仰否定理性,把信仰和理性对立。经院哲学要求理性为信仰服务,它不排斥、否定理性,而是承认理性与信仰各有活动的领域,只是理性得服从信仰,为信仰服务。而当信仰需要理性服务的时候,它的内部也必然展开争论。争论的两大派是实在论(唯实论)和唯名论。实在论认为:事物的共相(一般)离开个别事物而独立存在;共相是先于、高于个别事物的“实在”;个别只是共相的派生。唯名论认为:个别事物才是真正的存在,共相次于个别事物,后于个别事物,它不过是个“名词”。在两者的争论中,出现了对正统神学和教条的怀疑。并且,后期的唯名论,同认识论上的唯物主义的萌芽有密切的联系。

这里以争论较多的“化体说”为例说明。“领圣体”(新教称“圣餐”)是教会仪礼中的重要内容。领圣体的过程是:在礼拜仪式中,经神父念经咒,依靠神力,能使面饼和酒变成基督的身体和血液。信徒吃了,就能得基督的生命。实在论者把领圣体作理论上的论证。原来的饼和酒的具体感性,是“偶然属性”,不是“实在”。饼和酒的共相,不能感觉到,却是“实在”。这实体经过宗教仪礼,即转化为基督的肉与血。法国教会中的正统权威,都坚持“化体说”。11世纪的唯名论者,法国都尔圣马丁学校的校长贝伦加尔却反对实在论者的正统神学。他指出:在领圣体时,教徒吃的饼还是饼,酒还是酒。如果饼和酒的形、色、味没有改变,其本质也不可能改变。而且,在天上的基督的肉与血,又怎么能让信徒们不断地吃喝呢?教会指控贝伦加尔的学说为异端,他被迫两次放弃自己的主张。

皮埃尔·阿贝拉尔是个唯名论者。他的老师唯名论者罗塞林,曾在布列塔尼讲学,后来被教会迫害,被迫撤销自己的学说。阿贝拉尔的主要贡献是为理性辩护,提高理性的地位。他说:“理解才能信仰。”在他的《是与否》里，他提出了一系列问题，并把古代教父有关的相互矛盾的言论，加以排列、对照。他自己不作肯定性的回答，却启发人们去思考、去探索。例如，是否存在一个上帝？上帝是否全能？上帝是否是灾祸的制造者？基督的肉与血是否真的存在于圣餐礼中？人的信仰是否应根据理知？等等。这些问题，事实上是启发人们对天主教的教条、正统神学产生不同意见。1122 年斯瓦桑宗教会议决定销毁他的著作，强制他退居修道院反省；1141 年，他又在宗教会议上受到谴责，并被迫在克吕尼修道院忏悔，次年去世。

在经院哲学中，最重要的正统派的理论家是实在论者托马斯·阿奎那[①]（生卒 1227—1274 年）。天主教会承认他是神学的权威，他死后被尊称为“圣徒”。他是意大利人，可是，他在巴黎大学学习研究多年，得神学硕士学位。他曾在这里听著名的实在论者大阿尔伯特（生卒 1193—1280 年）讲课。著名的苏格兰唯名论哲学家邓斯·司各脱（生卒 1266—1308 年），马克思和恩格斯称他的学说“一般来说它是唯物主义的最初表现”[②]，曾在巴黎大学同阿奎那派公开辩论，晚年定居法国。英国唯名论者牛津大学教授罗吉尔·培根（生卒约 1214—1294 年）在巴黎时，被芳济各派托钵僧团的团长囚禁在巴黎达 10 年之久。13 世纪的巴黎，是天主教世界学术思想的中心，也是当时新思潮同天主教正统思想交锋的主要战场，但是，天主教会还顽固地保持着它的统治地位。

2. 文学和建筑

11、12 世纪以来，法国的文学艺术领域，出现了远比过去丰富多彩的现象。城市，既是经济交流的中心，也成为文化交流的中心。流浪各地的民间艺人、游学学生等，一批又一批地经过并寄居城市。城市居民在他们的文娱活动中，有音乐、诗歌、戏剧、舞蹈，也有讲故事、讲笑话、讲寓言。天主教会压制它们，致使不少成果失传。从流传下来的作品中还可以看到它们对教士、对封建主的讽刺和反抗精神，也可以看到它

---

① 托·阿奎那，意大利一位伯爵的儿子，德意志皇帝腓特烈一世和二世的亲戚，托钵僧团多明我派僧侣。他的主要著作是《神学大全》和《异教徒驳议辑要》。

② 《马克思恩格斯全集》第 2 卷，第 163 页。

们富有生机的内容。

流传下来的城市文学，以韵文体的寓言、故事、笑话和诗歌居多。其中，《列那狐传奇》是在12世纪末起的一百几十年间形成的。它已被译成各国文字，广泛流传。13世纪巴黎市民诗人韦特伯夫（1230—1285年）的讽刺诗，嘲笑神甫，谴责罗马教廷的腐化堕落。他的著作被教皇下令焚毁。

反映封建贵族思想感情的“骑士文学”，在11世纪到13世纪成熟。骑士文学，尽管它的题材是贵族生活，但在封建社会里，即使在民间文学中，也会有某些歌颂封建主的功业和爱情的作品。骑士文学的诗歌，原来是从民间诗歌的基础上加工润色而成的。法国北部的骑士诗歌，主要歌颂封建主为忠君、护教、行侠、荣誉而英勇献身的功业，称为“功业之歌”。著名的《罗兰之歌》，就在11、12世纪编成。南部流行的骑士文学“行吟诗歌”，是歌唱爱情和生活情趣，歌唱为爱情而冒险的骑士的故事。

文学作品不是用教会或官方通用的拉丁文，而是用地方语言写成的。在12、13世纪的法国，南方虽有各种语言，但已有渐趋统一的文学语言。在北部，以巴黎方言为中心的共同语言，也已发展起来。文学作品对于法兰西统一语言的形式有极为重要的作用。

建筑，作为一种综合的艺术，作为人民集体的创作，是一个时代艺术水平的纪念碑。它作为一种工业技术，又是劳动人民的智慧和工艺水平的标志。

在10世纪至12世纪，以教堂为代表的西欧建筑，是仿照古罗马圆拱顶建筑，称为罗马风或仿罗马建筑。房屋内部，门窗上部，皆用拱顶。它已不如古罗马建筑那样堂皇富丽，可是，它的厚实的墙壁，整齐和简朴的设计，能给人一种浑厚和纯洁的美感。12至15世纪，称为哥特式的建筑流行西欧。法国的哥特式建筑，是西欧同类建筑的典型。

哥特式建筑的特点，是用尖顶代替罗马风式的半圆拱顶。尖顶可以使屋顶直耸而上，把屋顶的压力分在两旁的柱子上，同时外部的支柱和飞券也能支承屋顶很大一部分压力。大厅的高度，可达30米至45米。建筑所表现的强烈的向上升腾的势态，令人产生高不可及的神秘的幻觉;两壁用色彩鲜艳的玻璃装饰窗户,阳光从天上射来,五色缤纷,光耀夺目,照神学家解说,这象征着神圣的启示进入信徒的心灵。

哥特式建筑是教堂建筑,这些教堂大都是城市教堂。12至15世纪,法国新建的城市主教堂约有60所左右。城市教堂不再是纯粹的宗教建筑物,它们是市民重要活动的礼堂和场所。建筑技术的发展,是工匠们进一步专业化的结果。石匠、木匠、铁匠、焊接匠、泥灰匠、彩画匠、雕刻家、玻璃匠,技术精湛,分工细,合作好。在建筑业的师傅中,产生了专门的建筑师、工程师、艺术家。人民,是伟大的匠师。

第五章　“百年战争”和战后的法国

一、“百年战争”

1. 战争的历史背景

从 1335 年至 1453 年，在英、法两国国王之间时断时续地进行了 119 年的战争，史称“百年战争”。百年战争时间之长，规模之大，在中世纪西欧是空前的。它是英、法封建社会矛盾发展的产物，又对两国的历史产生巨大的影响。战争的战场在法国，它对法国的经济、社会、政治更打上深刻的印记。

战前法国，王权显著加强，但以王权为中心的国家统一远未完成。阻碍统一的，不仅有保持传统特权和独立地位的大领主，还有英王在法国的领地和势力。英王统治法国西南部基恩和加斯科尼等大片领地。而这位英王在名义上是法国国王的附庸。英法王室之间这种奇怪的依附关系，对王权增长中的两国国王，都是一种不能忍受的局势。

两国王室的关系，更由于婚姻和继承而复杂化。婚姻和领地继承曾使两国国王兴兵动武，而他们又边战争边缔结姻亲关系。14 世纪初叶，这种关系牵涉法国王位的继承问题，矛盾更趋尖锐。

1328 年，法国加佩王朝的查理四世去世。他无子又无兄弟继承，他的妹妹是英王爱德华三世（1327—1377 年）的母亲。爱德华作为近亲，是法国王位的候选人。但法国的三级会议不愿让英国国王兼任法国国王，就以王位男系继承为借口，推举查理四世的堂弟、瓦卢瓦伯爵的儿子腓力为国王。新王即腓力六世（1328—1350 年）。爱德华三世为了在法国西南部的领地，到巴黎承认腓力的宗主地位；可是，这位 15 岁登上王位的年少气盛的国王心怀不甘，而腓力六世对他的竞争者也高度戒忌。

佛兰德尔问题是英法两国王室关系决裂不可避免的导火线。佛兰德尔是法王附庸佛兰德尔伯爵的领地。闻名西欧的佛兰德尔的毛纺织业，其原料羊毛主要来自英国。正如当时法国的编年史家福罗埃沙所说："所有佛兰德尔人都以衣料为根本；而没有羊毛，就没有衣料。"佛兰德尔城市居民同英国密切的经济关系，使他们倾向英国，反对佛兰德尔伯爵对他们的压制和榨取。英王也因此把佛兰德尔伯爵作为他同法王竞逐的对象。

1328 年，在布鲁日、伊普尔两城市居民的倡导下，佛兰德尔西部城市起义反对伯爵的统治。应佛兰德尔伯爵的邀请，即位不久的腓力二世率领大军镇压。数千市民被法国骑士屠杀，起义城市重受佛兰德尔伯爵控制。由于起义同英国人的鼓动有关，于是，英国和佛兰德尔的来往被禁，英国商人被逮捕。

1336 年，英王受德华三世禁止英国羊毛向佛兰德尔出口。这是对法国势力控制下的佛兰德尔的经济压力，也告诉佛兰德尔城市居民：唯有同英国在一起，反对法国封建主的统治，才是出路。果然，失去英国羊毛供应的佛兰德尔毛织业受到致命的打击。商人、手工业者面临失业。迫于生计的市民，再度掀起反对法国封建统治的斗争。根特城成为反抗斗争的中心。1337 年，根特衣料商人凡・阿地维尔特领导根特居民掀起联英反法运动。次年，佛兰德尔其他城市投入这场运动，组成联合战线。

腓力六世看到，佛兰德尔市民反法运动的后台是英国。他对爱德华不断施加压力，切断佛兰德尔同英国的联系，授意佛兰德尔伯爵以五千战士驻守些尔德河口的加特森岛，严禁英人同佛兰德尔人来往。1337 年，他宣布要归并基恩。这无疑是向英王宣布战争不可避免。

英王爱德华对战争早有准备。他要求臣民按财产提供兵力，他明令全国男爵和骑士皆须应征出战。否则，交纳金钱赎免兵役；凡土地收入在40先令以上的自由农民，都必须自备弓箭或长刀入伍。英国威尔斯的弓箭手，能在170码(合155米)的距离射穿一个身披甲胄的骑士的大腿和马鞍，而且有惊人的速度和准确性。这是当时欧洲最现代化的武装部队。英王对法作战的意图，得到了英国中小封建主、自由农民和市民的支持。到富庶的法国去打仗，对战士们来说，意味着能获得丰富的战利品；对英国商人讲，佛兰德尔是他们羊毛的买主，基恩是他们葡萄酒的卖主。他们从根特、布鲁日收入的羊毛款，用来从波尔多输入酒桶。英国封建主的掠夺野心，同英国的商业利益结合起来，这是百年战争同此前的战争不同的地方。

百年战争的揭幕，是英国向佛兰德尔进军。1337年，英军渡海，进攻并击溃了在加特森的法国守军。第二年，英王爱德华率军进入佛兰德尔。

2. 战争的第一阶段(1337—1360年)

爱德华的军队在佛兰德尔及其附近地区活动，腓力六世征集武装北上迎敌。在法国北部的毕加迪，英法两军相距只有五六公里，没有交锋就各自后退。法王对于锐气正盛的英军不敢贸然迎敌，英王也有顾虑。佛兰德尔诸城市是倾向英国的，可是，各城情况复杂。城市的主要要求是独立自主，它们对跟从英王进行反法战争并没有下定决心。英王曾用金钱和其他手段笼络佛兰德尔附近的诸侯和德意志皇帝，但仍未能使他们积极参战。爱德华退回佛兰德尔，在凡·阿地维尔的怂恿下，在根特会议上宣布自己兼为法国国王(1340年1月)。不久，爱德华又率军回国。

隔海相望的两国交战，控制英吉利海峡确是关键。两国积极准备海战。腓力六世为此组织了一支法国有史以来最庞大的海军：他从诺曼底沿海地带，也从意大利的热内亚征集并雇佣了200艘舰只和水手。英国舰队约有120艘舰只，4000名战士，12000名弓箭手，由爱德华亲自率领。1340年6月，两军在斯鲁伊斯附近的海域展开海战。经过九小时的酣战,胜利属于长期同海洋打交道的英军。被打垮的法军退回陆上,又受到佛兰德尔市民武装的袭击,据说,法军损失近三万人。

英军渡海侵法的海道畅通了。在西欧陆上,英国基本上有了两块基地:法国西南的基恩和北部的佛兰德尔。英王派兵在基恩的波尔多登陆。从这里北侵进攻巴黎,是一条路,只是距离较长,沿途阻碍较多,英王拟亲自统兵从佛兰德尔攻入法国的心脏。佛兰德尔是英王长期经营的对象,可是出了问题。凡·阿地维尔跟英王走得太近,引起根特市民的反对。他准备迎立英国王太子威尔斯亲王作为佛兰德尔的统治者,据说,他还拟把根特城金库的金钱献给英王。他本人作风专制,压制异己。于是,正当爱德华三世率军去佛兰德尔时,根特市民群众杀死了凡·阿地维尔(1345 年),英王闻讯回师,改由法国中部的诺曼底登陆。

英军从诺曼底登陆,是利用了当时英国的有利条件,原来邻接诺曼底的不列塔尼半岛,在 40 年代初,因不列塔尼公爵去世时无子女,继承问题引起两派贵族斗争。其中法王支持的一派在斗争中取得上风,另一派乃向英王乞援。法王兼并不列塔尼心切,不少在当地有影响的贵族也被法王迫害。这样,在不列塔尼,也在诺曼底,封建领主掀起了反法王的广泛斗争。英王一面支持诸侯们的反法斗争,一面率军在诺曼底登陆(1346 年 7 月)。开始,英军向巴黎方向行动,到巴黎附近,又引兵北上。

腓力六世召集全法国的封建武装应战,也征集了来自意大利热那亚的雇佣兵。部分德意志封建主赶来助战。法王搞不清英军动向。在发现它北上活动后,才统率士军追击。终于,在 8 月 26 日,在北部的克雷西附近,两军遭遇,展开激战。

克雷西之役,是西欧历史上一次著名的战役。两个国王亲自指挥。英军人数约二万余,包括 12000 名弓箭手,法军人数为英军两倍以上。①

---

① 按照福罗埃莎《编年史》,英军战士 4000,弓箭手 12000,法军人数共计 63000 人。近代史家认为这数字不可靠。这里,采用《剑桥中世纪史》说法(第 7 卷,第348 页)。

经过一天的激战，法军大败，死于疆场者约4000人，其余溃散。战争的胜负，可以说是英国由自由农民组成的弓箭手和手执长刀的步兵对法国骑马披甲的封建骑士的胜利。法国骑士冲锋陷阵的勇猛是无可非议的，但是法国战士骑士式的作战能力要建立在个人的英勇和武艺上。要求骑士们有组织纪律地进行战斗几乎是不可能的。法国也有雇佣的热那亚弓箭手，他们的战斗力不及威尔斯弓箭手。并且，他们被盛气凌人的骑士所歧视，士气低落。开始时，热那亚弓箭手被安排在阵地的前列。法国骑士们一不信任雇佣兵，二不愿意雇佣兵占有胜利的光荣，就争先恐后地往前冲杀。热那亚射手的队伍被冲乱，许多雇佣兵在骑士铁蹄的践踏下伤亡。等待法国骑士的是严阵以待的英国军队，密集的飞矢射向他们和他们的坐骑。当他们被射下战马后，沉重的铁甲使他们行动艰难。他们丧失了战斗能力，只能等待英国的长刀手和骑士砍杀而没有还手之力。这就是克雷西战役。这一战役说明，从查理·马特以来600年中作为战争主力的骑士力量，在火枪大炮发挥主要作用以前，已开始被自由农民的战斗部队所淘汰了。

克雷西战役后一年(1347年)，英军占领加莱。加莱市民孤城困守，几近一年。居民“吃光了一切储备食品，吃光了猫、狗、马”。最后，他们不得不忍辱出降。原有市民皆被驱逐，英国移民定居加莱。此后200年，加莱成为英国长期占领的城市。这个同英国距离最近的城市使英军渡海作战有了一个重要的据点，也是英国对法国、对佛兰德尔羊毛贸易的主要集散地。

与加莱失陷的同时，从东方传入的黑死病已在意大利和法国南部流行。教皇所在的阿维农丧失了四分之三的人口。1348年，黑死病广泛流行于法国北部和英国。巴黎在某一时期每天死亡达800人。西欧各国各阶层人士都受到死亡的威胁。加莱之役后英法有短期的休战，同黑死病的猖獗有关。法国国王腓力六世是1350年去世的。在他去世前，这位58岁的老人还同一个18岁的少女结婚。腓力的后继者是别号“好家伙”的约翰二世(1350—1364年)，在他登位后6年，英军又大举入侵法国。

1356年初夏，英王爱德华三世的长子威尔斯亲王，号称“黑太子”[①]的爱德华，率军自波尔多登陆。英军人数不足一万，但劲健善战。法军人数远远超过英军。[②] 1356年9月19日，两军在波亚图附近交战，法军大败，战死者万余人，被俘者两千数百人。约翰二世和他14岁的幼子腓力，皆为英军俘虏。两军胜负的决定因素，在克雷西战役中已经存在，看来，接受失败的教训并非易事。

黑太子带着大批战利品班师回国。法国国王已经被俘，由太子（多飞[③]）查理代摄政事。1360年，英法在布勒丁尼订立和约：法国西南阿奎丹地区大片领地归属英王。加莱仍为英国据点。被俘的法王约翰二世的赎金相当于200万金克朗。这是一笔巨大的款子，以后法国王室尽力筹款，搜刮民脂民膏，也没有偿清这笔赎款。

3. 巴黎市民起义和北法农民起义

被侵略、遭受战败的法国，度日艰辛。战时英军蹂躏了城乡，战后散兵游勇，包括骑士和雇佣兵，到处劫掠，筹措军费。维持王室的各项开销，偿付巨额的赎款，都需要金钱，金钱从哪里来？这是法国王室政权首先要解决的问题。

王室通过三级会议，广开税源：它对各阶层人民征收炉灶税，又得到教皇许可，从教会的什一税中借款。但是，要征收这些税款，困难很多。劫后余生的人民，在原来沉重的租赋负担之外再加上新税，被压得喘不过气来。战败濒临分裂的法国，税源已被压缩；兵祸匪盗，交通阻塞，使王室难于征税。有的地区对新税抗拒不纳，如诺曼底的封建主就反对盐税。1356年的三级会议，不得不停征盐税、商品税等间接税。面对空虚的国库，王室用另一种手段应付开支：改变货币质量。秘密

---

① “黑太子”以他披挂黑色而得名。

② 波亚图战役两军人数，各家说法不同。福罗埃莎认为英法军人数为1:7，显属夸大，基佐《法国史》（英译本、纽约版，第2卷，第103页）认为英军人数约为8000至10000人，法军人数为40000至50000人。《剑桥中世纪史》（第7卷，第351页）认为是7000对15000人。

③ 1343年，法国多飞伯爵领地并入王室领地，这块领地成为王太子统辖的领地，太子因此被称为“多飞”。

铸造货币，并使劣币流通市场。货币贬值，引起经济上的混乱，[①]城市市民直接受害，更一致反对。人民对封建政权不仅失去信心，而且充满愤恨。福罗埃莎《编年史》记载：被英军打垮的"从战场上回来的贵族，被城市公社如此憎恨、辱骂，以致他们不敢在城市立足"。太子查理在父王被俘后执掌政权时年仅 19 岁，人们认为在这样严峻的局势前，柔弱、经验不足的他很难有所作为。上述情况和局势，就是巴黎市民起义和北法农民起义的背景。

太子查理(别号"智者")亟需筹款。1356 年 10 月，他在巴黎召开北部法国的三级会议。参加这届会议的代表多达 800 余人，半数为市民代表，市民已经成为会议的决定力量。巴黎市民代表在会议中起了主导作用，巴黎市商会会长艾田·马塞和教士代表领袖兰城主教是会议的领导人物。

三级会议开幕不久，就同王室对立。太子需要金钱，三级会议说：要钱，就得追究过去国王和当权人物使法国陷入灾难和不幸的责任，有些宫廷权贵应受处分；有些贵族应受审查和监督。三级会议要求太子改组政府，要求政府应在三级会议控制下进行改革工作。太子查理拒绝了会议的要求，并宣布休会。三级会议代表和巴黎市民，对太子固执陋政，拒绝改革，群情激愤。王室继续使大量劣值货币充斥市场，更令人民不堪忍受。在日趋紧迫的情势下，1357 年 2 月，三级会议重新召集。3 月，会议决定答应向王室提供金钱，但条件是：赋税的征收，税款的开支，皆须由三级会议负责执行和监督。王室开销费用，亦须由会议控制。三级会议可不经王室召集，每年举行三次。会议选出 36 名委员负责国家的改革和整顿工作。艾田·马塞是委员中的首领。太子查理被迫同意三级会议上述决定，并以命令发布实施。这命令，称为"三月大敕令"。

"三月大敕令"对封建政权是重大的冲击。被俘的约翰——他还是法国国王——一听到这消息，赶紧派人来巴黎，明确表示反对"三月敕

① 从 1337 至 1350 年。货币贬值在 24 次以上。见汤普逊《后期中世纪欧洲经济社会史》(纽约 1931 年版，第 113 页)在 1352 年，银马克同法国货币的比价变了 16 次，从 1 马克比 4 利弗 10 苏，变为 1 马克比 18 利弗，见基佐：《法国史》(英译本第 2 卷，第101 页)。

令”,豪门权贵群起支持。太子态度迅速改变,要三级会议为王室筹款问题继续开会讨论,认为筹款增税,是三级会议的首要任务。三级会议中的贵族、教士代表,反对巴黎市民,纷纷退出巴黎。

在以太子查理为首的王室同以艾田·马塞为首的巴黎市民的对立中,又出现了一股封建反动势力。它是以那瓦尔王“恶人”查理为首的一派封建主。“恶人”查理及其党羽利用法国政局混乱,乘机扩张势力以致夺取政权。“恶人”查理的祖父同腓力四世、同瓦卢瓦伯爵(腓力六世之父)是亲兄弟,他的母亲又是腓力四世的侄女。他自以为是有继承王位资格的王室近亲。此人言行反复,善搞阴谋,为了反对约翰二世,曾同英王联络,约翰把他逮捕囚禁。1357 年 11 月,他越狱后召集党徒至巴黎,既向巴黎市民表示他对他们的支持,又对太子查理表示准备妥协。

巴黎市民已在武装自己积极修建城防。对于王室,他们决定采取坚决行动。1358 年 2 月 22 日,艾田·马塞率领头戴红蓝两色帽的巴黎武装群众冲向王宫。在路上,他们杀死了几个贵族官员。在宫内谈判时,马塞要太子认真对待国家存在的问题,太子争辩说,他没有钱,干不出事。争论中,在马塞的暗号下,群众把站在查理身边的两个大贵族香槟元帅和诺曼底元帅杀死。太子吓得发抖,宫廷侍从逃散。马塞对太子说:“公爵阁下,不要介意。你不必害怕。”接着,把两色帽戴在他的头上。

艾田·马塞已成为巴黎的最高统治者,但要保持这个地位可不容易。他想通过控制巴黎左右全国局势,实在困难重重。贵族和教会上层固然反对市民专政,即使是城市,全国许多城市也不能同巴黎一致。1358 年 3 月,太子逃出巴黎,征集封建武装进攻巴黎。马塞向“恶人”查理乞援,而“恶人”查理却同太子查理协议联合镇压巴黎起义。1358 年 7 月 31 日夜,马塞拟打开城门同“恶人”查理会面。但是,倾向太子的市民领袖,在城边用斧头砍杀了马塞。三天以后,太子查理进入巴黎,起义群众被镇压。

在巴黎市民起义失败后两个月,法国北部已展开轰轰烈烈的农民起义——扎克雷起义。[①] 起义于 1358 年 5 月在巴黎以北的博韦一带爆

① 札克是贵族对农民的蔑称,即“乡下佬”。

发。广大法国北部地区迅速燃起农民武装反对封建主的烈火，到处喊出“杀死所有封建主”的口号。分散的队伍汇成巨流。领主的城堡、住宅被捣毁，许多贵族被杀，不少领主出逃。起义中产生的领袖是吉约姆·卡尔，他力图建立起义军的军事组织。他曾部署起义军同“恶人”查理的军队对垒，使查理不敢发动进攻。

可是，农民的分散性和起义部队装配不良，是不易克服的弱点。封建主则较快地集中力量对义军反扑，“恶人”查理率武装千人进攻，太子查理调兵镇压义军。“恶人”查理更以欺骗手段邀吉约姆·卡尔谈判。卡尔去查理军营时，就被拘捕（6月10日），不久被残酷处死。疯狂的烧杀继续进行，迄6月24日，牺牲农民不下两万人。

某些小城市和从城市中逃亡出来的贫民参加农民起义。巴黎起义市民曾和农民队伍有联系，但富裕市民和农民的要求是有距离的，何况，当扎克雷起义爆发时，巴黎起义市民已在危急之中，没有力量支援起义。

4. 战争的第二阶段（1369—1380年）

被俘的约翰二世在1364年去世。从这一年起，太子查理正式继位，是为查理五世（1364—1380年）。

战败的法国，是一个破烂摊子。英国的“黑太子”爱德华成为英王在法广大领地的统治者。他趾高气扬，时时威胁法国其他领地的安全。那瓦尔亲王“恶人”查理不断挑起战祸，自由结帮成队的武装“伙团”到处游动。他们都是原来战争中流散的士兵，也有逃散的城乡居民。他们的成员，除法国人外，还有各国人。他们分股或结成大伙，劫掠庄园、城市，索诈财物，拦劫饷款，甚至攻占城堡，参与封建内战。

查理五世在他开始代摄国政时，对国事确有穷于应付的情况。艰难的时势教育了他，锻炼了他。他利用从对英和约所取得的喘息机会，接受了他祖父、父亲的教训，沉着地进行了一些重要改革。他整顿税收，改变了国库空虚的情况。过去曾不经常征收的赋税，如炉灶税、盐税等，在他登位期间相对地固定化、制度化。[①] 教会、城市对王室的补助

① 查理五世去世后封建内讧，王家税收又不正常。

费和借款有了较多的来源。货币贬值是“百年战争”开始以来法国经济上的重大问题。查理五世铸造一种新的、金银含量充足的货币，取消此前流通的劣值货币。这一措施，为法国经济的正常发展、君权信誉的提高、各项改革工作的推行，打下了牢固的基础。

他的军事改革是值得重视的。他把全国各级贵族都列入军役名册，并在皇家元帅的指挥下应征作战。他重视步兵，加强训练弓箭手，扩大雇佣兵的队伍。他检查各地堡垒和城市的防御工作，有的增强，有的拆修重建。他组织炮兵，炮兵虽尚未用于野战，但在攻城破坚时已能发挥作用。他建设皇家海军，使英国的制海权受到严重的威胁。他对法国传统的战略、战术作了重大的改变。当英军重挑战端时，法军避免大军决战，使人力、物力集中城堡，却让英军在残破的原野上消耗力量，同时抓住有利时机出击敌军。

查理一面积极备战，一面打击那些反对王室的封建主(如“恶人”查理)，也击破在各地猖狂的武装团伙。当时，称霸法国西南一带的英国的“黑太子”，专制武断，横征暴敛，不仅引起居民反抗，也使许多受压制的法国封建主怨恨并向巴黎申诉。在对英作战的有利条件基本具备后，1369 年 5 月，法国三级会议宣告废弃《布勒丁尼和约》。英军亦不久入侵，英法战争又告爆发。

1370 年，查理任命杜·吉斯克林为王家元帅。杜·吉斯克林并不像过去的元帅那样是大封建主出身。他是一个小贵族，英勇善战。他所的率领劲旅，曾为国王转战各地，取得很好的战果。他在作战中抛弃以前封建骑士军队硬拼猛冲的方式，而是采用坚壁清野和游击战术。这种战略战术，终于击垮了英国侵略军。如 1374 年，英国王子兰开斯特公爵率 3 万战士入侵法国，行军五个月，却只剩下 6000 疲惫的士兵退回波尔多。在这一时期的战事中，英法之间几乎没有重大的战役，而英军失败的形势已不能挽回。英国占领的大片法国领地先后被法军收复。1380 年，英军被迫停战。英王除保留加莱在内的几个法国沿海城市外，其余土地尽归法王。

就在这一阶段战争结束前后，英法战争中的主要人物皆已先后去世。英国“黑太子”死于 1376 年；次年，爱德华三世去世，由 10 岁的查理二世(1377—1399 年)继位。杜·吉斯克林于 1379 年去世;次年,查理五世病亡,由查理六世(1380—1422 年)继位。

5. 封建内讧、战争的第三阶段(1415—1422 年)

在战争的第三阶段,法国惨败。惨败的主要原因,是法国封建统治集团的内讧。

查理六世登位为法王时,年龄不足 12 岁,由几个王亲国戚左右朝政。查理六世成年后几年就精神失常。疯子国王是可以废黜的,可是他的神经病是间歇性的,因此只能让他继续据有王位,他每年春天正常,其余时间都发疯。这样的状态继续了 30 年。在君主名存实亡的情况下,公爵们争权夺利,盗窃国库,搜刮城乡,祸国殃民。

就在查理六世登位不久,由于战争时期的重税长期未减,公爵们尽量压榨人民。在 80 年代,巴黎和北部的其他城市以及佛兰德尔、根特等城市,中部的奥尔良,南部的里昂,几乎同时爆发起义。巴黎的"锤子党人"起义[①],震动全国。号称"丛林人"的农民起义[②],遍及南部和中部农村。直到 15 世纪初巴黎还发生市民起义,1413 年的"卡博什派"起义[③],延续 4 个多月。这些起义,先后被封建武装镇压。

大封建主一面镇压起义,一面内讧。两个封建主集团是内乱的主要角色:勃艮第派和阿曼涅克派。前者的首领是勃艮第公爵。在查理六世继位初年,担任公爵的是查理五世的幼弟腓力,他曾陪同约翰作战被英军俘虏。1404 年腓力死,"无畏"约翰继立为公爵。他除了拥有勃艮第公爵领地外,还是富庶的佛兰德尔的领主[④]。包括巴黎在内的法国北部和东部,都是勃艮第派的势力范围。后一派的首领是奥尔良公爵和他的亲戚阿曼涅克伯爵。法国的南部和中部,大致是他们的势力范

① 1328 年,巴黎手工业者反封建统治者的重税压榨而起义,起义者约 4,000 人,袭击兵器库,用铅锤武装自己。曾杀死税吏和高利贷者,打开监狱,摧毁一所修道院。

② 起义发生于 14 世纪 80 年代初,于 1384 年声势最为浩大。起义者称为"图金"(Touchinat),意为"森林中人"。

③ 1413 年,在巴黎发动以屠宰业、剥皮业和皮革业、皮毛业等行会和城市贫民为主的起义,要求政府改革,起义领导人为西蒙·卡博什,因称卡博什起义。

④ 勃艮第公爵腓力同佛兰德尔伯爵的女继承人玛格莱特结婚。

围。1407 年,奥尔良公爵被刺死,两派形同水火。1411 年,内战爆发。为争取盟友,两派都曾同英王联系。勃艮第公爵和英王亨利五世挂上了钩。1413 年,"无畏"约翰和英王秘密缔约,要求英王出兵打垮阿曼涅克派,支持英王对法国的野心。

法国内部的混乱,早已为英国的再度入侵创造了条件。但在 14 世纪晚期至 15 世纪初年,国内问题使英国统治者自顾不暇。1381 年,英国发生声势浩大的瓦特·泰勒起义。1399 年,在统治集团内部的斗争中,理查二世被他的堂弟兰开斯特家的亨利四世(1399—1413 年)所推翻。兰开斯特王朝(1399—1461 年)代替了金雀花王朝。亨利四世体弱多病,对于发动对法战争并不热切。亨利五世(1413—1422 年)继位后,就重兴对法国的侵略战争。

1415 年 8 月,亨利五世率英军在塞纳河口登陆。10 月,在北部阿金库尔(在克雷西西北)英法两军会战。英军 13000 人,法国封建主的部队约为 50000 人。勃艮第公爵按兵不发。结果,缺少统一指挥、仓促应战的法军大败,战死重伤者约 7000 人,奥尔良公爵被俘,英军损失仅 500 人。亨利五世作为胜利者,以加莱为据点,来往于英法之间。他继续组织兵力,征服诺曼底和北部地区。除了卢昂抗击英军达几个月外,其余城市纷纷陷落。勃艮第公爵同英王在加莱会谈,重申承认亨利五世为未来法国国王。巴黎一时尚在国王和阿曼涅克伯爵手中。但在 1418 年,巴黎屠夫行会带头起事,迫走阿曼涅克派。勃艮第公爵进驻巴黎,国王、王后皆受他控制,只有 16 岁的太子查理逃出巴黎,成为各地抗英力量领袖,接着称为摄政。勃艮第公爵约翰同英王秘密勾结的阴谋尚未公开,企图通过同太子查理谈判以取得他的让步。1419 年 9 月,约翰和查理的谈判破裂时,太子的侍从拔剑刺死约翰。

于是,继任勃艮第公爵的腓力以报父仇为名,公开同英王亨利联盟。接着,他又安排英王同法王在特鲁瓦会谈,并签订《特鲁瓦约定》(1420 年 5 月)。法王查理六世答应把他的女儿加萨林嫁给亨利五世,并承认亨利为他的"儿子",宣布同所谓"太子"的查理脱离关系。亨利五世成为法国王位的继承人。在查理六世未去世时,英军占领的法国领地仍由亨利统治。不到 1 个月,英王亨利就同加萨林结婚。亨利进驻巴黎的卢浮宫，巴黎成为“第二伦敦”。

1422 年，亨利五世和查理六世在 3 个月内先后去世。亨利五世的才 10 个月的婴儿，被立为英法两国的国王。他在英国称亨利六世(1422—1461 年)，在法国，称亨利二世，王家使者在圣丹尼斯教堂前大呼：“上帝恩赐亨利万岁，他凭上帝的恩宠，登位为法兰西和英格兰的国王！”亨利五世的弟弟贝特福公爵成为摄政王。

6. 战争的最后阶段(1422—1453 年)，贞德和法国的最后胜利

法国割裂了。卢瓦尔河以北，包括巴黎及附近地区，诺曼底、毕加第、香槟等地，西南基恩一带，都由英国控制；依附、支持英国的勃艮第公爵，除勃艮第外，还拥有佛兰德尔及其周围领地。这大半个法国都是英国的势力范围，贝特福公爵是它事实上的最高权威。自然，即使在英人势力范围内，仍有阿曼涅克派的据点。卢瓦尔河以南的法国，基本上是太子查理活动的地区，却也并不全受太子的控制。如南法朗格多克几乎完全独立。而且，对于查理讲，他被查理六世和王后否定他的太子身份，他缺钱少兵，特别是他疑虑重重，对于最终能不能成为法国王位的继承人毫无信心。他主要只能依靠忠于法国王室、反对英国侵略者的封建主的拥护，但他们力量分散，也不够强大。

苦难最深重的是法国城乡劳动人民。在法国大部分地区，田园荒芜，住宅焚毁，工商业停顿，城市萧条，饥民遍野，野狼在大路上出没。历史和现状促使法国人民仇视那些蹂躏法国的英国侵略者及其帮凶，痛恨那些因争权夺利而使法国山河破碎、生产破坏的封建内讧。他们要求有一个独立自主、统一安定的法国。法兰西民族国家的形成，还有待以后经济、社会和文化的发展。人民的爱国思想和民族意识已在痛苦的熬煎中萌发。自然，不能以近代的爱国主义和民族感情来要求 15 世纪初期的法国人。在当时，人们只能把希望寄托在传统的法国王室。这个王室的太子，王位的继承人，受英国侵略势力以及依附它的法国封建主(当时人们称之为“背叛的法国人”)的逼迫和打击，正在卢瓦尔河以南彷徨。贞德，这位法兰西民族的女英雄，就在上述条件下出现，并以她的爱国主义精神鼓舞世世代代的法国人。

贞德(1412—1431年),是法国东北边境香槟和洛林交界处的东列米村的农家姑娘。她出身于一个虔信天主教的勤劳的农民家庭。宁静的农村生活已被内乱外患所打破,她自童年以来,从出入来往的四邻和过客那里,听到了许多关于国难民怨的消息。她的日益强烈的爱国感情和对宗教的虔诚,使她感觉到天使长和圣徒在闪耀的光辉中鼓励着她,要她负起从英国人手中解放法国的使命。1429年,她得到家乡附近的一位王家军官的支持,身披甲胄,骑马执剑,在4个战士的护送下,到达太子查理驻地的什农。路上走了11天(2月底到3月初)。在会见太子时,她见面就说:"尊敬的太子,我从上帝那里带来了支持你、支持王国的使命。"她又告诉太子:"我告诉你,凭上帝支持,你是法兰西的真正的继承人,国王的太子。"这些有力的语言,出自一位真诚的农村姑娘贞德之口,使查理相信,她带来了人民的爱国热情,并且他相信她也带来了神圣的"天命"。

法国中部的奥尔良,是由以太子查理为首的抗英力量驻守、阻止英军南侵的重镇。当贞德见太子时,奥尔良正被英军围攻,贞德说服太子由她率领援军支援奥尔良守军。贞德率领的军队约7000至8000人,[①]这是太子能够征集到的一支大部队。1429年4月27日,贞德先使护送供应的军队成功地进入奥尔良城,不久她本人进城,全城军民热烈欢迎贞德和援军。贞德用她的言行鼓励了法国战士。她领导突围,出击英军;虽然中箭受伤,仍挥动旗帜前进,鼓舞法国守城的和增援的战士奋力冲杀。英军为法军罕有先例的英勇拼杀精神所吓倒,他们作为围城用的堡垒被攻破,很多英军不敢交战就溃散。被英军围攻半年的奥尔良城,于5月8日解放。英国在法的摄政王贝特福公爵写信回英国时,气愤地说:"直到一个叫'女郎'的恶魔的门徒和骨干施用骗人魔法和妖术以前,一切事情都很顺利。"奥尔良之战是法国战胜英国的一个关键性的战役。贞德威名大振,人们称她为"奥尔良女郎"。她的爱国精神和事迹,被法国人民传诵。

贞德的下一个目标是劝太子查理去兰斯大教堂加冕为国王。按照

① 贞德率领的援军人数,各书说法不同。有的著作估计为10000至12000人。有的著作认为只有3000余人,这里根据《剑桥中世纪》(第8卷,第47页)

传统,法国国王的加冕典礼在兰斯大教堂举行。在兰斯大教堂举行涂圣油礼,是向人们宣告,查理是"凭上帝恩宠"而加冕的法国的合法国王;被英国人所立的国王亨利,是不合法的傀儡。兰斯在法国东北,从卢瓦尔河中游去兰斯,要经过许多被英军占领的城市,去兰斯等于是一次远征,太子对此有踌躇。贞德说服了查理,率领军队向兰斯进军,沿途的城市被法军攻克。1429 年 7 月 17 日在兰斯大教堂举行国王加冕礼。查理成为法国国王,称查理七世。在典礼上,贞德手执旗标,站在国王的旁边。

贞德继续战斗。1430 年 5 月下旬,在康边城附近的一次战斗中,贞德撤退回城,而康边城法军却闭门把贞德拒之城外,贞德被勃艮第派贵族军所俘。7 月,勃艮第派贵族以一万金克朗把贞德卖给英军。1431 年 5 月 30 日,贞德被英国人组织的宗教法庭以"异端、堕落者、叛教者、偶像崇拜者"的罪名在卢昂广场的火刑柱烧死。

英国封建主处死了贞德,但是,再也不能保住他们在法国的统治地位。贞德在两年多时间中为法国取得的胜利和功勋,已成为法国人民爱国主义的标志和号召。对英国侵略者的斗争,法国人民的行动已不是一时一地的被动的反抗,而是普遍的、继续发展的运动。一支又一支的法国的游击队深入各地,许多地方发生反英的起义。英国控制下的巴黎人民出现骚动,亲英的法国部队起了变化。这样,在居民的帮助下,查理七世的军队陆续收复了一些地方和城市。1435 年,贝特福公爵病死,英国王室内部争权夺利。勃艮第公爵由于担心英国占领佛兰德尔,更由于害怕法国人民对他的憎恨,在 1435 年同查理七世议和,稍后宣告解除他同英国兰开斯特王室的盟约。1436 年 4 月,查理七世的部队开进巴黎。基恩的首府波尔多是最后收复的地方。到 1453 年,英国所占领的法国领土,除了加莱城,全部由法国收复。

二、战后的法国

1. 查理七世

查理七世(1429—1461 年)在危难中度过他的摄政生涯,在胜利的光荣中去世。登位后，他推行了对此后法国很有影响的军事改革和财政改革。他依靠法国人民的顽强斗争赢得了对英斗争的胜利，也由于他利用了人民振兴法国的期望，使他的改革取得成果。

军事改革是在对英战争尚在进行时开始的，战事结束后继续进行。改革的主要内容是建立一支由政府直接控制的常备军。在对英战争中，军人良莠不齐，军令出于多门。查理下令，军队的征集和指挥，官兵的升降、去留和赏罚，皆由国家掌握。1445 年，他组织枪骑兵，任命 15 个总队长，每总队统率 100 个小队，共有 1500 个骑兵小队，每小队 6 人，[①]全部骑兵共 9000 人。稍后，在南法增设 500 个小队，骑兵数达 12000。步兵称为“自由弓箭手”，约为 16 个总队，每队 500 人，共8000 人，军官有津贴，士兵皆支薪。[②] 炮兵开始在战场上发挥作用，但发炮率低，每小时只能发射两次炮弹。国王已拥有自己的舰只。此外尚有外国雇佣兵，作为常备军的补充。

王家的财政收入，按照传统，分为两个部分：经常财务收入和非常财务收入。前者指王室领地的收入。战争耗尽了经常的领地收入，因此需要非常性的税收，如盐税、商品税等，这些捐税须经三级会议通过。在查理五世去世后的半个多世纪中，内乱外患，原来的赋税制度破坏。查理七世登位后，整顿税收。抗战兴国的需要[③]使他取得可以不经三级会议而长期征收各项税收的权力。从而使非常税收成为正常国税的组成部分。除盐税、商品税等间接税外，他的直接税主要是达依税[④]。在查理七世晚年，达依税年收入 110 万利弗，全部王家税收每年约 180 万利弗。

国王的常备军和征税权，是君权强化的两大标志。“百年战争”的胜利为法国君权的强大创造了条件，进而为法国的统一打下基础。但“百年战争”法国胜利的果实主要是收复英王在法国的领地，而且，

---

① 其中 1 人为骑兵战士，1 人为侍从，3 人为弓箭手，1 人为佩刀兵。

② 骑兵战士每月 15 法郎，佩刀兵 5 法郎，自由弓箭手 7.5 法郎。

③ 百年战争终结于 1453 年，但当时尚未同英国签订和约，查理七世仍可以战争需要为名，不经三级会议通过，征收各种非常捐税。

④ 达依税，在法国南部为地产税，在北部，按人口全部收入计税。教士和贵族免税。

“百年战争”结束后查理七世在位的时间只有 8 年，国内诸侯分裂割据的局面并没有结束。这些诸侯，是一些古老的大封建主家族，大多数是王亲国戚。

2. 路易十一

路易十一(1461—1483 年)即位初，法国王室领地只有全国领土的一半。当他为太子时，曾站在反对派诸侯一边同他的父亲对抗。即位后他把增强君权、统一法国作为他的志愿和目标。在他所走的加强君权的道路上，勃艮第公爵是最大的障碍。

勃艮第公爵的领地尼德兰(包括佛兰德尔和荷兰)、勃艮第，都是欧洲最富庶的地区。公爵府部所在地第戎，富丽不亚于巴黎。公爵在名义上是法国国王的附庸，而实际上，他已是一个独立王国的国王。查理七世在登位后要勃艮第公爵“好人”腓力来宫行臣服礼，腓力傲慢地回答：“要我去，我带着四万人去。”路易为太子时，害怕查理七世对他迫害，逃到勃艮第公爵腓力那里寻求庇护。而路易做国王后，也必然以勃艮第公爵作为他的主要对手。腓力是在 1467 年去世的，而从路易十一登位不久他已老病在床。腓力的儿子、公爵继承人“大胆”查理是野心勃勃的霸主，他同路易十一之间的决裂不可避免。

路易在登位初就把查理七世的大臣赶走，有的撤职，有的入狱。权贵们反对他，他的弟弟贝利公爵也是他的敌人。1465 年，勃艮第公爵、贝利公爵等组成所谓“公益同盟”，举兵反对路易。路易答应了他们提出的要求，如把诺曼底让给他的弟弟，把法国一些城市让给勃艮第公爵等，这就瓦解了同盟。但是，路易十一并没有履行他的诺言。公益同盟又重新组成。1468 年，在谈判中，路易十一成为大胆查理的俘虏。路易在立誓答应了查理的要求以后被释放，而一旦获得自由，他否认他所承诺的一切，并同查理等展开斗争。1472 年，勃艮第公爵等再次向路易发动进攻。1475 年，英王率军在加莱登陆。路易十一用金钱和婚姻赢得他同英王爱德华四世的和约，又支持同“大胆”查理作战的瑞士联邦和洛林公爵。1476 年，“大胆”查理在瑞士大败。1477 年，在南锡城下，查理被洛林公爵的部队杀死。路易十一终于打垮他的最强大的敌人。勃艮第公爵的领地,包括勃艮第和法国北部毕卡迪、阿托瓦等,皆被收复。[①] 中部和南部的安茹、曼纳和普罗旺斯等地,也由路易兼并。在路易十一晚年,国王的权力及于不列塔尼半岛以外的整个法国,加莱尚属英国。路易十一的继承人查理八世(1483—1498 年),通过同不列塔尼女公爵安妮的联姻,使不列塔尼成为王室领地,法国统一,基本完成。

路易十一为法国统一和专制君主制的形成作出了贡献。在他在位期间,几乎同所有称王称霸的封建诸侯作过斗争。他通过阴谋诡计、欺诈诱骗、反复无常等各种手段战胜了他们。他从来不信守自己的诺言,也从来不相信别人的誓约。当他还是一个弱者时,他卑躬屈膝;当他强大时,他会采取最冷酷、粗暴的手段进行报复。他是法国封建主的头头,可是没有封建主所共同具有的骑士式的道德、作风和气质,却歧视那些依靠门第、出身而享有权位的贵族。他所录用、信任的,是市民甚至富裕农民出身的小人物。历史学家说他:"是一个坏人,但是一个好国王。"说他是一个坏人,由于他否认任何传统的道德准绳;说他是好国王,由于他所打击的,正是那些以旧传统阻碍法国发展的封建领主们。他象征一个历史的转变时期,即自封建领主制向封建地主制转变的时期。

他不是一个封建骑士,却是一个商人。他相信金钱至上,这种思想正是商品货币经济高度发展的产物。他认为"每个人都有他的价钱",也尽量使金钱为他服务。他的大臣康敏斯[②]在《回忆录》中说:"他并不把钱存贮在国库,而是拿走一切,花掉一切。"解决疑难问题、赏赐臣属、派遣代表和密探、完成外交任务、常备军军费和战争费用、建造修整城堡、修路建屋,等等,都花费大量钱财。为了拉拢盟友、瓦解敌人,更不惜花大钱。1466 年,为了使布列塔尼公爵不参加反对他的封建主联

---

① 大胆查理死后,只有一女玛利。过去作为公爵封地和由他兼并的法国行政区,皆由路易十一收回。但佛兰德尔和荷兰仍由玛利保有,玛利后来同奥地利的马克西米兰结婚,尼德兰作为陪嫁给予马克西米兰。

② 康敏斯(约 1445—1509 年),原为大胆查理的臣属,后归顺路易十一为大臣。所著《回忆录》8 卷,为路易十一时期最重要的史料。

盟，他用 12 万金克朗收买公爵；为使勃艮第公爵的臣属倾向他，他派人分别送礼，数约 15000 金克朗。在统治时期，赋税猛增。在他临死前，税收总额为 4655000 利弗，为查理七世晚年赋税额的两倍半以上。他向非贵族购买贵族领地收费，对城市和商人赐予特权取报酬，出卖爵位、官职，对犹太人的罚款，向教会、城市和个人的借款，各种摊派勒索等，这些都是他的财源。对于路易十一，封建领主痛恨他，负担沉重的城乡人民也反对他。但尽管如此，尽管城市的自治权也常受他的干涉和破坏，农民的地位并没有提高，他对法国社会生产的提高、促进手工业和商业的发达是起了作用的。

3. 战后经济的发展

百年战争长期的破坏，使法国大部分地区的农、工、商业很难前进。但是，在某些受战祸较少的地方，社会经济仍有进步；国内和国际的工商业活动仍在进行。查理七世时期的约克·科尔(1395—1456 年)，是在布尔日的银器制造业主，商人，南法三级会议的王家专员，宫廷会议成员。他的商业活动活跃于地中海。在地中海东岸，他设有几处办事机构。他自备有七艘大船组成的武装船队，他是亦商亦官的企业家。国王支持他，也从他那里得到经济上的帮助。最后，他因牵涉政治阴谋而被放逐，财产充公。

在 15 世纪中叶，约克·科尔只能算是一个特出的例子。路易十一为法国统一作出的贡献，为法国社会经济的发展创造了条件。他在城市市民中选拔官员，称富商和企业主为自己的朋友，使他的经济政策不能不受他们的影响。尤其是他对封建诸侯的斗争需要城市市民以金钱来支持，这更使他重视工商业的发展。

同武器生产有关的冶炼和开矿、传统的毛纺织业和麻纺织业等继续成长。里昂的丝织业有显著的发展。路易提倡养蚕制丝，又鼓励意大利的纺织工人来里昂，里昂成为全国丝织业的中心，出现了法国最早的丝织业手工工场。从 15 世纪 70 年代起，巴黎有了印刷业，在这新的印刷业中，出现了手工工场。这是法国资本主义最初的萌芽。路易曾要求重量长度的标准化，禁止国内通行税，每隔 7 公里多建立驿站。他提倡集市,在他的许多命令中,多次提到发展集市和市场。旧的集市,如香槟、诺曼底集市,又活跃起来。他扶植新的国际性集市,例如,他使里昂集市代替意大利的热那亚集市。他竭力打破威尼斯垄断地中海商业的地位,加强海军和海上运输,在地中海沿岸的南法开拓国际贸易商港,如马赛,这时成为地中海的主要海港。1470 年,他在伦敦组织法国商品展览会,力求使法国商品打入国际市场。他尽量增加商货输出,减少外货输入,从而吸收外国货币资金。这是重商主义的萌芽,它为法国资本原始积累创造了前提。

第六章　统一和君主专制制的发展

一、封建领主制的解体、君主专制制的建立

1. 资本主义关系的产生

战争给法国的经济发展带来了损害，但是，法国人民悠久的历史遗产，肥沃的土地和丰富的物产，水陆交通的便利，地中海、大西洋、北海等海上贸易的发展，政治统一和中央集权制的形成等，都是法国社会经济发展的有利条件。15世纪晚期，法国经济已从战争的破坏中复兴。16世纪，法国已是西欧经济发达的大国，人口约1500万。巴黎人口约30万，已成为全国经济和政治的中心，在生产全面发展的基础上，资本主义因素在萌芽、增长。

15世纪以来，手工业生产技术有了显著的发展。在动力技术上，风车和上射水轮的推广，对磨粉、纺织、染色、采矿、冶炼、造纸、硝皮等，都产生很大的影响；在纺织业上，脚踏纺车和脚踏织机的发明，提高了劳动生产率。许多旧的生产部门有不同程度的改进，新的生产部门又在新技术的装配下出现，如印刷、丝织业等。这样，一方面加强手工业的专业分工，使不少新兴的手工业出现；另一方面，手工业的规模必须扩大。于是，工场手工业逐步发展起来，工场手工业，由于内部专业分工较细，劳动者容易熟练地进行某种技术操作，也由于它雇佣工人进行较大规模的生产，就突破了行会生产的框框，成为早期资本主义工业生产组织的基本形式。法国农业生产的提高，不如手工业显著。而农业

上的深耕细作，改进农田水利和施肥，改进葡萄栽培技术，使农村能为日益发展的工商业提供充分的商品粮食和酒、油等农副产品。同时，商品货币经济的发展，促使农民分化，又为手工业提供雇佣劳动力。

集中的手工工场，在采矿、冶炼、铸炮、火药等同军事有关的手工业中较普遍地兴起。造船业在沿海各个大城市都存在，它是工场手工业中一个重要的部门。在新兴的手工业中，集中的手工工场较多，如丝织业，在里昂、都尔和巴黎都有手工工场[①]。印刷业是活字印刷术传入法国后迅速发展起来的新工业，巴黎、里昂、波尔多都有印刷业工场。巴黎在 15 世纪后半期已有印刷工场，16 世纪中叶，已有工场 71 个，书店 142 个，印刷工人和书商约 800 人。一般印刷工场雇佣工人约 15 至 20 个，拥有昂贵的设备。印出的书籍，远销国内外。此外，玻璃、镜子等手工业都有手工工场。

在一些传统的手工业部门中，如在毛纺织业、麻布纺织业中，流行着分散的工场手工业或分散和集中相结合的工场手工业。商人把羊毛、麻等原料分发给农村家庭手工业者，由他们纺织，其成品再由商人收购。商人经过由他们举办的手工工场进行加工、染色后，再由他们出卖。他们有的是包买商，有的是包买商兼工场主。他们既剥削雇佣工人，又剥削家庭手工业者，许多家庭手工业者并没有放弃劳动。这种形式分散的手工工场，在法国各地普遍出现。

规模较大的工场手工业，需要货币财富和雇佣劳动者——被剥夺了生产资料和生活资料的自由劳动者。这两方面，是资本原始积累的两个基本条件。在法国，商品货币经济的长期发展，使法国的商人、企业主和高利贷者手中积累了不少货币资金。15 世纪前半纪的约克·科尔，就是一个拥有巨额资产的工商业主。16 世纪法国的呢绒、亚麻布、丝绸、锦缎、地毯、花边、葡萄酒等，不仅运销国内，也远销西欧各国、地中海东部和美洲殖民地。里昂是一个手工业发达、各国商人荟萃的

---

① 里昂丝织业在路易十一时已有手工工场，1536 年，它的丝织业有 12000 名匠师(行东)和帮工；都尔在 16 世纪中叶有 8000 名左右的独立匠师。他们仍有行会手工业者名称。但拥有这么多工人的新兴手工业，已是工场手工业。1576 年里昂有大小不一的丝织手工工场 280 个。

大城市，也是国际金融中心。地中海沿岸的马赛，同西亚各地商业来往密切，成为威尼斯的劲敌。大西洋沿岸的波尔多、南特、拉罗舍尔等，16世纪中叶起已成为日趋繁荣的海外贸易市场，航海业和运输业的中心。

国债是资本原始积累的一个重要方式。1512年，法兰西斯一世从巴黎银行家借款25万利弗，年利百分之十。以后政府向商人借款更多。巴黎、里昂都发行有息公债。有些商人把钱借给国家，以利息收入为生。作为资本原始积累的一种方式的包税制，也从16世纪起流行。商人、高利贷者把政府税款事先垫付，从而获得向居民征税的权力。他们称为包税人，通过包税，他们从中取得巨额利润。

手工工场中的雇佣工人，有的是破产的匠师和破落的帮工，但主要是农村中丧失土地而流入城市成为出卖劳动力的劳动者。法国农村没有经历英国圈地运动那样的剧烈变动，但从13世纪晚期至14世纪法国农奴制的衰落起，农村也在变动、分化。15世纪后期至16世纪，资本主义关系在农村萌发。

2. 封建领主制的解体

从15世纪后期至16世纪，法国除了局部地区尚有农奴制外，绝大多数农民都已获得人身自由。他们或成为拥有永佃权、租额长期不变的交纳田赋的佃农，或成为定期租佃、租额按期变动的佃农。以农奴劳动为基础的、以封建庄园为基本经济单位的封建领主制是解体了，代替它的是封建地主制。封建关系并没有在农村瓦解，土地仍属于封建贵族地主所有，各种形式的佃农，都得向地主交纳地租并向政府交纳国税。货币地租已是地租的主要形态，但定期租佃中的分成制佃户也用实物交付地租。以小农经济为基本形式的自由佃农劳动，已在法国农村普遍流行。

当农民摆脱人身奴役的时候，也是他们贫富分化的开始。富裕农民扩大地产，其中少数成为使用雇佣劳动的富农，一般富裕农民则把土地出租。如有些纳赋地农民虽然本身仍是佃户，却成为出租土地的“二地主”。有的富裕农民则在农村做买卖、开小店、放款取息。但多数小农保有小块纳赋地或租佃地。他们在地租、国税、高利贷的压榨下，有的典卖土地，成为流动的自由劳动者，有的留在家乡，既干农活又为分散的工场手工业做工。在16世纪的法国，农民丧失土地成为集中工场手工业中的雇佣劳动者的，为数不多。纳赋地佃农和定期租地中的分成制小农，占显著优势。

土地已在买卖转让，除少数富裕农民典买土地外，新兴资产阶级也购买土地而成为地主。而资产者买地开办农场，以资本主义的方式剥削雇农，仍属少数。他们把土地出租，收取封建地租。在封建社会，地产所有权标志着社会地位的提高。新兴资产阶级从政府和破落贵族那里买得官职和爵位，同时买进地产。他们称为"穿袍的人"，如得爵位，称为"穿袍贵族"。这些贵族化的资产者，成为封建专制权力机关的重要组成部分。

在封建地主制下，旧的世袭贵族，称为"佩剑的人"，稍后称为"佩剑贵族"。他们原是世袭的封建领主，仍拥有原来地产的所有权，但实际上已同过去的封建领主很不相同。第一，他们对他们所有的土地上的居民基本上只保有收取地租的权利，农民对封建主的人身依附仅存残余。原来领主对他领地上的农奴、依附农民的统治权已经丧失。在16世纪，已没有割据称霸的大贵族。第二，他们越来越同商品货币经济发生密切的关系。为了保持他们的享受，他们尽量设法谋得货币。可是，他们的经济状况并不好。新航路的开辟和殖民掠夺，在西欧引起了"价格革命"。金银贬值，物价上涨。法国物价，平均上涨两倍到两倍半。按传统规定收取定额货币地租的封建主，实际收入减少，经济地位下降。入不敷出或面临破产的封建贵族，只能出卖土地，甚至出卖自己家庭的城堡和爵位。许多"佩剑的人"，依靠国王的赏赐、薪俸、军官薪饷和年金作为生活来源。

上述封建地主制代替封建领主制的过程，正是封建专制君主制形成和发展的过程。封建地主制，是封建专制君主制的经济基础。

3. 法兰西斯一世

15世纪后半叶和16世纪上半叶，是法国封建君主专制制的早期阶段。在这一阶段，法国统一基本完成。

路易十一为法国专制君权打下了基础。在他的继承人查理八世(1483—1498 年)即位初年,三级会议被解散;此后,在路易十二(1498—1515 年)和法兰西斯一世(1515—1547 年)时皆未召开。尽管君主专制制还有待进一步的巩固和发展,但在这一时期,君权已不受三级会议的约束而统治全国。自"百年战争"结束以来,常备军建立起来,征税权和国库已由国王直接掌握,从中央到地方的官僚系统和司法机关渐趋完备。

在法兰西斯一世在位时期,法国早期君主专制有了全面的发展。他利用国王所掌握的财政权,扩大常备军。在战时,招募外国雇佣兵。他创办步兵团,加强炮兵。法国的炮队是当时欧洲最强的炮队。法兰西斯率军侵入意大利时,征集了 26000 名雇佣兵,又把他在里昂铸造的新型大炮 300 尊,由驴子背负着越过阿尔卑斯山。他和他的亲信大臣裁决国家大事,宫廷会议成为全国最高权力机构。他控制全国地方机构、派遣权力很大的监察官,使地方服从中央。巴黎巴力门是代表国王审理案件、复审地区法院初审案件的高级法院,国王本人则是超法律的绝对权威。法律是国王权力的产物,他可以发布命令来代替法律。他在政府的文件上批写"此乃朕意",标志这是最高的决定。

法兰西斯一世于 1516 年和罗马教皇利奥十世签订《波伦亚宗教协议》。协议规定,罗马教皇只享受新任命的主教和修道院院长第一年的收入,而国王掌握了他们的选任权。国王可以把这些高级神职恩赐给他的宠信,又可以把高级神职空缺时期的收入归之已有。国王有权接受教会的"赠礼",从教会的什一税中抽成。国王基本上控制法国教会,并把教会的部分收入作为政府的财源。

封建领主分裂割据的局面基本结束。旧贵族中的王室亲族和豪门巨阀虽然期望恢复往日的特权,但已不可能独立称雄。宫廷成为贵族追逐名利、阿谀恭维的中心。法兰西斯一世除了任用宠信的贵族外,又在中央到地方的政府机关里任命了大批"长袍的人"为官吏。在国王周围就有 120 人左右的秘书。充任政府官员和法院法官的"长袍的人",很多是曾在大学法律系钻研罗马法或熟悉政法业务的"法律家"。他们的思想和工作作风同旧贵族不同。他们抱有君权至上的理论和为专制君权服务的信念。难怪法兰西斯一世的母后把他捧得像一个古罗马皇帝,称他为"我的儿子,我的皇帝"。

但是,法国早期阶段的专制君主制具有它的不稳定性。刚从封建领主制过渡到地主制的贵族,尤其是大贵族,对于传统特权的丧失心怀不甘。他们还是王国统一的不稳定因素。国王既要抑制他们的分裂倾向,又得多少满足他们的贪婪和虚荣。对外侵略,在一定程度上能够达到上述要求。同时,对于拥有一支强大常备军、掌握巨额税收来源的统治一个大国的国王来说,对外扩张,既能满足他好大喜功的野心,又能把不安现状的大贵族的目光移向国外。正在这样的情况下,西欧动荡的国际局势,特别是意大利的分裂,为侵略者创造条件,制造机会。意大利的富庶繁华,又吸引了外来入侵者。于是,从 15 世纪末期起,以法国国王查理八世率军侵入意大利开始,发生了前后延续 65 年的意大利战争(1494—1559 年)。法兰西斯一世在全部在位期间的精力主要放在对外战争上,国内的和平安定和建设受到破坏。

4. 意大利战争

意大利有西欧最先进的手工业,最发达的国际贸易,最辉煌的文化成就。西欧最早的资本主义生产在佛罗伦萨、威尼斯、热那亚等城市萌芽,文艺复兴运动在 14、15 世纪的意大利展开。

而在政治上,意大利长期分裂。北部的米兰公国、威尼斯和佛罗伦萨城市共和国,独立争霸,各国内部党派纷争。中部的教皇国,实际上是教皇统治下的世俗国家,同意大利以至西欧各国关系复杂。法国封建领主曾是南意那不勒斯王国的国王,在 15 世纪中叶以后,又被西班牙阿拉贡的王族所征服,政局多变。许多封建领主和城市各自独立又相互斗争。

1494 年,查理八世宣称自己有权继承那不勒斯王位,率领三万军队越过阿尔卑斯山入侵意大利。1495 年 2 月,占领那不勒斯。但是,教皇、威尼斯等组成反法联盟,西班牙国王和德意志皇帝也参加这个联盟。查理八世害怕他的后路被截断,匆匆退回法国。留在意大利的法国部队被歼灭。

路易十二登位不久就举兵入侵意大利，他觊觎米兰公爵的爵位，对那不勒斯也颇有野心。他的一生是环绕意大利问题，在西欧国际政治阴谋和战争中度过的：联盟、联盟破裂，战争、停战、战争。终于，路易十二被西班牙、英国、威尼斯、瑞士和教皇联军打垮。路易临死时，法国在意大利的占领地全部丧失。

法兰西斯一世即位后重新恢复意大利战争。1515 年，法军占领米兰。然而，战争却以更大的规模展开。1516 年，德国哈布斯堡家族的查理继位为西班牙国王，称查理一世。1519 年，查理又当选为德意志神圣罗马帝国皇帝，称查理五世。查理统治着西班牙、尼德兰、南部意大利和德国。法国陆上疆界皆受查理领土包围。而且，查理宣称，他对法国的勃艮第有继承权[①]。因此，意大利战争发展成为法兰西斯一世和查理五世两个西欧最有势力的君主之间的战争。

法兰西斯和查理之间的战争，在 23 年间分 4 次进行。教皇、英国、威尼斯、瑞士都卷入战争。在第一次战争中(1521—1525 年)，法兰西斯大败被俘。在被迫签订屈辱的协定而被释放回国后，法兰西斯又否定协定，战争重兴。为了争取同盟，法兰西斯同英国亨利八世结盟，又同德意志新教诸侯结盟，甚至同异教的土耳其苏丹结盟。1544 年，查理五世的军队曾入侵法国，逼近巴黎。但法国人民的反抗，德意志新教反天主教统治斗争的威胁，土耳其军向奥地利边境的进军，迫使查理引军回国，并同法国订立和约，法国侵略意大利的梦想破灭，而它保持了它的领土完整。

法兰西斯一世的继承者亨利二世在位时(1547—1559 年)，法国同查理五世的战争继续进行。德意志新教诸侯联盟打败了查理五世，法国乘机取得了图尔、麦茨、凡尔登三个主教区。1556 年，查理五世退位(1558 年死)，其子腓力二世继位为西班牙国王。法国与西班牙于 1559 年签订和约。在前一年，法军收复加莱。

在意大利战争后期，由于查理五世的扩张，法国的作战有保卫本国

---

① 查理的母亲是西班牙国王菲迪南和伊萨贝拉的女儿，也是他们的继承人。他的父亲腓力，是哈布斯堡家的奥地利大公马克西米连和勃艮弟女公爵玛丽的儿子。查理称他是他祖母的继承者，即勃艮第公爵的继承者。

领土完整的因素。但总的讲，这次战争是法国发动的对外侵略战争，大量的金钱被耗费，数以万计的人民死于战祸。在意大利战争结束后 3 年，法国又发生延续 32 年的内战——胡格诺战争。整个 16 世纪的法国，在战争动乱中度过。然而，人民的创造力量是伟大的、坚强的。16 世纪是法国资本主义经济萌芽、生长的时期，也是文艺复兴和宗教改革运动全面发展的时期。经济、文化上的发展，政治上的统一，是法兰西民族形成的基本因素和重要标志。

二、文艺复兴、宗教改革和胡格诺战争

1. 文艺复兴

文艺复兴和宗教改革，都是西欧国际性的运动。意大利早期文艺复兴，在 14、15 世纪蓬勃开展。法国文艺复兴的起点较迟，它始于 15 世纪末年，繁荣于 16 世纪。它是在商品货币经济发达，资本主义经济开始萌芽的条件下发展起来的。可是，文化的发展有它的继承性，也受外来因素的影响。在 14、15 世纪的法国，尤其在“百年战争”结束后，已有一些文学家作为法国文艺复兴的先驱者而出现。近邻意大利的先进文化，对法国有重要影响。

15 世纪中叶，诗人奥尔良的查理(生于 1394 年，卒于 1465 年)，一位曾被英军俘虏的法国战士，用他的诗歌反对封建战争，歌唱“我的祖国，我的法兰西”。著名诗人维龙(生于 1431 年，约卒于 1463 年)，巴黎大学学生，目睹战争的创伤，以深沉的感情，诉说人民的疾苦和他内心的悲哀。他用诗歌说：“死亡同样带走小偷和执政者，带走‘像百合花一样的王后’，也带走‘来自洛林、被英人在卢昂烧死的贞德’。”他的诗歌丰富了法兰西语言，为以后流行的十四行诗起了开创作用。法国史家认为他的作品标志法国中世纪的终结。史家康敏斯(约生于 1445 年，卒于 1509 年)，是路易十一的亲信大臣，他晚年所著的《回忆录》八卷，不仅是一部极其珍贵的史料，而且在分析历史事件和历史人物上都有独到的见解。康敏斯堪称法国早期人文主义的历史学家。

16世纪，文艺复兴文化在法国全面开花。法国侵略意大利的战争以失败而告终，但法国在政治上、军事上长期同意大利交往，促进并加强了意大利文化对法国的影响。法国国王从意大利回来，带来大批意大利艺术品。意大利的建筑家、雕塑家、画家纷纷应邀来法。国王和贵族的行宫、府邸、别墅和坟墓，按照意大利文艺复兴的模式先后兴建。整齐、匀称、严谨的柱式结构，圆顶和平台式的屋顶，成为流行的风格。重视自然和人体美的雕塑和绘画，代替了中世纪宗教艺术。著名的意大利艺术家达·芬奇晚年随法兰西斯一世到法国，并在法国去世。法兰西斯也提倡古典文学、学术和古文字的研究。他创办王家学院，开设希伯来文、希腊文、数学、医学、拉丁修辞学、希腊拉丁哲学、东方语言等讲座。学院的领导人古雍·布载(1468—1540年)，是著名的语言学家、罗马法专家、历史学家，晚年又归信加尔文派新教。王家学院同天主教会控制的巴黎大学神学院相抗衡，对于法国人文主义思潮的发展起了推动作用。在法国大革命时期，王家学院改称法兰西学院。

小市民出身的马罗(1494—1544年)是法国文艺复兴中最优秀的诗人之一。从他的诗篇和书简中可见他对天主教会的讽刺和反对，对国家和人民的热爱，对生活和自由的热情。他从《圣经·旧约》希伯来原本中翻译其中的《诗篇》，违反罗马教廷不准任意翻译《圣经》的规定，被教会怀疑为新教信徒。为了逃避迫害，他曾两次到国外避难，最后流亡到都灵，贫病而死。他的诗歌是古典式和法兰西民间诗歌形式的结合，他的自然、清晰、流畅、轻松的风格，为法兰西语言的形成打下基础。马罗的后一辈诗人，是以龙沙(1524—1585年)为代表的"七星派"(七人文艺团体)。他们的宣言《保卫并发扬法兰西语言》，反映了民族觉醒和爱国热情，马罗为法兰西民族语言的发展作出了贡献。

拉伯雷(约1494—1553年)是法国文艺复兴时期的伟大的人文主义作家。他是一个律师的儿子，曾入修道院，担任过神父，也曾学医为医生。他知识渊博，学习过希腊文，钻研过各种学问。他的著名小说《巨人传》借描述祖孙三代巨人国王的故事，讥讽并揭露了天主教会全靠"人类的罪过"过活，罗马教廷对人民的压榨，僧侣的愚昧无知，神学家的伪善，法官颠倒是非、蛮横专制，封建统治者的侵略成性。他主张个性解放，自由发挥个人才智。他所提出的一个理想的修道院的院规是“随心所欲，各行其是”。他提倡理性，重视知识，重视体育，反对盲目主义、神权主义和禁欲主义。在《巨人传》里，他提出了人文主义的社会理想和教育思想。《巨人传》文字生动、诙谐、俚俗，是法国文学上别具风格的杰作。

16 世纪下半叶法国最伟大的思想家和散文家是蒙田(1533—1592年)。他出身于“长袍的人”，主要生活在胡格诺战争期间，曾任波尔多法院法官、巴黎法院顾问、波尔多市市长。他以二十多年时间写成的《论文集》，对哲学、伦理、历史、政治进行广泛的讨论，并提出他自己的观点。他是一个人文主义者，但比一般人文主义更深沉。内战、信仰上的斗争，使他考虑更多更深入的问题。他要研究人类天性，便把自己作为研究的对象，“不断地思考……品尝我自己”，却又否定自己。他重视知识，重视理性，承认“所有的知识都是由感觉传给我们”，并认为理性依靠感性，可是他又说感觉会欺骗人们。结果，他成为怀疑主义者。怀疑，对于宗教教条和权威，对于封建秩序，无疑是冲击。他反对迷信和盲从。他并不否定上帝，但又好像不理睬上帝的存在。他歌颂自然界是人类的老师，证明普通人常识的力量，反对思想偏见，从而为经验认识扫清道路。他的著作在 17 世纪初出版，并被译成英文。培根、笛卡尔、伏尔泰、卢梭、狄德罗，都从不同的角度受他的影响。

2. 宗教改革的开始

文艺复兴和宗教改革，有不同的内容和发展道路，但两者密切联系，相互影响。在法国和德国，它们都是 16 世纪初期新的社会经济条件下的产物，它们都反对天主教会的神学教条，反对天主教教会对思想文化的专制垄断。只是文艺复兴中的人文主义思想是从教会外部，从世俗的角度对教会和神权冲击；宗教改革则是从教会内部，从《圣经》的神圣启示出发，对正统教会权威进行突破。

马丁·路德于 1517 年在德意志发动宗教改革运动。在法国，早在 1508 年，巴黎大学教授，埃塔普尔的札克·勒非弗尔(约 1455—1537年)就发表了一篇呼吁书，提出阅读《圣经》原文。原来，天主教信徒只能阅读罗马教廷指定的拉丁文通行本，希伯来文、希腊文和教会规定以外的拉丁文本，都不准流行、阅读。勒非弗尔从古文学研究并翻译《圣经》，1512 年发表《保罗书信》的拉丁文新译本，1522 年，发表《福音书注释》，随后，又用法语翻译《圣经》。他在《保罗书信》的注释中，已提出因信得救的思想，否认圣餐的实体转化说。19 世纪法国史家密芝勒说："在路德以前六年，可敬的埃塔普尔的勒非弗尔在巴黎宣讲路德主义。"他的门徒布利松涅被任命为莫城主教，也是个思想开朗的改革家。他的另一个弟子法雷尔，以后流亡出国，在瑞士活动。加尔文最初就是法雷尔邀请去瑞士的。

在路德和瑞士的茨温利的改革思想影响下，法国人民反对天主教士、拥护新教的越来越多。但是，法国的情况与德意志不同。德意志虽有神圣罗马帝国皇帝作首脑，但封建诸侯割据，形成独立。部分诸侯和中小封建主因权益受罗马教皇和教皇控制下的教会的侵蚀，从而反对教皇和教会。法国在君主专制下，统一基本完成。1516 年的《波伦亚宗教协议》，使国王控制了教会人员的选任和分享教会的经济收入，法国教会在政治上和经济上已是王权的主要支柱。在法国，除天主教会外，巴黎大学的神学院（索邦）和巴黎高等法院（巴力门），是维护天主教传统势力的两大中心。王太后和宫廷大臣，都是天主教会的公开支持者。只是，在意大利战争中，神圣罗马帝国的查理五世是法兰西斯一世的主要对手；而新教的德意志和诸侯，又是查理五世的对手。为了借助德国诸侯的力量反对查理五世，法兰西斯对国内新教徒一度采取容忍态度，或是因国内外政治条件的变化而举棋不定。国王的妹妹马格丽特是改革派的同情者，对他曾有一定的影响。可是，法国统治集团以至国王的总的倾向是维护天主教的统治地位。法兰西斯一世同他的后继者对宗教改革运动的镇压，是法国专制王权合乎逻辑的基本政策。

在新教思想的影响下，反天主教会运动在发展。1534 年，巴黎街头新旧教两派张贴海报，甚至国王寝宫门上也有斥责"教皇弥撒的糟糕透顶的滥用"的海报。法兰西斯认为这是异端言论，决定镇压。莫城主教区曾因玛格丽特的庇护成为倾向新教的人文主义者的活动中心，而在日益加重的压力下，这个小组织的成员星散。莫城一个梳毛工人约翰·来克勒克,因张贴反对教皇的海报被巴黎巴力门判处死刑。约翰的弟弟彼得继续宣传新教,到40年代,信徒达到三四百人。1546年,彼得的新教徒集会场所被包围,60个男女和孩子被捕,14个被活活烧死,亲族陪刑。在法国南方,原来的韦尔多派仍在乡村中活动。在镇压新教日趋严酷的年代中,在1545年,巴黎巴力门宣判两个村庄的居民为异端,村子被夷为平地,居民或受火刑,或被流放。普罗旺斯的代理总督焚烧14个村庄,约有900所房屋被毁,3000居民被杀死。

3. 加尔文派在法国的发展

加尔文派新教较路德派后起,但它在法国发展的速度实在惊人。

加尔文(1509—1564年),法国人,其父曾任主教秘书。青年时,他在巴黎大学攻读拉丁文和神学,在奥尔良学习法律。在路德派思想影响下,他在巴黎参加了宗教改革活动。为了逃避迫害,他在1533年离法去瑞士和斯特拉斯堡避难。在瑞士的巴塞尔,他撰写了一部维护、阐述新教信仰的著作《基督教要义》,于1536年出版,这是宗教改革运动中最重要的理论著作。1536年,加尔文应邀去瑞士日内瓦领导宗教改革运动,1538年,离日内瓦去斯特拉斯堡等地流动宣讲,1541年,又回日内瓦主持改革,此后23年,在加尔文领导下,日内瓦成为加尔文派的神权共和国。

新教的大宗派——路德派、茨温利派和加尔文派——在理论上有共同的特征,如强调上帝的权威和《圣经》的启示,主张"因信称义",否认罗马教皇的权威,否认天主教会虚华、繁琐的仪礼和有关渎罪的措施等。在这些方面,加尔文发挥得更加彻底。加尔文神学理论的中心思想是上帝的无上权能,特别强调一切事物、任何人的命运都由上帝支配,并由上帝预先决定的预定论。他认为:一些人被上帝选上,成为"选民",因而能获得信心,获得拯救;另一些人被上帝摈弃,成为"弃民",不能获得信心和拯救,从而被罚入地狱。这些都是上帝预定的,任何力量不能改变。可是,他的预定论同宿命论不同。因为上帝的预定,人们无法知道。对信徒讲,他应该深信,他是能够成为上帝的选民的。每个信徒都应该以积极的行动、不懈的努力来证明能够成为选民,获得拯救。这种极端的预定论，正是资本主义萌芽、社会经济剧烈变动，人们的社会地位迅速变化情况下，人们不能掌握自己的命运，只能相信上帝的安排的思想反映。

加尔文重视教会组织，加尔文派教会是由信徒推选的长老和牧师共同管理的。牧师管理教务，包括诵经、布道、主持礼仪等。长老是从事世俗职业的信徒，经选举而为教会的骨干，其主要职责是维持秩序、道德和纪律。让选举产生的世俗人士长老参加教会管理有利于教会领袖同一般信徒保持密切联系，也有利于领袖对信徒的控制。教会没有宗教法庭，它审讯信徒从信仰到家庭生活各方面的事件。加尔文派的教会是独立的、自治的组织，它不像路德派那样依附于世俗统治者，这有助于教会的独立发展。在日内瓦，由于全体居民都是加尔文派的信徒，这个小邦就成为以加尔文派的神权共和国。在法国，教会组织和政府却发生矛盾以至斗争。

加尔文派在法国的流行，约始于16世纪40年代初。然而在40年代法国还不存在新教教会。50年代，加尔文派教会纷纷在各地建立，1559年在巴黎举行第一次信徒代表大会，这期间，信徒猛增。有关资料对法国加尔文派信徒人数估计差距颇大。威尼斯大使估计，在1558年，约有40万人；而据当时一位天主教编年史家估计，在1559年信徒已占法国全人口的四分之一。[①] 喀尔文认为信徒约占法国1559年人口的十分之一，史家密芝勒估计他们到1572年人数已增两倍。[②]

城市市民，新兴资产阶级，律师和中下级官吏，受到价格革命冲击的中、小地主，对现状不满的某些大封建主，在这些阶层中，不少人加入加尔文派。法国南部曾是异端教派活动过的地区，反对天主教会的活动并未完全消灭。加上南部和西南部并入王室领地较晚，一些封建主仍怀念原有的特权，这一带的国家官吏和教会高级神职人员，国王多选派北部、中部贵族充任。南部、西南部的贵族对掌权派的大贵族抱有反

① 以上数字，见基佐《法国史》英译本第3卷，第213页。按法国人口以1500万计，其四分之一为375万。

② 以上资料，转引自威尔·杜兰：《理性与信仰》中译本，第169页，香港幼狮翻译中心编译。

感，同时希望通过宗教改革夺取天主教会和修道院的财产，于是他们加入了加尔文派。在加尔文派贵族中，领袖人物有波旁族的安东尼和他的弟弟孔代亲王、科里尼将军等。安东尼由于同贞妮·德·阿伯莱[①]结婚而被称为那瓦尔国王，他们的儿子亨利，就是以后法国国王亨利四世。法国的加尔文信徒，称为胡格诺派，意为联盟者。

胡格诺派从开始起就受到镇压。亨利二世设立异端裁判所，号称“火焰法庭”，疯狂迫害新教徒。1559 年，亨利二世在比武中受伤去世，三子先后继位，即法兰西斯二世（1554—1560 年），查理九世（1560—1574 年）和亨利三世（1574—1589 年），法兰西斯二世在位短促，查理九世十岁登位，亨利二世的寡后凯瑟琳掌管朝政，朝廷中最有势力的大贵族是吉斯家族。法兰西斯·吉斯公爵，担任军队统帅。他的弟弟查理，洛林枢机主教，任法兰西斯二世的首相。他们控制了政府和教会的许多要职，是天主教会的死硬派。为了维护他们的信仰和权力。他们主张以武力镇压新教，凯瑟琳基本上倾向他们。

在亨利二世去世以后，法国在政治、财政上困难重重。意大利战争刚结束，法国濒临破产。当时政府每年收入约 1200 万利弗，而公债额为 4300 万利弗，每年必须偿付大笔利息。许多地方官四年来从未领到薪俸。为了增加收入，只能增税和出卖官爵，这两种办法都不得人心。许多地方人民不理政府催促拒绝纳税。胡格诺派乘机攻击政府和教会，并提出教会改革。凯瑟琳曾企图缓和两派冲突以保持中央政权的稳定。1560 年，她以国王的名义召集自 1484 年以来便没有召开过的三级会议。会议意见不一，短期后解散。次年 1 月，她下令释放宗教罪犯，停止宗教迫害。可是，两派斗争已在各地展开，尤其在南方朗格多克和西南的基恩，胡格诺派一占有优势，即夺取天主教教堂、教产，驱逐神甫。1561 年再举行三级会议，旋被解散。政府也召集两派代表谈判，结果破裂。凯瑟琳发布诏令（1561 年 1 月），承认加尔文派是法国合法宗教。但应有限制地进行活动，并归还所侵占的天主教财产。诏令没有满足两派的要求，两派都准备武装斗争。1562 年 3 月，法兰西

① 阿伯莱的母亲，即为法兰西斯一世的妹妹，倾向新教教会的玛格丽特。

斯·吉斯率军通过瓦西镇[①]，参加当地教堂的弥撒礼，教堂附近谷库内的胡格诺派男女老少约 500 人集会唱赞美诗干扰。吉斯公爵下令袭击，杀死 23 人，伤一百余人。"瓦西惨案"成为长达三十多年的内战胡格诺战争爆发的信号。

4. 胡格诺战争(1562—1594 年)

胡格诺战争是宗教战争，是在宗教改革发生后半个世纪在法国社会历史条件下进行的战争。它表现为封建大贵族的混战，但是这些大贵族已不是过去那样割据一方、独立称霸的大封建领主，他们的争权夺利是争夺在君主政权下政治上的权势。而且，参加战争，并在战争中发挥作用的，有社会各阶层的人士。参战两派又各自援引外国势力：胡格诺派得英国和德意志新教诸侯支持，天主教派得西班牙的援助。战争的复杂性使战争不得短期终止。

在战争的头十年中，发生三次战役，每次战役后双方曾会谈并缔约，但战争仍在继续。波旁族的那瓦尔王安东尼参战重伤身亡，孔代亲王被杀死。安东尼之子亨利继位为那瓦尔王，成为胡格诺派名义领袖。法兰西斯·吉斯中伏被刺死，其子亨利·吉斯继位为公爵，他发誓为他父亲报仇。除了战场上的交锋外，各地处于混乱之中。从 1561 年至 1572 年，天主教派屠杀胡格诺派 18 起，胡格诺派屠杀天主教派 5 起，超过 30 次以上。外国雇佣兵烧杀劫掠，蹂躏全国。

1570 年 8 月，查理九世同胡格诺派签订和约，允许胡格诺信徒在巴黎和王宫以外地区自由礼拜，可担任公职，并有权利统治四个城市作为实行和约的保障。凯瑟琳答应她的女儿同亨利·波旁缔结婚约。1571 年查理九世任命科里尼为海军司令；在宫廷会议中，如国王缺席，由科里尼主持会议。这时，尼德兰革命已开展，查理反对西班牙国王，接受科里尼建议准备同西班牙作战。可是，太后凯瑟琳坚决反对。她害怕查理对科里尼言听计从，不受她的约束，害怕胡格诺派控制朝廷，危及她的地位。一个反胡格诺派的阴谋已在酝酿。

---

① 在第戎西北约 60 余公里处。

那瓦尔的亨利同国王妹妹马格丽特的婚期近了。1572 年 8 月，亨利赶到巴黎，同行的有科里尼和 800 名胡格诺派信徒；接着，4000 名武装的胡格诺派进入巴黎。婚礼后，亨利位在罗浮宫。8 月 24 日为圣巴托罗缪节。在这天凌晨三时前，吉斯公爵率领 300 士兵冲入科里尼寓所，杀死科里尼。随着钟声大鸣，在巴黎全城开始了有预谋的屠杀胡格诺教徒的行动。胡格诺信徒多在睡眠中被杀。亨利·波旁和孔代亲王被皇后赦免，但他们的侍从皆被杀死。在疯狂的屠杀行动中，也有非新教徒因私仇被杀。西班牙驻法国大使给本国的报告中说："当我执笔之时，他们正把新教徒彻底杀光、剥光……即使婴儿也不能幸免。"巴黎被屠杀者在 2000 人以上，各地不少城市响应屠杀行动，在各省被杀者约在 5000 人以上，有人对全国被杀者总数估计为 30000 人。罗马全城灯火通明，教堂钟声大作，教皇率枢机主教参加感恩弥撒，感谢上帝"这次对基督子民的恩赐"。

然而，屠杀未能使法国结束内战。1574 年，多病的国王查理九世去世，临死前大喊："我就是听信谗言！上帝，饶恕我吧！"他的弟弟亨利三世继位。亨利·波旁在 1575 年的一天晚上逃出巴黎，宣称自己仍是胡格诺派信徒。1576 年，胡格诺派联邦在法国南部成立。新王亨利三世和母后凯瑟琳，可能为了避免法国分裂，也可能对吉斯公爵的强大势力不安，于 1576 年颁布诏书，准许胡格诺派信徒信教自由，能充任各种公职，允许胡格诺派除原已占有的城市外，在另外八座城市设防驻守，并在政治上享有完全的独立自主权。

吉斯党是有野心的。他们看到宫廷并不受他们控制，而且利用新教限制他们擅权的倾向，于是他们以坚决反对同胡格诺派妥协为借口来反对国王。1576 年，天主教联盟"神圣同盟"成立。他们宣称一切天主教徒必须服从联盟及其领袖亨利·吉斯公爵。1584 年，亨利三世之弟法兰西斯(艾伦松和安茹公爵)去世，那瓦尔的亨利正式成为王位继承人。亨利三世一面加入"神圣同盟"，一面宣布国王应为同盟领袖。在不利的形势下，亨利·吉斯公爵公开反对国王。他在巴黎组织"十六人政权"(由来自十六个地区的天主教代表组成)独揽大权。亨利三世愤然逃出巴黎，设法对付吉斯公爵的威胁。

这样,法国形成三个亨利——亨利·瓦卢瓦(亨利三世)、亨利·波旁(那瓦尔王)和亨利·吉斯——鼎立之势,史称"三亨利之战"(1585—1589 年)。1588 年,亨利三世派人刺死吉斯公爵亨利,他的弟弟吉斯枢机主教也被他判处死刑。同年,他的母后去世。1589 年 4 月,亨利三世和那瓦尔的亨利会师,打退了吉斯公爵兄弟梅埃纳公爵所统率的军队。8 月,一个多明我派僧侣又刺死了亨利三世。那瓦尔的亨利继位为法国国王,称亨利四世。波旁王朝代替了瓦卢瓦王朝。亨利军队不多,但凭着决心和信心,又得威尼斯共和国和英王伊丽莎白的支援,终于打垮了紧缠不舍的吉斯派的梅埃纳公爵的军队(1589 年,1590 年)。从此,亨利一路无阻,围攻巴黎。西班牙的巴尔马公爵率军救援被围的巴黎,被亨利在卢昂打垮。

亨利看到在百分之八九十居民信仰天主教的国家,一个加尔文派的信徒能赢得并保持国王的地位是困难的,如果战争继续下去,正如他回答他的部属时所说的:"法国很快就会没有国王,也没有王国了。"因此,他决定改信天主教。"巴黎是值得做弥撒的。"1594 年 3 月,他在热烈的欢呼声中进入巴黎,成为全国公认的国王。

三、国势的强盛和君主专制制度的发展

1. 亨利四世(1589—1610 年)

32 年的内战是法国人民的严重的灾祸。很难估计有多少城乡居民丧亡,多少城市被毁,多少农村成为荒地。[①] 城市工商业破坏,织机停工,亚眠有 6000 人靠布施过活,都尔人口大减,帮工绝迹,大批新教徒的匠师和企业家流亡国外。法国商船从海上消失。威尼斯大使记载

---

① 仅在 1580 年以后的十几年中,估计有 80 万人死于战祸,9 个城市被毁,250 个村庄被烧掉,128000 座房宅毁坏(见 W. S. David 著《法国史》,第 126 页,纽约 1918 年版)。在战争中,城市人口减少三分之二(见 A. Maurois 著《法国史》,英译本,第 170 页,伦敦 1956 年版)。

说:“到处破坏,大部分耕牛消失,耕田困难。”农民牲畜似地负犁耕地。在80年代,亨利三世没有私人开支的零钱。亨利四世在作战时衣服破损,无法请客吃饭。亨利四世即位初年,国库空虚,国债达2亿9600万利弗。他对卢昂的贵族说:“当上帝召我登王位时,我看到,对于法国人,法国不仅毁了一半,而且几乎完全毁了。”

保持国内外和平,是使久经战争创伤的法国复兴的前提。1597年,亨利在亚眠打败西班牙王腓力二世,迫使西班牙议和(1598年),对外战争乃告结束。1598年4月13日,他颁“布南特敕令”,宣布天主教为法国国教,归还教会被没收的土地财产。同时,保持胡格诺派信仰和礼拜的自由,承认他们有权召集宗教会议,有权担任国家官职,允许胡格诺派保留控制两百多座城堡的权利。这是罗马帝国崩溃以来欧洲第一个宗教宽容的敕令。

国家的统一,需要强有力的中央政权保障。内战打击了法国不稳定的早期的君主专制政权,而内战也使专制君主制得到巩固和加强。通过努力,亨利四世有了一个充实的国库,一支强大的常备军,一个较有效率的官僚体系。在亨利四世时期,三级会议未曾召开;豪门贵族除个别曾有叛变阴谋外,皆对他臣服;罗马教廷和西班牙宫廷虽对他不怀好意,而法国天主教会上层不敢异动;城市市民,积极拥护。

亨利四世的目标是使满目疮痍的法国恢复过来,振兴起来。他的复兴工作的主要助手是苏利公爵①。他是财政大臣,却兼管多种工作:农田水利、水陆交通、造桥开河、公共建筑、防御工事、炮队建设、巴士底狱狱长等。他在整顿、改进财政税收工作上的成就是令人瞩目的。过去法国政府财务混乱,官吏贪污中饱,国库收入仅为人民纳税款的四分之一。他整顿、训练官吏,强迫盗窃公款、公物者退钱、退物,杜绝偷税漏税,废除各种陋规、摊派和勒索。结果,政府偿清了近3亿利弗的国债,平衡了预算,而且,国库积累贮备金达4000万利弗以上;而达伊税则从每年的2000万利弗降为1400万利弗。农民无力偿还的积欠2000

---

① 苏利公爵,生于1560年,卒于1641年,原名马克西米连(Maximilian de Bethune)。1606年,被封为苏利公爵,为亨利长期以来的挚友。当1589年亨利继位为国王时,他不满30岁。

万利弗，由政府下令取消，人民实际负担大为减轻。

复兴农业，是亨利及其大臣们的重要事业。国家招抚流散农民，并组织人力排干沼泽，疏通河渠，兴建堤坝，管理森林，开辟荒田；同时推广玉蜀黍、甜菜等农业新品种，鼓励种植桑树，发展蚕丝业，允许粮食自由买卖，活跃农村经济。

亨利大力发展工商业，他力求本国的工业产品具有国际市场上的竞争能力。如丝织业，在亨利提倡下，不仅改变了过去进口意大利丝织品的情况，而且在竞争中使意大利丝织业濒于破产。政府曾把特权和补助金慷慨地授予亚麻、皮革、丝绸、玻璃、肥皂等行业的企业家，据估计，国王为此至少花费了 80 至 90 万利弗。法国的花边、挂毯、地毯和精制皮革，活跃于国内外市场。精致陶瓷、玻璃等新的工业兴起。为了保护本国手工业，积累货币资金，路易采取保护关税政策，鼓励出口，限制进口，但禁止原料出口。他是柯尔柏之前重商主义的实践家。法国资本主义工场手工业和资本原始积累，亨利四世时期是一个重要的发展阶段。

亨利积极发展交通：筑路、建桥、计划开凿运河沟通大西洋和地中海之间的航运，并使卢瓦尔河衔接塞纳河，他还宣布河道、公路不得任意设置关卡。在海外，1604 年成立法国东印度公司，开始向加拿大殖民，1608 年建魁北克城。

亨利认为，神圣罗马帝国的哈布斯堡王朝和它的旁支西班牙国王的势力包围并威胁法国，是法国的主要对手。他联络英国、荷兰和德国的新教诸侯；同时，他扩军练兵，准备战争。1595 年，法国仅有 4 个正规军团，1610 年，已有 11 个军团。大炮已大有改进，军火充实，雇佣兵扩充。1610 年 5 月 14 日，他正准备统率部队出发时，被一个狂热的天主教徒刺死，终年 57 岁。

亨利四世初登位时，法国混乱、破残、荒芜。经过短短的十几年，法国已成为经济发达、国力强盛的第一流欧洲大国。在这里，我们看到人民在提高生产、发展经济上的伟大力量。我们也看到，对历史发展起推动作用的人物及其政策的作用实不容否认。亨利四世也被称为“亨利大王”，这个称号已为法国以至西方许多历史学家所沿用。

2. 黎塞留(1624—1648 年任首相)

亨利四世去世时,继位的路易十三(生卒年 1601—1643)年仅 9 岁,母后意大利美第奇家的玛丽摄政,凡 14 年。

人去政亡,是封建专制君主制下经常出现的问题。一个英明的统治者由一个庸弱无能的后继者接替的时候,问题就会严重。摄政太后玛丽是一个目光短浅、缺少政治见识的妇人;她所宠信的意大利人孔契尼,腐败、贪婪、保守。他们逼迫苏利公爵辞职(1611 年),大贵族争权夺利,盗用公款和管理不善的官场歪风复炽。1614 年,召集三级会议,因争议不决而解散。到法国大革命前夕,三级会议不再召集,国事依旧混乱。1617 年,路易十三亲政,下决心刺杀孔契尼,另任亲信吕伊纳为首相。而大贵族和胡格诺派都有异动,王太后策划逃亡,准备同反叛的大贵族联合反对国王。吕伊纳率军进攻南方胡格诺派的蒙托邦时在阵前病死。1624 年,黎塞留被路易十三任命为首相(他于 1622 年由主教提升为枢机主教)。这一年,黎塞留 39 岁。

黎塞留,是一位为法国专制君主制的巩固而努力的著名政治活动家。他的 18 年的首相生涯,诚如他自己所说:"第一个目的是使国王崇高","第二个目的是使王国荣耀。"他基本上达到了他的目的。

在他就任时国内外的政治情势是严峻的。路易十三拒绝胡格诺派要求按照"南特敕令"规定而享受政治特权,但拉·罗舍尔和蒙托邦两城还保持独立,在法国还存在"国中之国";另一方面,胡格诺战争以来大贵族拥兵自立的情况虽经亨利四世的经营有所削弱,而亨利四世去世后王权削弱,某些贵族占据城堡,蠢蠢欲动。尤其是国王近亲和太后亲信,企图扩大特权,甚至威胁中枢。在国外,神圣罗马帝国皇帝、西班牙国王的哈布斯堡家族称霸西欧,与法国王太后以及宫廷内、天主教会内的反动势力串通,抑阻法国的发展,危害法国的安全。

濒临比斯开湾的拉·罗舍尔是法国与世界各地进行国际贸易、具有战略意义的港口。胡格诺派为了反抗法国政府,曾引英国舰队来保护这个城市,但英国舰队被法国控制的炮台击退。1627 年,黎塞留率军进攻,除在陆上包围外,也在港口筑堤封锁。被包围的城市居民经过

13 个月的饥饿和疾病之后，终于陷落（1628 年 10 月）。胡格诺派的蒙托邦也在次年被攻陷。1629 年 6 月，政府颁布“恩典法令”，胡格诺派武装城堡皆被拆毁，他们的军事力量和政治上的半独立地位，不许再予保留，而政府仍允许他们信仰自由，也允许他们担任国家军政职务。

与此同时，黎塞留正在对付傲慢、跋扈的大贵族。1626 年，他兼任海军元帅，积极扩军。1621 年，法国陆军 12000 人，至 1638 年，已增加到 15 万人。他增强防御工事，扩建军火工厂，并建立了舰队，造船 85 艘。

在黎塞留上任时，三十年战争（1618—1648 年）已在进行。三十年战争原来是德意志新教诸侯反对神圣罗马帝国皇帝和天主教诸侯的战争，不久，它变为全西欧的战争。天主教联盟以德意志皇帝、西班牙国王的部队为主力，新教联盟得到瑞典、丹麦、荷兰、英国的支持。天主教阵营以西班牙的黄金为经济后盾，招募大批雇佣兵，在初期战争中取得了胜利。黎塞留坚决与哈布斯堡王朝为敌，但法国是一个天主教国家，国内天主教势力强大，因此，在战争前一阶段，黎塞留只能通过秘密外交，用金钱资助等办法支持新教阵线。直到 1635 年，法国才向西班牙宣战（三年后向神圣罗马帝国皇帝宣战）。法国的参战，使三十年战争的形势改观。法国等国终于在黎塞留死后取得最后胜利。

黎塞留的军事行动、政治斗争、外交斗争，都需要大量金钱。发展工商业，既是国家富强的基本要求，又是政府巨额开支的经济来源。对资本主义手工场，他扶植、补助，特别重视军需工业和对外出口奢侈品工业。他实行重商主义，支持海外贸易公司，扩大法国商人在土耳其、伊朗和俄国的市场。他向资产阶级和富商出卖爵位官职，也向他们借国债。在他任职期间，国债从 2400 万利弗增加到 4700 万利弗。

他对城乡人民的压榨漫无止境。他说，“人民就是骡马”。税收日益繁重，在黎塞留去世时，国税已预征三年。达伊税自 1610 年的 1150 万利弗，增加到 4400 万利弗。包税人又从中肥饱，将上缴国库的税收金额大量落入私囊。强制性的无偿国家劳役，加上天灾，瘟疫和军事行动的破坏，使广大法国人民破家荡产，在死亡线上挣扎。1634 年，巴黎竟有四分之一居民以乞食为生，农村出现自杀以至杀婴而食的现象。

在路易十三在位时期，人民起义此起彼落。1631年，普罗旺斯发生人民起义，1635年至1637年间，法国西南和中部许多地方发生人民武装反抗斗争。1639年诺曼底发生的“赤脚汉”起义，焚毁税局，杀死税吏，声势浩大，政府派4000大军才镇压了这次起义。

1642年，57岁的黎塞留死于巴黎。次年，路易十三死。

3. 福隆德运动和路易十四的亲政

路易十四5岁登位（1643年），由母后安娜摄政，23岁亲政（1661年），75岁去世（1715年）。他在位时间73年，亲政时间55年。

在母后摄政的18年，由枢机主教、意大利人马扎然任首相。马扎然是黎塞留推选的，他的政策基本上按照黎塞留的先例，增税、扩军、继续进行三十年战争。三十年战争的胜利，使法国从神圣罗马帝国皇帝外取得了阿尔萨斯大部分土地。西班牙同法国的战争继续进行。1658年，马扎然联合英国的克伦威尔打败西班牙。西班牙被迫向法割地，并答应以西班牙国王女儿嫁给路易十四，陪嫁30万金克朗。

但是，自黎塞留到马扎然，政府在战争中、在政治活动上花掉了大笔国家资财。尽管马扎然在十年中把达伊税自4400万利弗增至5500万利弗，而包税人中间剥削现象依旧严重。国债利息提高到百分之二十五，国库入不敷出，民间怨声载道。马扎然威信不及黎塞留，宫廷内外，都有政敌。同时，在17世纪的40年代，英国资产阶级革命正在顺利进行，英王查理一世已被囚禁。这些消息，鼓动了法国的王权反对派。于是，就在马扎然执政期间，巴黎发生了反对专制政权的“投石党人运动”①（1648—1649年）。

1648年5月，巴黎高等法院对政府提出要求：新税收和新财政法令，事先须经巴黎高等法院同意登记才有效；废除直接税的包税制，惩办舞弊包税人和财务官员，废除欠缴税款；取消按察使；未经宣布罪状，不得擅自捕人等。马扎然拒绝，并逮捕两个法官。8月26日，巴黎人民

---

① 福隆德(Fronde)是一种投石器，巴黎市政府禁止使用这种武器。在反王权运动中，巴黎群众用它射击马扎然的住宅，因此“投石党人运动”就指当时的反政府运动。

发动武装起义。朝廷权贵逃出巴黎，并调集军队进攻起义群众。巴黎人民坚持武装斗争三个多月后失败。巴黎起义得到一些省区的响应。某些反政府的大贵族乘机起事。在1650年至1653年间，孔代亲王等大贵族举兵反对王权。他们反对王权，是要求恢复封建贵族的特权，史称"亲王投石党"运动。运动失败，孔代逃到西班牙统治下的比利时，并引西班牙军入侵，仍被打垮。

1661年，马扎然去世，路易十四亲政，当宫廷官员问他今后向谁请示时，他回答："问我。"他召集了他的国务秘书们，宣布："此后，我就是我自己的首相。我将乐于接受你们按照我要求而提出的建议。我要求你们，没有我的命令不准盖印，没有我的同意不得签字。"在此后的55年，他未设首相。

亲政伊始，路易就把原任财政总监富凯逮捕，没收了他搜刮的约一亿利弗的巨款，判他终身监禁。大批财政官员皆受严格审查。他亲临巴黎法院，撕毁了关于投石党的记录，取消了巴黎法院对法王谕旨提出异议的权利。他可以用密札任意捕人，不经审讯长期关押。在行政上，他掌握从中央到地方的庞大的官僚机构：中央机构的官员，都是执行他旨意的工具；他所委派的按察使，在"投石党人运动"中一度撤销，而他亲政后，又恢复而且加强了权力。他喜欢廷臣称他为"太阳王"、"副上帝"。他的宫廷，有几千禁卫军，有4000以上的服侍人员。所有贵族、官员都得环绕"太阳王"转动；过去那些飞扬跋扈的大封建主，以能够成为国王的侍臣为光荣；许多贵族一生奋斗的目标，就是"能够见到国王，并使国王看见他。"法国的专制君主制，在路易十四时期登峰造极。

4. 科尔柏和资本主义经济的发展

路易十四亲政初期，任命科尔柏为财政总监(1662—1683年)，兼任海军国务秘书，兼任海军国务秘书、宫廷秘书。科尔柏是兰斯城一位呢布商的儿子，青年时去巴黎，为马扎然管理私产。经马扎然推荐，得到路易十四信任。他忠心耿耿、兢兢业业为国王服务，被称为国王的"耕牛"。路易十四时期，法国经济的发展、国力的强大，可谓由科尔柏打下基础。

路易十四时期,特别是科尔柏任职期间,是法国资本主义经济发展的重要阶段。法国资本主义在路易十四之前已有长期的发展过程;但是,它的发展,受到国内和对外战争的破坏,受到由于领主残余势力而引起的政治上的不稳定等情况的阻碍。路易十四亲政以后,王权已战胜了所有的敌对势力,经济发展的干扰因素削弱。科尔柏认识到,保护扶植资本主义工商业的发展,对增强国力和专制君主权都是有利的。因此,法国政府采取了一系列措施,为进一步促进本国工商业创造条件。

法国政府大力推行重商主义,实施保护关税政策。1664 年和 1667 年,两度提高对外工业品征税的进口税。它通过谈判,同丹麦、瑞典、土耳其、英国等国家签订商约。它帮助商人建立或扩大一系列对外贸易公司,如东印度公司、西印度公司、北方公司、列万特(近东)公司等。它进行殖民扩张,促进殖民贸易,在加拿大、西印度群岛扩大殖民侵略。在北美建立路易斯安那,在印度占领本地治理等。在国内废除部分封建关卡,改善水陆交通。二十几条主要河道得到浚通,好几条运河的开凿工程得以完成。1670 年国王敕令规定,王家公路应有 24 英尺宽,沿途不许有任何障碍。

政府举办大量王家手工工场,并予私人举办的手工工场以优惠和特权。在路易十四统治前期,法国王家手工工场的数目已从 68 个增加到 113 个。[①] 从 1661 年到 1683 年,至少有 12 家专业生产公司和 144 家大中小型手工工场获得政府授予的资助和特权。[②] 大型的王家手工工场主要生产军需品和王家使用的奢侈品。如土伦和罗什福尔两地的铸炮厂,每年能生产 100 门大炮。法国资产者和许多外国资产者在政府优惠条件鼓励下,纷纷来法国举办各种手工工场。其中,法国传统的毛纺织业兴盛,1683 年,法国已有毛纺织机 5 万台以上。丝织业如里昂在 1685 年拥有 18000 台丝织机,有 12 万以上的家庭赖以维持生活;兰

---

① 波梁斯基:《外国经济史》,三联书店 1958 年版,第 483 页。

② 据科尔(C. W. Cole)所提事例统计。实际得到政府不同程度帮助的手工工场的数字,超过本书所举事例。详见《科尔柏和法国的重商主义时代》,哥伦比亚大学 1939 年版,第 3 卷,第 132—362 页。

斯在1683年拥有1100台丝织机，年产值两万利弗。不少大型手工工场拥有成百成千工人。阿贝维利一个衣料工场，雇佣工人多达6500人。除集中手工工场外，分散的手工工场遍布各地。如在1670年，估计有二万工人在法国52个不同地点进行生产。花边制造中心阿朗松城有一万居民靠花边生产为生。

资本主义生产的巨大发展，使法国成为西欧经济力量最强大的国家，也为政府提供了充沛的财源。1643年国家财政总收入约为7000万利弗，其中达依税为3500万利弗。达依税是直接税，它在财政总收入中所占比例从1643年的62%减为1683年的30%左右，可见政府征税的重点已从农业转向工商业。在工商业发展的基础上，加上科尔柏的理财有方，亨利四世以后的财政赤字在1661年至1672年间基本消除。但在1672年后，军事行动、凡尔赛宫的建筑、宫廷的奢华浪费、大量恩金赏赐和庞大官僚机构的开支，又使法国财政陷入困境。

5. 对外战争

强大的军队是强大的封建专制政权的必要工具。路易十四时期凭借日益雄厚的国库财力，不断增加军事开支。他改进军队装备，提高它的作战能力。他扩充军队人数，法国陆军1667年为72000人，1690年超过30万，1703年达40万人。炮兵部队人数和训练也不断增强。1677年，法国已拥有一支包括近200艘战舰、7000余门大炮、4万名军事人员的海军；以后海军舰队更有加强，军舰增加到276艘。法国军事工程技术亦独步于当时欧洲，政府修建堡垒，筑成一套设计新颖、设备完善的边界工事体系。路易十四时期法国的常备军是中世纪西欧各国有史以来最强大的军事力量。

好大喜功的路易十四依靠强大的军队发动了一系列侵略扩张战争。1667年至1668年，路易十四以继承其岳父西班牙国王腓力四世的遗产为名，拟占有西属尼德兰等地，发动对西班牙的战争。[①] 荷兰因受

① 1665年，西班牙国王腓力四世死，其子查理二世继位。路易王后为腓力长女，要求继承南部尼德兰领土作为遗产，因此这次战争亦称遗产继承战争。

威胁，也同法国作战。结果法国战胜，占领了南尼德兰 12 座城市。1672 至 1678 年，路易十四发动对新兴的商业强国荷兰的战争。神圣罗马帝国、西班牙、德意志几个诸侯、丹麦等组成了反法联盟。法国又取得胜利，占领了南尼德兰的一些城市和东部弗朗什-孔泰。1680 至 1683 年，路易十四以收复过去曾属于法国的土地为借口，占领卢森堡、斯特拉斯堡和其他北部、东部的边界地区。

路易十四的扩张政策，引起西欧各国的普遍不安。1686 年，荷兰、英国、西班牙、奥地利、意大利和德意志的一些诸侯，成立反对法国的奥格斯堡联盟。西欧主要国家几乎都行动起来对付法国。1688 至 1697 年，法国对奥格斯堡联盟作战，持续 9 年。在陆上，法军打了一些胜仗，海军则被英、荷舰队战败。但长期战争使双方疲惫，不得不签订和约。法国被迫放弃许多过去占领的土地和城市，也丧失了它原来掌握的制海权。

1700 年，西班牙国王查理二世死后无子嗣。路易十四王后和奥地利大公兼神圣罗马帝国皇帝利奥波德皇后，是查理二世的姐姐和妹妹。于是，法国和神圣罗马帝国之间展开了争夺西班牙王位的长期战争，史称西班牙王位继承战争（1701—1713 年）。西班牙王室是站在法国一边的，而英国、荷兰、德意志的诸侯和丹麦是皇帝的盟友。战火蔓延到西班牙和莱茵河，也冲破了法国北部的边界。1713 年 1714 年的和约，承认路易十四之孙安茹公爵为西班牙国王，但规定法、西两国不得合并；法国割让一些土地给神圣罗马帝国皇帝和荷兰；北美的部分法国殖民地归属英国。

路易十四亲政以来，前后进行了 32 年的战争，战争没有达到他称霸欧洲的目的，却使法国在欧洲国际上、在殖民地竞争上丧失了优势地位。而且，穷兵黩武使法国民穷财尽，“太阳王”的专制王朝不可避免地走向衰落。

6. 社会矛盾的激化

事实上，在路易十四法国国势空前强盛的表面下，已潜伏着促使它衰落的病毒。这些因素阻碍生产的发展，导致社会矛盾激化。

在路易十四亲政时期，和工商业有关的间接税已成为政府收入的主要来源，政府在扶植工商业的同时，也在加强对他们的榨取。封建专制政权对城市工商业者，特别对新兴的资产阶级，逐步从利用转化为压榨，这就抑制他们进一步发展的前途，使他们心怀不满。

路易十四对胡格诺派的镇压，既是出于树立信仰上的专制，以加强政治上专制，又是为了对手工业者、商人，对新兴资产阶级，对信仰胡格诺较多的南法城乡居民中那些潜在的敌人进行打击和镇压。从17世纪80年代初起，在南方一些省里，已有政府官员、教士和王家龙骑兵用暴力强迫胡格诺派改信天主教的行动。1685年路易十四颁布"枫丹白露敕令"，宣布废除"南特敕令"，大规模地迫害胡格诺派信徒。在17世纪末连续十几年的时间里，不少不愿改教的胡格诺教徒潜逃，不少被捕、被苦役，以致被杀，不少家庭财产被抢劫或没收。徙居国外的手工商者、商人、企业家等约有40万人。许多城市的工商业受到沉重打击。如里昂和都尔丧失了四分之三的丝纺织机，诺曼底许多地区由于大量人口逃亡而经济显著衰落。他们逃亡到荷兰、英国、爱尔兰、德意志和瑞士，有的远到美洲建立殖民地。他们有许多都是能工巧匠、拥有财源的商人、富于进取精神和经营事业能力的资产阶级，英荷等国的经济发展有他们的力量。圣·西门公爵在他的《回忆录》中说："全国四分之一地区的人口减少了，破坏了商业，在每一个方面都削弱了国家，使全国长期陷于龙骑兵公开和明目张胆的抢劫中。……把我国的制造业逐出国外，牺牲法国使外国繁荣和发达。"①

战争和同军事有关的各项支出，庞大的官僚机构的开支和年金赏赐，凡尔赛宫等的兴建和宫廷的巨大耗费，国债的利息，等等，使政府财政连年出现巨额赤字。1715年路易十四去世时，国债高达26亿利弗。国债不断增加，捐税不断提高。资产阶级的经济力量日趋壮大，但负担日益沉重，对封建专制政权的对抗情绪不断增长。人民生活处于水深火热之中。沃邦元帅于1707年在他的著作中说："法国十分之一的人民处于乞丐状态，一半左右的人几近赤贫，只有十分之一的人境况较

---

① 《圣·西门公爵回忆录》第2卷第3部分，纽约1936年版，第249—250页。

好。”[①]处于社会最底层的广大农民，处境很是惨苦。在路易十四统治时期，农民起义在各地不断发生。尤其在西班牙王位继承战争后，农民武装斗争高涨，其中规模最大的是1702年发生于赛文山区的农民起义，称为“卡米扎尔（穿衬衫的人）”起义，延续三四年。朗格多克多处城乡暴动。受迫害的胡格诺派不顾龙骑兵的迫害，继续活动，举行“荒野集会”，并成为起义军的主要力量。

1715年，路易十四去世。圣·西门公爵写道：“遭受灾难的人民，因为得到解脱而感谢上帝。”[②]

7. 古典主义

路易十四时期，是法国古典主义文化的全盛时代。古典主义文化在西欧各国多少有所表现，但只有在17世纪中叶以后的法国才获得繁花硕果。

古典主义是封建君主专制下资产阶级以及同资产阶级有联系的社会力量的文化思潮；它是代表封建地主阶级的君主专制政权同资产阶级相互利用、妥协的产物。它同文艺复兴一样，是从研究古希腊罗马的文化理论，模仿古典作品的基础上发展起来的。但就在模仿古典上，也有它自己的侧重面和特点，如它强调古罗马的拉丁文化，这一方面由于作为拉丁民族的法国人自命为古罗马的继承人，另一方面由于古罗马奥古斯都政权正是路易十四向往效法的对象。古典主义的内容，有两个主要的方面：第一，它以理性主义作为它的思想核心；第二，它追求普遍、永恒和典范，追求纯洁、明晰、完美的表现形式。“古典”的含义，既指希腊罗马的古典文化，又指不朽的典范。

理性主义的理论基础是由哲学家笛卡尔奠定的。笛卡尔（1596—1650年）对哲学和科学有广泛的研究。他的主要著作是《方法论》、《形而上学的沉思》、《哲学原理》、《论心灵的各种感情》等。在数学上，他是解析几何的发明人，在物理学上也有他的贡献。在哲学上，他是一个二

① 引自《剑桥近代史》第5卷，1934年版，第30页。

② 《圣·西门公爵回忆录》第2卷第3部分，纽约1936年版，第285页。

元论者，认为有两种实体：一种是占有空间的实体，即物质；另一种是思想的实体，即心灵。他的唯心主义，使他承认上帝的存在。但是，即使在他唯心主义思想里，仍有反对盲目信仰、反对宗教教条的内容。他认为为了认识世界，首先要用怀疑清除思想中因袭传统而来的一切偏见，而人们的思想乃是判断生活本身的准则。“我思故我在”是他的名言。因此，他强调理性，把理性放在一切之上，认为通过理性，通过精确、明朗、合乎逻辑的思想，才能探索真理。他“开辟了自由的抽象思维的道路，这是迅速发展科学所必需的”。[①] 他的理性主义，他的明晰、简练的文笔，对古典主义文化产生了深远的影响。古典主义文艺的主要理论家布瓦罗(1636—1711)就提出：“要爱理性，让你的一切文章永远从理性中获得价值的光芒。”[②]

和笛卡尔同时代的法国思想家伽桑弟(1592—1655)是一个不彻底的唯物论者。他批判笛卡尔的“我思故我在”的公式，说：“全部观念都是外来的。”他恢复和发展古代希腊伊壁鸠鲁的原子学说。而他却认为原子仍是上帝创造的，也认为有脱离肉体和不死的灵魂。他的这种调和科学认识和宗教信仰的思想，是当时法国资产阶级对封建统治妥协性的表现。他主张专制君主制，只是他支持开明的专制君主。

著名的古典主义悲剧家是高乃依(1606—1684)和拉辛(1639—1699)。高乃依的名著如《熙德》、《贺拉斯》等的主人公，常是国王或英雄人物。他描写理性和感情、意志和欲望、义务和激情的冲突，而胜利永远属于理性、意志和义务。拉辛的悲剧进一步描写主人公内心的冲突。高乃依描写理智上一切最良好、崇高和优秀的品质，而拉辛描写情感中最美好的、细腻和动人的东西。拉辛提倡“合情合理”、“健全的理性”，这是古典主义的主要原则。

杰出的喜剧作家莫里哀(1622—1673)写过30多个剧本。他的《伪君子》、《悭吝人》、《唐璜》等著作使喜剧具有古典主义的特征，认为“最出色和严肃的道德典范通常不如讽刺那样有力”。他把当时的恶习，把

---

① 俄国诗人罗索诺索夫语，转引自阿尔泰莫诺夫等著：《17世纪外国文学史》，上海译文出版社1981年版，第87页。

② 转引自朱光潜：《西方美学史》上卷，人民文学出版社1985年版，第186页。

一般人的通病,按照理性主义的原则抽象化,并作为典型的形象揭露出来。他更提出,戏剧素材必须是真实的,而且要用当代现实的语言表达出来。他将古典主义文学引向现实主义。拉封丹(1621—1695)的《寓言诗》、《诗体故事集》用优美、生动、自然的语言,大胆的比喻,让野兽、树木、石头说话,寓意深远,富有哲理。他们为法国,也为世界各国人民留下宝贵的遗产。

古典主义的艺术,在建筑上有明显的表现。它讲究合理性和逻辑性,主张整齐、匀称、简洁,以几何结构和数学关系为规范,把比例作为建筑中的决定因素。凡尔赛宫的宫殿和园林艺术,就贯彻了上述整齐、对称的原则。

古典主义的思想核心理性主义,它所追求的永恒和普遍的原则,承认是专制政权、现存社会秩序合理性的体现。这使它反对变革,具有明显的保守倾向。随着社会的前进,资本主义的发展,封建专制君主制进步性的消失,古典主义的消极落后也日益暴露出来。

第七章　启蒙运动

一、封建政权的没落，第三等级各阶层的结盟

1. 腐朽的封建政权

封建王权的加强，专制君主制的发展，在封建地主制代替领主制，在消灭封建领主的分裂割据势力、完成国家统一的过程中，曾经起过进步的作用。但是，到了 18 世纪，封建君主专制已经穷途末路、衰象毕露了。

继路易十四王位的是他的曾孙路易十五(1715—1774 年)。路易十五继位时只有 5 岁，奥尔良公爵腓力担任摄政(1715—1723 年)。1723 年奥尔良公爵去世，路易十五亲政。当时还只有 13 岁的路易十五，不像路易十四那样大权独揽，仍让大臣担任首相。

摄政政府力图改变路易十四高度专制集权的作风，大贵族竭力攫取国家要职，并让巴黎高等法院享有较多的权力。但是，对于路易十四遗留下来的包括饥荒和巨额国债的遗产，挥霍无度的掌权大贵族根本无能为力。1716 年的预算收入是 7000 万利弗，而支出为 2 亿 3000 万利弗，其中大部分是偿付国债的利息。然而，一件插曲性的事件，缓和了摄政政府的财政危机。

1716 年，在摄政支持下，一个银行家兼投机家苏格兰人约翰·劳开办银行，发行纸币。政府宣布，银行纸币可以缴纳国税。1718 年，劳的银行改为王家银行。政府用银行发行的纸币偿还巨额的国债。约

翰·劳又收购了东印度公司、塞内加尔公司、几内亚公司、圣多明各公司等的专利权，合并成立印度公司，并公开发行股票，股票价格大涨。政府和大贵族都把银行作为大量开支的无底洞似的财库，纸币越发越多。1720年，纸币发行额达30亿利弗，而王家银行所掌握的金银只有7亿利弗。这一消息的透露，引起了向银行挤兑金银的风潮。印度公司的股票价狂跌，国家纸币只有百分之一兑到现金，其他的都成为废纸。银行垮台了，摄政政府也拒绝认账。许多资产阶级、市民和贵族破产，只有政府已用纸币还清了大部分债务，也有个别有远见的人成了暴发户，法国资本主义经济的发展受到了打击。约翰·劳逃出法国，1729年，贫病死于威尼斯。

1726至1743年，年老的红衣主教弗勒里掌握了政务(他在1726年已70岁)。他善于应付，缺少原则，但持重有耐心。在他当政的十几年间，财政渐趋稳定。1738年，国家预算上出现了罕见的长期没有赤字的现象。对外贸易，主要是殖民地贸易，出现繁荣景象。1740年，法国拥有近5000条船只，波尔多、南特、圣·马洛、拉罗舍尔、第厄普、卢昂等城市，因殖民地贸易而发达起来。可是，预算一度平衡是暂时的现象。封建专制政权下的铺张浪费、贪污腐化，庞大的军事和行政开支，使财政赤字又不断上升。对殖民地的掠夺，又由于英国的竞争而引起新的国际斗争。

在弗勒里之后，大臣中也有人提出一些改革的建议和措施。而腐朽的封建政权发动改革的重点只是解决财政困难、增加国库收入，谈不上解决经济、政治的重大问题；提高收入的办法无非是增税和除弊。在庞大、臃肿、积弊重重的官僚机构中，在官吏、包税人层层中饱的情况下，清除弊端是不可能的。而且，人民普遍贫困，无力纳税，增税只能提高人民对政府的欠税数额。向特权阶层征税，更有巨大的阻力。1749年，政府开征新税，规定各阶层居民皆须按收入的二十分之一缴税，结果引起了普遍的反对。教会对政府的压力更大，1751年，政府只能免除教士纳税。

事实上，改革最大的阻力来自国王本身。且不论国王和宫廷是挥霍浪费国家资财的根源和中心，仅就路易十五对改革的态度讲，在这样的政权下很难进行任何改革，哪怕是一些局部的改革。路易十五除对他的情妇外，对什么都厌烦，“他对一切都不关心，对他人民的福利和不幸，或对任何人，什么都不感兴趣”。曾任路易十五外交国务秘书的达尚松在他的《日记和回忆》中记述：“当你向国王陛下讲到经济和节省宫廷开销的时候，他就扭头跟别的大臣谈天。”财政连年亏损，日益增加的国债成为政府经常的经济来源。有人向路易陈述这些情况时，他却冷冰冰地回答：“偿还这些债务，只有宣告破产。”他照旧从国库无限制地支款。而且，在弗勒里死后，朝廷大臣显宦直接间接都同国王的情妇有关。蓬巴杜夫人和杜巴丽夫人等控制了国王，也控制了朝廷要职的任免权。国王的情妇为数不少，这些女人周围的贵族和政客，互相竞争以博恩宠。裙带后门，使任何改革措施都很难实施。而正是这位不爱江山、不理国事的路易十五，坚持君权至上：“只有我本人才是元首权威。立法权力只属于我。国家的命令由我发布，我是它的至高无上的保护者。”这就是封建专制政权悲剧的表现。

封建专制政权的危机，实质上是封建主统治阶级的危机。贵族和教会上层是原来的封建领主；当受领主直接压榨的农奴和依附农民转化为佃农，当大领主不可能再裂土称霸的时候，他们除了保有某些残留的传统特权，收取有限的货币地租外，只能靠国王赐给他们的高俸厚禄、年金、赠礼来维持他们花天酒地的生活。懒惰是贵族的骄傲，无用是特权等级的标志。这些贵族和教会上层，基本上已是一个丧失他们的社会职能的腐朽、寄生的阶级。路易十五乃是法国封建地主阶级上层的缩影。

2. 失败的战争

军事开支和战争费用是造成法国财政危机的重要因素。但战争是封建专制君主制一个不可分割的组成部分，加上17、18世纪欧洲新的政治形势，使国际纠纷和战争不可避免。

统治奥地利的是哈布斯堡家族。它的领土除奥地利本土外，包括捷克和匈牙利；18世纪初，又占有西属尼德兰（今比利时）、北意的伦巴底、南意的那不勒斯和撒丁岛等地。这一家族，又充任神圣罗马帝国皇位。它和西班牙,是法国传统的敌人。普鲁士在 18 世纪初年称王国,是新兴的强国。荷兰自独立以来,已发展成工商业发达、拥有殖民地的国家。称霸海上的英国,在美洲、印度,是同法国争夺殖民地的主要对手。东欧的俄国,在 17 世纪末 18 世纪初彼得一世在位时期,为打开出海口,接连发动对外战争。列国争雄,路易十五面临的国际局势是紧张的。

1733 年,波兰国王奥古斯都二世死。倾向法国的波兰贵族选举路易的岳父列琴斯基为国王,但俄国和奥地利支持奥古斯都二世之子,撒克逊选帝侯奥古斯都三世为国王。法国与俄、奥发生波兰王位战争(1733—1735 年)。结果,登上波兰王位的仍是奥古斯都三世。

规模更大的战争,是奥地利皇位继承战争(1740—1748 年)。1740 年,奥地利神圣罗马帝国皇帝查理六世死后无男嗣,由其女玛利亚·萨利莎继位。法国、普鲁士和德意志的几个诸侯国拒绝承认,遂发动战争。玛利亚·萨利莎应战。英国、荷兰支持奥地利。英国除出兵欧陆外,还从海上、在殖民地攻击法国。战争蔓延到印度和北美洲。在欧陆,法军曾获得胜利,但没有获得胜利的成果。普鲁士在占领西里西亚后无意再战。1748 年《亚琛和约》中,法国承认玛利亚·萨利莎的丈夫当选为皇帝。法国打了一次一无所获的战争。

使法国遭受沉重打击的是七年战争(1757—1763 年)。这是一次争夺欧洲大陆霸权和领地的战争,而更重要的,这是一次在美洲、印度争夺殖民地的战争。奥地利的哈布斯堡家族是法国的传统敌人,现在,法国的主要对手是英国,所以它与奥地利结盟,同英、普联盟作战;瑞典、萨克森和俄国则站在法奥联盟方面。普鲁士腓特烈二世的军队是劲旅,在欧陆,它同几个国家作战,时有胜负。而在 1757 年,在萨克森境内罗斯伯希的一次战役中,5 万法军被 2 万普鲁士军队打垮,法军损失 7000 人和 63 尊大炮。法国同英国争夺殖民地的战争,在西班牙王位继承战争中已在进行。七年战争,是一次决定性的战争。英国打垮了法国海军,取得了海上优势,这就使法国对殖民地的军队难以支援。1759 年,法军在北美的统帅蒙特卡姆战死,接着,魁北克和蒙特利尔被英军占领。1760 年,英国已在北美取得决定性胜利。在印度,法国总督于1761年投降。《巴黎和约》(1763年)规定,加拿大、密西西比东岸的路易斯安那和塞内加尔沿海的法国商站归属英国;印度的五个沿海城市和安的列斯群岛的商站仍属法国。英国的海上霸权和殖民地大国的地位从此确立。

法国在战争中的失败,正是它的封建专制政权没落的象征。路易十四统治晚期以来法国在一系列战争上的失利,原因是多方面的,但它正暴露出腐朽王朝下军队的腐朽性。路易十五为蓬巴杜侯爵夫人每年花100万利弗。他喜爱玩爆竹,在1751年,花在放爆竹上的钱也近100万利弗。可是,官薪、军饷经常拖欠,军队士气低落,临阵时,组织、军需、给养、指挥各方面都很恶劣。罗斯伯希的惨败并非偶然。而且,在七年战争中,路易同法国的传统敌人奥地利的哈布斯堡族联盟,却同新兴的普鲁士作战,很不得人心。当罗斯伯希战役普胜法败的消息传来,许多法国人为之欢欣鼓舞。这种人民对政府对立的情绪,对封建专制政权讲,确是一种危险的信号。

3. 资产阶级和农民结盟

18世纪的法国,工商业继续发展。分散的手工工场,在城市附近和村镇中纷纷出现,较大的手工工场也有发展,有的有了新的机器设备。如1757年设立的昂赞煤矿拥有4000多名工人,12台火力机器;1777年创立的印德雷冶金工厂是纯用煤炭熔铁铸造大炮的工场;1781年在克勒左建立了拥有巨大高炉的冶金工厂。但工场手工业中,小型的或分散形式的仍占较大的比例。在许多城市,行会制度仍盛行。而国内外贸易发展中的需要,必然对生产的技术和组织形式提出新的要求。里昂和朗格多克诸城市的丝织业工场,巴黎、里昂的印刷工场,兰斯地区的毛纺业工场,波尔多等沿海城市造船业工场,都很著名。

以包税和国债为特点的法国资本原始积累增加迅速。殖民地贸易成倍增长,地中海地区的贸易也日趋活跃。法国对外贸易的输出额,从1720年(1亿零600万利弗)到1788年(3亿5400万利弗),增长三倍至三倍半。航海业相应发达,1780年,商船队拥有2000多艘船只;内河航运亦有改进,作为全国和地区性经济中心的城市,人口显著增加:在

1750 年稍后，巴黎居民约有 56 万，里昂 11 万以上。资产阶级的经济力量，较之以往已大为增强，有的企业主资产雄厚，如波尔多船主波斐在大革命初年(1791 年)有船 30 艘，家财约 1600 万利弗。

资本主义生产和封建关系之间的矛盾，资产阶级和封建专制政权之间的矛盾，早已存在。但在 16、17 世纪的法国，两者仍有相互利用、相互补充的方面。甚至，它们的相互利用超过相互排斥。从 17 世纪晚年起，两者的矛盾日趋激化。宫廷、贵族和高级教士奢侈、豪华的挥霍，官僚机构、军队和战争的庞大开支，消耗侵蚀了法国的资本原始积累；封建的特权、陋规，抑制、阻碍资本主义经济的发展。资产阶级在政治上的无权，越来越明显地损害它的经济权益和社会地位。羽毛丰厚的资产阶级，不再需要封建政权的庇护；而且，当封建政权日趋腐朽反动时，唯有推翻它，才有资产阶级的发展前途。亨利四世和科尔柏时期专制君权和资产阶级之间彼此合作和利用的美梦，已一去不复返。法国资产阶级作为反封建革命的领导阶级的条件已逐步成熟。

同时，法国资产阶级由于同各阶层人民群众结盟而增强了它的力量，坚定了它的革命意志。资产阶级属于政治上、社会上无权的第三等级，它的成员包括手工工场主、船主、包税人、商人、银行家和知识分子，它是人民的组成部分。而在人民群众中，占全国人口百分之八十以上的是最受压迫和剥削的农民，他们承担着国家的直接税和间接税、封建地租、教会的什一税以及各项捐税、劳役，生活极度穷困。18 世纪 70 年代初开始的“封建反动”，封建主加重了原有的租赋，恢复了一些已经废除的领主特权、农民奴役和杂税。如达尚所说：“农村居民仅仅是贫穷的奴隶，轭下拖车的牲口。”[①]他们切齿痛恨封建压榨，强烈要求改变现状。在反对封建统治上，他们同资产阶级有共同的要求和斗争目标。马克思指出，法国革命的特点是“资产阶级和人民结成了同盟反对君主制度、贵族和统治的教会”。[②] 资产阶级是先进生产方式的体现者，具有较强的经济力量和文

---

① 引自坦纳(Taine)：《旧制度》，1913 年纽约版，第 375 页。关于法国人民的沉重打击，本书下章尚有叙述。

② 《马克思恩格斯选集》第 1 卷，第 320 页。

化知识水平，在反封建革命中，它“是实际上领导运动的阶级”。[①]

二、启蒙运动的思想渊源和早期启蒙思想家

1. 启蒙运动的思想渊源

法国的启蒙运动，就是资产阶级反封建的思想运动。启蒙，指破除封建统治下中世纪的蒙昧，开启反映资产阶级要求的新的开明时代。不少启蒙思想家以人民的名义发表意见，这虽然并不说明他们在一切方面同人民群众的利益一致，但能够说明在反封建的斗争中他们有共同的方向和目标。

反封建，必须反天主教会。“一般针对封建制度发生的一切攻击必然首先就是对教会的攻击。”[②]这是西欧各国的共同情况。在法国，对天主教会及其神学的批判、斗争，任务更为迫切，也更加繁重。在路易十四提出的“一个国王，一种法律，一种信仰”的口号下，天主教会同专制君主政权密切结合，成为封建统治的主要支柱，也是垄断人民思想信仰的反对权威。用一切手段镇压异端和进步思想、排斥异己、树立天主教权势的耶稣会，在路易十四、路易十五时期，长期得到国王信任，其横行跋扈，朝野为之侧目[③]。而且，在 1685 年废除“南特敕令”以后，任何反对天主教的新教教派，已不能以公开的合法的地位在法国活动。资产阶级及其思想家在进行反封建反教会的斗争中，已经没有一种新教派别可以利用。启蒙思想家不得不抛弃宗教外衣，在思想政治阵线上同反动势力进行面对面的尖锐斗争。

在 18 世纪的西欧和法国，人们的思想认识水平和科学文化知识水平，较之以前已有了很大的提高。英国资产阶级革命的成功更为法国启

---

① 《马克思恩格斯选集》第 1 卷，第 320 页。

② 《马克思恩格斯全集》第 7 卷，第 401 页。

③ 耶稣会气焰的嚣张，引起法国宫廷不少权势人物的反感。1764 年，法国政府禁止耶稣会活动。

蒙思想家提供了理论和经验。自文艺复兴以来,自然科学各个领域不断涌现新的发现和发明。17 世纪末,科学已进入了牛顿时代,它标志着近代科学的开端。古典力学有了完整的体系。代数、解析几何、微积分等数学部门的新发展,为其他学科的发展创造了条件。林奈制订了动植物分类系统,布丰提出了地球形成的假说和生物“变种”的思想。自然科学的重大发展向天主教神学提出了严重的挑战,为新的哲学思想的产生提供了科学依据。革命后英国的政治制度和各项政策,成了法国启蒙思想家向往的楷模。英国的进步哲学家,给予了启蒙运动很大的影响。

无疑,法国启蒙思想有它本国的思想渊源。伴随法国资本主义因素的增长,资产阶级的文化思想,也在成长。从文艺复兴、宗教改革到启蒙运动的肇始,法国资产阶级文化已有 200 多年的发展过程。两个多世纪的积累加上西欧各国文化对法国的影响,启蒙运动作为成熟的反封建、反教会的资产阶级思潮而登上历史舞台。

启蒙思想的核心内容是理性至上。理性主义,是在 17 世纪上半叶由笛卡尔奠定理论基础的。经过 17 世纪后期和 18 世纪初期西欧和法国最先进的科学、哲学思想的影响,到启蒙时期,它已经发展成为反封建、反教会斗争的更加充实、更加锐利的武器。笛卡尔的理性,不包括宗教的真理,他认为上帝只能信仰、不能研究。他的理性,并不要求改变封建秩序和封建政权,而且实质上它是为封建专制政权的合理性服务的。这是法国资产阶级力量软弱,还没有成熟到要求政治统治程度的表现。17 世纪晚期 18 世纪初年,笛卡尔主义者贝尔(1647—1706 年)提倡理性,怀疑宗教,提出理性和信仰是对立的。他说,神学家所要求的信仰“只能用权威的名义来要求,却万万不能用理性的眼光来判断信仰的真实性”。他又提出,道德和宗教并无必然的联系,基督教徒并不一定道德高尚,无神论者并非就是伤风败俗。这对于以道德的化身自居的天主教,对于“君权神授”的专制制度,是一种冲击。贝尔的批判,有不彻底性。他怀疑理性本身的力量。可是,他以理性打击了宗教信仰,并“为在法国掌握唯物主义和健全理智的哲学打下了基础”[①]。他

① 《马克思恩格斯全集》第 2 卷,第 162 页。

在 17 世纪 90 年代所写的《哲学的和批判的辞典》，对于早期启蒙思想家，对于百科全书派，都有重要影响。他是法国启蒙运动的先驱者。

启蒙运动，在启蒙思想家看来，就是一场启发人类理性的运动。理性，不仅用于哲学，也用于宗教、社会和政治，它不仅和宗教信仰、传统权威分家，而且成为批判宗教信仰、传统权威的武器。它代替了上帝，成为世界一切事物的向导和法官。理性，是启蒙思想家尊敬以至崇拜的对象。

启蒙思想家在否定基督教神学的斗争中，也吸收了英国革命时期产生的自然神论的观点。自然神论者不是有组织的宗教派别，也没有一套自成体系的神学理论。当自然神论在法国公开出现时，它已脱离宗教神学体系，而同理性主义密切结合，从而使理性发挥更大的权威和战斗力。自然神论接近唯物主义，但并不是唯物主义的无神论。它承认上帝的存在，尊敬并崇拜上帝。法国自然神论的上帝，实质上就是理性的上帝。伏尔泰、孟德斯鸠、卢梭等著名的启蒙思想家，都是理性的信徒，也是自然神论的信徒。

2. 孟德斯鸠

孟德斯鸠（1689—1755 年）和伏尔泰是启蒙运动前期的大师和代表人物。

孟德斯鸠，"长袍贵族"出身，曾任波尔多高级法院院长。他在路易十四末年就酝酿写作《波斯人信札》（1721 年出版），用两个东方人的口气，尖锐地揭发、讥刺、批判了法国旧制度的各种错误、丑行和罪恶。这是启蒙思想家向封建制度和天主教会开的第一炮。以后，孟德斯鸠历游奥地利、匈牙利、意大利、瑞士、德意志和荷兰，又去英国逗留两年。经过 20 年的构思和写作，在 1784 年，他的巨著《论法的精神》出版了。《论法的精神》是启蒙思想家系统地阐述政治、法律、社会观点的主要著作，伏尔泰称它为"理性和自由的法典"。它也是欧洲自亚里士多德以来最重要的政治理论著作之一，为资产阶级国家和法的理论奠定基础。他的《罗马盛衰原因论》一书，引证历史来反对专制制度。

孟德斯鸠并没有否定君主政体，他所主张的是君主立宪制。显然，他是受革命后英国政治制度的启发和影响的。他提出了立法、行政、司法三权分立的学说,国王所掌握的仅是行政权。似乎这是一种让君主政体继续存在的改良式意见。但是,这种学说显然是有针对性、战斗性的:他反对专制君主的统治。在《波斯人信札》中,他已经多处谴责压迫摧残人民的专制君主。在《论法的精神》里,尽管他以东方式(如土耳其的)的专制作为他明显的批判对象,然而他暗示人们,法国也正是一个专制国家。他揭示专制制度是砍树根、摘果实的制度,"专制制度的原则是恐怖"。这部著作反应强烈,影响巨大,在一年半中,发行了 22 版。在美国独立后的《北美联邦宪法》中,在法国革命初的《人权宣言》中,和其他许多资本主义国家的宪法中,都不同程度地采用了分权的原则。

孟德斯鸠的宗教观点,比之他以后的许多启蒙思想家,是比较保守的。他不仅反对无神论,而且说"基督教是人类的最高福泽","宗教永远是人们可以用来维系人心的最好保证"。可是他反对天主教的专制,主张宗教宽容,认为正是不宽容引起了频繁的宗教战争;他揭露宗教裁判所"烧死一个活人,和烧稻草一样轻易";他指出宗教法庭"同一切良好的施政是背道而驰的"。他讥讽教皇是"现在已无人怕他"的"古老的偶像"。他对天主教的神学教条予以辛辣的嘲讽,说教皇是"比国王更强有力的魔法师","有时他令国王相信,三等于一,人们所吃的面包并非面包,所饮的酒并不是酒,诸如此类,不胜枚举"。他认为上帝创造亚当夏娃,又让他们犯罪,"是开恶玩笑",而上帝的形象,原是人根据自己的特征创造出来的。"黑人将魔鬼画成炫目的白色,而将他们的神祇画成漆黑如炭。"

他虽然不否定宗教,但他的宗教思想,已远比任何宗教改革家进步。他承认"上帝是宇宙的创造者和保养者",而他的上帝,已不是基督教的上帝,而是自然神论的上帝。他认为上帝必须按照"确定不移"的规律"创造"和"管理"宇宙。他所说的"规律",即为"法";"法"则是人类理性的体现。"规律"或"法"和上帝并列,甚至可以约束上帝。

3. 伏尔泰

伏尔泰(1694 1778 年)以 80 岁的高龄,占据 18 世纪的大部分时间,他毕生为反对封建制度和天主教会而斗争。他吹响了法国资产阶级革命的号角。雨果说:“伏尔泰这名字,塑造了整个18世纪。”

伏尔泰出身于一个富裕的中产者家庭,父亲为法院公证人。青年时,他以写诗博得一些人的欣赏,使他能出入于贵族之门,但也因写讽刺作品而得罪了权贵。1716年,他被逐出巴黎,次年又被捕囚禁于巴士底狱11个月。1725年,在他参加的午宴上,一位权贵指着他问:“这位高声谈笑的青年人是谁?”伏尔泰立即回答说:“我的老爷,他不是生来就享有大名的人,而是一个为自己名字赢得尊敬的人。”这位权贵派人把他痛打后又害怕他报复,通过关系又把伏尔泰投入巴士底狱关了几天,出狱后,他被放逐到英国。在英国的三年,伏尔泰深受牛顿和洛克的影响。回国后,他上演的戏剧和著作,越来越广泛地引起人们的响应,也引起统治者的不安。他的《英国通讯集》一出版(1734年),就被法院判为禁书,当众烧毁。为了逃避迫害,他逃往洛林边境的西雷,也曾逃往布鲁塞尔。自命为开明君主的普鲁士国王腓特烈邀请他做官。不久两人不欢而散,他又从普鲁士回来。他60岁以后的晚年,在法国和瑞士边境佛尔纳度过。他在生活的每一时刻,在监狱中,在流亡中,从未停止过用笔战斗。他以各种文体写作的作品,冲破反动统治者的查禁,流传于法国和欧洲各国,人们竞相传诵。1778年,他回到巴黎,巴黎人热烈欢迎他们心目中的伟人。就在这一年的5月30日,他因癌病逝世。

他写了大量的作品,他的著作包括剧本、诗篇、小说、历史、评论、信件、辞典条目和哲学论著等各个方面,主要著作为《哲学通讯》、《哲学辞典》、《形而上学论》、《牛顿哲学》、《百科全书》条目、《路易十四时代》、《风俗论》等。他的文章才思充溢、明晰畅达、文笔犀利、词句精辟。启蒙思想能够广泛传播,在思想意识领域发挥摧毁封建统治和教会权威的巨大威力,是同伏尔泰等启蒙思想家所写的生动有力、机智精炼的文章分不开的。

伏尔泰在政治上期望开明专制。以后,又倾向君主立宪,主张建立一个资产阶级革命后的英国式政府。他主张有一位思想开明、头脑理智的国王统治国家,又主张限制国王权力,这些都表明他反对法国的封建专制统治，他不相信能够有一个人人平等的社会，而他认为法律应该体现理性，人们应该在法律面前平等。他主张废除封建等级制和贵族特权，他反对天主教会干政，认为教会必须被排除在政治之外。

伏尔泰是天主教会所遭遇的史无前例的可怕敌人。他所提出的“消灭败类”，是启蒙思想家向封建教会发动进攻的总口号。教皇、主教、耶稣会士和国王的忏悔师，在他的笔下，都是“败类”、“文明的恶棍”、“两足禽兽”。他们生活荒淫无耻，行为“和最恶毒的野兽一样”。他指出：修道院和修道士利用“无知、迷信、疯狂”，野蛮地掠夺农民地产，“用苦命人的脂膏把自己养得肥头胖耳”。他愤怒地抨击天主教会镇压异端，揭露宗教裁判所：“小偷仅仅剥夺你的财物，但宗教裁判官却剥夺你所有的一切，一直到你的思想。他搜索你的灵魂，力图搜出什么来，以便能够把你的身体烧成灰烬。”他对专横的教会和教会权贵说：“现在你们发抖吧，理性的日子来到了。”

他不仅反对腐败、反对的天主教会，而且反对历史上的基督教会及其神学。“除非我们不管基督教充满腐化堕落胡闹，基督教，由于它存在了一千七百年，就一定是神圣的。”他告诉人民，那些教会上层人士“他们凭你们的劳动喂养得舒适懒散，凭你们的汗水、苦难而发财，为争夺党徒和奴隶而争斗；他们使你们迷信的，并不是让你们畏惧上帝，而是让你们害怕他们”。对于长期以来是天主教神学的核心理论，如原罪说、三位一体说、化体说、灵魂不死说等，他在讽刺嘲笑之中，把它们批判得体无完肤。

这位被天主教视为恶魔和死敌的伏尔泰，并不是根本否定宗教，也不否定上帝，只是，他的上帝不是基督教的上帝，而是自然神论的上帝，是整个自然界的“一个最初的推动者”。上帝的作用，只是赏善罚恶，维护社会道德。“唯一应当读的福音书是自然这部大书，唯一的宗教是崇敬神、一个正直的神。”“假使上帝并不存在，就需要创造上帝。”他的理想是“哲学和开明的宗教联合”，实现“一种可尊敬的有神论的美好远景”。这种宗教，实际上是理性崇拜。

伏尔泰、孟德斯鸠等反对封建教会的斗争发挥了巨大的作用。在1753年，达尚松描述当时法国情况：“仇恨教士被引向极端，他们几乎不敢在街上露面……教士们注意到,这一年领圣体的人不到三分之一,耶稣会学校处于荒废状态。”

三、卢梭、狄德罗等唯物主义者和空想社会主义者

1.《百科全书》,狄德罗和其他唯物主义者

从18世纪50年代起至大革命爆发,是启蒙运动的后期。在这三十几年中,法国封建专制制度和天主教会的腐朽性、反动性充分暴露,资产阶级在经济文化领域的力量则继续增大,农民、城市贫民的反抗斗争广泛展开,社会阶级矛盾越来越激化。在这一时期中,启蒙运动内容更为丰富多彩,气势更为宏大壮阔,斗争更加彻底、激进。在这一时期中,老战士伏尔泰仍然站在斗争前列,而新一代的英勇善战、多才多艺的启蒙战士大批投入战斗。启蒙运动进入了高潮,资产阶级革命应声而出。

《百科全书》的出版,是启蒙运动高潮的标志之一。《百科全书》全名为《科学・艺术和工艺百科全书》,是一部包括文、史、哲、理、工、农、经济、社会、政治、宗教等人类知识一切方面的巨著。它由狄德罗和达朗贝尔主编集稿。全书共达28卷,1751年第一卷出版,1772年最后一卷发行。在它开始出版后不久,法国政府下令禁止,教皇把它列为禁书。同狄德罗合作的达朗贝尔因受到威胁而辞去主编职务(1759年)。狄德罗不畏艰险,克服各种困难,说服出版商,利用政府检查者的弱点,团结许多启蒙战士,坚持编辑撰写稿件,使全书继续出版并终于完成。《百科全书》成书的经过本身就体现狄德罗等启蒙思想家不屈不挠的战斗精神。恩格斯说:“如果说,有谁为了‘对真理和正义的热诚‘(就这句话的正面的意义说)而献出了整个生命,那么,例如狄德罗就是这样的人。”①

新老启蒙思想家,包括伏尔泰、孟德斯鸠、卢梭、一些唯物主义者和

① 《马克思恩格斯选集》第4卷,第228页。

科学家，都为《百科全书》撰写条目。在许多问题上，他们的意见并不相同，但是，大方向基本一致。《百科全书》提倡自然科学和应用科学的研究，这对于中世纪神学的世界观和蒙昧主义是一种挑战。但它的战斗意义远不止此。它所宣传的启蒙思想如一把锋利的钢刀，如一股涤荡污泥浊水的激流，在反封建教会的斗争中起了巨大的作用。这些云集在《百科全书》周围的启蒙思想家，被称为百科全书派。

百科全书派主将、唯物主义者狄德罗和其他几位唯物主义者的思想，使封建教会及其神学受到极其沉重的打击。狄德罗（1713—1784年），一位制刀业师傅的儿子，靠译书、写文章、当家庭教师谋生的作家。他为《百科全书》撰写了一千多篇文章和条文。还写了《哲学思想录》、《怀疑论者的散步》、《论盲人书简》、《论解释自然》、《达朗贝尔和狄德罗的谈话》、《达朗贝尔的梦》、《哲学思想增补》、《关于物质和运动的哲学原理》等著作。比狄德罗年长的法国唯物主义较早的代表人物是拉美特利（1709—1751 年），出身富商家庭，本人是医生，写有《心灵的自然史》、《人是机器》、《人是植物》、《伊壁鸠鲁的体系》等著作，曾因宣传唯物思想被迫逃亡荷兰，又逃亡德国。[①] 另一位唯物主义者爱尔维修（1715—1771 年），国王御医之子，曾任总包税官，年薪 30 万利弗。而这位富豪，以伏尔泰为导师，同法国进步思想家、文化名流交往密切。他曾为《百科全书》撰稿，其主要著作有《论精神》、《论人的理智能力和教育》等。较年青的唯物主义无神论者霍尔巴赫（1723—1789 年）是一位移居法国的德国富商的子侄，从伯父处承袭到男爵头衔。他的沙龙，是百科全书派经常聚会的活动地点。他曾为《百科全书》撰写了近四百条条文。他的重要著作有《揭穿了基督教》、《袖珍神学》、《被揭穿的教士》、《神圣的瘟疫》、《自然的体系》、《健全的思想》、《社会的体系》等。《揭穿了的基督教》于 1770 年被巴黎高等法院宣布公开销毁。《自然的体系》则被誉为 18 世纪“唯物主义的圣经”。“18 世纪老无神论者所写的那些锋利的、生动的、有才华的论证，机智地、公开地打击了当时盛行

① 拉美特利在 40 年代中已经发表了他的主要著作。在《百科全书》出版这一年，他去世。他不属于百科全书派。

的僧侣主义。”[①]这是列宁对上述唯物主义者的总的评价。

唯物主义者反对封建制度的支柱天主教会的彻底性，表现在他们不仅有力地反对教会、批判神学，而且从根本上否定宗教，摒弃上帝。他们仍然强调理性的作用，而他们进一步认为，理性的原则，符合物质世界的规律，认为唯物主义是唯一真理。他们认为认识的来源是感觉，是外界物质作用于感官的结果。他们说，物质“凭自身存在的”（拉美特利），“物质是永恒存在的”（狄德罗、霍尔巴赫），它们不能被创造，也不能被消灭。他们提出，运动是物质的属性。狄德罗说：“一切都在变，一切都在过渡，只有全体是不变的。世界生灭不已，每一刹那它都在生都在灭，从来没有过例外，也永远不会有例外。”霍尔巴赫说：“运动在物质之内是自行产生，自行增长，自行加速，并不需要任何外因的帮助。”所谓创造万物、推动宇宙的上帝，便失去了存在的依据。“上帝是没有的，上帝创造世界是一种妄想。”（狄德罗）爱尔维修的宗教观点，在当时唯物主义者中是比较保守的，他曾提出世界宗教的思想，但他认为，一切现存的宗教，绝不是由于人们道德的需要，而是社会罪恶的根源，科学的敌人。狄德罗指出：宗教是愚昧无知的产物，一切罪行的祸根。拉美特利说，宗教是“神圣的毒药”。霍尔巴赫说，宗教是一种“神圣的瘟疫”。

应该注意到，18世纪的唯物主义者是机械唯物主义者。他们主要用牛顿力学解释自然和社会，对于人类社会历史的发展还不可能有深刻的认识。对于宗教的深刻的社会根源，也只能以人民群众的无知和僧侣的欺骗来解释。他们如同老一辈的启蒙思想家那样，说：“合乎理性的哲学体系不是为群氓创造的。”并说无神论“并不是为世俗人所建立的，甚至也不是为大多数人所建立的”。（霍尔巴赫）。这说明他们的无神论的理论与人民群众还存在着距离。在政治上，他们的观点也是保守的。狄德罗和霍尔巴赫的理想的政治制度是开明君主制。普列汉诺夫说：“如果霍尔巴赫必须在君主专制和民主政治之间选择，他是宁愿选择专制制度的。”[②]

---

① 《列宁选集》第4卷，第106页。

② 《普列汉诺夫哲学著作选集》第2卷，三联书店1962年版，第73页。

2. 卢梭

卢梭(1712—1778),年龄小伏尔泰18岁,但他的去世,只后于伏尔泰一个多月。伏尔泰和卢梭,曾同时战斗。但正如德国著名文学家歌德所说:"伏尔泰象征一个时代的终结,卢梭象征一个时代的开始。"伏尔泰的作用,就其主要方面讲,是对法国旧制度的破坏;卢梭却积极地提出了人民主权的主张和自由平等的强烈愿望。

卢梭出生于日内瓦一个钟表匠的家庭。12岁起,当仆人、当学徒。因不堪师傅的虐待,16岁的卢梭就逃亡于外,开始过流浪和寄人篱下的生活。他做过仆役、音乐教师、家庭教师、秘书、乐谱抄写员、歌剧作家和喜剧作家等。1750年,他的应征论文《科学与艺术的复兴是否有助于敦风化俗》获得第戎科学院一等奖,这使他开始闻名于巴黎文坛。此后,他陆续写成的重要著作有《论人类不平等的起源和基础》、《新爱洛漪丝》、《爱弥儿》、自传《忏悔录》等。从1762年起,他为了逃避法国政府和教会对他的迫害,曾逃到瑞士、普鲁士、英国和法国各地。1770年,在法国当局宣布对他赦免后,才重回巴黎,直到去世。

卢梭对天主教会及其神学进行了不可调和的斗争。他对天主教会的批判,正是他对封建统治的批判,在《社会契约论》中,他说天主教是"这个世界上最狂暴的专制主义","在基督教的国家里不可能有任何良好的政体"。在《爱弥儿》中,他指出基督教教义"告诉我们的尽是一些荒谬而不合理的东西","给我们描绘的上帝是那样的愤怒、妒忌,动不动就报复,而且又是那样的不公正,那样的憎恨人类,那样的好战好斗,时刻准备着要毁灭和摧残人类,时刻在那里说要给人以折磨和痛苦,时刻在那里夸口他对天真无辜的人要进行惩罚"。《爱弥儿》发表后,巴黎高等法院下令通缉卢梭,天主教会对他严厉谴责,并在巴黎当众烧毁《爱弥儿》。《社会契约论》一书也受到教会人士的围攻和咒骂。

在宗教观点上,卢梭不仅比无神论者,也比伏尔泰保守。他既反对天主教神学,反对宗教的狂热,也反对无神论。他认为:"对来世生活的期待,却可以安慰人民和受苦者的现世生活",但那些有权势的人们、富人们、幸福者,会对"没有神的存在"而高兴。在一次沙龙的聚会中,卢梭听到怀疑上帝存在的议论，就站起来要离开并大声说："我嘛，先生，我信仰上帝的!"卢梭和狄德罗等人的分裂，这是主要原因。然而，正如卢梭在《爱弥儿》中斥责天主教会时所说的："你们的上帝不是我的上帝。"卢梭的这种宗教观，仍然属于自然神论，他说自己决不抛弃自然宗教而去皈依基督教。他心目中的上帝，同伏尔泰的也有不同。伏尔泰需要宗教和上帝来管理人民；卢梭所希望的上帝和宗教，是给受苦难者以抚慰，对强暴者、富豪起震慑作用。卢梭同当时广大的人民群众还存在着距离，但来自民间的他，比之伏尔泰或唯物主义者，是能够更多地反映当时人们的思想感情和认识水平的。卢梭的宗教思想在法国启蒙后期和大革命中，影响较无神论更大。

卢梭思想的革命性以及它对法国大革命影响的巨大，主要还表现在他的政治学说中。许多启蒙思想家的政治学说，主张开明专制或主张君主立宪制，总之人民群众，似乎要在不同程度上受君主的统治。而卢梭的《社会契约论》却否认君权神授说，提出人民主权的思想，认为一切权力，必须体现人民的意志。国家是由于订立契约而产生的，而人民是订立契约的主体，政府是人民主权的执行者。谁篡权，人民就有权革命。法律是公意，在法律面前人人平等，君主也不能超越法律。他提出，"人生来自由"。他说，人与人原来平等，有了私有制，才有不平等，他反对不平等，主张小生产者的平等联合；他反对君主制，主张共和制。他所提倡的自由、平等和共和制，说明他对封建等级制、对封建专制君主统治的痛恨，对被压迫、被剥削人民的热爱。卢梭的政治学说和理想国家，内容有矛盾，也带有乌托邦的性质。他认为私有制是不平等的起源，是罪恶的根源，而他不主张废除私有制，只主张是小资产阶级的平等联合。他承认私有者的自私自利的本性，这又使他的作为小资产者的平等联合的国家的现实性成为疑问。他理想中的民主，只是古代城邦的直接民主，这对于法国这样的大国，是一种空想。实际上，承认私有制存在的国家学说："只能表现为资产阶级的民主共和国。"[①]他的《社会契约论》曾经成为法国资产阶级革命中许多领袖的"圣经"。通过资

① 《马克思恩格斯选集》第3卷，第57页。

产阶级革命而建立的资产阶级国家，并不是和卢梭所提出的模式相同，也不可能相同，但卢梭的理想，给人启发、鼓舞和力量。

卢梭的思想，也是启蒙运动中理性主义的深入发展。他对人类的发展的论述，有唯物辩证的观点。普列汉诺夫评价卢梭说："对历史唯物主义观点，在这位唯心主义者那里，比在敌视他的唯物主义集团霍尔巴赫派那里要多得多。"[①]恩格斯也肯定卢梭所使用的辩证方法。[②] 可是，我们虽然不能认为卢梭不重视理性，而从卢梭的作品中，处处表现一种强烈的感情。这是 18 世纪下半叶法国社会矛盾激化的表现。在当时，仅以理性来揭露、批判、改造旧社会、旧制度，它不能满足人民的要求。人心思变，人民渴望刺激、渴望变动、渴望革命。卢梭的理想和他的感情主义，代表、反映了广大小资产者的要求和思想。从卢梭在思想潮流上的影响讲，他开创了浪漫主义。他的《新爱洛漪丝》，既揭示了不同等级的伦理观点上的矛盾和封建制度下的悲剧性的冲突，也是一部抒发强烈爱情的浪漫主义文学的最早杰作之一。

3. 空想社会主义者

梅叶(1664—1729)比伏尔泰大 30 岁，有人把他作为最早的启蒙思想家，只是他的《遗书》在他死后仅有手抄本问世，直到伏尔泰、霍尔巴赫等人于 1762 年、1772 年把《遗书》摘要出版，这部著作才有较广泛的影响。《遗书》全文，直到 1864 年才在荷兰出版。梅叶在《遗书》中提出了理想的未来社会，他因此成为法国 18 世纪最早的空想社会主义者。

梅叶是一个农村纺织工人的儿子，从宗教学校毕业后，一生就在一个小村庄里当穷神甫。而这位天主教神甫在《遗书》里，用连伏尔泰读它时也"吓得发抖"的语言，揭露、批判教会的罪恶以及神学的欺骗。他不仅反对天主教，也反对宗教。他是一个唯物主义无神论者，他以唯物主义反对宗教。他说，上帝的存在正同上帝创世说一样是荒谬的；物质是永恒的，它是世界的本原。他反对宗教，是同反对封建统治者联系在

---

① 普列汉诺夫：《让·雅克·卢梭和他的人类不平等的起源的学说》。见卢梭：《论人类不平等的起源和基础》，商务印书馆 1962 年版，第 214 页。

② 《马克思恩格斯选集》第 3 卷，第 179—180 页。

一起的。他指出宗教支持最坏的政府，政府维护最荒谬的宗教。他指责国王、贵族、僧侣等贪婪地掠夺穷人的财物，路易十四“到处进行大抢劫、大侵略、大毁灭、大破坏、大屠杀”。

他的理想社会是一个财产公有的村社的联盟。在村社里，人人平等地占有并享用一切财富。人们参加不同的劳动或工作。但在食、衣、住上，享受同样的待遇；他们相互友爱，共同生活。他的理想社会，带有平均主义的幻想，也有消费共产主义的倾向。

另一位空想社会主义者是摩莱里。他的生卒年代、生平事迹，皆不可靠。他的著作，出版于18世纪的40年代至70年代，主要的有《人类理智论》、《齐巴里阿达》（长诗）和《自然法典》等。后两部著作，表达了他的空想社会主义的观点。

他称誉原始公有制，把原始的自然状态称为人类的黄金时代。他激烈攻击私有制，指出“宇宙中的唯一的缺点是贪欲”，而贪欲，正是由“私有财产而产生的恶因”。世界上的各种谬误，也随着私有财产而出现。私有制是一种“普遍的瘟疫”。他主张，每个人除了用来满足生活和娱乐的东西，用来进行日常劳动的东西以外，其余一切，都不得作为私有财产属于任何一个人而是属于整个人类的公共财产。人人有工作，人人靠社会供养。每个公民，都要根据自己的力量、才华和年龄促使公益的增长。他主张农业和手工业产品，原则上平均分配。各个城市的街道都一个样子，房屋也相同；同一行业的人，30岁以下的人，服装颜色一样。人们的饮食、衣服，都得节制。显然，他所理想的社会，是绝对平均主义的社会，而且是带有禁欲主义色彩的社会。这种思想，是当时空想社会主义的共同的特色。

马布利（1709—1784年），出身于贵族，在耶稣会神学院接受教育，曾进修道院为神甫。他不安于修道院，回家研读文学、历史和哲学著作；不久来到巴黎，担任外交大臣的得力助手。1746年37岁时，他辞去政治职务潜心著述，直到76岁去世。他研究历史和现状，研究社会、政治、法律、外交；特别在研究历史和社会政治的基础上，谴责私有制和一切剥削压迫现象，提出了他的空想社会主义的思想。他写了几部历史著作，其中《法国史纲》3卷，剖析了封建采邑制及其对人民的压榨，揭示君权神授说的荒谬和君主专制制的危机。反映他空想社会主义思想的著作有:《论公民的权利和义务》、《哲学家经济学家对“政治社会的自然和必然的秩序”的疑问》、《论法制和法律的原则》和《道德原理》等。

他揭露、批判私有制和社会不平等的罪恶,歌颂并论证财产公有制的公正原则。他信奉自然法权论或自然秩序论,认为唯有公有制才符合“理性的原则”,符合“自然的规律”。他向往的社会是一个“人人都是富人,人人都是穷人,人人平等,人人自由,人人是兄弟,这个共和国的第一条法律就是禁止财产私有”。

他的社会理想,正同摩莱里的一样,是以平均主义代替平等原则;他同摩莱里一样以禁欲主义对抗剥削阶级的侈靡腐化。他美化古代希腊的斯巴达社会的土地公有制,这说明他对历史的理解不正确,也说明他的社会主义的空想性质。他所理想的是一种“苦修苦炼的、禁绝一切生活享受的、斯巴达式的共产主义”,[①]是一个以绝对平均主义为原则的社会。而他的主张,反映 18 世纪人民,特别是广大农民群众在水深火热的疾苦生活中的呼声。同时,他主张人民起来斗争,认为“公正的原则是允许人民拿起武器,反抗破坏法律或滥用法律来窃取无限权力的压迫者”。这更反映了人民群众对封建统治的仇恨思想和革命情绪。法国大革命就在马布利去世后 4 年爆发了。

① 《马克思恩格斯选集》第 3 卷,第 406 页。

基督教史

第一章　基督教的产生、原始基督教

一、基督教的产生

1. 基督教与犹太教的渊源

基督教产生于公元1世纪。当时罗马帝国已经统一地中海沿岸的广大地区。帝国的经济、社会和政治条件，特别是帝国的统一局面，是基督教形成、发展的土壤。希腊、罗马思想的某些流派，帝国疆域内的某些部族的宗教信仰，直接或间接地影响了基督教的神学和仪礼。从这个意义上可以说。基督教是罗马世界的产物。

但基督教是从犹太教脱胎而来的。基督教产生于犹太教的故乡——巴勒斯坦，犹太教的上帝——耶和华就是基督教的上帝，犹太教的经典就是基督教《圣经》中的《旧约》。犹太教的教义及仪礼影响基督教，基督教活动的初期就是以犹太人为信徒的核心。

可是基督教又是犹太教的叛逆，原始基督教是犹太教中的反对派或革新派。约在公元1世纪晚期，即在犹太战争（公元66年至70年）以后，基督教脱离犹太教成为自觉的和独立发展的宗教。从此，基督教不仅同犹太教分离，而且长期处于敌视的状态。

2. 基督教产生前夕的巴勒斯坦和犹太教

定居在巴勒斯坦的犹太人长期以来受到侵略和压榨。在漫长艰难的历程中,犹太人坚持并发展了他们的民族信仰——犹太教,也先后形成了犹太教的各部经典。

公元前1世纪中叶,罗马势力侵入巴勒斯坦。公元前63年,庞培的罗马侵略军屠杀了约12000名犹太人,又向犹太人勒索一笔数额达10000塔兰的巨款,并使巴勒斯坦成为罗马叙利亚省控制下的一个地区。公元前54年克拉苏又侵入犹太,抢劫耶和华圣殿,掠得财物估计亦在10000塔兰以上。接着,罗马扶植军事贵族希律为巴勒斯坦地区的国王。希律用军队和特务统治巴勒斯坦达30余年(公元前40—前4年,号称"大王")。希律死后,罗马让他的三个儿子分治巴勒斯坦。希律的一个儿子阿奇洛,以疯狂屠杀犹太居民来博得罗马统治者的好感。罗马的叙利亚总督纵兵在巴勒斯坦掳掠烧杀,把30000名犹太人掠卖为奴,把2000名起义者钉死在十字架上。镇压行动激起犹太人民越来越广泛的反抗斗争,以致罗马认为阿奇洛已经丧失了作为罗马鹰犬的作用,遂将他废黜(公元6年),并把犹太作为罗马的直辖行省。希律另外两个儿子仍保留着罗马附庸小邦傀儡封君的地位,每年向罗马缴纳贡金。

犹太人民负担着沉重的苛捐杂税。他们除了向罗马缴纳人头税外,还要缴纳土地税或农产品税,税额约为犹太人谷物收入的三分之一、酒和油的二分之一、果树收获的四分之一。此外还有关卡税、市场税、过路费和过桥费等。税吏遍布各地。并且,犹太人按照传统需每年向耶和华圣殿献礼,其数额为全年收入的十分之一。

罗马直接和间接地统治着巴勒斯坦,其主要帮凶是以希律家族为首的犹太贵族和犹太教会上层。犹太教会上层被撒都该派所垄断,大祭司和祭司都出于撒都该派的几个家族。他们掌握神权,实际上也掌握了经济、行政和司法大权。耶和华圣殿的巨额财产由撒都该派有权势的世家所控制。犹太教会中的另一教派是法利赛派[①],他们是犹太教中的中、上层分子。尽管在法利赛派中也有反对罗马势力的人士,但他

① 据约瑟福斯《犹太古事记》第17卷,第2章,第4节,法利赛派人数最多不会超过六千人。(见《约瑟福斯全集》,惠斯顿英译,爱丁堡,1865年版)。

们掌握教会中宣传和教育的权力，也和撒都该派分享司法上的权力。他们对罗马统治，对犹太的世俗贵族和教会贵族，一般都抱着妥协以至依顺的态度。

随着犹太人民苦难的日益加深，犹太教会上层对犹太教信徒的统治地位也日渐动摇。从宗教信仰看，犹太教内部出现了不受教会上层控制的新教派，其中主要的有埃赛尼派（或译“虔诚派”）和狂热派（中译《新约》中译作“奋锐党”）。

埃赛尼派约有四千名信徒①。该派实行财产共有，主张节欲和劳动，组织严密，等级森严，清规戒律很多。1世纪上半叶，它对巴勒斯坦的统治集团抱着消极避世的不合作态度。狂热派是犹太人民反罗马统治、反犹太教会上层斗争的产物。它是在加利利人犹大领导的反对人头税的斗争中出现的，教派的创始人犹大是1世纪初年犹太人民反罗马斗争中的起义领袖。从公元初年到犹太战争，犹太人民的解放斗争都是同狂热派的斗争联系在一起的。狂热派的一个支派西卡里党（或称小刀党。“西卡里”，意为“带小刀的人”）不仅在乡村僻郊活动，也在耶路撒冷的大庭广众中刺杀那些和罗马统治者相勾结一道为非作歹的犹太教会上层人物。在犹太战争中，他们是犹太人民与罗马侵略军浴血奋战的主力。

在耶稣传教活动稍前，有施洗约翰及其信徒的活动。施洗约翰身披皮毛，腰束皮带，吃蝗虫野蜜，在旷野里传道。他对信徒们呼喊：“天国近了。”②并严厉地宣告：“现在斧子已经放在树根上，凡不结好果子的树，就砍了，丢到火里。”③他反对罗马在巴勒斯坦的封君和教会上层，谴责他们的一切劣迹。来自巴勒斯坦各地的人拥到他的身边，聆听他的教导，并遵照他的指示在约旦河受洗，称他为先知。统治者害怕约翰的鼓动会引起人民的反叛，于是，罗马所封的加利利、外约旦一带的封君希律·安迪帕（希律大王之子）下令逮捕约翰，并把他处死。

---

① 约瑟福斯：《犹太古事记》第8卷，第1章，第5节。

② 《新约·马太福音》，第3章，第2节。

③ 《新约·马太福音》，第3章，第10节。

狂热派的活动和武装斗争，施洗约翰激动人心的传道，都是基督教产生前夕在巴勒斯坦发生的犹太人民运动。耶稣就是在这样的形势下走上历史舞台的。

3. 耶　　稣

耶稣是一位历史人物还是一位神话人物？这个问题在学术界已经争论了两个世纪。耶稣及其信徒传教活动的性质也是长期被讨论的问题。我的看法是：耶稣是历史上的真实人物，耶稣及其信徒的活动是在当时犹太人反抗罗马统治，反对犹太上层压迫斗争中产生的一个群众运动。

耶稣的言行事迹主要见于《新约》四福音书（《马太福音》、《马可福音》、《路加福音》、《约翰福音》），但四福音书上关于他生平的具体资料并不多，而且内容矛盾歧异，疑惑之处颇多。但是，通过去伪存真、由表及里的努力，在矛盾和歧异中仍可以探寻到历史的真相。

对耶稣的生卒年代有几种不同的意见。他受洗的时间约在公元28—29年，时年约30岁。他被钉上十字架约在公元30年。

耶稣的家乡在巴勒斯坦北部加利利地区的一个小镇——拿撒勒。父亲是木匠约瑟，母亲名叫玛丽亚。耶稣是家中的长子，有几位弟弟和妹妹。约瑟是公元前1000年左右统一巴勒斯坦的希伯来王国大卫国王的后裔。大卫是伯利恒人，因此，耶稣的原籍也应是伯利恒。

耶稣的出生与童年正是罗马统治者向犹太人民征收人头税的时候。加利利人犹大发动的抗税斗争，狂热派的产生，犹太人民的武装起义以及起义的被镇压，罗马侵略者及其鹰犬对犹太人民的掳掠、烧杀和压榨，都发生在耶稣的童年时代。“嗳，这又不信又悖谬的世代啊，我在你们这里要到几时呢？我忍耐你们要到几时呢？”[①]耶稣传道时所讲的话，正是长期积压于内心的感受。

耶稣没有受过犹太教的正规教育，社会是他主要的课堂。他虔诚

---

① 引自《圣经·新约》四“福音书”中的话，不拟注出处章节。

的父母几乎每年都到犹太的崇拜中心——耶路撒冷的耶和华圣殿朝拜，耶稣可能跟着去。耶路撒冷这个犹太教的圣地是散布在亚、欧、非洲各地犹太教徒汇聚的城市；在这里可以了解巴勒斯坦以至世界各地的情况，获得丰富的知识。巴勒斯坦犹太人民的苦难深重的现实生活，在少年耶稣的思想上打上许多问号。这使他不断发问，不断探索，养成了好学深思的习惯。耶路撒冷成为他观察、探索和寻找答案的重要地方。在耶稣12岁那年，约瑟夫妇带着他去耶路撒冷。归途中，耶稣失踪了。约瑟夫妇赶回圣殿找寻，发现他正参与一些有学问的犹太教师的谈话。他"一面听，一面问。凡听见他的，都希奇他的聪明和他的应对。"

耶稣请教和交流的对象不仅有正统犹太教会的教师、律法师等，还有犹太教中非正统的各派人士。他与埃赛尼派信徒有较多的接触，狂热派的言行对耶稣有更深刻的印象和影响。很多狂热派的信徒是耶稣的同乡加利利人。耶稣传道时12位大弟子中，有一位就是狂热派的西门。

给耶稣以决定性的影响，也给耶稣传教以直接推动力量的，是施洗者约翰(John the Baptist)。在来自巴勒斯坦各地，拥向约旦河畔聆听施洗约翰宣讲的六群人中，就有耶稣。当时的耶稣已是年近30的成年人了。约翰这位被人们比作"为天国修直道路"的先知比耶稣仅年长半岁，很器重耶稣。约翰认为，他所期待的"那将要来的"，正是耶稣。耶稣一生中最推崇的人物就是约翰。"凡妇人所生的，没有一个兴起来大过施洗约翰的。"他接受约翰的主张，领受约翰的洗礼。从约翰那里回来，耶稣公开收徒传道。约翰被害后，耶稣进行了更广泛的传道活动。人们都把耶稣视为约翰的继承人。希律·安迪帕听见耶稣的名声后曾说："这是施洗的约翰从死里复活。"

耶稣传道的时间也是一个有争议的问题。一般认为是三年，但实际的时间不到两年。他有多少信徒现已无法稽考。福音书记载耶稣的一次讲道"有几万人聚集，甚至彼此践踏"，这是夸大的说法。但在将近两年的时间里，越来越多的群众跟随着他，把他的话当作福音，把他当作"把小鸡聚集在翅膀下"的母鸡。他的言行几乎传遍了巴勒斯坦。他的信徒是犹太社会下层的劳苦大众。对那些受压榨的人、贫穷的人、饥饿的人、哀哭的人，对那些被拒绝、被辱骂、被抛弃的人，他给予信心和希望："你们有福了，因为天国是你们的。"

耶稣以爱上帝、爱邻人两条诫命作为其教义的总纲。作为改革家的耶稣提倡在信徒之间，在被压迫的犹太同胞之间互爱互助是很自然的。可是，在福音书上的某些记述提到耶稣的爱包括爱自己的敌人，甚至有人凌辱你，打你巴掌，夺你财物，你也得爱他。这些记述宣扬逆来顺受的哲学，其真实性值得怀疑。福音书许多地方说明耶稣有爱也有恨。他热爱处于水深火热中走投无路的下层犹太人民，他憎恨罗马统治者和撒都该派，他揭露法利赛派的虚伪欺骗，斥责他们是"瞎眼领路的"。对于犹太社会的富裕上层人物，他说："骆驼穿过针的眼，比财主进神的国还容易。"如果把服从与忍受作为耶稣的教义，为什么罗马统治者和犹太教会上层非要置耶稣于死地而后快？为什么犹太下层群众信仰他，把他视为救世主——基督呢？

耶稣为他受苦受难的同胞呼吁："要快快地为他们伸冤！""他手里拿着簸箕，要扬净他的场，把麦子收在仓里，把糠用不灭的火烧尽了。""我来，要把火丢在地上。倘若已经烧起来，不也是我所愿意的么？""你们不要想我来，是让地上得太平。我来并不是让地上得太平，而是让地上动刀兵。"可见耶稣并不是提倡一味忍受、忍耐到底的奴才哲学的宣传家，而是金刚怒目式的革命家。

天国在各种宗教中本来是指彼岸世界。福音书把天国说成是虚无缥缈的未来世界也不足为奇。但耶稣是把天国作为他的理想世界的，并且力求使它成为现实。"有人在没尝死味以前，必看见人子降临在他的国里。"他答应信徒们，若他们为他的事业撇下家庭、房屋、田产的，"没有不在今世得到百倍的"。

耶稣所指的天国是怎样的理想世界呢？

第一，它是对巴勒斯坦现存秩序的否定，也是现实世界上建立新社会秩序的号召。"他叫有权柄的失位，叫卑贱的升高，叫饥饿的得饱美食，叫富足的空手回去。""有许多在前的将要在后，在后的将要在前。"

“凡自高的必降为卑，自卑的必升为高。”

第二，它要求推翻罗马势力及其走狗的统治，复兴往古繁荣、富强和统一的希伯来王国——大卫王国。耶稣在信徒中，在犹太人民的心目中，既是先知，又是“大卫的子孙”。在他传道过程中，人们指着他说：“这不是大卫的子孙么？”人们喊他：“大卫的子孙，可怜我。”耶稣的信徒中长期流行着这样的说法：在耶稣出生前，天使已预言上帝耶和华“要把他祖大卫的位让给他”。

耶稣作为主张建立一个颠覆现存秩序的新世界的先知，已经足以被现存秩序的维护者视作危险人物。约翰被斩首就是这类人物的命运，而耶稣还是那将要实现的大卫王国的国王，这是更加可怕的叛逆行为。耶稣意识到自己活动的危险性，他对去各地传道的门徒们吩咐：“我差你们出去，如同羊羔进入狼群。”他又对门徒们说：“若有人要跟从我，就当舍己，背起他的十字架，来跟从我。”

尽管如此，耶稣及其信徒都不否认他们要复兴大卫王国，耶稣就是那将要来的大卫王国的国王。请看看耶稣和大群信徒进入耶路撒冷前的情景吧：信徒们牵着驴驹让耶稣骑坐，许多人把衣服铺在地上，也有人把田野的树枝砍下来铺在路上，前行后随的人都喊道：“和散那（颂赞之词）！奉主命来的，是应当称颂的。高高在上，和散那！”事实上，耶稣正是以叛逆罪被捕、被处以钉十字架的极刑的。当罗马驻犹太的巡抚彼拉多审问耶稣时问：“你是犹太人的王么？”耶稣回答说：“你说的是。”

耶稣及其信徒是犹太教的一个革新派，只是在耶稣短促的活动期间很难说已经形成一个有组织、有明确教义、有固定成员的教派。这是一个以耶稣为核心的群众运动，这个运动因耶稣的被害受到沉重的打击。而耶稣的被杀害，更增加了人们对他的敬仰和信任。耶稣被崇奉为救世主——基督。耶稣死后出现了广泛流传的神话：耶稣以他的死救赎人类；他死而复活，后又升天。信徒们相信他会重新降临，开建地上王国。

二、原始基督教

1. 以耶路撒冷为中心的原始基督教会

我们将从耶稣开始传道到犹太战争(公元 66—70 年)结束期间的基督教称为"原始基督教"[①],因为这是"还不曾有自我意识"的基督教[②]。

耶稣之死对信徒们的打击是沉重的,但他们又以耶稣死而复活—升天—重新降临、建国的信念上聚集起来。这些有共同信念的人经常集会、讲道。教会(Church)一词最初的含义即为集会。

他们仍在耶路撒冷的耶和华圣殿礼拜,服从犹太教律法。但是,他们有他们自己的信念、仪礼和组织。

他们相信耶稣是基督(救世主),也是主。"主"是指上帝所建立的大卫王国的国君。"你们钉在十字架上的这位耶稣,神(上帝)已经立他为主,为基督了。"[③]崇信基督,通过悔罪、受洗,可以使心灵获得一种超人的力量,即获得圣灵[④]。

他们祷告、互相劝勉、共产互助、分食面饼。"信的人都在一处,凡物公用;并且卖了田产家业,照各人所需用的分给各人。他们天天同心合意,恒切的在殿里且在家中擘饼,存着欢喜诚实的心用饭,赞美神……"[⑤]

耶稣死后初期聚会的信徒并不多。"那时,许多人聚会,约有一百二十名。"[⑥]据说在圣灵降临的圣灵降临节那天,"门徒约添了三千人"[⑦]。此后不久,"听道之人,有许多信的,男丁数目,约到五千"[⑧]。上

---

① 原始基督教的起讫时间有不同的说法。

② 《马克思恩格斯全集》第 22 卷,第 536 页。

③ 《新约·使徒行传》2:36。

④ 《新约·使徒行传》2:38。

⑤ 《新约·使徒行传》2:44—47。

⑥ 《新约·使徒行传》1:15。

⑦ 《新约·使徒行传》2:41。

⑧ 《新约·使徒行传》4:6。

述人数估计未必正确，只说明信徒迅速增长。这些信徒相信耶稣是基督，人们称他们为基督徒。①

基督徒的政治、社会观点，除了遵循耶稣的教导外，主要包括：在政治上，相信耶稣是未来的大卫王国的君主，这是对罗马统治及其走卒的反对；在社会观点上，主张信徒平等，在生活上共产互济，这是对等级不平等的社会秩序的反对。因此，尽管他们每天礼拜圣殿，遵守律法，罗马统治者和犹太教会上层仍把他们作为压制排斥的对象。

基督徒的组织是简陋的。耶稣死后不久，领导信徒的是耶稣的几个大弟子(使徒)，主要是彼得与约翰。耶稣的兄弟雅各也是主要领导人之一。随着信徒的增加，相应地设立了管理会务的七位执事，由司提反负责。

耶路撒冷犹太教会当权派撒都该派和法利赛派对基督徒不断施加迫害。彼得等曾被捕逃逸。司提反被捕后被叛处乱石击死。40 年代使徒雅各被杀。62 年或 63 年，耶稣的兄弟雅各亦被捕处死。三四年后，犹太战争爆发。

基督信徒的活动已不是耶稣在世时那样主要在加利利一带。耶稣上十字架后不久，其信徒都集中于耶路撒冷，但每次受迫害后便逐步撤离耶路撒冷。原始教会的领导人，负责传道宣教的使徒们，如彼得、约翰等，去到巴勒斯坦各地、叙利亚、小亚细亚和塞普鲁斯岛等地传道。再往后，在爱琴海沿岸一带，在去罗马的沿途城市，以至罗马城，都出现了基督徒的活动。彼得就是在罗马传教时被害致死的。信徒主要是散居各地的犹太人。自保罗传教以来，非犹太信徒(犹太人称为异邦人)的人数逐渐增多。

4 世纪教会作家的著作记载，在犹太战争前夕基督教已迁居约旦河区岸的培拉城，因此他们没有参加犹太战争。基督徒在犹太战争前后离开耶路撒冷可能是事实，但不能说在犹太战争中就没有基督徒参

---

① “基督徒”一词，在原始基督教时期，主要是非基督徒对基督信徒的称呼。在耶稣信徒中，很少应用。非基督信徒也称他们为拿撒勒派。基督徒这一称呼的流行，主要在犹太战争以后。

加。《启示录》中强烈的反罗马统治的呼声，一般认为出自参加犹太战争的基督徒之口。

2. 保罗

在原始基督教中，保罗和保罗派的活动对于此后基督教的发展起了极为重要的作用和影响。

保罗出生于小亚细亚东南部西里西亚大数城一个虔诚的犹太教信徒家庭，属法利赛派。他的原名扫罗，生平不详(约公元 10 年生)，是世袭的帐幕制造匠师，有罗马公民身份。

年轻时的保罗曾被送往耶路撒冷接受宗教教育，成为一位捍卫犹太教传统的勇士，并参加迫害基督信徒的狂热行动。基督徒司提反被犹太教会判处乱石击死时，他就是执行者之一。几年后，犹太教的祭司长派他去大马士革押送改信耶稣的犹太人到耶路撒冷受审。据说就在去大马士革的路上，耶稣向他显灵。他当场昏迷，三天不吃不喝，也看不见东西。这以后，保罗变成一个虔诚的耶稣信徒和热心的传道者。小亚细亚各地，塞普路斯岛，叙利亚的安提阿等城市，马其顿，帖撒罗尼加，雅典与西亚的以弗所，希腊半岛的哥林斯，都是他逗留较长的城市。他在各地宣传他所领悟的耶稣基督之道，培养信徒，建立组织。

他改信基督教大约发生在 20 多岁的时候(约公元 36 或 37 年)。20 年后(约公元 57—58 年)，大耶路撒冷受到犹太教会的迫害时，他被逮捕。他的罗马公民的身份使他免受犹太教会的审判。他被押往恺撒里亚接受罗马总督的审判。以后又被押送到罗马受审(约在公元 61 年到罗马)。保罗的最后命运怎样，说法不同。一般认为，他是在尼禄任皇帝时被处死刑，时间约在 64 年前后。彼得被处死大致也在这时候。

在《新约》中保留了保罗的 14 封信，但大多数是保罗以后保罗派的信徒假托保罗的名义写的，也有少数是可靠的，有的则是其中某些部分是可靠的，有的虽非保罗原信，却使我们了解保罗派的主要观点。《使徒行传》是研究耶稣以后原始基督教的重要文献，其观点也是保罗派的。《行传》一般认为是 2 世纪初的作品，其中部分记载还是有历史真实性的。

根据上述《新约》中的记载，说明保罗与保罗派有下述值得注意的方面：

第一，保罗所传的福音，直接来自耶稣基督的启示。“我素来所传的福音，不是出于人的意思。因为我不是从人领受的，也不是人教导我的，乃是从耶稣基督启示来的。”[①]所谓不是“从人领受”是指不是以耶路撒冷为中心的基督徒教导他的，而是他自己领悟出来的。

第二，他的传道对象固然有犹太人，但主要是使非犹太人(外邦人)归信。“神……叫我把他传在外邦人中”[②]，这与耶路撒冷的基督徒主要以犹太人为传道对象显然不同。

第三，因此，保罗的教义以及他对犹太律法的看法，也与耶路撒冷的使徒们的见解不同。他认为耶路撒冷的基督徒是“另传一个耶稣”[③]，是“别的福音”[④]。从他们那里只能“另受一个福音”，“另得一个灵”[⑤]。可见，在原始基督教里，保罗派同耶路撒冷派对耶稣基督的信仰，对教义和仪礼有对立的解释或意见。

犹太教有一套繁琐的仪礼、习惯和禁忌，这些都包括在犹太教的律法里。耶稣并不反对律法，但是他主张删改犹太教律中形式主义的条目，如他无视戒斋、禁食，反对把安息日绝对化，不主张形式上的净洁等。耶稣以后，以耶路撒冷为中心的信徒们似乎比较保守，主张遵守犹太律法。犹太教的律法对于传统上长期信仰犹太教的犹太人也许不会引起剧烈的反对，但是对于那些非犹太人，实在是改信耶稣基督的阻力。如割礼，就使许多想改信基督的外邦人望而却步。

保罗是世居小亚细亚的犹太侨民。他与外邦人，特别是希腊人，有长期的接触。他的传教既是以外邦人为主要对象，就使他不得不考虑犹太教徒和非犹太人之间存在的隔膜。这样，如何对待犹太教律法的问题，基督徒中的耶路撒冷派和保罗派之间就出现了分歧。

---

① 《加拉太书》，1：11—12。

② 《加拉太书》，1：16。

③ 《哥林多后书》，11：4。

④ 《加拉太书》，1：6。

⑤ 《哥林多后书》，11：4。

为了解决这一分歧，保罗赶到耶路撒冷，同耶路撒冷教会的首脑人物彼得、雅各等人会谈，教会史上称为耶路撒冷会议（约 49 年或 50 年）。原先耶路撒冷教会首脑曾到安提阿对归信的非犹太人说："你们若不按摩西的规条受割礼，不能得救。"[①]会议决定，外邦人若归信，只需遵守"禁戒祭偶像的物，和血，并勒死牲畜，和奸淫"[②]就好了。可以不接受割礼。

在耶路撒冷的耶稣信徒们的心目中，耶稣是把犹太人从异教征服者（罗马）征服下解救出来的战士，耶稣之死是一个为了拯救落入罗马人手中的犹太人而献身的殉道者之死。他们相信上帝把耶稣从死亡中升上天国，而他很快会带着超人的力量回来"复兴以色列国"[③]（大卫王国）。这样的思想，符合当时犹太人的现实要求，带有犹太民族的色彩。巴勒斯坦的耶稣信徒并不认为自己是脱离犹太教的一个教派，而是犹太教内的一个支派。因此，他们继续在耶路撒冷的圣殿内礼拜，继续遵守犹太教的仪礼和习惯。

保罗和耶路撒冷的使徒们不同，他没有看到、听到耶稣的言行，对于耶稣，他没有感性的知识和真实的印象。同时，保罗是侨居西利西亚的、有罗马公民身份的富裕犹太人，对于犹太人民的反侵略、反压迫斗争，也没有巴勒斯坦犹太人民那样迫切。当然他受过犹太教的传统教育，但他同外邦人有长期的交往，希腊-罗马世界的各种思想、信仰，对他并不陌生。因此，保罗所崇信、宣扬的耶稣，的确是"另一个耶稣"，他所传的是"另一种福音"。

保罗把耶稣以作为人类神圣救星的地位，来代替他作为犹太人救世主的地位。神的"选民"不在于他是否是犹太人，而在于他是否归信耶稣。"基督是他们的主，也是我们的主。"[④]

保罗的耶稣已不是历史上的人物，而是神。他先于万物存在，是上帝的爱子，是"那不能看见的上帝的像"，天上地上的万物"一概都是借

① 《使徒行传》，15：1。

② 《使徒行传》，15：29。

③ 《使徒行传》，1：6。

④ 《哥林多书》，1：2。

着他造的，又是为他造的”[①]。一句话，他就是“上帝的能力，上帝的智慧”[②]。这里，保罗把上帝与耶稣排列在一起了。耶稣上十字架是为了救赎人类，因为亚当所犯下的罪通过耶稣的救赎可以使人类蒙受神恩，进入天国。

使耶稣的信仰普遍化，并使耶稣地位上升为全知全能的神，上升到和上帝并列的地位，对于基督教脱离犹太教发展成为希腊-罗马世界的世界性宗教，对于基督教神学的发展，有着决定性的影响。而这些理论也使基督徒的信仰越来越脱离犹太社会，脱离现实斗争。

保罗在世时，保罗派在原始基督教内还是少数派。保罗一方面受到犹太教会的迫害，另一方面又得与耶路撒冷派基督徒既团结又斗争。犹太战争的爆发改变了这种局面。

---

① 《歌罗西书》，1：16。

② 《哥林多书》，1：24。

第二章　早期基督教与罗马帝国

一、君士坦丁以前基督教的形成与发展

1. 基督教是罗马帝国的产物

基督教成为有自我意识的、独立发展的宗教，始于公元 1 世纪晚期。犹太人民反罗马斗争的失败是使基督教脱离犹太教而独立发展的关键；罗马帝国的存在是使基督教成为超民族、超国家的“世界信仰”的基本条件；希腊-罗马世界的哲学思想和各种地方信仰对基督教的形成，起了极为重要的影响。从上述意义看，基督教是罗马世界的产物。

从公元 1 世纪下半叶到 2 世纪上半叶的近 70 年间，犹太人民进行了多次反罗马斗争。其中最具决定性意义的是犹太战争(公元 66—70 年)。

犹太战争是罗马帝国政权对犹太人民残酷压迫、剥削和掠夺的必然后果。战争的中心是耶路撒冷，全巴勒斯坦都掀起反罗马的武装斗争。在叙利亚犹太人比较集中的城市也发生了剧烈的斗争。如在战争初年，叙利亚的恺撒利亚约有两万名犹太人被杀，大马士革约有一万名犹太人被杀，叙利亚数以千计的犹太人被掠卖为奴。但犹太人民的斗争积极展开。耶路撒冷的罗马驻军被歼，巴勒斯坦全境遍燃起义的烽火。

战争开始后两年，罗马皇帝尼禄死去，帝国内战，各省军团纷纷拥立皇帝。东部各省拥立的统帅韦斯巴兴(或译韦帕乡)成为罗马帝国的

皇帝(69—96 年)。从 69 年起,韦斯巴兴和他的儿子塔图(或译泰塔斯,79—81 年为皇帝),率大军继续镇压犹太起义。

犹太人内部上层和下层的意见分歧终于演变成两派斗争。坚持反抗斗争、浴血奋战的主力是狂热派及其支派“小刀党”(Sicarii)。两派内战加上罗马的优势武力,使犹太人民的战争归于失败。公元 70 年耶路撒冷城被攻破。耶路撒冷以外的斗争则继续到 73 年。

犹太人民牺牲惨烈。据罗马史家塔西佗估计,犹太人死亡人数约有 60 万人。[①] 据曾经参加犹太战争,后投降罗马的犹太史家约瑟福斯的记载,死难的犹太人约为 1197000 人,[②]被掠卖为奴的犹太人约为 97000 人。耶路撒冷残破,耶和华圣殿被烧毁,犹太人民全部土地被没收拍卖。犹太人每年向耶和华圣殿交纳的什一贡税必须继续缴纳给罗马城的朱庇特神殿。

犹太战争后,犹太人民在 79—81 年,116—117 年,132—135 年,继续起义反抗罗马统治者,在罗马力量显著优势的条件下先后失败。

犹太人民大起义的失败,特别是犹太战争的失败,使传统的犹太教会受到沉重的打击。犹太教的崇拜中心耶路撒冷的耶和华圣殿已经摧毁,犹太教教会组织星散,有待重新组合。作为犹太教一个支派的原始基督教,从此走上独立发展的道路。在原始基督教会中,耶路撒冷派也受到打击。于是,保罗派有了迅速发展的机会,并逐渐在基督教会中占据上风。

没有罗马帝国的存在,很难想象基督教能发展成为“世界性”的信仰。

罗马自屋大维统一并号称奥古斯都(公元前 30—公元 14 年在位)以来的历史,称为帝国时期。从奥古斯都至马可·奥里略(公元 161—180 年在位)的两个多世纪中,尽管存在统治集团的明争暗斗,局部地区的人民起义和军队讹变,总体而言,这是帝国经济发展和政治基本稳定的时期。与这一段时期以前和以后的时间相比较,有的历史家称这

---

① 塔西佗:《历史》,第 5 章,第 13 节。

② 约瑟福斯:《犹太战争史》,第 9 章,第 3 节。约瑟福斯记载可能有夸大。

一时期为罗马的黄金或白银时代,或“罗马和平”时期。

罗马帝国的疆域包括南欧、西亚、北非的辽阔地区,它的居民则是许多不同语言、文化、传统、风俗、习惯的民族。[①] 在帝国领土内,曾先后存在数以百计的独立或半独立的政治单位。在罗马统一这一地区以前,许多地方隔膜,战争起伏。罗马的征服和罗马的内战使地中海世界动乱、破损。奥古斯都开始的罗马帝国基本结束了上述局面。帝国前期的经济发展是与帝国内部相对的和平安定分不开的。

基督教的形成就在罗马帝国的上升阶段。面临强大的、基本稳固的罗马帝国政权,鉴于犹太人民起义的失败,原始基督教的反罗马要求不得不作出改变。为了求得自身的存在和发展,基督教力求在罗马社会的中上层发展信徒,要求取得罗马各级政府的谅解以至信任。

罗马帝国的“世界性”为基督教的“世界性”创造了条件。罗马帝国的“世界性”是从相对意义讲的。世界上许多地区不属于罗马帝国。但罗马帝国的复杂性——不同的种族和民族,不同经济发展水平的地区,文化发展的差异——使它具有“世界性”的意义。帝国的政治统一为经济、文化上的交流融合创造了条件,但也提出了要求。罗马帝国在思想、文化上所创造的条件、所提出的要求,使基督教不得不改变它原来作为犹太教一个支派的地位,成为与罗马帝国相适应的“世界性”的宗教。尽管基督教远不是全世界的宗教,但正统基督教会依然自命是世界的公教(Catholic)或正教(Orthodox)。在中世纪的欧洲,“一个人类的家庭,一个公教,一个普遍的文化,一个世界性的国家,这种观念自从被罗马差不多实现以来,始终不断地萦绕着人们的思想”。“自从查理时代以后,在整个中世纪,基督教会和神圣罗马帝国在概念上都是全世界的。”[②]

基督教是在希腊罗马哲学思想和各种地方宗教信仰的影响下才形成独立发展的宗教。

对基督教影响比较显著的是斯多噶学派。这一学派创立于公元前3世纪的雅典。在罗马帝国时期,这个学派广泛流行于罗马社会上层。

---

① 民族,作为通称。严格地讲应为部族与部落。

② 罗素:《西方哲学史》上卷,商务印书馆1963年版,第356页。

但罗马帝国时斯的斯多噶派，称晚期斯多噶派，与希腊时期的早期斯多噶派是有区别的。晚期斯多噶派的代表人物有以下几位。

塞涅卡（或译辛尼加。约公元前 5 年—公元 65 年），他是罗马的显贵和大富豪，也是皇帝尼禄的老师，后被尼禄赐死。

爱比克泰德（约公元 60—100 年），他是一位释放奴隶，后被尼禄任命为大臣。

马可·奥里略（公元 161—180 为罗马皇帝）。

晚期斯多噶学说主要包括以下几种学说。

宿命论。认为人类受必然性的支配，这种必然性具有至高无上的威力，有时叫做神，也就是命运——人类受命运的支配。世界舞台是神安排的，人们所担任的角色也是神意所为。人的任务只是很好地扮演这个角色。"愿意的人，命运领着走；不愿意的人，命运牵着走。"（塞涅卡语）因此，这"是一种忍受的福音，而不是一种希望的福音"[①]。

禁欲主义。认为活着的人像是被禁锢在肉体中的囚犯，只有死亡才是快乐的开端。塞涅卡写道："肉体是精神的负担和刑罚。"马可·奥里略则说："人就是一个灵魂载负着一具尸体。"因此，人的幸福不以物质享受为条件，也不以肉体的快乐和痛苦为转移。人的幸福在于人的德行。有德行的人灵魂是善良的，可以上升天体；无德行的人灵魂是罪恶的，要在大地上徘徊，并受轮回之苦。人生的物质享受和欲望，都应该摆脱。

这一派的逆来顺受、服从命运，这一派的禁欲主义，是基督教伦理道德的主要部分。其所宣扬的肉体禁锢灵魂的观点也被基督教某些流派所吸收。

公元 3 世纪在罗马帝国社会上层流行的新柏拉图主义曾吸收基督教的某些理论，同时也对基督教的神学理论产生了影响。

在罗马帝国，特别在帝国东部各省，流行着各种秘密崇拜。它们原是帝国内的一些部族或部落的信仰，帝国时期，以各种不同形式在各地传播。它们信仰的某些内容和仪式与基督教有相似之处。基督教有耶

---

① 罗素：《西方哲学史》上卷，商务印书馆 1963 年版，第 332 页。

稣死而复活的信念，在东方的各神秘崇拜中也有神死而复活的信念和崇拜仪式。如埃及的奥西里斯(Osiris)在其后伊西丝(Isis)和其子何鲁斯(Horus)的努力下得以复活，成为阴间之王；大地之神西培亚(Cybele)的爱人爱地斯(Attis)凭神力复活等。在小亚细亚、意大利和北非的秘密崇拜中也有类似的观念，如美神阿芙罗狄忒(Aphrodite)的情人阿多尼斯(Adonis)死而复活的神话就流行于非尼斯、叙利亚、希腊和北非一带。希腊的酒神狄奥尼索斯(Dionysus)也有纪念他死而复活的秘密典礼。这些广泛流行的诸神死而复活的神话和纪念仪式，很可能是从原始社会人们庆祝严冬消逝、春天大地复苏的纪念仪礼发展而来的。在耶稣死后，信徒们相信他复活升天，而且，复活的传说取得人们的普遍承认，应该是同当时流行的各种神话传说有联系。虽然这种联系并不否定耶稣作为一个历史人物而存在。

与基督教流行同时，在罗马帝国流行着来自波斯的密斯拉(Mithras)崇拜。密斯拉是波斯人崇拜的宇宙之王阿胡拉·马兹达(Ahura Najda)的儿子，是光明之神、太阳之神。他和黑暗之国神王阿利曼(Ahriman)进行斗争，并不断取得胜利。这种光明与黑暗、善与恶的二元斗争的教义，曾影响基督教的某些异端教派。密斯拉崇拜仪礼中有圣餐礼：把圣洁的面包和水(或酒)，作为神圣的生命，使信徒们领受。

希腊罗马世界的唯心主义哲学流派和神秘崇拜也在一定程度上影响了基督教，但基督教是按照它的需要，通过改造，有选择地吸收了某些哲学思想和神秘信仰的某些成分，以发展它的神学理论、伦理观点和宗教仪礼的。没有这种“吸收”，基督教可能不会发展成罗马世界的“世界性”的宗教。

2. 基督教徒和教会

从1世纪晚年到4世纪初期(君士坦丁承认基督教)是基督教从形成到迅速发展的时期。这一时期的基督教，尽管被罗马政府认定为“非法”团体，但发展迅速，信徒人数在迅速增长。信徒的成分也有很大的变化，它从以犹太人为基本信徒的宗教变为罗马社会各族人士的信仰；

从社会下层人民逐渐向社会中上层发展。在政治策略上，它从原始基督教的反罗马态度变为力求与罗马政权妥协、取得罗马统治者好感的态度。要适应上述的变化，教会必须在组织上进行调整，并在教义上求得统一。

基督教徒在原始基督教阶段为数不多，而且多为犹太人。但到3世纪中叶，基督徒人数已相当惊人。据吉本的估计，当时罗马帝国人口约有一亿二千万人，其中基督徒约为全人口的1/20，即约600万人。近代史家认为这一估计可能偏高，认为3世纪罗马帝国的人口不会超过一亿。

在3世纪末年(约公元300年)，西欧基督教徒的人数约为总人口的1/20。在帝国东方各省，基督徒人数约占全人口的1/40。罗马城基督教信徒的人数在10万左右。北非基督徒人数约占总人口的1/10以上。[①] 数以百万计的基督徒大部分已是非犹太人。

初期基督徒主要是城市上层居民、奴隶和释放奴隶，在职业上包括各类工人、苦力和手工业者，也有教师和小店主。帝国东方一些大城市中的手工业者有同业公会的组织，基督教徒在某些同业公会中人数众多，有的同业公会，如办理丧葬事业的同业公会，基本上被基督徒所控制。许多城市的墓地是早期基督教的主要活动场所。

但教徒成分有变化。基督教在发展上的趋势和需要，特别是实际的经济方面的需要，使它向罗马社会的中上层发展。

在《使徒行传》中已记载基督信徒中“尊贵的妇女也不少”，“又有希腊的尊贵的妇女和男子”。[②] 保罗的游行传道就得到这些富裕教徒的支持。

2世纪前叶写成的《雅各书》在描写当时宗教集会时，有钱的教徒“带着金戒指，穿着华美的衣服”走进教堂。贫穷的教徒“穿着肮脏衣服也进去”，却被教会的执事命令说：“你站在那里，或坐在我的脚凳下面。”[③]

罗马社会的上层人物，也逐渐加入基督教会。

---

① 以上人口估计，参看 W. 杜兰：《恺撒与基督》，纽约1944年版，第603页。

② 《新约·使徒行传》17：4，12。

③ 《新约·雅各书》2：2—3。

基督徒成分的改变影响了教义的改变、信徒宗教生活和道德观点的变化,也影响了教会组织的变化。

基督徒宗教生活的改变主要表现在信徒之间的财产公有制显著衰退。

公元200年左右,教会理论家德尔图良(Tertullian)说:“除了妻子,我们什么都属公有。”但这是他出于对教徒宣传上的需要而提出的夸大的说法。事实上,德尔图良在另一地方提出,基督徒应按照他的财资向教会提供公共基金。捐款给教会作基金,这同教徒的公有完全是两码事了。

财产公有制留下的残迹有两个方面:一是会餐,二是教会的救济、帮助穷困信徒和对社会上的慈善事业。这两个方面都需要资金。初期教会一般在每周或每月集会时征集资金。资金的需要使教会更多地依靠富有的信徒。随着富有信徒入教者增多,原始教会信徒间共产、平等的原则必然被破坏。

每周星期日的礼拜是教徒重要的宗教活动。礼拜活动包括祷告、诵经文、诵诗、讲道等。初期有“先知”在半昏迷的状态中讲道,这种现象以后被禁止。诵经主要是诵读《旧约》中的一段:耶稣的教导和耶稣的事迹是讲道的主要内容。《新约》中的《福音书》就是初期教会讲道的基本部分。在礼拜活动后,教徒们举行会餐,吃酒和饼。酒和面饼逐渐被认为是基督的血和肉的化身,会餐被称为领圣体或领圣餐(Communion)。3世纪时,每周的会餐停止,只有在举行弥撒(Missa)礼时才举行领圣餐礼。弥撒中的圣餐,只有一小块面包、一小杯酒,与1、2世纪基督徒会餐时吃饱肚皮的情况已经很不相同。

基督教的教义在2、3世纪有了新的发展。西欧中世纪罗马教会规定的七项圣礼(或称“圣事”)在3世纪的正统教会中已开始流行。这七项圣礼是:洗礼、坚振礼、悔罪、圣餐、婚配、终傅、圣职。

早期基督教在发展过程中并没有一个统一的组织。组织上的分散和教义上的分歧是普遍的现象,这不仅存在于各地区之间,也存在于某一地区内部。公元2世纪后期的柏拉图派哲学家赛尔萨斯说基督徒“分裂成这么多的派别,以致每个基督徒都想有他自己的一派”。与赛尔萨斯同时的基督教里昂主教伊利尼乌约在187年曾列举了20种基督教的种类。所以，加强和统一组织已经成为发展中的基督教迫切的要求。

最初各地教会的组织比较简陋，有游行传道的使徒，有在教堂讲道的讲师，有管理会务的执事，也有教会，还有宣扬上帝旨意的先知。到2世纪，各地主持教会的人员中出现了主教（Episcopoi）与长老（Presbyters）。这两个名词开始出现时都用多数，含义近似，是会务管理和监督人员。但一个教会内几个兼职的主持人员仍不能满足加强教会组织的要求。这样，责权集中于一个专业教会工作的主教成为大势所趋。一般而言，主教多由当地教区有地位、有财富、有声望的人担任。他们的权力变得越来越大，凡是主教所批准的便是上帝所满意的。

主教制约在2世纪中叶产生，2世纪晚期流行。主教的权威使一个地区的教会有统一的领导，有利于加强教会的组织和训练。各地区主教之间，有来往、有通讯，也有一定范围的主教会议。3世纪北非主教人数约在150人以上，他们定期举行主教会议。主教之间的交流、协商和会议，对于加强基督教会的统一和团结颇有作用。

各主教管辖区域——教区或主教区有大有小。各教会工作人员有多有少。信徒较多、资力较雄厚的教会的主教在全教会中具有较大的威望和权势，对其他教会有影响，甚至起到支配的作用。罗马城基督徒人数较多，罗马教会的组织庞大。据犹西比乌《教会史》载，在3世纪中叶（249—251年间），罗马教会在主教之下有46名长老、7名副会吏、42个职员、52名读经员、赶鬼员和守门人等。依靠罗马教会赈济为生的寡妇孤儿约有1500人。某些教会受罗马教会的经济帮助。可见其财力之雄厚。

3. 2至3世纪的异端

这一时期，被视为异端的主要有以下几个教派。

(1) 诺斯替派（Gnosticism，或译“灵智派”）

这一教派出现在基督教形成以前。它力图以希腊唯心主义哲学的观点影响、改造基督教，其主要内容包括以下方面。

上帝并不是犹太教的上帝耶和华。犹太教的上帝是物质世界或感性世界的创造者,而诺斯替派却鄙视、反对一切感性世界,认为感性世界是罪恶的根源。

它认为肉体是囚禁灵魂的监狱。依靠灵智(Gnosis)才能使灵魂从肉体的囚禁中解放出来,上升天体。为了排斥物质生活,主张禁欲苦修。

它认为至高的上帝派遣他的儿子耶稣暂住在人的肉体内,以便解救世界、解救人类,使灵魂回到天上的老家。即是说:耶稣下降,是把人们从犹太教上帝所创造的恶劣的物质世界中解放出来——使人们的灵魂解放。因此,这一派认为,耶稣的身体要同他的神灵分开,在耶稣受难之前,他的神灵已脱离身体而升天;或是说,耶稣的身体不是真的耶稣,只是一个象。他们否认耶稣肉身复活的说法。

诺斯替派的代表人物是公元 2 世纪中叶的马西昂(Morcion)。他原是小亚细亚新诺比的船主,家庭富裕。相传曾到过罗马,并向罗马教会捐款。当罗马教会了解他的学说后就把他开除出教。这一派被正统基督教会判为异端。

(2) 蒙塔努派(Montanism)

这一教派由蒙塔努(Montanus,约 126—180)创导,主要在小亚细亚一带活动。它反对教会的世俗化倾向,反对新形成的主教的专断,主张基督教应回到原始基督教会,恢复先知的预言;倡导教徒应该过纯洁、刻苦的生活,摒弃婚姻和家庭,恢复公产制。它宣传“天国近了”,归信者的新耶路撒冷将会从天上降临到地上。

在小亚细亚,大群信徒追随蒙塔努。正统教会宣布他们为异端。190 年,罗马小亚细亚总督下令禁止,并派军队镇压。几百名蒙塔努信徒被杀。但这一教派仍在农村地区流行。6 世纪,查士丁尼再度下令查禁,不少教徒被杀。在一所蒙塔努派的教堂里曾发生了信徒集体自焚的事件。

(3) 摩尼教(Manichaeism)

摩尼(约 216—276)是波斯人。摩尼教从波斯琐罗亚斯德教(拜火教)—密斯拉教发展而来,结合基督教、犹太教的要素,也受到诺斯替派的影响,形成自成一派的教义,约在 242 年开始传教。

摩尼提出,世界有善—光明与恶—黑暗两种势力的斗争。善—光明,体现于精神生活中,是心神(mind)、智慧、理性等。光明之神的天使,能把善的原则输送给人,人们就依靠这些原则得到拯救。摩尼教与其说是基督教的异端,不如说是基督教的异教,但它在基督教世界中得到广泛的信徒。奥古斯丁原来就是摩尼信徒。摩尼教在东方影响很大,它反对役使奴隶,因此,在下层人民中得到拥护。摩尼被波斯王判处磔刑,尸体被剥皮示众。约在7、8世纪,摩尼教传入中国。中世纪西欧的异端思想也受到它的影响。

异端与异教的流行,基督教会内部宗教思想的分歧,使正统教会迫切要求教义的统一。《新约》的基本内容基本上在2世纪中完成。《马太》、《马可》、《路加》与《约翰》等4部福音书约在2世纪50至70年代完成。《使徒行传》与各书翰集也在2世纪内完成。《新约》各篇内容源多流长,保存了1世纪以来的传统资料,也有2世纪加入的伪作。《新约》总的倾向是调和原始基督教中耶路撒冷派和保罗派的分歧,但以保罗派观点为主。《新约》为了保持教会教义的一致性,不得不求同存异。

4. 教会与帝国政府

在君士坦丁承认基督教的合法地位以前,教会对帝国政府的态度是:争取帝国政权的谅解和支持,向它靠拢。

“天国近了”,这是原始教会的标语。罗马统治者怀疑“天国”与帝国对立。于是,《约翰福音》辩解说:“神的国不属于这世界。”[①]耶稣曾提出要颠倒世界现在秩序的要求,2世纪的教会就提出:“凡掌权的都是神所命的……他是神的佣人。”[②]“你们为主的缘故,要顺服人的一切制度,或是在上的君王,或是君王所派罚恶赏善的臣宰。”[③]

2至3世纪的基督教理论家,都设法为基督教对罗马帝国的忠心辩护。

查士丁(?—约163年)这位2世纪的基督教学者,曾游历帝国各地,并长期在罗马办学授徒。他虽然最后仍被罗马行政长官处死,但生

---

① 《约翰福音》18:36。

② 《罗马人书》13:1—4。

③ 《彼得前书》2:13。

前却向罗马统治者两次写了表达忠心的辩护书(《护教首篇》、《护教次篇》)。他说,基督徒虽然只敬拜自己的上帝,却能为忠诚服侍皇帝而欢欣。基督徒不仅承认国家的权力,还为皇帝的权力祷告。他说,基督徒所追求的是一个天国,而不是一个人间王国。基督徒能够促进帝国的和平。

伊利尼乌是基督教的里昂主教,2 世纪晚期在《斥异端篇》中,他提出要积极支持罗马帝国,把政权、法律都说成是神所设立的,是神对世人的管教。

德尔图良(150—230 年)是拉丁教会的第一个神学家,他在《护教篇》(写于 2 世纪末)中对罗马统治者说:"对你来说,我们的上帝比你们的神更为有用。我们为皇帝的安全向真正永恒的上帝祈祷。……我们基督徒赤诚举手,为所有的皇帝祈求长寿,祈求帝国安定,军队勇猛,元老院忠诚,老百姓讲道德,全世界得安宁。"

基督教靠拢罗马政府,要求为帝国政权的统治服务。但是,直到公元 4 世纪初,基督教都被罗马政府认为是非法的宗教,受到不同程度的迫害。

基督徒为什么会长期受罗马帝国政权的迫害呢?

首先是因为他们拒绝把皇帝作为神崇拜。其他信仰、多神崇拜,把罗马皇帝作为神崇拜,仍无碍于它本身的存在。但对基督徒讲,在崇拜上帝耶和华及其子耶稣基督外,再把罗马皇帝作为上帝崇拜,等于否定基督教本身。

他们拒绝崇拜上帝,拒绝国家典礼,对罗马统治者来讲,这是不忠。何况,"天国近了"对于基督徒而言不仅是口号,也是信仰。基督徒每逢帝国动乱,都认为世界末日来临,天国就在眼前。2 世纪末帝国动乱,当时基督教的著名理论家德尔图良即认为末日接近。一个叙利亚的主教竟率领大群基督徒去沙漠地区迎候基督。这些时时等待天国降临的基督徒在罗马统治者看来,无疑是一种威胁。

第二,基督徒否认希腊罗马的一切传统崇拜。

古希腊罗马的公共活动和节庆都与希腊罗马的传统崇拜有关。基督徒拒绝参加这些活动,等于和社会活动隔离。

基督徒尽量避免与非基督徒结婚。一个家庭内有基督徒和非基督徒,会引起家庭纠纷。常有基督的奴隶被控引诱主人家庭成员信教,从而被指控为破坏家庭。因此,许多非基督徒的群众歧视基督徒,说基督徒是"傲慢的蛮子",是"恨人类"、"没有人性"的"废物",是"目无神灵"的狂妄之徒。

非基督徒把国家和社会的不幸归因于上天的神祇发怒,而神发怒是由于基督徒作祟。

第三,基督徒和罗马社会生活、活动隔离,自有一套活动准则,罗马社会人士对基督徒疑虑重重,谣言颇多。他们指谪基督徒会搞"魔鬼的魔术"、搞"秘密的不道德行为","吃人肉、喝人血"(指基督徒的"领圣体"),等等。非基督徒群众对他们有反感,告密的也不少,有时甚至会群起攻之。

罗马帝国政权迫害基督徒并非偶然,但罗马政府迫害基督徒并不如某些教会历史著作所写的那么严重。一般而言,帝国政府对基督徒的迫害并不普遍峻严,迫害的程度也随政局情况而不同。

公元64年罗马城发生了一场大火灾,尼禄皇帝(54—68年在位)将基督徒作为替罪羊,搜捕教徒并以酷刑处死。图密善皇帝(81—96年在位)也在迫害犹太教徒时株连基督教。到图拉真皇帝时(98—117年),由于普遍的起义激起局部地区对基督徒的迫害。但从小普林尼(罗马在小亚细亚俾赛尼亚和庞多行省的总督)给图拉真的报告和图拉真的复件(约111年)可见,对基督徒还是进行量罪判刑,并规定对基督徒的匿名控告不予受理。此后半个多世纪对基督徒的迫害一般而言是局部性的。马可·奥理略(161—180在位)时,安息侵入叙利亚历时数年,国内瘟疫、火灾、饥荒频发。某些地区认为帝国内外灾祸同国内某些居民不信罗马祖传神祇有关,于是归罪于基督徒。高卢的里昂、维恩等城市,都有官府与非基督徒群众共同迫害基督徒的行动。

在公元3世纪的罗马帝国危机时期,帝国政局动荡,武装部队首领割据称雄。在公元238年至253年的15年间,帝国先后有10个皇帝。帝国分裂混乱,被称为"三十僭主"时期。各地人民纷纷举行起义。当时的皇帝戴修斯(249—251年在位)企图以恢复罗马国教的统治作为重振帝国的手段，要求全国居民都向太阳神献祭，抗拒者逮捕处刑。于是基督徒受到较普遍的迫害。从戴修斯到瓦勒里安（253—259 年在位），迫害继续了 10 年。但此后 40 余年内，迫害逐渐松弛下来。

戴克里先在位时（284—305 年），罗马政府发动对基督徒最后的也是最严重的一次迫害。这是戴克里先宫廷中两派斗争的结果。在 303 年，对基督徒的镇压开始。上至宫廷，下至社会各阶层，皆有大批基督徒受迫害。许多基督徒，主要是教会上层，对政府压力屈服，向罗马传统神道献祭。但坚持信仰、遭受严刑酷惩者甚多。迫害持续了 8 年，被残酷处死的基督徒约 1500 人，受各种刑罚、流放、监禁者，不可胜计。

帝国政权对基督徒残酷的迫害，使不少人对基督徒由敌视转为同情。这不仅是由于基督徒的殉道情景令人同情，更是因为人们对帝国统治者的残暴虐政越来越反感以至愤怒。

二、罗马帝国晚年的基督教会与异端运动

1. 帝国晚年的国家与教会

公元 305 年戴克里先退位，罗马帝国由东西两位皇帝（“奥古斯都”）和两位副皇帝（“恺撒”）分治。原来希冀 4 个皇帝通过协调共同维持帝国政权，结果却是出现了皇帝之间混战。

在内战中，西部帝国的皇帝君士坦丁为争取当时人数日益众多的基督徒的支持以壮大力量，就与东部帝国皇帝李西尼乌斯联合打击敌对势力，同时，两人联名发布了对基督徒的“宽容敕令”（311 年）。两位联合起来的皇帝打垮了敌人。313 年，君士坦丁又同李西尼乌斯联名在米兰发布“宽容敕令”，其中规定：基督教和其他各种宗教一样享有信仰的自由；恢复原来被没收的基督教会场和教堂，发还被没收的财产，并承认基督教会可拥有财产。两个多世纪来被一直被作为非法信仰的基督教从此合法化。但“米兰敕令”仍规定原有的罗马神庙和它的祭司维持旧制。

314 年，君士坦丁与李西尼乌斯分裂，李西尼乌在东部帝国又恢复罗马国教的地位，迫害基督徒。323 年，君士坦丁率军 13 万与李西尼乌

的军队(约16万人)作最后决战,君士坦丁取得胜利。从此,君士坦丁作为罗马帝国的唯一统治者凡14年(337年去世)。

323年以后,君士坦丁仍允许各种信仰自由。他虽自称是基督徒,但直到临死时才正式受洗。但是,他对基督教会的利益、权势则层层加码。例如,他谕令教会可拥有产业,并可承受遗产;他对教会予以大量捐赠与补助;他不仅豁免教会神职人员的各种劳役,而且规定教会享有免税的特权,教会经营工商业也可免税;教会人士在司法上享有特权(如审判基督徒),主教有会审权,以及教会可以干预公共事务。教会上层逐渐担任政府官职。对希腊罗马的传统信仰,他虽未禁止,但下令停止建造新的神庙。

君士坦丁支持基督教会,同时又严格控制基督教会。当时,在基督教会内部神学上有争论、分歧的重大问题是:一派主张圣父(上帝)、圣子(耶稣)和圣灵属于同一实质,是三位一体;另一派主张圣父,圣子和圣灵三者有相似、相通之处,但并不属于同一实质,如圣子应在圣父之后、之下。君士坦丁要求统一教义上的分歧,遂于325年召开尼西亚宗教会议,300多名主教参加了会议。会上决定三位一体说是基督教的正统理论,不同的意见受到排斥。但是,尼西亚会议并没有结束争论,两派意见仍有起伏。直到半个多世纪以后的君士坦丁宗教会议(381年)才肯定三位一体派是正统派,反对三位一体即为异端邪说。

君士坦丁为什么支持以至信奉基督教?信奉基督教并不是他的目的。他是以基督教作为他统治帝国的工具,而且,他认为基督都是他统治的有力工具。过去一次又一次的对基督教的镇压都失败了,而被镇压的基督教却日益扩充、壮大。在罗马社会各阶层都有基督徒,特别是在军队中有很多基督徒。而且,罗马国内的非基督徒有各种不同的信仰,在思想信仰上是松散不团结的。基督教会内部虽有争论,但相对讲,它是一种团结的力量。基督教会也确实成了罗马政权统治人民的有力工具。

在君士坦丁以后,帝国政权大力扶持基督教会,教会权势迅速增长。同时,帝国也加紧控制教会。要利用,就得控制。

公元375年,罗马政府禁止向罗马传统崇拜的神庙献祭,皇帝按传统是这些神庙的大祭司，现在自然不再担任。392 年，皇帝狄奥多西一世在位时，命令关闭一切非基督教的神庙，禁止在任何场合向非基督教的诸神献祭，异教的房屋、地产一律没收，许多神庙被改为基督教的教堂。从此，基督教成为罗马帝国的唯一的宗教。这一年(392 年)被认为基督教作为罗马国教的一年。435 年，东罗马帝国皇帝狄奥多西二世下令，信异教者处死。

官方的基督教会逐步享有官方的权力。主教犯法不受政府官员判处，只能由其他主教集议处理(355 年)。主教有权干预罗马法庭审案，可以自由出入监狱。教堂周围 50 步内为政府“治外法权”区，任何罪犯逃避在这一地方范围内，可免遭政府机关逮捕(419 年)。412 年规定教会土地一律免税。

帝国政府对教会的控制包括任免主教、皇帝召开宗教会议等。皇帝的旨意往往成为教义的依据。

教会的经济力量迅速增长。教会的动产和不动产如滚雪球，大量土地、房产、财宝由皇帝、贵族和社会上层捐赠。在经济危机、动乱和苛捐杂税的重荷下的中、下层居民，宁愿向教会献出自己有限的产业，托庇求靠，以期在教会的特权下保障生活；教会享有承受遗产权，它就要求信徒把身后的遗产交给“最神圣的教会”；大量异教、异端的庙产和私人财产归于教会，加上教会利用免税特权搞商业买卖、产业经营、开矿、贩盐、做掮客、开钱庄，基督教会成为罗马帝国晚年的令人瞩目的大富豪、大地产主。

在 4、5 世纪，大批人加入基督教，不仅是出于信仰，更多的是出于获得实利或生活的保障。在公元 300 年，基督教的教区在北意约有 5 或 6 个，在高卢有 26 个；到 400 年，北意已有 77 个教区，高卢则有 70 个。

基督教各地主教中，罗马主教地位的提高和权势的增长特别显著。罗马教会是帝国首都的教会。罗马教会自称：被耶稣称为“基石”的彼得是罗马教会的创立者，它在各地教会中应有特殊的地位。

君士坦丁最初是帝国西部皇帝，所以对西欧教会另眼相看。而罗马教会在帝国西部各教会中具有传统上的首领地位。382 年皇帝命令,罗马主教有管辖西部各教会的权力。

395 年以降,罗马分裂为东西两个帝国,以后的罗马不可能再维持统一。以君士坦丁堡为首都的东罗马帝国,亦称拜占廷帝国,存在的时间较长。410 年,西哥特人攻入罗马城。419 年,在高卢南部和西班牙北部建立西哥特王国。汪达尔人又在北非建立独立王国。勃艮第人在高卢东南部建国。法兰克人在高卢北部建国。6 世纪时意大利建立东哥特王国。公元 476 年日耳曼人的一个将领奥多利克废黜了最后一个罗马皇帝,西罗马帝国从此灭亡。

西罗马帝国的衰落,残破以至灭亡的过程,是罗马主教权力独立发展和不断增长的过程。公元 445 年,西罗马帝国皇帝瓦伦丁尼三世诏令,罗马主教有权制订法令,有权限召集各地主教举行宗教会议。在西罗马帝国灭亡后,东罗马帝国的教会仍受皇帝控制。5 世纪末,罗马主教葛来西乌(492—496 年在位)写信给东罗马皇帝,宣称教权与君权是两种并立的权威,而教士地位高于世俗人士,君主应受神圣的裁判。

罗马主教在中世纪西欧被称为教皇(Pope)。但“Pope”一词原为一般尊称,可用于称呼其他主教。在西罗马末和中世纪初,罗马主教还不是西欧教会的实际领袖——教皇。教皇权力是在中世纪逐渐形成的。但罗马主教对西欧教会的优越、领导地位,在西罗马末、中世纪初已经可以看到。

2. 修道运动

修道是指避世苦修,摒弃人间物质享受,使精神卓越,灵魂上升天国。基督教的清修者早已有之,但作为一种流行的潮流,始于 3 世纪末、4 世纪初。

埃及的安东尼从 3 世纪晚期到 4 世纪上半叶弃绝富有家业,到沙漠、僻野、荒山隐居修道。据说魔鬼经常以各种色情的幻象向他进攻,而他终于经受住了试探性的考验。他的事迹广泛流传,仿效者云集。4 世纪上半叶,波查米乌在埃及南部组织修道士,并为修道士规定工作和礼拜的时间,这是早期的修道院。4 世纪叙利亚的修道士纷纷出现,有“柱顶修道者”、“树上修道者”。4 世纪后半叶,小亚细亚的巴西尔发起建立修道院，强调工作、祷告和读经，重视救济孤儿寡妇等善行。巴西尔式的修道院此后在希腊、俄罗斯一带流行。

约在 4 世纪后半叶，修道运动传入西欧。

修道运动原来是基督徒对教会上层日益世俗化现象的抗议，也是教会中宣扬否认物质世界、谴责各种肉欲、认为“肉体是灵魂的坟墓”这一派信徒的行动。但各地教会上层很快就利用修道院运动作为他们扩大影响、扩张势力的工具。建立修道院遂成为教会的一项主要工作。

3. 异端运动

(1) 阿利乌派(Arianism)

该教派从君士坦丁在位时期以来一直是三位一体说的反对派。他们主张：耶稣基督(圣子)并不是像上帝(圣父)那样始终存在的，也并不是同一实质的，而是较低一级的神。圣灵则是上帝进入人体的化身，三者并非一体。

三位一体派的代表人物是埃及亚历山大里亚主教亚历山大及其继任主教阿塔那修。阿利乌派以其代表人物阿利乌得名，他是亚历山大里亚教会的高级神职人员。

君士坦丁召开的尼西亚会议决定以三位一体为基督教的正统教义，阿利乌派于是遭放逐。但教会内部的派别是被皇帝朝廷上的政治势力所左右的。就在君士坦丁在世时，阿利乌被召回复职，阿塔那修却被放逐到高卢。君士坦丁后两派争夺正统地位的斗争仍在继续。阿利乌本人在 336 年去世，而阿塔那修却活到 373 年。阿塔那修的一生曾 5 次受到放逐的处分。直到 381 年的君士坦丁宗教会议，才最后决定三位一体说是正统，阿利乌派被判为异端。

这两个派别的斗争是罗马帝国晚期最重要的教会内部斗争。被排斥的阿利乌派是帝国晚年和中世纪初期西欧最重要的异端派别。大部分日耳曼部落，由于阿利乌派的乌尔非拉(310—383 年)的传教而信奉阿利乌派。因此，在中世纪西欧许多新建的日耳曼人(西哥特、东哥特、汪达尔、勃艮第、伦巴第等)的国家里，阿利乌派是正统的信仰。

(2) 多纳特派(Donatists)

4 世纪初叶北非教会内部两派展开斗争。当时君士坦丁已控制北非,他认为由多纳特主教为首的一派是捣乱分子,遂支持另一派,把多纳特派赶出教堂,并放逐该派的主教(316 年)。当时北非情况混乱,多纳特派信徒较多,君士坦丁乃诏令对他们宽容。多纳特派上层屈服,但下层信徒继续进行反对正统教会和罗马政权的斗争。

多纳特派主张基督教会是宗教组织,不应与帝国结盟,教会应与帝国政府分离。他们号召信徒返回原始基督教、实行财产公有。他们的主张深得北非奴隶、隶农和农民群众的支持,势力迅速发展。在北非,4 世纪初已经兴起人民反抗斗争,即阿哥尼斯特运动。他们释放奴隶,烧毁契据,摧毁奴隶主庄园。多纳特派与阿哥尼斯特派合流,声势浩大,展开武装斗争。君士坦丁的继承者君士坦斯曾派军队镇压。400—422 年间又爆发了多次起义,尽管死难者数以千计,但斗争并未停止,直到 7 世纪阿拉伯人入侵时,运动仍在进行。

(3) 彼拉久(Pelagius)的异端学说

彼拉久是爱尔兰人或不列颠人,为修道僧。他怀疑"原罪"教义,相信自由意志,认为人生来无罪,善恶及其后果皆由人们自身造成。人可以不借助上帝的恩惠而靠自己的力量得救。他的学说在 5 世纪初年的北非特别流行(他曾去北非传道)。

"原罪"是正统基督教基本理论的一个重要部分。"原罪"说如被推翻,基督教教义会发生巨大变化。于是,迦太基教会和罗马教会联合宣布彼拉久派为异端。417 年,罗马主教宣布开除彼拉久出教,其著作大部被销毁。

(4) 一性论派(Monophysite)

5 世纪中叶以来,一性论派流行于北非埃及一带。

阿利乌派强调基督的人性,因此认为基督次于上帝。一性论派反对阿利乌派,强调基督只有神性。在强调基督神性的理论下,一性论派进而主张教会神职人员应放弃世俗的财富和享受,对日益富有的正统教会表示反对,故受正统教会的排斥。它在北非的东罗马帝国领土内被认为是异端,受到迫害。5 至 6 世纪,埃及、叙利亚、巴勒斯坦一带都有它的信徒。埃及的一性论派深入尼罗河上游,流行于阿比西尼亚一带。

(5) 聂斯脱利派(Nestorians)

聂斯脱利是叙利亚人,于428年任君士坦丁大主教。他认为基督的神、人二性应当分开。基督的神位即是上帝,但仍有基督的人位。玛利亚乃是基督的人位的母亲,因此把玛利亚称为"神的母亲"是不对的,因为神不可能再有母亲。

他的学说是对三位一体说的又一挑战。亚历山大里亚主教与罗马主教联合宣布聂斯脱利犯异端罪。聂斯脱利不接受,并得到君士坦丁和叙利亚教会的支持。两派都在宫廷权贵中寻求支持,互相攻击。431年的以弗所宗教会议在东罗马帝国皇帝狄奥多西二世主持下,定聂斯脱利派为异端。聂斯脱利被革职放逐。帝国政府禁止这一派流行。

聂斯脱利被迫向东方发展。从波斯到印度,皆有聂斯脱利派的信徒。7世纪,这一派传入唐代的中国,称为景教。"大唐景教流行碑"是这个最早传入中国的基督教教派的重要史料。

4. 奥古斯丁

基督是在斗争中发展的。斗争的需要促进了其神学理论的发展。

早期正统教会的理论家,被教会尊称为教父。早期正统教会所承认的神学理论,称为教父学。2至3世纪已有一些教会理论家出现,如德尔图良等。4至5世纪,教父学有比较系统、完整的发展。安布洛斯、杰罗姆、奥古斯丁等,都是著名的教父。其中,奥古斯丁是古代教会最著名的理论家。他的神学理论对中世纪西欧有深远的影响。

奥古斯丁(Augustine,354—430年)是北非希波主教。《忏悔录》、《上帝之城》是他的代表著作。其神学理论的主要方面如下。

(1) 创世说

上帝从虚无中创造一切。离开了上帝的意志和上帝的创造活动,世界就会变得虚无。因此,一切都是上帝安排的。由此,他提出他的天命论或宿命论:人自觉讲道德并非是进天国的必要的和唯一的条件。上帝安排了人们的命运。向上帝祷告、忏悔,求上帝的恩赠,都是进入天国的道路。

(2) 原罪说

人类的祖先亚当、夏娃吃了禁果,罪恶就侵入他们的体内。这罪恶,人类代代遗传,它使人们从降生时起就犯了罪。人们的自力不能避免罪恶,只有凭借上帝的恩宠才能免罪。

(3) 信仰至上说

对上帝的信仰是至高无上的。信仰是一种超自然的启示,是上帝的恩赠,因此,信仰先于理性、高于理性。一切知识,凡与上帝无关的都是不需要的。

(4) "上帝之城"说

人类历史,是上帝之城取代世俗之城的历史。上帝之城是永恒和完美的。世俗之城尽管是社会秩序必要的保护者,但却是暂时的、不完美的。因为人们充满罪恶,就使世俗之城遭受灾难。如罗马的灾难,就是罗马人的罪恶造成的。上帝之城是以教会为主宰的世界,即上帝之城在教会中体现。上帝之城将代替世俗之城。教会权力高于世俗权力。

第三章　中世纪欧洲的基督教会

（5—15 世纪）

一、西欧社会的封建化与基督教化政权与教权的关系

1. 基督教会在西欧封建社会确立中的作用与地位

公元 5 世纪西罗马帝国的灭亡和各日耳曼王国在西欧的建立，标志着西欧奴隶社会的终结和封建社会的开始。

西欧封建社会的统治阶级"只能是一个大土地占有主阶级"[①]——封建主阶级。日耳曼征服者在征服过程中没收了大量土地，他们代替罗马奴隶主统治者，成为日耳曼王国占统治地位的大土地占有者。此外，在日耳曼王国里，"仍然留下很多罗马的大土地占有主"[②]。这两类大土地占有主构成西欧封建社会的统治阶级。

为什么说当时的西欧社会已是封建社会，日耳曼国家已是封建国家，日耳曼和罗马的大土地占有主是封建主呢？

古代日耳曼社会处于原始社会公社晚期阶段。在公元 1 世纪晚年塔西佗的著作里可以见到，日耳曼社会上层已经剥削着"奴隶"。这些奴隶"每人都有自己的一所房屋和一个家庭……奴隶主只从奴隶那儿

---

① 《马克思恩格斯全集》第 19 卷，第 542 页。

② 《马克思恩格斯全集》第 19 卷，第 542 页。

索取一定数量的谷物、牛和衣服"[1]。但塔西佗所描述的日耳曼奴隶，正如恩格斯所指出的，是"大大胜过于"罗马奴隶制的"比较温和的隶属形式"[2]。他们堪称中世纪农奴的前辈。

在罗马帝国晚期大土地占有主已经大规模地使用隶农劳动。罗马社会的隶农是"中世纪农奴的前辈"。[3] 于是，在罗马奴隶主政权统治下，罗马的大土地占有主只能是向农奴主阶级演变过程中的奴隶主。罗马隶农的地位不稳定，使罗马大土地占有主阶级不得不从奴隶主阶级转变为农奴主阶级。这种转变并不威胁他们的根本利益，也仍能使他们保持统治阶级的地位。

在封建大地产主的地产上，"农奴的前辈"——隶农和日耳曼式的奴隶，作为农奴，成为基本的劳动者。农奴主和农奴的关系是封建关系。封建制度形成并成为西欧社会占主导、统治地位的关系，一切前封建关系向封建关系转化是西欧封建社会开始的根本标志。

日耳曼封建农奴主阶级是新生的，而面临的任务却是艰巨的。怎样使他们原来的氏族机构转化为国家机关？怎样建立一个和过时的罗马帝国不同的新型的封建国家？又怎样使他们的统治权巩固并持续下去？这些都是有待历史考验的新课题。

为了完成这些任务，他们需要和罗马大地产主结合。在西欧较早建立的西哥特、勃艮第等国家里，日耳曼大地产主和罗马大地产主结合的过程已在进行。但是他们的结合并不稳固，矛盾重重，因此都在不长的时期中削弱以至丧失独立。只有法兰克王国存在的时间最长，对西欧的影响最大。法兰克胜过其他日耳曼国家的一个重要因素是法兰克统治者通过罗马教会取得了罗马大地主的合作，而其他日耳曼王国统治者所信奉的，却是阿利乌派。

罗马公教会和阿利乌派教会不同，它是罗马帝国以来基督教的正统派，它拥有广大地产，它在罗马——高卢居民中，在罗马军队中，有广

---

① 塔西佗：《日耳曼尼亚志》第 25 节，见《阿古利可拉传 · 日耳曼尼亚志》，商务印书馆 1959 年版。

② 《马克思恩格斯全集》第 4 卷，第 153 页。

③ 《马克思恩格斯全集》第 4 卷，第 146 页。

泛的信徒,它同许多罗马豪族大地主有频繁的交往和联系;并且,在帝国瓦解过程中,罗马教会已是一些城市和地方的实际统治者,势力雄厚;它具有帝国的一些统治经验,也保持一定的古代文化传统。而公元4世纪被罗马帝国和罗马教会视为异端的阿利乌派不仅不具备上述条件,而且被罗马各阶层居民以至军队视为戒忌。在日耳曼的和罗马的大地产主结合的过程中,很难说阿利乌派曾发挥积极的作用。

496年法兰克开国君主克洛维(Clovis)率3000名战士信仰罗民公教。这件事对于失去罗马帝国政权依靠的基督教会是一种巨大的鼓舞,也是使教会大地主成为封建主统治阶级成员的关键。同时,加入教会对克洛维的征服和建国事业也是强有力的支持。这以后,法兰克使勃艮第王国成为它的附庸,并迅速占有西哥特在高卢的广大领土。这些胜利是和罗马教会及其信徒的支持分不开的。

可以说,在西欧从奴隶社会向封建社会过渡中,罗马公教会对于新形成的法兰克大地主和罗马大地主的结合是强有力的纽带和推动力量,也是西欧从古代进入中世纪的桥梁。以下两种情况可以说明教会在当时的作用与地位。

第一,从古代到中世纪,罗马公教会虽然受到社会变革与动乱带来的损失,也有因丧失帝国政权的依靠而引起的彷徨不安,但基本上还是保留着罗马帝国以来所具有的经济、政治、社会力量进入中世纪的。说当时的基督教是"原来奴隶社会残存的上层建筑"①是不符合事实的。事实是,法兰克统治者与基督教会的联盟并非由于耶稣基督的信仰感动了克洛维,而是教会的力量、权势与作用使法兰克统治者不得不利用以至依靠。在这个意义上说基督教会是古代与中世纪的桥梁并不过分。

第二,基督教会的重要作用使它成为法兰克统治阶级的一个组成部分。"高卢教会的黄金时代,是在法兰克人信奉基督教才开始的。"②法兰克罗马教会不仅保有罗马帝国晚年所享有的特权,而且作为一种

---

① 杨真:《基督教史纲》上册,三联书店1979年版,第134页。

② 《马克思恩格斯全集》第19卷,第544页。

组织力量不断地扩大了经济上、政治上、司法上的权力。国王对教会不断封赠土地。在《萨利克法典》中，主教属于国王以下、与法兰克大贵族同列的最高等级。宗教会议所制订的法规具有国家法律的性质。

教会在文化教育上的作用：古代文化的破坏和日耳曼人的粗野使中世纪西欧文化处于较低的起点，也使基督教会发挥了极为重要的作用。“其结果正如一切原始发展阶段中的情形一样，僧侣们获得了知识教育的垄断地位，因而教育本身也渗透了神学的性质。政治和法律都掌握在僧侣手中，也和其他一切科学一样，成了神学的分支，一切按照神学中通行的原则来处理。教会教条同时就是政治信条，圣经词句在各法庭中都有法律的效力。”①

2. 传教活动与修道院的发展

西欧社会的封建化和基督教化是同时进行、关系密切的两种运动。封建化是指在封建关系主导下，各种前封建关系逐渐向封建关系转化。西欧社会的封建化不仅指原来罗马帝国领土范围内各地区的封建化，更包括原来罗马帝国疆域以外——莱茵河以北广大地区的许多尚未进入文明社会的各支“蛮族”，主要是日耳曼各族。西欧各地区封建化基本完成的时间是不平衡的；大致讲，意大利、法兰西（古高卢）约在9至10世纪完成；德意志约在11世纪末至12世纪完成。封建化的完成标志西欧社会进入充分发展的封建社会。

封建化是封建主兼并、掠夺土地，并使自由农业生产者成为农奴和各种不同程度的依附农民的过程。封建化通过多方面的途径：经济的和超经济的，巧取豪夺和武力征服。在封建化的每一个阶段、每一个方面，国家权力和教会权力都彼此合作、互相支持。在某些方面，基督教会不仅起了世俗封建主同样的作用，而且起了他们所不能起的作用。教会本身是大封建主，“据罗特估计，在10世纪末，高卢教会的全部土地，不是少于而是多于土地总面积的三分之一”②。“教会的免税土地占

---

① 《马克思恩格斯全集》第7卷，第400页。

② 《马克思恩格斯全集》第19卷，第546页。

中世纪欧洲全部地产的三分之一”[①]。同时，教会又配合、支持国家和世俗封建主兼并、掠夺土地。因此，西欧社会的基督教化和封建化是有密切的内在关系的两大运动。基督教的传教活动是封建化和基督教化过程中的一项重要活动。

在法兰克加洛林王朝建立前后，罗马教会的著名传教士是卜尼法斯(约 675—754 年)。他在罗马教皇旨意下，取得加洛林家查理·马特和矮子丕平的支持合作，在法兰克边境和边境以外地区进行传教活动，并获得显著的成就。723 年，查理·马特派他去莱因河下游菲立西亚传教，以后又得到丕平的支持在巴伐利亚进行广泛的传道活动，建立了几个教区、几个修道院，有的直属教皇，有的归属法兰克国王。教皇册封他为传教士，又封他为大主教兼教皇使节。751 年丕平登王位，卜尼法斯为他行涂膏礼。西欧教会史家也承认，卜尼法斯的传教活动为查理帝国打下基础。[②] 查理曼前后花 33 年时间血腥征服萨克森，他的军事行动是与传教活动同时进行的。他把萨克林人信仰天主教作为向他屈服的标志。教会在国家保护下新设的主教区和修道院占领萨克森大片土地，是役使农奴和依附农民劳动的封建领地。

德意志萨克森国王奥托一世(936—973 年在位)于 962 年由教皇加冕为神圣罗马帝国皇帝。他向丹麦人、斯拉夫人、匈牙利人的地区扩张，他的征服与教会的传教活动密切配合。奥托一世给予德意志教会以特权，即“奥托特权”：主教不仅在自己的领地上，而且在周围整个地区享有特权，包括刑事司法权。德意志国家与教会在中欧、北欧的传教活动中发挥了极为重要的作用。

不列颠的基督教化通过几条途径进行。罗马公教会的彼特里克和奥古斯丁在 5 世纪中期和 6 世纪晚年先后在英国传教，为罗马教会打下基础。但在 7 世纪以前，不列颠各国分裂，基督教各派也各自为阵。自 7 世纪晚期(664 年惠特比宗教会议后)以降，罗马公教渐趋优势。

诺曼人在入侵英国、法国和意大利的过程中逐渐封建化和基督教

---

① 汤普逊：《中世纪经济社会史》下册，第 294—295 页。

② 卡尔·比尔梅耶：《教会史》，英译本，第 2 卷，“中世纪”，第 19 页。

化。诺曼人的故乡，北欧的挪威、丹麦等国的统治者，约在10世纪晚期信奉基督教。

在西欧基督教化的过程中修道院起了极为重要的作用。修道运动传入西欧大约是在4世纪后半叶。4世纪晚期，在西方，原来分散苦修的修道活动以修道院的形式发展起来。约在362年，都尔的马丁在高卢波亚选附近建立修道院；此后，修道院在西欧各地纷纷兴建。

西方修道院最初的改革者是本笃（Benedict，或译本尼狄克，约480—547年）。他于529年在意大利蒙特·卡西诺（Monte Cassino）建立修道院时订立了"法规"。"本笃法规"的主要内容是：修道士必须宣誓服从（服从修道院院长和修道院规章）、安贫（不蓄私产）、守贞（独身）。修道士必须勤苦学习《圣经》，每天8次集会读经祷告；必须坚持劳动，因为"怠惰是灵魂的敌人"。

修道士的活动最初与教会的关系松懈，存在一定的混乱状态。本笃派修道院的设立得到了罗马教皇和罗马公教会组织的提倡和支持。随着教会传教士渗入英格兰和德意志，本笃派也在那里建立起来。本笃派修道院在法兰西的设立主要始于7世纪，但到查理帝国时期已经遍布整个帝国。

在本笃派修道院流行前，法兰克最著名的修道院属凯尔特派（Celtic type）。该派修道院自东罗马帝国传入后以苦修勤学著称，学习希腊文；它在5—7世纪通过南法传播于不列颠，特别流行于爱尔兰一带。在爱尔兰，该派修道院的地位高于当地主教。6—7世纪时开始流行于法兰克。当罗马公教在不列颠发展时，当本笃派修道院逐渐普及时，凯尔特派衰落了。

在基督教传教过程中，修道院是据点和活动中心。修道院占有广大领地，拥有巨大的势力和影响。修道院又是教会的教育中心，许多教会的著名人物均由修道院产生。中世纪西欧，自6世纪以来，几乎每个世纪都有数以百计的新建修道院出现。

3. 5至10世纪西欧的教会组织与教皇

在中世纪的西欧，国家政权组织和教会组织各成体系。"在中世纪，随着封建制度的发展，基督教形成一种与它相适应的、具有相应的封建教阶制的宗教。"[①]可是，应该承认，以教阶制形式体现出来的组织系统在封建等级制形成以前早已存在。在 11 世纪以前，西欧各国的教会与修道院基本受国王或皇帝控制，但有两点值得注意。

第一，西欧教俗人士都承认罗马教皇是西欧教会领袖这个罗马帝国晚年以来的传统。教皇不仅没有放弃他对各地教会的领导权，而且通过派遣传教士或传教团，通过建立直属教皇的修道院，加强了他对各地教会的控制。国王、皇帝为了使他们的王权"神圣化"和"合理化"，需要得到教皇的"加冕"和"承认"。752 年，教皇代表卜尼法斯为丕平登法兰克王位而举行宗教典礼。800 年，罗马教皇为查理加上皇帝的皇冠。962 年，教皇为奥托一世成为德意志神圣罗马帝国皇帝而加冕。

第二，教皇以下，主教与神甫自成系统。主教与神甫等级，在罗马帝国晚期已经存在。中世纪西欧教会的教阶制更加复杂完整：大主教(中世纪初，称宗主教，后称大主教。在法兰克，在查理统治初年，只有一个宗主教；在查理帝国末年，全国已有 22 个大主教。)——主教(辖主教区或教区。其副手与辅助人员有副主教和神甫)——本堂神甫(辖本堂区或牧区，下有襄助神甫)。

以罗马教皇为首的教阶制是否能发挥它相对独立的组织作用，教皇权力能否控制各地教会组织是一个重要因素。教皇制的发展有一个曲折的过程。在 11 世纪晚期以前，教皇权力、地位的提高，有两个时期。

第一个时期，6 世纪末年至 7 世纪初年的格列高利一世为教皇制的发展打下基础；

第二个时期，8 世纪中叶至 9 世纪初叶，即法兰克加洛林王朝初建的 60 余年间，在丕平与查理的合作与支持下，成立教皇国，教皇在西欧的地位进一步加强。

格列高利一世(590—604 年任教皇)任教皇时，意大利北部已建立伦巴第王国(568 年建国)，但意大利部分地区还在东罗马帝国的统治

---

① 卡尔·比尔梅耶：《教会史》，英译本，第 2 卷，"中世纪"，第 19 页。

下。格列高利周旋于东罗马与伦巴第王国之间，成为罗马城的实际统治者，并控制中部意大利的几个省区。

格列高利一世的经济、政治势力不局限于意大利。他是西欧最大的大地主。除了在意大利北部、中部有他的地产外，在科西嘉、撒丁尼亚、西西里等岛屿，在非洲北部，在达尔马提亚和高卢南部等地方，也都有他的庄园。其地产不下几百处，每处都由教皇委派的神职人员管理。除了经营庄园外，他还从事经商、贸易活动，贩运粮食、木材和生铁等。

他力求发挥教皇对西欧教会的领导作用，对西欧异教地区或罗马公教影响未及的地区，力主派遣传教士或传教团。597 年，他派遣奥古斯丁带领 40 名传教士前往英国。他力主推广修道院，使修道院成为教皇势力的据点。为了对信徒进行宣传、教育，他写了《对话录》4 卷，内容主要是宣扬基督教圣者的事迹，充满着迷信与奇迹。他重视教会的管理和仪式，撰写《牧师须知》，重视教堂的布置与装饰。这位自称为"上帝的奴仆们中的奴仆"的教皇，在提高教皇的权威与影响上，无疑是起了巨大的作用的。教会史家称他为"中世纪教皇制之父"。

但在格列高利一世之后，教皇权力仍受世俗政权的严重威胁和干扰。8 世纪上半叶，罗马公教会与东罗马的希腊正教会分歧冲突。东罗马皇帝控制的意大利南部和西西利岛由君士坦丁大教长管辖，不让罗马教皇过问。而且，阿拉伯势力又威胁南意和高卢。北意的伦巴第王国加强对教皇威胁。于是，教皇只有同法兰克王国结盟，取得它的支援。这种结盟在法兰克加洛林王朝的第一个国王矮子丕平（741 年为宫相，752 年为国王，768 年去世）登位前夕实现。

丕平登位后，出兵意大利，击败伦巴第王国，并于 755 年迫使伦巴第国王向教皇降服；756 年，他又进军意大利，把中部意大利土地赠送给教皇，称为教皇国或教会国。继丕平即位的查理（768—814 年）继续与教皇结盟，灭亡伦巴第王国（774 年），解除对教皇的威胁，尊重教皇在西欧教会的首要地位。尽管查理帝国内的教会实际上由皇帝控制，但法兰克国家的统治与扩张都有教会参与。教皇与教会的权利和地位在加洛林王朝初期的六七十年中有显著的提高。教皇不仅是西欧教会首领，也是教皇国的国王。教会地产迅速增长，教会的重要收入——什一税自查理统治时期起逐渐通行于西欧。

西欧封建制的政治结构以君权的衰微和封建领主的分裂割据为特征。9至10世纪，意大利和西法兰克王国（法兰西）的封建化基本完成，封建制度充分发展。自9世纪中叶查理帝国分裂后，法国和意大利的君权长期衰落，教会作为封建领主相对地摆脱了君权的约束。但同时，各级教会机构与修道院更进一步受到封建势力的侵袭。各级封建主仍以地产赠送教会，教堂修道院也在封建主支持下不断兴建。但各地封建主对势力范围内的教会和修道院力求控制，包括教会收入、任免神职人员等。同时，教会内部日益世俗化，如神职人员娶妻生子，生活腐化。

教会受封建势力侵蚀的显著表现是教会组织的割裂松散和教阶被封建等级制所掩盖。教皇在名义上是西欧教会的首领，但实际上无力控制西欧各地的教会。针对这种现象，在9世纪时教会曾做相应的努力。9世纪中叶，《伪艾西多尔文献》（*Pesudo-Isidorian Decretals*）出世。这份文献是教会某些人士伪托7世纪西班牙大主教艾西多尔所编，内容包括罗马帝国以来许多宗教会议内容、皇帝旨谕和教会法令；其中许多是伪造的文件。如丕平以中部意大利土地赠送教皇，成立教皇国，而文献把这说成是罗马皇帝君士坦丁的赠礼。这一谎言一直到文艺复兴时期才由人文主义学者揭穿。《文献》主要宣扬教会权力高于政权，主教只服从教皇，各级神职人员服从教会上级，不能服从各级封建政权。教皇尼古拉一世（858—867年）曾作出提高教皇权力的努力，宣称教皇地位高于世俗统治者。罗马教廷权力一度相对提高。

但自9世纪晚期至11世纪前半纪的一个半世纪中，教皇职位成为意大利权贵和德国国王政治斗争中的“筹码”，哪一派意大利贵族或德国国王控制教皇，教皇就册封谁为国王或皇帝。9世纪晚年意大利斯波来托（Spoleto）公爵贵多（Guido）父子控制教皇，就得到教皇封赠的皇帝称号；德国国王阿努尔夫（Arnulf）占领罗马，教皇又封他为皇帝。10世纪初叶的教皇国和教廷一片混乱。罗马豪族西奥费莱费来克特（Theophylact）之妻西奥多拉（Theodora）把她以前的情夫立为教皇，称约翰十世。西奥多拉的女儿玛罗齐业（Marozia）更厉害，她囚禁约翰十世，又把自己的情大送上教皇宝座（称塞吉阿斯三世）；她与塞吉阿斯所生的私生子，又被立为教皇——约翰十一世。当时，玛罗齐亚的再婚夫是意大利国王。玛罗齐亚的一个儿子阿尔贝立克（Alberic）又起来推翻了这位意大利国王，统治罗马城22年（932—954年）。阿尔贝立克的儿子屋大维继位，并自立为教皇，称约翰十二世（955—964年）。

意大利、教皇国动荡之际，德国国王奥托一世（936—937年）率军侵入意大利，951年又自立为伦巴第国王。962年，他由约翰十二加冕成为神圣罗马帝国皇帝。奥托和由意大利贵族支持的约翰之间仍有斗争，但在德国强大的军事力量下，终奥托之世，教皇座基本由德国皇帝控制。奥托死后教廷依旧混乱。11世纪初年罗马发生了暴动；11世纪中叶的1044—1046年间3个教皇遭遇驱逐；德国皇帝亨利三世（1039—1056年）委派的两个教皇皆被毒死。

二、天主教会的全盛与衰落（11—15世纪）

1. 教会革新运动的兴起、政权与教权的冲突

(1) 克吕尼运动·教会革新运动的展开

针对教会、修道院受封建势力的侵蚀和教士生活的世俗化，教会兴起了革新运动。教会革新运动的开展主要通过两条道路，即克吕尼修道院革新运动和教皇选举制度的改革。

克吕尼修道院于910年在法国勃艮第建立。在它第一、第二任院长伯尔诺（Berno，910—927年在任）和奥多（Odo，927—942年在任）时发动了修道院革新运动。克吕尼在遵行本笃清规的基础上，强调服从院长，强调苦修苦行，僧侣沉默寡言；主张礼仪严格、庄重。它特别坚持修道院独立发展，认为修道院除受罗马教皇领导外，不受主教和世俗权力的干预。

克吕尼运动（Cluny movement）不仅赢得教会内部的广泛响应，也赢得要求改进教会以加强封建统治的世俗权贵的支持。许多新的修道院按照克吕尼的模式建立起来，许多旧的修道院也按照它的要求进行改革。这些克吕尼派的修道院都在罗马教皇的特恩权下不受主教和诸

侯的管辖。它们在克吕尼院长领导下组成一个联盟。参加联盟的各修道院负责人仅称分院长。11 世纪前半叶，当奥第洛（994—1048）任克吕尼院长时，克吕尼系统的修道院联盟已形成一个名符其实的修会（Mission）。以后托钵僧团以至耶稣会的组织，皆受克吕尼修会的影响。在 12 世纪中叶，克吕尼派修道院分布于法兰西、意大利、德意志、西班牙、英格兰和波兰各地，总数达 314 个，也有一说是约为 2000 个。后一数字可能包括推行克吕尼运动，但不属于克吕尼修会组织，保持自己独立的修道院。

在教会革新运动中，革新派主张教士独身，反对世俗人士侵蚀教产，反对世俗统治者任命神职人员，反对买卖神职，宣传教皇权力高于世俗君主。这些主张基本上都得到克吕尼派僧侣的支持、响应和宣传。克吕尼推动了教会革新运动，培养了一批改革教会的有力人物。如教皇格列高利七世曾为克吕尼派修道院僧侣；发动十字军的教皇乌尔班二世曾任克吕尼派的副院长；教皇帕斯卡尔二世曾是克吕尼僧侣；教皇格来西乌二世死于克吕尼；卡利克斯都二世在克吕尼院长任内当选为教皇。

在西欧教会革新运动的高潮时期，克吕尼院长的权势仅次于教皇。

反对教会世俗化的克吕尼，本身已拥有巨大的世俗权势。对于克吕尼，这是讽刺，也是它衰落的主要原因。12 世纪晚期，克吕尼衰微，其地位被新的修道院流派取而代之。

加强教皇权威，改革教皇选举制度，使教皇的选举摆脱罗马封建主或德意志皇帝的控制，是教会革新运动的一个主要内容。

通过改革派的努力，教皇选举制度终于在 11 世纪中期取得了成果。当时，尼古拉二世（1059—1061）被选为教皇，罗马教廷的实权已被掌握在改革派希尔德布兰（约 1020—1085，即以后的教皇格列高利七世）和休姆布尔等人的手中。1059 年尼古拉二世在拉特兰宫召开宗教会议。会议决定，教皇候选人由枢机主教（是罗马近郊几个大教堂的主教，他们协助教皇处理教廷事务）提名，并由枢机主教和枢机神甫、枢机祭司选出。世俗统治者不得控制教皇选举，神圣罗马帝国皇帝只有追认的权力。拉特兰宗教会议还做出决议：坚持教士独身，禁止教士婚配;反对世俗册封,教士不准从皇帝、国王或任何世俗统治者手中接受主教、修道院院长或其他神职。

从组织上来保证以教皇为首的教会系统的独立性,还得通过现实的艰巨斗争。罗马教廷的主要对手,德意志神圣罗马帝国的皇帝,串通罗马贵族,反对教会改革,1061 年,尼古拉二世去世,希尔德布兰等在没有德意志皇帝干预的情况下,由枢机们选出新教皇亚历山大二世(1061—1073)。这时德意志皇帝亨利四世已经在位(1056—1106)。皇帝宫廷和部分意大利贵族推出了另一位教皇。希尔德布兰等为了应付敌人,解除后顾之忧,已经同意大利南部的诺曼统治者妥协,承认他们在南意和西西里的统治地位;诺曼统治者答应保卫罗马教会,保护教皇选举自由。

1073 年,亚历山大二世去世,希尔德布兰被选为教皇,即格列高利七世(1073—1085)。年约 50 岁的教皇和 23 岁的德意志皇帝亨利四世之间的教权和政权的斗争,已箭在弦上,不得不发。

(2) 政权与教权的冲突

格列高利七世登位后召开宗教会议(1074,1075 年),颁布教皇敕令 27 条(1075 年),宣布:(1) 教皇权力至上,“一切君主应亲吻教皇的脚”,“教皇有权废黜皇帝”。(2)“唯教皇一人具有任免主教的权力”,不准世俗册封,反对买卖神职。(3) 主张教士独身,禁止教士婚配。凡不守者不得担任神职。

教皇敕令在贵族和教会中反响强烈,有赞成,也有反对,引起了普遍的混乱。亨利四世特别反对教皇否定君主的世俗册封权。在德意志,自奥托一世以来,主教和修道院院长拥有巨大权势,世俗册封权的禁止,打击了德意志皇权的基础。

1073—1075 年,萨克森诸侯叛乱、人民起义,亨利四世忙于用兵,未能对付教皇。1075 年 6 月,乱事平定。1076 年 1 月亨利召集 26 个主教集会于沃尔姆斯宣布废黜格列高利七世:“希尔德布兰,你不是教皇,而是一个假僧侣。”

亨利发表宣言后一个月,格列高利七世召开宗教会议(2 月 22 日),宣布:开除亨利四世出教,无权担任君主,臣民对他的效忠无效;支持亨利的主教,或停职,或受开除出教的威胁。亨利四世派势力迅速削弱,萨克森动乱又起。同年10月的帝国会议上决定,如一年以后亨利所受开除出教的处分未被解除,其君主地位应被废黜。

亨利四世为摆脱困境,1077年1月赶赴意大利向教皇忏悔。当时格列高利七世驻扎于北意亚平宁山的卡诺萨堡垒。在堡垒外,亨利一连三天,赤脚披忏悔衣裳恳求教皇接受他的忏悔认罪。1月22日格列高利接受他的忏悔,取消开除出教令。亨利四世返回德意志后,重新组织力量,同反对他的以卢道尔夫(斯威比亚公爵)为首的诸侯作战,取得优势。格列高利再度宣布开除亨利出教,但已不能发挥打击亨利的作用了。1080年7月,亨利召开宗教会议宣布废黜格列高利七世,另选教皇克莱门三世(1080—1100)。卢道尔夫败亡后,亨利进军意大利,并于1084年占领了罗马城。格列高利七世引诺曼军入罗马,失败后随诺曼人南逃。1085年5月去世。

革新派另立教皇,两派两个教皇对峙。革新派教皇以乌尔班二世(1088—1099)为主,得到了法国、西班牙和英国的支持。1095年,乌尔班发动组织十字军,权势日增。亨利四世被谋杀后,亨利五世即位。教皇卡立都斯与亨利五世妥协。1122年9月23日,双方订立《沃尔姆斯和约》。协定确定:主教、修道院院长和各级神职人员由教会内部选举产生。如选举时有分歧,皇帝有权干预。当选的主教由皇帝授予世俗权力,教会授予宗教权力。教皇由罗马枢机选举一事不再争论。

历时半世纪的斗争总算告一段落,教会取得了自己的选举权,取得了基本胜利。但是教权的巩固还得经历一个斗争过程。世俗封建主和王权强大时,罗马教廷仍受威胁。而且教廷内部受世俗势力影响,亦有不同意见。在12世纪30年代,由于意大利两派贵族对抗,每派都运动枢机选举人,各选出自己的教皇。40年代仍有两位教皇对立。50年代,德意志皇帝腓特烈一世(1152—1192)曾5次进军意大利,并选立教皇。1176年,腓特烈一世的军队被北意以米兰为首的伦巴第同盟打垮,才不得不承认由选举产生的正统教皇。1179年在教皇亚历山大三世(1159—1181)主持的宗教会议上确定,教皇选举应获得2/3以上的选票方为有效。

教皇权力在英诺森三世在位时(1198—1216)登峰造极。但英诺森三世去世后,原由英诺森三世扶翼成长的德意志皇帝腓特烈二世(1212—1250)又与教皇展开了斗争。1250 年,腓特烈二世去世,德意志皇帝权力衰落,斗争停止。

2. 教权的全盛与衰落

(1) 十字军东侵与教会权力的加强

十字军东侵是教会权力加强的一个重要机会。在 170 多年(1096—1270)间,在天主教教皇的号召、鼓动下,西欧包括君主在内的封建主武装,以夺取并占领基督教圣地耶路撒冷为借口,先后向西亚、北非的伊斯兰教国家发动 8 次十字军(其间也有西欧农民的逃荒运动)。

11 世纪中叶以降,西欧社会封建化在大部分地区已基本完成。所有土地基本上已成为封建领地;农民已受到不同程度的奴役。在西欧内部进行封建掠夺战争不仅使久经内战苦难的农民不堪负担,也引起封建主阶级内部矛盾尖锐化。而商品货币经济的发展,却使贪婪的封建主力图加强剥削农民、扩大自己的领地和权势。许多中小封建主,或感自己领地不足,或因无家产继承权而缺乏领地,企图通过掠夺找寻出路。广大农民在不断加码的封建压榨下、在战祸饥荒的严重威胁下处于水深火热之中。西欧在 970 年至 1040 年之间的 48 年中饥荒不断。法国许多省份因 1032 年后的连续 3 年大饥荒,发生了人相食、售卖人肉的现象。在 1085—1095 年间,西欧又爆发 7 次大饥荒。在英国、法国和弗兰德斯等地,皆有农民逃荒、起义。在新的社会经济形势下,西欧社会阶级矛盾复杂化、尖锐化。但在西欧封建社会内部不可能找到解决矛盾的出路。于是,西欧封建主要求通过对外侵略扩张为自己找寻出路,也把农民的愤怒对象转移到欧洲以外的目标。这是十字军东侵的基本原因。

同时,随着城市兴起,商人和手工业者力量加强,尤其是意大利商人城市经济力量强大。他们除了在西欧各地相互竞争、争夺市场外,更要求对外扩张。意大利城市商人以地中海作为他们的活动领域,与阿拉伯、拜占廷商人竞争。他们是十字军东侵最热心的支持者。

在东方,阿拉伯帝国在 11 世纪业已分裂衰落,塞尔柱突厥人开始兴起,并占领了叙利亚和巴勒斯坦。在阿拉伯帝国,西方基督徒向巴勒斯坦耶路撒冷的朝圣活动尚在进行,但突厥人的占领使朝圣受到阻碍。当时的拜占廷帝国已经衰落,它在意大利的领地也被诺曼人占领。1071 年,塞尔柱突厥军击拜占廷军队,俘虏拜占廷皇帝。于是,拜占廷皇帝向罗马教皇和神圣罗马帝国皇帝乞援。格列高利七世原来要求德意志出兵(1074 年),因政、教斗争未果。

1095 年秋,教皇乌尔班二世在法国南部克勒芒召开一个大规模的宗教会议,发动组织十字军,要求异教徒归还圣墓,要求解放圣地巴勒斯坦。“谁在这里是悲愁贫困的人,在那里就会变成富人;谁在这里是上帝所不喜欢的人,在那里就会变成上帝的友人。”

十字军于 1094 年出发。除第一、第二次有农民参加十字军外,其余几次的参与者都是封建主和意大利商人的武装。西欧各国的君主、诸侯和中小封建主先后参加东侵。1099 年,十字军占领耶路撒冷,并占掠土地财富,奴役人民,按照欧洲封建制度模式,建立耶路撒冷国和其他封建诸侯国。1187 年,耶路撒冷又被伊斯兰教国家的军队(埃及、叙利亚联军)重新占领。在第 6 次十字军东征(1228—1229)时,德意志皇帝腓特烈二世通过与埃及谈判,使耶路撒冷重新为基督徒所有。但 1244 年,耶路撒冷又被塞尔柱人占领,十字军在亚洲的领地不断缩小。1291 年十字军在东方的最后据点阿克被伊斯兰教的军队重新占领。

英诺森三世发动的第 4 次十字军(1202—1204 年)由西欧封建主和威尼斯商人组织,侵掠的对象却是基督教的拜占廷帝国。十字军攻入君士坦丁堡后,烧杀抢掠达一星期之久,使这个 900 年来拜占廷帝国的首都遭受空前的破坏。西欧封建主攻占帝国的广大领土,成立一个新的封建国家——拉丁帝国。威尼斯商人也占领了爱琴海不少岛屿和商业据点。直到 1261 年拜占廷帝国才重新恢复。

十字军对于提高罗马教会和教皇权力颇有影响。教皇动员西欧封建主武装的过程也是提高其权威的过程。教皇既发动十字军对东方侵略,也以十字军名义镇压西欧的异端起义——英诺森三世组织十字军镇压阿尔比异端。十字军时期成立的宗教骑士团　　12 世纪初叶成立的医院骑士团和圣殿骑士团，12 世纪末成立的条顿骑士团——其成员兼为僧侣与骑士，成为教皇可资利用的军事和政治力量。它们在十字军以后继续在欧洲活动。十字军初期一度掀起的西欧人士的宗教狂热亦有助于教权的增强。西欧的天主教会和东欧的希腊正教(东正教)原来就有矛盾。拜占廷帝国的衰落使得以罗马教皇为首的天主教会占有压倒性优势。十字军进行的 11 世纪晚期至 13 世纪晚期，正是教会革新运动不断高涨，教皇权力不断提高的过程。这两者之间确有互相影响的作用。

(2) 英诺森三世和教权的全盛时期

13 世纪初英诺森三世为教皇时(1198—1216)是教皇权力登峰造极的时期。他把教皇称为"万王之王，万主之主"。

在西欧，没有一个君主可以同他的权力相抗衡。德意志神圣罗马帝国皇帝是与教皇竞争权力的主要对手。在德意志，自腓特烈一世去世(1192 年)后，诸侯集团争夺皇位。英诺森拉一派，打一派。最后，他支持腓特烈一世的孙子，年轻的腓特烈二世(1212 年为德国王，1220 年为皇帝，1250 年去世)。英国国王约翰(1199—1216)拒绝英诺森三世所派的兰顿充任坎特布雷大主教，两者对抗达 5 年。英诺森煽动英国封建主反对国王，又使法国国王向英王在法领地进攻，约翰被迫屈服。为表示承认为教皇附庸，约翰每年向教皇纳贡 1000 马克(1213 年)。法国国王腓力二世(1179—1223)与教皇关系不错，但英诺森禁止腓力同他的皇后英吉波离婚，并以停止法国教务活动为威胁，腓力也只有听命。英诺森也干涉西班牙里翁王国的国王阿方索九世的婚事。在西班牙，阿拉贡王国的国王彼得也是教皇的附庸。葡萄牙、波兰、匈牙利、丹麦的君主，都向英诺森三世屈服。

英诺森三世发动了第 4 次十字军，又发动十字军镇压阿尔比异端运动。他已把教廷作为西欧对内镇压对外扩张的专政工具。他对拜占廷帝国实行打击，使东正教屈从于罗马教皇的权威。

在天主教会内部，他专权独断。各地主教选举有争执都由他决定。各地主教也由他任意调动。各地教区主教的第一年的全部收入("初熟之果")都得贡献给教皇，以后每年还得经常纳贡。向各地出卖的赎罪券,收入也归教皇。他对西欧各地教会的控制,是使罗马教廷成为西欧封建制度的国际中心的基础。

英诺森三世去世后,德意志腓特烈二世曾与后任教皇有针锋相对的斗争。但自腓特烈二世去世后,德意志长期封建分裂严重。在 13 世纪后半叶,罗马教廷还是西欧最大的权力中心。

(3) 腓力四世和卜尼法斯八世之争

14 世纪初教皇权力显著衰落。法国国王腓力四世和教皇卜尼法斯八世之争,足以说明情况。

教权的对手是王权。城市商品货币经济发展,市民阶级这一新兴的力量,在各国日益强大。各国的城市和市民是新兴的王权的盟友。一国的经济发展,相应促进民族意识的发展,如法国、英国自 13 世纪后半叶起,民族意识日益显著,从而削弱了封建割据势力,提高了国王的权力。德意志皇帝一度强大的权力并不是新兴王权的标志,在与教皇的斗争中终于失败,正是由于德国诸侯分裂的情况始终存在,政权不能集中。

法国在腓力四世(1285—1314)在位时是王权提高的重要阶段。卜尼法斯八世(1294—1303)是一个自负的教权至上论者。腓力四世在同英国争夺领地的战争中曾向本国教士征税。卜尼法斯八世认为,世俗君主无权对教产征税,也无权对神职人员使用权力,于是下令:凡动用教产中从教产中抽税者,如未得教皇允许,皆开除出教(1296 年)。

腓力四世的对策是下令禁止金银货币流出法国,法国教会所有资金因此无法向教廷输纳,为罗马教廷服务的意大利银行家也蒙受打击。于是,意大利银行家等说服卜尼法斯允许法国教士以自由捐献名义向国王纳税。国王获得胜利后的几年内,教皇与国王暂时保持和平。

1300 年,卜尼法斯又谴责腓力。1301 年,腓力下令以叛国罪逮捕一个与教皇有联系的大主教。卜尼法斯发布通谕,认为国王审判主教是对教皇权力的挑战,宣布教皇权力高于世俗权力,命令所有法国主教到罗马以讨论法国教会的处境。

腓力于 1302 年召开教会、贵族、城市代表出席的等级会议,以取得上述等级人士的支持。他派人去意人利联络教皇敌人,揭发教皇的隐私。当时，卜尼法斯八世正在亚平宁山的一个小城阿南宜，法国的秘密人员闯入教皇住宅，凌弱并殴打教皇。一个多月后，卜尼法斯八世去世(1303 年)。

1307 年，腓力四世废除圣殿骑士团。圣殿骑士团在当时是拥有巨大资财的宗教团体，也是腓力四世的债主，在法国具有半独立的地位。腓力四世和法国宗教裁判所联合，以异端罪和举行秘密魔法仪式罪，逮捕并指控圣殿骑士团。圣殿骑士或被判火刑，或被长期监禁，或被逐出国。它的财产被全部没收。

(4) 阿维农教皇和教会大分裂

在教皇卜尼法斯八世去世后两年(1305)，法国波尔多大主教被选为教皇，称克莱门五世(1305—1314)。为避免意大利的反对，把教廷迁移至阿维农(法国边境，今属法国，当时属教皇国)，前后凡 70 年(1309—1378)，称阿维农教皇。阿维农地方受法国国王保护，7 个阿维农教皇皆为法国人。阿维农教皇同意法国国王对教会财产征收什一税，承认国王是由神直接设立的，法兰西人是上帝的选民等。教皇事实上是在法国国王控制之下。历史上称这些教皇为“阿维农的俘虏”。

阿维农教廷以贪婪、腐朽、反动著名。它是中世纪走向衰落的教皇制度的缩影。自命精神王国领袖的教皇比任何世俗的官僚机构更加官僚化。统辖神圣事务的教廷已成为千方百计搜括钱财以供教廷上层挥霍、享受的组织。彼得拉克说阿维农是“堕落和苦难的发源地”，英国国会公开指责“阿维农的罪恶城市”。在阿维农教廷，每一种神职都有卖价，神职买卖已经制度化。它不仅出卖现任神职，也出卖“候补”神职；一个神职候补者有时多达 10 人，1255 年规定候补者不能多于 4 人。在阿维农，钻营神职的经常有 10 万人之多。各种名堂的特别费也越来越多，如神甫姘居生子，私生子可通过交纳一笔“施恩赦罪费”，享受遗产继承权或神职继任权。十字军早已结束了，但“十字军什一税”还长期征收。教廷生活奢侈成风，请客送礼和花天酒地之事已经习以为常。

教皇以阿维农为教廷所在地期间，罗马的地位从长期以来的神圣中心下降为一个充满党争的地方性城市。阿维农教廷受法国控制和它的衰落腐败，更引起罗马和意大利教俗人士要求教皇迁回罗马。1377

年教皇格列高利十一世从阿维农回到罗马，于次年去世。新当选的教皇是意大利人，称乌尔班六世。新教皇当选后 4 个月，枢机主教们宣布他们是在威胁下选出教皇的，原来的选举无效，重选教皇克莱门七世（日内瓦人）。克莱门又以阿维农为教廷驻地。从 1378 年至 1409 年，在罗马和阿维农同时存在两个教皇。1409 年由枢机主教们在比萨召开的宗教会议宣布同时废黜两个对立教皇，另选一个教皇，结果，在 8 年时间里（1409—1417）形成了 3 个教皇并立的局面。两三个教皇并存的时期，称为天主教会的大分裂时期。

1414 年，德意志皇帝西吉斯孟强约教皇约翰二十三世和他一起在康士坦斯召开全体基督教会议。参加会议的有各国的主教、修道院院长、大学的神学和法学博士，以及西欧各国世俗统治者的代表，与会人数多达 18000 人。德意志、法国、英国的君主和他们的代表发挥了主要作用。欧洲各地的商贩、马戏班、演员和娼妓数千人云集康士坦斯，为这个庞大的宗教大会助兴。在会上，捷克胡斯运动领袖胡斯被判为异端罪，并被火刑处死（1415 年）。3 个鼎立的教皇皆被废黜，新选马丁五世为教皇（1417—1431）。西欧教会的大分裂结束了。

三、异端运动与天主教会的对策

1. 异端运动的发展

（1）异端运动的历史背景

什么是异端？凡拒绝接受天主教会正统教义和教条的，或是对正统教义和教条有不同看法的，都被称为异端。经院哲学的权威托马斯·阿奎那就说过：否认教会制订的信条，就是异端。中世纪西欧的许多异端分子不仅不是基督信仰的否定或怀疑者，而且他们对上帝的虔诚往往超过正统教会上层的教会贵族们。但是，谁触犯教皇和正统教会所维护的教义和教规，谁就会被戴上异端的帽子。

有正统的权威，就会有非正统的对立面。这是阶级社会的对抗性阶级矛盾决定的。天主教会是中世纪西欧封建秩序的主要支柱。封建秩序的反对者往往以异端的形式出现。

古代有异端。中世纪初期也有异端。但中世纪异端作为一种运动，作为一个教派影响社会广大人士，是在西欧封建社会发生显著变化的时期，即在城市和商品货币经济发展后的中世纪中期。

从11世纪以后，城市市民作为新的力量在意大利、法国和西欧其他地区与封建主进行了广泛和反复的斗争。商品货币经济在农村引起深刻的变化。农民的经济、社会地位和生活处于前所未有的变动过程中。交通的改进，各地区经济交流的频繁，改变了闭塞的封建庄园生活，也改变了人与人之间的关系。也在这期间，11至13世纪的十字军东侵，使西方同伊斯兰教各国，同拜占廷帝国的经济、文化、思想交流不断进行。西欧社会日益活跃，文化日益丰富，社会关系、阶级矛盾日趋复杂化、尖锐化。

异端运动就在这样的历史条件下迅速发展起来。

(2) 卡塔尔派(纯洁派)和华尔多派

在异端运动中，12、13世纪流行在法国南部、意大利北部一带的卡塔尔派和华尔多派，信徒较多，影响较大。

卡塔尔派是一个受流行于巴尔干的鲍格米尔派(它又受拜占廷的保罗派的影响)影响，并与之有联系的教派。其活动中心是南法的阿尔比城，因此又称阿尔比派。它是二元论者，认为善恶两神交战，地上的一切都属恶魔，上帝就要把人从世界的罪恶中解救出来。善是精神，恶是物质。反对憎恶一切物质享受，素食，不食鸡蛋、牛奶乳酪等，但可食鱼。憎恶一切性行为，甚至反对结婚(但事实上真正不结婚的只是教派中的高级教士——“完人”，其余信徒仍过世俗生活)。不相信地狱，不相信洗礼和弥撒。反对天主教会及其仪礼，把教皇斥为魔鬼。

同卡塔尔派同时在相同地区流行的是华尔多派。这一派的发起人彼得·华尔多原为富裕商人，他变卖财产，分给富人，并组织穷人传播福音，华尔多派亦称里昂穷人派，传入意大利的则称为伦巴穷人派。该派主张赤贫，主张人人有权传道，谴责正统教会的腐化堕落。教皇起初企图笼络他们，所以批准了他们的活动。1179年命令他们服从主教管辖，禁止自由传道。他们不接受教皇的命令，所以被教皇开除出教

(1184 年),视为异端。于是他们转入秘密活动,化装成小贩、香客、理发匠等,在农村活动。他们不承认原罪等教义,反对神职人员主持的仪礼。活动地区除南法、北意和西班牙北部外,还发展到莱茵河流域和波希米亚(捷克)。胡斯运动受其影响。

在 12 世纪晚年和 13 世纪初年,南法的农村和城市中异端信徒到处可见。天主教会神甫讲道被群众轰下台去。有些不满教会的封建主也参加异端。1209 年,教皇英诺森三世组织十字军镇压。阿尔比异端同阿尔比十字军坚持斗争 4 年。南法居民被大批屠杀,大量住宅被焚,城乡经济受到到严重的摧残。1218 年,起义军反抗斗争再度兴起,但又遭镇压。

(3) 其他异端派别

在阿尔比十字军发动前半个多世纪,教皇选举受意大利贵族控制,罗马市民拒绝作为贵族工具的教皇,宣布独立。同时,他们欢迎阿诺德(1100? —1155)来罗马。阿诺德是唯名论哲学家阿贝拉尔的学生,由于攻击教会的腐败被教皇逐出意大利。1145 年他回罗马后,又斥责教廷和教皇,鼓吹罗马城恢复元老统治,摆脱教皇。在阿诺德鼓动下,群众捣毁了枢机主教的官邸,痛打枢机们。德意志皇帝腓特烈一世率军进入罗马,在教皇要求下,阿诺德被捕并被判处绞刑。因为害怕群众把他的遗体作为圣物崇拜,他的尸体被焚化成灰,抛入台伯河中。

13 世纪晚期,"使徒兄弟会"活跃于意大利北部一带。他们主张财产共有,人人平等。这一派的创始人塞加列里被捕、被火刑处死。他的继承者多里奇诺和玛格丽特在北意皮埃蒙特起义,坚持斗争 4 年(1303—1307 年)。

14 世纪,英国牛津大学教授约翰·威克里夫(1320—1384)攻击教皇、教廷拥有巨大财产,见利忘义,反对教皇在英国征收捐税,主张建立脱离教廷的英国教会。教皇宣布他为异端,命令组织宗教法庭对他审判。伦敦市民以武力阻止审判,保护威克里夫。

14 世纪晚期,下层教士约翰·保尔主张"一切变成公共的,没有什么农奴,也没有什么贵族",要求社会平等。他的主张获得英国广大劳动人民的拥护。1381 年英国的瓦特·泰勒起义,约翰·保尔是鼓动者，也是领袖之一。

15 世纪初，捷克以胡斯为领袖，发动胡斯运动。他们谴责正统教会，反对出卖赎罪券(1412 年)。胡斯被诱迫至康士坦斯宗教大会受审，以异端罪被判处死刑。1419 年捷克爆发胡斯战争，持续十余年(1419—1434)。

2. 天主教会的对策

(1) 托钵僧团

虽然异端派别各有不同的教义和教仪，但它们有一条共同的主张，那就是反对天主教会上层骄奢腐败，主张清贫。这是当时城乡劳动人民反对封建特权统治阶级穷奢极欲的普遍心理反映，而教会上层以仁义道德和解救灵魂为面具更引起人们的憎恨。传统的传道方式引起人们的怀疑以至反感，于是，教皇力图以另一种方式来挽回他们在布道宣传上的被动局面。托钵僧团(或译乞食修会)应运而生，方济各(或译法兰西斯)和多明我(或译多明尼克)是其两大主要派别。

方济各派创立者方济各(1182—1226)出生于意大利阿西西城富裕的服装商人家庭。他壮年弃家，献身于传教事业，主张以清贫为福音，以助人为乐事，以谦卑为美德，过着赤足粗服、托钵乞食、游行传道的生活。他和他的信徒所组成的团体称“小兄弟会”，取义于耶稣所说“我这兄弟中一个最小的”。他们的言行很接近华尔多派。教会最初也把他们视作异端。但教皇英诺森三世工于心计，认为利用其特有的活动方式，迎合信徒崇拜贫穷的心理，使他们为正统教会服务是有利的。1210 年，教皇承认小兄弟会——方济各派为合法修会，并派往各地传教，反对或取代异端宣传。僧团直属教皇，不受各地主教控制，流动各地，可接受信徒忏悔，可谓是教皇的一支突击机动部队。

教廷按照自己意图改造方济各派，改变他们原来的活动方式。教廷要求僧团和修道院一样，应有正规的训练和严格的纪律，也有权对信徒施行惩罚；允许僧团占有房宅、土地、动产和图书。方济各本人反对这种倾向，但无力在僧团内贯彻他原来的宗旨。1226 年方济各去世。此后，僧团当权的主流派推行教廷旨意，“清贫得救”，仅成口号；托钵化缘，徒具形式。方济各的继承人僧团团长埃利亚财势不下王公。但仍有属灵派僧侣坚持方济各原来的主张，他们受到迫害，有的被判为异端。

多明我派创始人多明我（1170—1221）是西班牙贵族出身，长期接受宗教教育，曾受天主教会委派去南法阿尔比异端活动地区从事传道工作。由他带头的宣传队伍于1216年得到教皇批准，称多明我托钵僧团或布道僧团。多明我派的活动方式类似方济各派，但方济各以清贫誓约作为一种信念，多明我仅以此作为扩大布道影响的手段。多明我僧团活动广泛，西欧各国都有他们的房屋、土地、财物、图书。大学神学院是他们重要的活动场所。宗教裁判所多以多明我派僧侣为裁判官。

多明我派某些人致力神学研究，如托马斯·阿奎那就属于多明我派。方济各派在后一时期也出现了许多著名的哲学家，如罗杰尔·培根，邓·司各脱和威廉·奥卡姆等。

（2）宗教裁判所

如果说托钵僧团的设立最初用于传道，扩大天主教会的影响和提高教皇权威，那么，宗教裁判所一开始就是天主教会镇压异端的专政工具。但托钵僧侣仍是裁判所的裁判官。

宗教裁判所亦译异端裁判所、宗教法庭。13世纪初英诺森三世已经提到，但在13世纪20年代教皇格列高利九世（1227—1241）以后才逐步制度化和普遍化。教皇任命由教皇直接控制的托钵僧担任负责搜查和审判异端的裁判官，并要求各地主教予以合作、协助。僧侣裁判官开始巡回侦审，以后，建立地区性的常设裁判所。裁判官掌握对本地区异端进行搜查、审讯和判决的大权，主教和世俗政权没有制约和干预的权力。

异端罪的侦审是秘密进行的。控告人与见证人姓名保密。人们一经被控，绝难幸免。为被告作证和辩护有被指控为异端的可能，因此，无人敢做被告的证人或辩护人。被告如果低头认罪并检举“同伙”可以从宽处理。苦行、斋戒、离乡朝圣、在公开宗教仪式中受鞭打、胸前或身后缝缀黄色十字架受群众凌辱等，皆属轻罚。对拒绝认罪和悔过者则连续刑讯，并在他们的肉体和精神都遭受严重摧残后从严定罪，包括有期徒刑、无期徒刑或死刑。死刑多为火刑，由政府军士执行。被判处死刑者,家宅、财富、地产均被没收。没收的财产,或由教会和世俗政权分享,或由政府全部占有。没收异端财产所获得的经济利益是世俗政权积极支持宗教裁判所的原因之一,也产生对异端搜捕定罪株连扩大的后果。

在天主教国家里,除英国和北欧诸国外,先后皆有宗教裁判所的活动。曾经是宗教裁判所最活跃的国家——法国,由于王权的增强,王家上诉法院——"巴力门"受理全国申诉案,巴黎大学神学院亦过问异端事件,宗教裁判所权力衰落。天主教会的衰落,教会大分裂,政治社会斗争的复杂化,政教矛盾的发展,使长期分裂的意大利各地裁判所地位很不稳定。德意志未能建立经常性的裁判所。西班牙统一后于1480年成立由国王控制的宗教裁判所。16世纪初叶,西班牙美洲殖民地先后成立裁判所;西班牙属地尼德兰的宗教裁判所成为西班牙统治者镇压尼德兰革命的工具。西班牙宗教裁判的历史较久,以凶残恐怖著称。19世纪初叶,占满血腥的宗教裁判所终于被抛入历史的垃圾堆。

四、基督教与中世纪西欧文化

1. 中世纪早期西欧文化的落后

有的著作认为,西欧在中世纪初期的四五百年在文化上是"黑暗时代"。这种说法是不正确的。但这个时期西欧文化发展相对落后的现象是存在的。

基督教会是中世纪西欧文化的垄断者,是意识形态上的支配者。因此有人说,基督教会对中世纪早期西欧文化的落后承担主要责任。中世纪西欧文化落后的原因是西罗马帝国晚年、中世纪初年一系列社会经济政治现象和频繁的战争破坏决定的。把主要责任归之于基督教会并不符合事实。

基督教和中世纪文化相对落后的关系可从两方面看:第一,在西欧,古罗马残留的文化主要借教会得以保存。教会对西欧文化的发展有其积极作用;第二,不能忽视教会对文化的消极作用。基督教会统治下西欧文化所表现的两个主要特征：蒙昧主义和禁欲主义，它们既是当时西欧社会经济落后、人们认识水平低下的反映，又是同教会所提倡、宣扬的宗旨分不开的。宗教信仰一般是同蒙昧主义和禁欲主义结缘的，而倡导蒙昧主义和禁欲主义的基督教文化，也正是这个时代的产物和反映。

宗教信仰的产生除了社会和阶级的根源外，在认识上的根源，就是蒙昧或对自然、社会认识的不同程度的无知。迷信与理性，对神的信仰崇拜与科学研究是对立的。3 世纪初基督教理论家德尔图良深知这个道理，因此他说："正因为荒谬，所以我相信。""上帝的儿子会死，因为是不合理，所以完全可以相信。"5 世纪初，奥古斯丁宣扬信仰先于理性、高于理性，理性不能与信仰相抵触，一切同上帝无关的知识都是不需要的。罗马主教格列高利一世(590—604)以不会正确运用拉丁文写文章为荣。当他听到法兰克一位主教对"某些人讲解(拉丁)语法"时，他就写信训斥说："如果你能清楚地证明一切关于你的传说都是虚伪和不真实的，如果证明你不教授荒唐的世俗学科，那时我们将会赞美上帝。"那些宣扬非基督教文化的图书和艺术品被损毁，羊皮纸上古代的哲学文学著作被刮去而代之以歌颂上帝、歌颂圣徒的神圣故事，对虔诚的基督徒来说，这都是理所当然的。神圣显灵以至妖魔鬼怪的事迹几乎是每个著名的教会人士都全心全意地相信的。

禁欲与提倡无知是有联系的，两者的基础都是否认物质世界。教会教导人们说：人生来就是有罪的，因为人类的祖宗亚当夏娃犯了罪；人类世界是罪恶的体现。唯有禁欲才能进入天国。教会所提倡的斋戒、苦行、忏悔都是禁欲。修道院运动就是教会要求人们与物质欲望斗争的产物。被压迫、被剥削的劳动人民生活贫困、苦难，提倡禁欲，提倡忍耐、节制，等候来世的报应，这是统治阶级利用宗教麻痹、愚弄人民群众的必要手段。教会为了推行禁欲主义，崇奉一些刻苦修行的僧侣作为圣徒，编造出一些神奇的故事为苦行的圣徒增光。总之，它利用各种宣传手段为禁欲主义树立典型，塑造模范。这些都是封建主统治阶级的共同要求：要求被压迫的苦难的人民忍受现世的苦难。

但是，统治剥削阶级的宣传往往因言行不一而自食其果。教会上层以清贫、苦行为口号，但是他们的生活却是养尊处优以至穷奢极欲。真正清贫、刻苦的是广大劳动人民。中世纪欧洲人民的反抗斗争基本上以异端形式出现，而各派异端，教义虽有不同，却多少都以主张清贫、节欲、反对腐化与贪婪为旗帜。

任何时代都不可能也不会没有文化，从而也不可能没有教育。只是在教会垄断下的文化教育带有它自己的特色：第一，它首先为教会服务，通过为教会服务，再为封建主阶级的统治服务。文化教育是教会的奴仆。第二，中世纪初期掌握文化、控制教育的知识分子都是教会人士。世俗的文化教育是被排斥的。教会和修道院附设的学校是中世纪初期唯一的教育机构。

在这些学校里，教学内容是“七艺”(即七门“自由艺术”)。其中文化、修辞、逻辑主要适应教会讲道的需要。数学是少不了的，因为租赋、买卖、赏赐都涉及金钱和实物的计算，而且，教会还给数字以各种神秘的解释。几何学与土地的分割有关，而当时的几何，除了欧几里得的一系列的命题外，还有关于地球的荒谬描写。天文学同历法不可分离，宗教节日的计算则是中世纪历法的重要内容。音乐主要是唱赞美诗，教堂的仪礼不能没有它。

科学长期厄运当头，很少看到各门自然科学的发展。炼丹术代替了化学，巫术和原始的医药知识代替了医学。当东方如阿拉伯世界的医学显著发展时，西欧疾病的治疗方法主要依靠放血和饮水。

民间文学和艺术在流传，但那是不登大雅之堂而受压制、受卑视的民间故事和民歌。圣徒传记是教会钦定的文学形式。也有一些历史作品，那是关于教会和封建主立德、立功、立言的记载。

2. 中世纪中期西欧文化发展·大学兴起

在西欧社会生产力提高、经济普遍发展的基础上，城市开始兴起，商品货币经济逐步代替自然经济。10世纪后期起，特别在11世纪的西欧城市，已如雨后春笋般地发展起来。

西欧城市最初的市民是来自各地封建庄园的农奴，它在反封建主的斗争中发展。城市经济一方面是封建经济的一个组成部分，另一方面又是独立发展的单位。西欧城市的发展具有反封建的成分。

城市兴起是商品货币经济发展的标志。城市作为新兴的经济中心也成为文化交流的中心。人们的思想和知识从闭塞到交流，不仅在量的方面丰富了内容，也在质的方面促进了新陈代谢。特别是城市和商品货币经济的发展，成为西欧经济和社会生活新发展的标志。西欧新的经济生活和社会变化就需要新的知识与文化。

因此，城市兴起是中世纪西欧文化发展的主要动力。各种新思想、新文化，直接间接都与城市、市民有联系。城市文化在打破几百年教会垄断文化的局面中发挥了极为重要的作用。

促进中世纪西欧文化发展的另一个因素是东方文化对西欧的影响。

东方文化，包括保存希腊文化传统的东欧拜占廷帝国，但主要是指当时文化高度发展的阿拉伯地区。伊斯兰阿拉伯包括古代东方埃及、两河流域、波斯等古文化，也是希腊化时代的中心地区。它东与中国、印度等交往，西接地中海古文化地区。阿拉伯和西欧的交往通过两方面的渠道：它所占领的西班牙半岛，它所邻接的拜占廷帝国和南欧意大利城市。阿拉伯穆斯林曾军事侵袭南欧一带，但经济与文化的渗透也在进行。在 8 至 10 世纪，在科学上，在哲学思想和学术研究上，在文学和艺术上，先进的阿拉伯文化和落后的西欧文化形成明显的对比。到 11 世纪，阿拉伯帝国已衰落，但东方文化的优势依然。而 11 至 13 世纪西欧对东方侵略的十字军使东西方经济上和文化上的交流日益频繁。

西欧在变化，在发展。

受压制、受蔑视的世俗文化也在城市中成长起来。讽刺教会神职人员和封建主的寓言、笑话流行于城市。《列那狐》传奇便是流传迄今的作品之一。诗歌、故事也发展起来。由于城市是新思想，新知识和教育的中心，有思想和学识的人士纷纷向城市集中；各地追求知识和学问的青年也到城市求师问学。约在 11 世纪，城市学校兴起。在一些较大的城市里，教师仿照行会，形成组合，开学授生。有的城市，也有学生的组合，由组合延聘教师讲学。这些城市学校，就发展成为最早的大学。

“大学”(universities)原是组合之意。教师组合和学生组合正如城市的手工业、商人行会，既不属封建主管理，也不受教会的控制。

意大利南部的萨勒诺原为古希腊的殖民地和罗马的疗养胜地，中世纪以来与阿拉伯交流频繁。就在这里兴起了欧洲最早的医科大学(9世纪)。阿拉伯的医学著作在11世纪时通过萨勒诺大学和其他途径传入西欧。

意大利的波伦亚大学(约创立于1000年)是欧洲最早的法律专科学院，从事罗马法的研究。到12世纪，增加了医学和哲学，发展成为大学(约1158年)。就在这时教会势力插入，宣传教会法。教会法和罗马法两派进行了长期的斗争。

巴黎大学于1200年得到国王准许设立，但在这以前已经出现了教师和学生的组合。法国教会不准许私人讲学，并控制着巴黎大学。国王承认教会办学特权，在准许巴黎大学设立同时，派军警镇压反抗教会的师生。大学师生上诉教皇。英诺森三世宣布巴黎大学受教皇直接保护，同时派托钵僧控制大学。由于大学拒绝教皇派遣的托钵僧，斗争又起。1255年教皇开除大学反对派师生，巴黎大学从此受到教会的控制。

教会企图控制大学的情况也在其他地方出现。但大学的兴办本身就表现新的思想文化潮流和学术活动蓬勃兴起，天主教会旧神学教条的垄断越来越不能应付。大学的学科，除神学外，一般还有医学、法学、哲学。大学除教师讲课、学生听讲(他们一般在蜡板上记笔记，又用羊皮纸誊写)外，还经常举行辩论会，启发人们的心智。群集于大学的教师、学生越来越多。西欧各地都有大学开办，与巴黎大学同时的还有英国的牛津大学和剑桥大学。到了15世纪，欧洲已有60多座大学，其中在法国的约20座，其余分布在意大利、英国、西班牙、捷克、波兰和德意志各地。

3. 经院哲学

在新思潮的冲击下，教会的神学理论必须适应，必须发展。经院哲学是教会神学理论的新阶段，是罗马晚期、中世纪初期教父神学的发展。它在11—12世纪开始流行,13世纪达到全盛,14世纪走向衰落。"经院"是指教会控制的学校,也指大学。

"哲学是神学的侍婢",这是经院哲学的基本特征。哲学是探索真理的,而在经院哲学家看来,真理已经肯定:信仰上帝,为上帝的旨意服务就是真理。哲学的任务是论证神学教条的"真理",理性是为信仰服务的。

神学教条是前提,也是权威。"真理必须以神圣的权威为依据"。教会钦定的权威著作就是真理的准绳;感性知识遭受鄙视,教条框框压倒科学实践。他们从教条出发,运用演绎推理,搞空洞繁琐的形式主义论证。这种演绎推理就是他们的"辩证法"。三段论式的繁琐推理,咬文嚼字的定义,使得经院哲学被称为繁琐哲学。

但经院哲学比起此前的教父神学显然是一种进步。教父神学家说:"正因为是荒谬,所以才相信。"这是把信仰和理性对立,以信仰否定理性。现在,经院哲学要求理性为信仰服务。这样就不是排斥、否定理性,而是承认理性与信仰各有活动的领域,使理性和信仰调和,只是理性与信仰要统一在信仰上帝的绝对真理中,即理性服从信仰。

可是,当信仰需要理性服务,当神学需要哲学来加强的时候,经院哲学也在内部的争论中有了新的发展。唯名论与唯实论两派的争论中出现了对正统神学和正规教条的怀疑。并且后期的唯名论同认识论的唯物主义萌芽有密切的联系。列宁说:"中世纪唯名论者同实在论者的斗争,和唯物主义同唯心主义者的斗争,具有相似之处。"

实在论是教会正统派的经院哲学。这一派认为,事物的共相(一般)离开个别事物而独立存在,而且它是先于个别事物,高于个别事的"实在";个别只是共相的派生。唯名论认为:个别事物才是真正的存在,共相次于个别事物,在个别事物之后,它不过是个"名词"。

实在论和唯名论的争论牵涉到一系列神学上的基本原理。例如,"三位一体说",实在论者认为"三位"是次要的属性,"一体"才是实在。唯名论则认为"三位"只能个别存在,不可能合而为一;"原罪说"认为人类的老祖宗亚当、夏娃犯罪,因此,犯罪是人类的共相,人人皆有罪。而唯名论者认为亚当、夏娃有罪,并非每个人都生而有罪。

争论最多的是“化体说”。教会的主要宗教活动是弥撒礼，弥撒礼又以领圣体(新教称圣餐)为中心内容。领圣体是在礼拜仪式中，经神甫念咒，依靠神力，面饼和酒变成基督的身体和血液，教徒吃了就能得到基督的生命。领圣体在古代教会中就已存在。至于为什么面饼和酒会变成基督的身体与血，在古代和中世纪初年，很少有人做理论上的考究。在9世纪，已有神学家提出饼与酒奉献给主后，这些物质内部已发生质的变化，成为基督的肉与血。实在论者更发挥说，弥撒中的饼和酒的具体感性，是“偶然属性”，不是“实在”的。实在的是饼和酒的共相——它不能直接感觉到，却是实体。这实体经过一定的宗教礼仪即转化成为基督的肉与血。这就是“化体说”——实体转化说。

11世纪，唯名论者都尔的贝伦加尔(Berengar de Tours，1010—1088)说，在领圣体时，教徒吃的饼还是饼，酒还是酒；如果它们的形体、颜色和味道没有改变，其本质也不可能改变。否则，在天上的基督的肉与血怎样让信徒不断地吃喝？贝伦加尔并没有完全否定领圣体的意义，只是认为它的意义是精神的和象征性的。可是，教会仍指责其学说为异端。他被迫两次放弃自己的主张，承认“放在祭台上的饼与酒在祝圣后已不仅是圣事，也成了主的真实身体和血”。

虽然罗塞林(Roscellinus，约1050—1112)的著作已佚失，但从反对他的神学家的著作中可以看出他是一个唯名论者。他认为“人”不是一个个体，而只是一个共名，没有其自身的实在性。他只承认可感知的事物的实在性。关于“三位一体”的学说，他认为“三位”是不同的三个实体。这种说法最终会发展成为“三神论”——虽然他本人不敢公开这样肯定。这种论点在1092年的莱姆斯宗教会议上被指控为异端，他本人也被迫撤销了自己的学说。他逃到英国，由于得罪了坎特伯雷大主教、著名的实在论者安瑟伦，又逃回罗马。在罗马，他不得不承认罗马教廷权威神学，默默度过晚年。

罗塞林的学生皮埃尔·阿贝拉尔(Pierre Abélard，1079—1142)是一位比他的老师更著名的哲学家。他在巴黎讲学时有5000名左右的学生听课。他是个唯名论者，肯定个别是实体，认为共相(一般)并非某种独立的实体，而是通过理性抽象而成的关于个别事物的某种相似的概念。他的引人注目的贡献在于他用形而上学的辩证的方法,以理性分析为基础来研究神学。按照奥古斯丁的说法,"我信仰而后理解"。阿贝拉尔却说,"理解才是信仰"。他在《是与否》里提出了一系列问题,并把古代教父有关的矛盾言论加以排列、对照,他自己不作肯定性的回答,却启发人们思考、探索。例如,是否存在一个上帝?上帝是否全能?上帝是否是灾祸的制造者?基督的肉与血是否真的存在于圣餐礼中?人的信仰是否应根据理智?等等。这些问题事实上是启发人们对教会的正统神学进行怀疑以至产生不同的意见。他的学说曾受到宗教会议不止一次的谴责。1122 年斯瓦松宗教会议决定销毁他的著作,强令他退居修道院反省。1141 年他又在桑斯宗教会议上重新受到谴责,被迫在克吕尼修道忏悔,并于次年去世。

在经院哲学中正统派的实在论无疑处于权威的地位而面临新的挑战,正统神学也在发展。坎特伯雷大主教安瑟伦(Anselm,1033—1109)便运用亚历士多德的"三段论证"提出论证上帝存在的"本体论"。他说,在人们的头脑中,凡是最完善的,其本身必然包涵着存在;因为不存在,就谈不上完善(小前提)。因此,上帝是存在的(结论)。他的论证虽然在当时已被人怀疑以至反对,但在唯心主义哲学中,"凡可能存在与必须存在的,就存在"这一原则,就是受安瑟伦本体论影响的。

在中世纪,教会正统派哲学家中最负盛名的是托马斯·阿奎那(Thomas Aquinas,1225—1274),他是意大利一位伯爵的儿子,德意志皇帝腓特烈一世和二世的亲戚。他是多明我派的僧侣,曾在科隆、巴黎、罗马、波伦亚和那不勒斯等城市求学、讲学。他的主要著作是《神学大会》和《异教徒驳议辑要》。他利用亚历士多德哲学中的唯心论和目的论、利用形式逻辑,论证上帝至高无上、神学高于一切、教权高于政权的思想。他把整个宇宙看作以上帝为最终目的的严格的等级体系。在这一体系中,一切事物都以手段对目的的关系,即以下级隶属上级,上级管辖下级的关系,层层存在。地上的秩序服从天上的秩序,政治服从于宗教,现世服从于来世,哲学服从于神学。"像上帝建立自然秩序一样,在人类事务中,低级的人必须按照自然法和神学法建立的秩序,服从地位较高的人。"照他看来,神创造世界,统治世界。人靠"上帝所启示的理性”,通过世界,认识上帝。在这里,他并不像某些哲学家那样否定理性,也并不否定世界。他认为,理性与信仰各有活动的领域。但理性与信仰必须统一在上帝的绝对真理中。这就是说,理性必须服从对上帝的信仰。因此,“神学可能凭借哲学来发挥,但不是非要它不可,而是借它把自己的义理讲得更清楚。”神学“要把其他科学看作它的下级和女仆来使用”。阿奎那的学说是集正统派经院哲学之大成的理论体系,在当时为维护教权和封建制度起着重要的作用。直到近代它还被教会正式承认为天主教的官方哲学。

阿奎那的哲学不仅反映经院哲学实在论发展的最高峰,也是教会权力登峰造极的表现。但13世纪晚期以后,经院哲学开始衰落。经院哲学中的唯名论则进一步向教会正统神学挑战,并为经验科学的发展提供武器。方济各派成员,英国牛津大学教授罗杰尔·培根(Roger Bacon,1214—1294)认为,谬误的原因是盲从权威意见。他主张只有个体才有实在性,知识须从个体事物的感觉经验得来,达到真正的经院哲学。他本人就酷爱数学,并研究光学、医学和地理学。实验科学在当时被视为妖术和魔法,他因此受到监视。被释放后他又著书攻击僧侣的愚昧无知,于是又被囚禁达14年之久,于1292年再度获释。两年后他以80高龄去世。

另一位唯名论哲学家是方济各派的邓斯·司各脱(Duns Scotus,约1264—1308),他主张“二重真理”,即在承认神学的真理之外,还承认有哲学的真理。他曾提出物质能不能思维的问题,猜测到思想不是独立存在的精神实体,思想不过是物质的属性。马克思和恩格斯指出:司各脱“还是一位唯名论者。唯名论是英国唯物主义者理论的主要成分之一,而且一般说来它是唯物主义的最初表现”。[①] 司各脱的学生奥卡姆的威廉(William Ockham,约1300—1350)认为,只有具体的物体才是真正存在的,共相仅存在于人们的心中和词句中。他强调认识从经验开始,认为物质是永恒的,无始无终。他主张把信仰和知识区分开来;教会权力也应与世俗权力相区别,前者只管“拯救灵魂”的问题,不

---

① 《马克思恩格斯全集》第2卷,163页。

能侵犯后者。他曾被阿维农教皇开除出教，但得到当时与教皇对立的德意志皇帝路易的庇护与支持。路易于 1338 年去世。奥卡姆的威廉可能死于黑死病。

五、基督教在东欧的发展和东西方教会的分裂

1. 东罗马帝国——拜占廷帝国

罗马帝国自 395 年东西分治后一直未能再保持统一的局面。东部帝国称东罗马帝国，首都君士坦丁堡。因为君士坦丁堡的原名叫拜占廷，所以也称拜占廷帝国。

拜占廷帝国初期，其欧洲的领土主要是巴尔干半岛和意大利南部和中部部分地区；亚洲的领土则包括小亚细亚、叙利亚、巴勒斯坦、美索不达米亚和南高加索的部分地区；在北非，有埃及，在汪达尔人入侵前，北非其他地区也属于拜占廷帝国。

蛮族入侵导致了西罗马帝国的瓦解，但拜占廷帝国基本上保持了自己的领土。拜占廷皇帝政权，存在了 11 个世纪(迄 1453 年)。

拜占廷同西欧不同，古代以来的商业和手工业继续发展，君士坦丁堡和安条克、亚历山大里亚等大城市仍是发达的国际性工商业中心。古代希腊文化和东方文化的传统长期保持，人种复杂，主要使用希腊语。

在拜占廷，东方的奴隶市场依然存在，而奴隶制度衰落、封建关系代替奴隶关系的过程在进行。

6 世纪上半叶，皇帝查士丁尼(527—565)征服北非的汪达尔王国(534)、意大利的东哥特王国(554 年)和西班牙南部滨海地区。但查士丁尼恢复古代奴隶制帝国的企图失败，帝国内部社会矛盾极为尖锐复杂。伦巴第人占领北部和中部意大利(568 年)，帝国在意大利的领地陆续丧失。斯拉夫人大举侵入帝国。679 年，保加利亚王国建立。7 世纪，阿拉伯帝国占领西亚和北非广大地区。到 7 世纪末，拜占廷领土已不及查士丁尼时代的三分之一。

在内外动乱中，拜占廷社会于7至8世纪时由奴隶社会过渡到封建社会。

2. 基督教会和拜占廷帝国政权

皇帝权力的存在和皇帝以基督教会作为统治帝国的有力工具，使拜占廷教会具有与西欧不同的特点。

由于帝国政权的延续，拜占廷教会保留了较多古代教会的传统。由于帝国政府需要教会的支持，皇权大力扶植教会和修道院。皇帝要利用教会就得控制教会。拜占廷教会一个显著的特点就是皇帝权力驾凌、超越教会权力，教会在很大程度上丧失了独立性。皇帝被认为是上帝在地上的代表，是一切权力的渊源。在教义上、立法上、管理上，教会得听从皇帝的指示。教会最高领导者君士坦丁堡大教长（或译总主教）受皇帝管辖，由皇帝任命，而且，往往由帝国的皇亲国戚充任。

因此，在拜占廷，政治斗争与宗教斗争密切结合。帝国内部的政治斗争反映为教会内部的斗争；反帝国统治的斗争与反教会的斗争联系在一起。异端运动往往同人民运动结合；同时，异端也与教会内部的斗争有联系。

拜占廷的异端运动内容复杂。古代以来的旧异端——它们原来是古代基督教的不同的教派，在东方长期存在。它们活动的时间长、规模大。东方的、民族的、文化的和政治的复杂性又使得原来的异端教派有新的发展。西欧的异端教派颇受拜占廷异端的影响。

3. 拜占廷教会的内部斗争——破坏圣像运动

7世纪末至8世纪初，拜占廷的内外形势可谓严峻。国内政治混乱，统治集团争夺帝位，斗争剧烈，在695年以后的22年间皇帝六度易人。在国外，强敌阿拉伯国势正盛，拜占廷在非洲的领土完全被阿拉伯征服，叙利亚、巴勒斯坦丧失，亚美尼亚和小亚细亚受到致命的袭击，717至718年，阿拉伯人围攻君士坦丁堡凡一年之久。7世纪中叶，巴尔干半岛新兴保加利亚国家，巴尔干西北部又为塞尔维亚部落所割据。

就在这时，小亚细亚军事贵族的代表利奥夺取了帝位，称利奥三世

(717—741)——因为利奥在小亚伊苏里亚成长，所以也称伊苏里亚王朝(717—802年)。利奥登位的第一年就奋力击退了阿拉伯对君士坦丁堡水陆两方面的围攻。他在位期间，对外抗击强敌，对内调整政治和经济体制，改编法律，加强军纪，使拜占廷帝国取得基本稳定的局面。他的儿子和继承者君士坦丁五世(741—775)在位时期，拜占廷国势进一步增强。拜占廷的军队对阿拉伯帝国发动了攻势，侵入叙利亚，击溃了塞浦路斯岛附近的阿拉伯舰队，军力直达幼发拉底河两岸。破坏圣像运动就是在利奥三世时期到达高峰的。

726年，利奥三世颁布诏令禁止在教堂、修道院中崇拜基督、圣母、天使和圣徒的神像，认为所有的圣像崇拜都是歪门邪道的偶像崇拜。在东西方的教堂和修道院里，礼拜圣像和圣者遗物颇为流行。在拜占廷教会此风更为普遍。因此，利奥三世的禁止圣像崇拜对于那些以保持旧传统作为崇拜标志和权势来源的教会、修道院掌权人物和那些保守的僧侣与信徒，无疑是一个爆炸性的震动。反对是强烈的，在斗争复杂的拜占廷政治舞台上，争夺帝位的斗争同圣像崇拜问题联系在一起。针对反抗，利奥三世进一步下令破坏偶像，并依靠军队用暴力对付圣像崇拜派。在君士坦丁五世时，破坏圣像运动到达高峰。他召开宗教大会(743年)，宣布崇拜偶像是撒旦的行动；坚持崇拜偶像者被驱逐出教。一切圣像被搬出教堂并被捣毁，教堂墙壁上的圣像画图和浮雕都被涂抹、剔除，代以树、鸟、风景为装饰。圣像派的僧侣凡有反抗行动者即予以镇压。许多修道院被改为兵营和武器库，地产财物皆被没收，或充公用，或由军事贵族占有，或分赐军人为份地。

破坏圣像运动发动的原因是复杂的。它受东方流行的异端派别的影响。5至6世纪以来，在埃及、巴勒斯坦、叙利亚一带流行的一性论坚持反对偶像崇拜。在小亚细亚、亚美尼亚一带有广泛信徒的保罗派也反对圣像崇拜。这些活跃在东亚的基督教异端教派在阿拉伯帝国兴起后并未衰落，而且，由于伊斯兰教是反对偶像崇拜的，这更加坚定了异端派别反对偶像崇拜的信念。他们的信念也影响了巴尔干的基督教信徒。利奥三世出身于小亚细亚军队，他的宗教信仰，多少受到东亚宗教思想的影响。但是，促使利奥三世坚决采取破坏圣像崇拜行动的，还是出于政治上以及财政上的考虑。

在历届帝国政府的扶植下，拜占廷教会、修道院在社会上、经济上、政治上的势力越来越大。到 7 世纪，帝国土地的一半几乎被教会和修道院占有。尽管皇帝是教会的领袖，而在政局多变的拜占廷，保持一定独立性的教会组织，特别是修道院，由于它们同现实政治关系的密切，在帝国政治斗争中是有重要作用的。皇帝要巩固并加强统治必须完全控制教会和修道院，在利奥为加强皇权而进行的改革中，通过禁止崇拜圣像以进一步控制教会，在当时可能是必要的。拜占廷帝国人民，主要是亚洲地区人民广泛反对偶像崇拜。为争取民心也促使利奥下定决心。同时，帝国连年同阿拉伯帝国战争，军费支出浩繁，没收那些反对禁止圣像崇拜会的修道院和教会的财产，对国家财政是一笔巨大的收入；把没收的财产分赐军士则更能赢得军队的支持。

可是，当帝国政府已从破坏圣像崇拜运动中取得了政治上、经济上的好处以后，这个运动开始缓和下来。在君士坦丁五世以后，一些受处分和被排斥的教会人士和僧侣又开始活动，并在宫廷中串连权贵。在皇帝利奥四世（775—780）去世后，寡后伊丽尼开始当政（780—790）。787 年，伊丽尼在君士坦丁堡大教长帮助下召开宗教大会，宣布恢复圣像崇拜。此后二十几年间，圣像继续受到崇拜。813 年，破坏圣像派的皇帝利奥（813—820）登位，破坏圣像运动又开展起来，圣像派的僧侣教士再度被排斥。到 843 年，在皇帝年幼、母后奥多拉摄政时（842—867），又在宗教会议上正式宣布恢复圣像崇拜。

破坏圣像运动是 8 世纪初至 9 世纪中叶拜占廷政治和宗教上的重大事件，这个运动最终归于失败。但皇帝对教会和修道院的控制在运动中充分表现出通过这个运动影响东西方教会的关系。罗马教皇和西欧教会是主张圣像崇拜的，运动使得以罗马教皇为首的西欧教会进一步走上独立发展的道路。

4. 保罗派(Paulicians)和鲍格米尔派(Bogomils)

在各异端教派中，传播地区较广、信徒较多、影响较大的是保罗派。保罗派在 5 世纪时已经产生，7 世纪时流行于小亚细亚和亚美尼亚一带。他们自称基督徒，由于他们用特殊形式崇拜使徒保罗，也可能由于这派的创始人叫保罗，人们称他们“保罗派”。

保罗派受摩尼教的影响，其教义是二元论的。天上的上帝和地上的主宰斗争，前者是善，是未来的天国，是精神世界；后者是恶，是魔鬼之国，是物质世界。为了达到精神的天国，他们主张舍弃物质享受，刻苦禁欲。享有特权的教会、修道院和它们的巨大财富，层层的教阶制度，作威作福的教会上层，都是他们反对的对象。他们反对崇拜圣像、圣徒和圣物，反对崇拜十字架，否认圣餐等教会仪礼，主张原始教会的纯朴和平等。领导他们的长老也由选举产生。他们的这些教义和主张获得了劳动人民特别是广大受压迫、受奴役的农民的信仰。

由拜占廷皇帝发动的破坏圣像运动在否定偶像崇拜上与保罗派的主张是相同的，因此，在 8 世纪，帝国政府一度对保罗派采取妥协的态度，保罗派在当时也有较迅速的发展，欧洲色雷斯一带就有保罗派的移民。以后，帝国政府看到保罗派力量日益壮大，又转而排斥他们。在伊丽尼政权下，他们受到压制，但仍有发展。821 年，斯拉夫人督马起义，曾包围君士坦丁堡一年。督马起义队伍成分复杂，而且督马又以主张圣像崇拜和当时掌握帝国政权的破坏圣像派斗争。可是，督马起义群众中，保罗派仍是主要力量。小亚细亚一带的农民起义以保罗派为核心。督马起义失败(823 年)，保罗派也受到残酷的镇压，成千上万的保罗派被杀。在人民运动中蓬勃发展的威力下，拜占廷统治集团内部要求妥协。这是 843 年帝国政府恢复圣像崇拜的背景之一。这以后，对保罗派的镇压加紧。保罗派用武装起义来回答帝国政府的迫害。大批保罗派信徒越过拜占廷东部边境到阿拉伯哈里发占领的地区，从那里袭击帝国的军队。小亚细亚边境的特弗利喀堡垒是保罗派的中心，他们在那里建立了自己的政权。拜占廷政府的军队几次受到保罗派的打击。拜占廷新建立的马其顿王朝(867—1057)集中军事力量进攻，才击溃了保罗派。872 年，保罗派的首府特弗利喀陷落，但保罗派并未被消灭，继续在小亚细亚活动。在巴尔干，他们在斯拉夫人地区得到广泛的信徒。直到 12 世纪保罗派作为一个宗派才不存在。

10 世纪在保加利亚兴起的鲍格米尔派是受保罗派影响、也有保罗派参与的一个教派。鲍格米尔原意为“爱上帝者”。它同保罗派一样有二元论的教义。它认为基督是善的代表，撒旦是恶的代表，在两者的斗争中基督最终会战胜撒旦。它认为物质世界的创造者是撒旦，而上帝则是精神世界的主宰。它否定《旧约》，并认为基督并非真人，而是人的幻影。它反对教会的封建特权，反对教阶制度，主张废弃教会礼仪。鲍格米尔派显然是正统教会的反对派，也是封建秩序的反对派，它获得了保加利亚广大人民的欢迎，发展迅速。

10世纪中叶以后“第一保加利亚”衰落，沦为拜占廷帝国侵略的对象。1014年，拜占廷帝国军队大败保加利亚军。1018至1185年它被拜占廷统治凡一个半世纪。1185年以后，在反拜占廷起义斗争中，保加利亚逐步解放，独立统一的保加利亚又建立起来，史称“第二保加利亚”。13世纪晚期，保加利亚遭到蒙古的侵入，到14世纪末(1396年)最后亡于土耳其帝国。在上述外患变乱的过程中，鲍格米尔派始终在保加利亚流行。他们与保加利亚人民一起，在反抗外国入侵，争取本国独立的斗争中，发挥了重要的作用。他们对流行于北意和南法的异端卡塔尔派(纯洁派)有联系，并在一定程度上影响了它。

5. 基督教在东欧斯拉夫人中的传播

拜占廷教会隶属于皇帝，传教成为帝国扩张势力的一个重要手段。东欧斯拉夫分布地区基督教的传播，就以拜占廷教会为中心。

斯拉夫人各支陆续建立独立国家意味着和拜占廷皇帝分廷抗礼。各国的教会虽不隶属于皇帝，但同拜占廷教会保持着密切的联系，并不同程度地受君士坦丁堡大教长的控制。

拜占廷教会传布的地区，除了东欧斯拉夫各国外，也包括中欧的斯拉夫人国家。但中欧各地在传教方面是罗马天主教会(主要通过德意志封建主)和拜占廷教会争夺的地区。

在中欧，捷克人、莫拉维亚人和斯洛伐克人最早建立的是大莫拉维亚国家(830—906)，莫拉维亚大公力图依靠拜占廷保持独立，因此，引入东方教会与西来的德意志封建主和天主教会对抗。863年，拜占廷派西里尔(君士坦丁)和美多德兄弟来莫拉维亚传教。西里尔和美多德把《圣经》翻译成希腊文，并使斯拉夫人原来的书写记号和希腊文字母结合，创制斯拉夫字母，并将祈祷文译为斯拉夫文字。在宗教活动中，他们用斯拉夫语传教、作礼拜，从而赢得广泛的斯拉夫人信徒。德意志封建主和天主教势力同时侵入。870 年，德意志伯爵打败并推翻莫拉维亚大公政权。这时，西里尔已去世(869 年)，美多德受囚禁。不久，大公政权恢复，美多德继续活动，但日益受到德国势力的控制。885 年，美多德去世，其门徒被逐出莫拉维亚。接着，匈牙利侵入，大莫拉维亚国家灭亡。10 世纪中叶捷克国家兴起时它已是一个天主教的国家。

南方斯拉夫的主要国家保加利亚在鲍里斯大公在位时(852—889)承认来自拜占廷的东方教会为国教。在国王西蒙(893—927)时，扩大领土，几次陈兵君士坦丁堡城下，自称“罗马人和保加利亚人的皇帝”。随着国势强盛，教会受到国王的控制，对君士坦丁堡教会的依附性也日益削弱。11、12 世纪，保加利亚受拜占廷统治，教会成为拜占廷政权压迫人民的重要工具。人民的斗争同鲍格米尔派结合，反对正统教会、反对拜占廷统治。保加利亚复国后曾一度强大，旋趋衰落。天主教会的势力早已渗入保加利亚与拜占廷教会竞争。十字军东侵和拜占廷的衰落助长了天主教会的发展。

在东方教会的长期发展过程中俄罗斯教会成为一支极重要的力量。基辅罗斯是俄罗斯土地上最早建立的重要国家。奥列格(880—912 年)征服了东斯拉夫分散的小公国，建立了以基辅为中心的国家。911 年，奥列格和拜占廷订约建立了正常的外交关系。在此以前，拜占廷教会已有传教士在东斯拉夫中传教。奥列格的继承人大公伊戈尔(912—945)的夫人奥尔加是一个基督徒，她在大公去世后曾访问君士坦丁堡(957 年)。但基督教会在俄罗斯的确立主要在基辅大公弗拉基米尔在位的时期(980—1015 年)。987 年，拜占廷发生变乱，弗拉基米尔应邀率 6000 亲兵援助帝国政权。拜占廷皇帝华西里二世答应把他的妹妹安娜嫁给大公，但以大公接受基督教为条件。在弗拉基米尔末年，基辅罗斯已有 7 个主教区。1037 年，建立基辅都主教区，由君士坦丁堡大教长委派的希腊人为都主教。尽管俄罗斯在政治上保持独立，但在宗教上，在 15 世纪中叶以前的 4 个半世纪以上的时间里，长期受君士坦丁堡教会的羁绊。其间虽有俄罗斯人担任都主教,而绝大多数的都主教均由君士坦丁堡教会委派的希腊人充任。

俄罗斯信基督教对于它加强同先进的拜占廷的经济和文化联系,从而促进它的社会文化发展,是有利的。同时,统一的宗教思想和教会组织,不仅加强大公的统治权力,也加强了各地居民的联系,有助于俄罗斯的统一。

基辅国家于11世纪中叶以后开始解体。12世纪时分裂为十几个公国。各公国时有分合,公国内部,亦不统一。13世纪,蒙古入侵。1243年,蒙古建立金帐汗国(钦察汗国)统治俄罗斯。金帐汗从俄罗斯王公中选任一位册封为“弗拉基米尔及全俄罗斯大公”,以弗拉基米尔城及其四周作为他的领地,并负责代金帐汗向全俄封建主征收贡赋。全俄都主教也于1299年自基辅移至弗拉基米尔城。14世纪,立陶宛兴起,兼并包括基辅在内的整个德涅伯河流域;波兰又占领罗斯西南的加利支公国。这样,当时俄罗斯活动的主要舞台是金帐汗国所控制的东北俄罗斯。在东北俄罗斯,新兴的莫斯科公国逐渐强大。1328年,莫斯科公伊凡(1325—1340)被金帐汗册封为“弗拉基米尔及全俄罗斯大公”,获得代汗国向诸侯征收贡赋的特权。在此前三年(1325)都主教区自弗拉基米尔城移至莫斯科,以宗教中心的地位增强它的政治地位,莫斯科在大公伊凡三世时(1462—1505)迫退蒙古鞑靼的军队,金帐汗对俄罗斯的统治最后结束。

6. 东西教会的分裂

中世纪初期以来,以罗马教皇为中心的西欧教会,同以君士坦丁堡教会为中心的东欧教会,已走上不同的发展道路。到11世纪中期两者正式分裂。西欧教会称罗马公教(Roman Catholic),中国称“天主教”;东欧教会称希腊正教(Greek Orthodox),中国称“东正教”。东西教会所走的不同道路主要表现在以下诸方面。

东西罗马的分立是教会分裂的政治前提。西罗马帝国于5世纪瓦解,各日耳曼王国取而代之。从此,西欧不再出现统一的政权,而东罗马——拜占廷帝国,尽管经历沧桑,帝国政权长期保存。

基督教会和世俗政权的关系方面,东欧与西欧也有所不同。在拜占廷,教会受皇帝控制;在西欧,虽然也有过查理大帝和德意志神圣罗马帝国的皇帝,但这些皇帝由罗马教皇加冕,查理曼帝国的短暂性和神圣罗马帝国的分散性,都说明他们不可能成为西欧教俗公认的统一领袖;虽然各地各级教会组织曾不同程度地受世俗统治者的控制,但教会的教阶制仍相对独立地存在。而且,全天主教会的组织系统——教阶制的领袖,是罗马教皇。特别是,西欧的封建分裂,使皇权或王权对教会的控制越来越不可能。罗马教皇权力越过国家权力的理论和实践日益发展。因此,在东欧的拜占廷和后来的俄罗斯帝国,皇帝兼任教会领袖,称皇帝教皇制(Cacsaro－Papism)。在西欧,教权和政权的关系是二元的。

在西欧,教会的圣经、文件、典籍和仪礼上的语言都是拉丁文,尽管拉丁文是脱离各国地方语言的死文字。在东方,经典文籍是希腊文。在斯拉夫人中,东正教又准许用地方语言传教。

在长期的发展过程中,在教义上、仪礼上,东西方教会也有歧异。

尽管自中世纪初期以来东西教会已走上不同的道路,但古代的传统,使人们还把基督教作为统一的整体。至少在8世纪中叶以前,在罗马教皇的心目中,就没有把东西教会视作两个组织体系。从7世纪中叶至8世纪中叶,罗马教皇出身的希腊成分是很显著的,其中很多教皇是希腊人,从752年以后,教皇的出身才开始纯粹是拉丁语系的籍贯。[①] 但是,分裂是主流。下列历史事件正是东西教会分裂、冲突的表现。

在拜占廷进行破坏圣像崇拜运动时,罗马教皇始终采取反对的态度,主张圣像崇拜。教皇格列高利二世(715—731)谴责拜占廷皇帝利奥三世,格列高利三世(731—741)在即位初就在罗马召开宗教会议,宣称谁破坏圣像,谁就得被开除出教。圣像破坏运动终止了,但东西教会的分歧在这一过程中公开暴露。

罗马教皇宣称教皇教会由使徒彼得开创,而教皇则为彼得的后继

---

① 752至1054年间教皇的籍贯是:44个罗马人,11个意大利人,4个德意志人,1个法国人,1个西西里人。参见沙省著《中世纪的西方社会和教会》(R. W. Southern, *Western Society and the Church in the Middle Ages*)英国,1970年版,第65页。

者。罗马教会和君士坦丁堡教会互争基督教的领导地位,促使东西教会的分裂。9 世纪中叶,在君士坦丁堡大教长人选问题上出现了斗争。与宫廷斗争相联系,原来的君士坦丁堡大教长伊格内梯被迫解职,福梯(当时的神学家,但为世俗人士)得到宫廷的支持被选任为大教长。伊格内梯一派表示反对。罗马教皇支持伊格内梯,宣称福梯为非法。福梯在 867 年发出的通谕中谴责罗马教会,接着,在宗教会议中,宣布把教皇尼古拉一世(858—867)开除出教。

拜占廷帝国同西欧争夺对南意大利的领地和教权,东西教会在南支斯拉夫人中争夺传教地区,加上教义上的争论,使罗马和君士坦丁堡之间不可能重新妥协。

11 世纪中叶,米克尔·凯路拉里乌任君士坦丁堡大教长(1043—1058)。1050 年,他宣称西方教会为异端;1053 年,在君士坦丁堡的拉丁教堂被关闭,拉丁修道院被没收。教皇利奥九世派红衣主教为使节,在君士坦丁堡的索非亚大教堂宣布把凯路拉里乌开除出教。凯路拉里乌也召开宗教会议,宣布将罗马教皇开除出教。东西教会正式决裂。

第四章　宗教改革运动

一、人文主义和科学技术对神学垄断的冲击

1. 新时代的开始

16、17世纪的西欧，前后出现文艺复兴、宗教改革和科学技术发展等巨大事件。早期文艺复兴开始于14、15世纪的意大利，但它在西欧各国普遍展开却在15世纪末、16世纪初。正如恩格斯所说："这是一个人类前所未有的最伟大的进步的革命，是一个需要而且产生了巨人——在思想能力上、热情上和性格上、在多才多艺上和学识广博上的巨人的时代。"[①]

说这是一个新的时代，并不等于说资本主义社会已经取代封建社会。西欧封建制度已开始衰落，可是它在社会上还占统治地位。新时代的主要标志是：资本主义在封建社会内部萌芽、成长；新兴的资产阶级文化，在反封建斗争中迅速发展；它冲破并取代以天主教文化为代表的封建文化，并为政治上的资产阶级革命准备了条件。

在这场革命运动中，处于西欧"封建制度万流归宗的地位"[②]的天主教会，是战斗矛头所指的对象。文艺复兴和科学发展从外部对天主教会发起冲击，宗教改革在内部对教会进行突破。在内外夹攻下，天主教

① 恩格斯：《自然辩证法》，第5页。

② 《马克思恩格斯全集》第7卷，第400页。

会对西欧思想意识的专制垄断瓦解了，天主教的神学体系残破了。新文化形成了。

2. 文艺复兴

文艺的复兴，以复兴希腊罗马的古典文化为旗帜；它是早期资产阶级的文化。

文艺复兴的思想内容是人文主义或人本主义。它提倡人性，反对神权；它要求以"世俗王国"代替天主教会的"精神王国"。它打出复兴古典文化的旗帜，是由于基督教以前的希腊罗马文化是世俗文化；是由于古代并不存在中世纪那样的教会垄断思想的现象，而是各种思想见解争鸣、分歧的时代。

重人性、争人权，是阶级剥削社会一般被压迫阶级的要求。而人文主义的人性和人权带有明显的资产阶级属性。它具有强烈的个人主义和享乐主义的特征。它所争取的人权并不是所有被压迫、被剥削阶级的权利，而是资产阶级的权利。但资产阶级在当时无疑是一个先进的、革命的阶级。它是反封建神权的领导阶级。人文主义作为一种文化潮流，是当时最先进的潮流。

人文主义者反对天主教文化主要表现在它反对禁欲主义、反对蒙昧主义。他们重视世俗生活和现实利益，强调人的欲望和享受，歌颂人的感情和幸福。加上新的经济形势、社会条件和政治情况，使他们不得不追求新的知识，满足生活的新的需要。文艺复兴时期的著名人物在反禁欲主义、反蒙昧主义上，确实如恩格斯所指出的那样，是划时代的"巨人"。

文艺复兴开始于14、15世纪的意大利。这主要由于"在14和15世纪，在地中海沿岸的某些城市已经稀疏地出现了资本主义生产的最初萌芽"[①]。意大利的佛罗伦萨、威尼斯等城市都出现了以雇佣劳动为基础的资本主义关系。当时那些伟大的文学家、艺术家、理论家、历史学家和学者中，很多是在佛罗伦萨和其他意大利经济比较发达的城市

① 《马克思恩格斯全集》第23卷，第783页。

出生或成长的。

但丁(1265—1321)这位“中世纪的最后的一位诗人,同时又是新时代的最初一位诗人”[①],早在他14世纪初叶写的《神曲》(1307至1321年间写成)里,已把他同时期的教皇卜尼法斯八世和克莱门五世放在地狱里受刑罚。他的《帝制论》(写于1310—1313年)驳斥教会高于世俗国家的教会观点,揭露教皇、教会干涉世俗政治的恶果。被奉为“桂冠诗人”的彼得拉克(1304—1374)歌颂爱情,反对禁欲主义,揭露教皇教廷是“各种谎言的熔炉,阴暗的牢狱”。薄伽丘(1313—1375)在他的故事集《十日谈》里珍重人们青春的欢娱,揭发讥讽神甫和男女修道士的无知、贪婪、虚伪和淫乱。15世纪的人文主义学者罗伦佐·瓦拉(1407—1457)通过考证,指出关于教皇国领土是“君士坦丁赠礼”的教会文献,原来是8世纪伪造的文件。16世纪的政治理论家和历史家马基雅维里(1469—1527)写了著名的《君主论》和《佛罗伦萨史》。他吸取英法中央集权国家的经验,要求在意大利建立一个强大君主的统一国家。

文艺复兴的艺术家们在世界艺术史上占有了光辉的地位。就意大利来说,著名的画家、雕塑家和建筑师,14世纪有乔托(1266—1337),15世纪有多·那泰罗(1386—1466)、马萨乔(1401—1428)、布鲁涅列斯奇(1377—1466),16世纪有达·芬奇(1452—1519)、拉斐尔(1483—1520)、米开朗琪罗(1475—1564)和提香(1477—1576)等。从他们的作品里可以看到,中世纪那种无视自然和人体美、只以干枯的圣者和歪曲现实的背景为题材的作品已经过时了。尽管文艺复兴艺术大师的题材还有很多取材于《圣经》,但人,已经是活跃的人,真实的人;自然,是生活逼真的自然。许多绘画与雕塑都表现了人的力量。

16世纪初,文艺复兴的潮流已经传播于西欧各国。法国的拉伯雷(1494—1553)、西班牙的塞万提斯(1547—1616)、英国的莎士比亚(1564—1616),都是名垂千古的文坛巨星。鹿特丹人伊拉斯谟(1466—1536),是当时西欧人文主义运动的领袖。他的文章传诵于西欧各国。

---

① 《共产党宣言》,人民出版社1964年版,第22页。

在他著名的《愚人颂》里，对当时腐朽、堕落的教会神职人员，可谓尽其讽刺挖苦之能事。他说，修道士是“精神错乱的蠢物”，他们的全部信仰都表现在形式小节：“缚凉鞋到底要打多少结子；各式衣服要什么颜色，用什么衣料做成；腰带要多宽、多么长”；等等。“听他们在末日席前的声辩想必是妙不可言：一个夸说他如何以色为食，净灭了他的肉欲；另一个强调他在世上的时光大部分是在咏唱圣歌的礼拜仪式中度过的……又一个极力说，他 60 年当中连碰也没有碰过一文钱，除了隔着厚厚的手套去摸索以外。”他嘲笑那些教皇和主教：“如果他们真正照基督的榜样来过赤贫的生活，那将多么可怕！”这样，在教皇手下，“那几千个书记、抄写员、马夫、银钱商……等等，岂非都得饿死！”

另一方面，我们也要看到文艺复兴的阶级的和时代的局限性。

第一，它不是广大劳动人民的反封建、反教会斗争。人文主义者和农民、手工业劳动者脱离，并认为大多数人民是无知的群氓。

第二，它不反基督教，甚至不反教会。它只反对教会的腐化、专制、反动的现象。

第三，科学研究和科学思想已经发生，但科学上的成就、科学对迷信的巨大冲击、科学的深远影响，在 17 世纪方才彰显。

因此，尽管文艺复兴反教会，但教会上层并没有把人文主义作为异端迫害。而且，许多文艺复兴的著名人物是在教皇、国王和城市豪族的庇护下进行工作的。教皇尼古拉五世（1447—1455 在位）本人是人文主义者；但他主张镇压捷克的胡斯运动。教皇列奥十世（1513—1521 年在位）也支持文艺复兴，但他对马丁·路德发动的宗教改革采取压制手段。这就是由于文艺复兴并没有从根本上反对教会，也由于文艺复兴并不是广大人民群众的运动。

3. 科学技术的发展

新文化运动的展开一方面是由于新的阶级的兴起，另一方面也是由于人们的认识达到了一个新的水平。科学技术的新发展是一个时代认识水平的标志，也是重要的推动力量。

科学的兴起首先得归功于生产。资本主义是在西欧农业、手工业不断发展的基础上萌芽生长的。早期资本主义工场手工业虽然与以后的机器生产相比还有距离，但它突破了封建行会手工业墨守陈规的框框，为技术的发展创造了条件，同时需要一定的科学技术。

14、15 世纪以来西欧在生产技术方面已有令人瞩目的成就。如纺车的出现和改造，矿井水车、风箱和熔铁炉的改进，船帆、船身与甲板的制造，都取得了进步。在军事技术方面，铁铸大炮于 14 世纪中叶投入使用，但最初采用的是石弹，到 14 至 15 世纪开始改用铁弹。有燧石扳机的毛瑟枪也出现在战场上。罗盘于 13 世纪传入欧洲。造币工场于 14 世纪末在西欧建立起来。到 15 世纪初，西欧已出现了木板印刷。进入 16 世纪，显微镜、望远镜、温度计、湿度计、水银高压计等工具仪器先后发明。

在西欧内部、在西欧与东方之间的经济、文化交流，不仅使西欧获得新的知识和技术，并使西欧人们视野开阔，目光远大，思想逐步解放，不再夜郎自大、闭关自守。虽然从中世纪中期以来西欧人的视野已经在不断扩大，但到了 15 世纪末、16 世纪初的“地理大发现”时，世界骤然扩大，西欧得以与全世界交往。在这种背景下，原先教会权威的束缚不再起作用，顽固保守思想不得不让位。

天文学和地理的发展不仅是科学知识的进步，也直接间接影响了人们的世界观，促使人们向教会的神学体系挑战。

葡萄牙人士达·伽马于 1497—1498 年绕过好望角到达印度，热那亚人哥伦布受西班牙派遣，于 1492 年通过大西洋直达西印度群岛，葡萄牙人麦哲伦奉西班牙国王命令环航地球(1519—1522 年)，这些被一般史书称为“地理大发现”的航海和对西欧人来说是地理上的新发现的行动，从实践上证明地珠是圆的。

地球是圆的。但地球在宇宙中的地位怎样？地球是处于运动之中还是静止不动的？它的运动规律怎样？这些课题都有待科学的探索和研究。

托马斯·阿奎那认为地球是静止不动的球体，它是上帝安排在宇宙中心的。到 15 世纪上半叶，库萨的尼古拉证实了地球的自转运动。

1543 年，波兰天文学家哥白尼(1473—1543)在临终前发表了《大体运行论》,指出地球自转外,还绕着太阳转动,确认了以太阳为中心的宇宙体系。这样,地球从宇宙中心降为普通的行星之一,人类也随之从被上帝认为是万物之灵的崇高地位上跌落。人们对上帝和耶稣基督在宇宙中的作用不免提出疑问。长期以来教会所维护的神学世界观和教条、教义开始受到严重的挑战。哥白尼的《天体运行论》早已成稿,但由于害怕教会的迫害,隐藏了30多年不敢发表。在哥白尼发表他的著作后的约70年,约翰·开普勒进一步肯定了"日心说",并加以发展:地球作为行星运动的轨道是椭圆(哥白尼认为是圆形),太阳是在它的一个焦点上。他还用数学公式揭示地球绕太阳转动的基本规律。

16世纪末,意大利哲学家乔达诺·布鲁诺(1548—1600年)指出,在宇宙上有许多像太阳一样的恒星,它们的周围都有行星绕着它转动。因此,宇宙是无限的,并不存在任何一个宇宙中心。按照他的理论,宇宙有它自己的客观规律,否认上帝是宇宙主宰的说法。教会认为这是泛神论的异端学说,予以逮捕。他被异端审判所监禁6年,最后被火烧死。

布鲁诺的宇宙观是理论上的。哥白尼和开普勒的科学理论则主要通过数学、物理学的研究得出。实际证实地球绕太阳运转、月球绕地球转动的,是意大利科学家伽利略(1564—1642)。伽利略从荷兰人那里学来望远镜的制法,自制了一架30倍的望远镜。他用望远镜观察了宇宙,观察了星星,发现了银河原来是千千万万星球组成的,发现了月亮的凹凸,发现了太阳表面的黑点。他证明了地球环绕太阳转动,并指出木星也有环绕它转动的行星。

伽利略是近代科学的巨人,在物理上有许多发明,如肯定惯性定理,指出物体下降的加速度;并算出了抛物线的轨迹,指出了钟摆摆动的规律。他揭示了近代科学是建立在实验的基础上的。由于从科学实践上否定了"地心说",他在70岁高龄时受到宗教裁判所的审判,并被软禁至死,卒年76岁。

在16世纪数学、物理学已有发展。达·芬奇这位多才多艺的艺术家对物理、数学、机械以至生理学等都有深入的研究。从哥白尼到伽利略的科学研究成果,都是建立在数学和物理学发展的基础上的。

医学和生理学的发展，是对教会神学又一重大冲击。

教会认为，人体是圣灵的居所，研究人体是亵渎上帝。疾病来自人的罪恶，唯有靠祷告、忏悔，得上帝的恩施，才能避免。求医和行医都是不敬神的行为；对人体进行科学研究，如解剖人体，更被教会所禁止。

但人们的生活现实需要医学。西欧最早的大学萨勒诺大学就是一座医科大学，其他大学里也设有医学系。

达·芬奇曾不顾教会的传统，出于他艺术上的精益求精的需要，曾设法进行尸体解剖。在他的笔记上写道，为了对人体的血管“得到准确知识，已经解剖过10个以上的尸体了”。通过解剖人体，他进一步研究生理学。他记述血液运输原料至身体各部分，又把废料带走。他研究过心脏的肌肉和瓣膜，并绘出了正确的解剖图。

二、宗教改革运动

1. 德国的宗教改革

(1) 马丁·路德和宗教改革运动的兴起

16世纪初叶宗教改革运动在德意志爆发，恩格斯称之为欧洲资产阶级反封建斗争过程中的第一次大决战。[①]

16世纪，德国已有资本主义萌芽。（在纺织业，在开矿业，在冶金、武器制造和金银制造业，在造纸、印刷业等，都有工场手工业和雇佣劳动者。）在16世纪初叶，德国还是欧洲南北通商的要道。但德国资本主义的发展进程受到阻碍。

那么，为什么宗教改革运动会首先发生在德国呢？原因如下。

第一，德国比之英、法，封建领主制的瓦解比较迟缓，而在封建政权的统治上，它又是西欧的薄弱环节。

英、法经济发展，在全国逐步形成中心（伦敦与巴黎），王权通过与

---

① 恩格斯：《社会主义从空想到科学的发展》英文版导言，《马克思恩格斯全集》第3卷，第390页。

市民的联系,权力不断增强。德国经济发展分散不集中,各地区发展不平衡。德国的统治者——神圣罗马帝国的皇帝,并不是统一的德国的中央集权君主。大诸侯政治独立,在领地上拥有司法权、征税权和铸造货币权。皇帝由 7 个大诸侯("选侯")选举产生,无法驾驭诸侯。

第二,德国社会矛盾集中于教会与教皇。

教会、修道院是德意志的大封建主,占有全德土地三分之一以上。教会向全德各阶层居民征收什一税。

罗马教皇出卖神职。教会主教和修道院长等高级神职人员在上任前得向教廷缴纳巨款,在职期间还得不断向教皇进献。

教皇伙同主教制造圣徒遗物、遗体,四外兜售,并随时巧立名目,诈骗民财。

1517 年,教皇利奥十世以修建罗马圣彼得大教堂为名推销赎罪券。教士在教堂、在广场,贩卖赎罪券,公开宣传,只要购买赎罪券的钱币"叮当"一响,买者已死家属的灵魂就从炼狱升上天国。

德国人民在重重搜括下生活痛苦。15 世纪末、16 世纪初年连年饥荒,农民以草根充饥。人民对教会的剥削诈骗充满仇恨。

德国金银财富飞越阿尔卑斯山,源源落入教皇金库。它使德国资本原始积累进程缓慢。城市市民反对教会和教皇。

在教会内部贫富悬殊。中下层教士反对教会上层,反对罗马教廷的横征暴敛,腐化挥霍。

正是在这样的背景下,马丁·路德发动的宗教改革应运而生。

马丁·路德(1483—1546)出生于农村小企业主家庭,1515 年曾任当时成立不久的维登堡大学的教授。

在维登堡,赎罪券的出卖已闹得满城风雨。1517 年 11 月 1 日,马丁·路德在教堂门前贴出题为《关于赎罪券效能的辩论》的 95 条论纲,反对"赎罪券贩子的胡乱宣讲"。

马丁·路德提出 95 条,原意是仿照大学神学问题辩论的惯例,提出自己的论点。但是,德国人民反教会、反教皇的情绪好像一个火药桶。马丁·路德论纲虽是星星之火,但它一落入火药桶就引起爆炸。在一个月内,95 条传遍德国以至西欧各地。

1520年,教皇下令谴责马丁·路德并焚毁他的著作,限令他在60天内悔过,否则革除教藉。马丁·路德当众把教皇诏书勒令烧毁。就在这一年,路德发表了三篇重要文件:《致德意志基督教贵族公开信》、《教会的巴比伦之囚》、《论基督教徒的自由》,提出了他的宗教改革主张。在《致德意志基督教贵族公开信》中,他呼吁贵族和人民从罗马教廷控制下解放出来,建立民族教会,并要求皇帝与教皇断绝关系,禁止罗马非法侵夺德国财富,没收德国所有教会的土地。他主张神职人员与一般教徒只是分工不同,并非等级地位不同。他指出,《圣经》的权威高于教皇的权威。他还提出了关于教会改革的具体建议,其中包括减少教堂、修道院,简化宗教仪礼、教会节期,神职人员可以结婚,废除教会法规中的繁苛刑罚,等等。在《教会的巴比伦之囚》中,他讨论了"因信称义,宣称基督徒因信仰得解救,摆脱教会仪礼、形式的束缚"。这样,"他破除了对权威的信仰,却恢复了信仰的权威。"[①]路德的这些主张,正是当时市民阶级的"廉俭教会"的主张。

路德的倡议很快得到广泛响应。农民和城市下层平民要求通过教会改革,改革现存的社会制度。1521年,一些城市平民冲进教堂,唱民歌小曲搅乱弥撒,下层神职人员积极响应。有的地方神甫、修女自行结婚。德国的一些地区在1522年还出现了群众起义的最初迹象。

城市中、上层市民和贵族、诸侯,要求成立一个独立的德国教会,没收教产,取消教会特权。但皇帝、主教和部分诸侯仍主张维持现状,反对宗教改革。1521年1月,皇帝查理五世(他于1520年被选为皇帝),在沃尔姆斯召开帝国议会,召路德到会悔罪。但诸侯向查理五世提出对教廷不满的意见。在诸侯庇护下,路德安全离会。会后皇帝仍下令逮捕路德。路德在撒克逊诸侯保护下,改名换姓地在瓦德堡生活。这时,路德开始把《圣经》翻译为德文。这部德文《圣经》的《新约》于1522年完成,《旧约》于1534年完成。

(2) 改革运动的分裂·闵采尔与再洗礼派

由路德发动的宗教改革迅速发展为人民的运动。人民要求这是一

---

① 《马克思恩格斯全集》第1卷,第461页。

场改变现存秩序的反封建反天主教会统治的斗争;在斗争的方法上,人民主张暴力。于是,主要采用和平方法进行温和宗教改革的马丁·路德,便和人民的运动分道扬镳了。

1520年,在德意志东北部的茨威考城,出现了矿工、纺织工人为主体的再洗礼派。当地的下层神甫托马斯·闵采尔(约1490—1525)积极支持并以他的主张影响新生的再洗礼派。这一派反对罗马教会的仪礼,特别反对婴儿受礼,要求教徒重新受洗,因此称为再洗礼派。该派领导人由教徒推举产生,在各地形成许多小社团,没有统一的组织和教义。“这一派悄悄地在许多地区存在着,表面看来它还是个卑微恭顺与世无争的宗派,然而骨子里却包藏着最下层社会对现状的不满而且正在成长为一个反对派”。[①] 他们宣传,世界末日即将到来,一个人人平等的千年王国即将实现。他们的主张受到下层人民群众的欢迎。

1521年年底,三个“茨威考先知”到维登堡。在他们的影响下,维登堡群众大闹教堂,破坏教堂偶像。于是,路德在1522年3月从藏身地赶回维登堡,连续8天讲道,反对以暴力改革教会。在路德的宣传下,再洗礼派的“先知”和其他激进分子被逐出维登堡。此后,路德又到各城市宣传反对暴力,认为改革教会主要要求教徒内心的改变,并要求教徒服从世俗统治者的统治,“缴纳税款,尊敬长官,竭尽所能为政府效力”。

但是,翻腾的德意志已不能再平静。1522年,莱茵区发生了弗兰茨·冯·济金根和乌利希·冯·胡腾领导的骑士暴动,反对诸侯。由于孤立无援,暴动当年失败。两年以后,在1524—1525年,伟大的农民战争在德意志大部分土地上展开了。

德国农民战争是中世纪西欧规模宏大、波澜壮阔的人民反封建战争,全德约有三分之二的农民投入了斗争。这场反封建的农民战争,由于正在向资产阶级转变中的市民还没有形成新的阶级力量,软弱、动摇;由于德国的分裂割据状态以及由此产生的地方狭隘性;由于城市市民和下层平民与广大农民不能联合起来战斗,最终归于失败。

---

① 《马克思恩格斯全集》第7卷,第411页。

在农民战争爆发前，也在农民战争进行中，闵采尔提出了革命的宗教改革主张，并把宗教改革和社会改造紧密结合。为了与封建制度与罗马教会作斗争，他奔走各地，宣传、联络，并积极参加组织农民、平民和矿工进行战斗。最后在 1525 年 5 月的战斗中受伤被俘，坚贞不屈，壮烈就义。

闵采尔否认《圣经》的权威，认为信仰主要根源是圣灵的"活的启示"，它表现为人的理性。人有理性，即有神性，都可以入天国。他提出的天国——千年王国，不在来世，而在现世可以建立。在天国里，一切私有财产都得消灭，财产共同分配，最完全的平等必须实行。他宣称："整个世界必须忍受一次震荡，这是关于不敬上帝的人垮台而卑贱的人翻身的大事情。"恩格斯说闵采尔的思想"是对当时平民中刚刚开始发展的无产阶级因素的解放条件的天才预见"[①]。但是，在那个时代，他的思想是不可能实现的。

在德国农民战争中，再洗礼派是起了作用的。农民战争失败后，再洗礼派受到镇压，内部也出现了分化。但这一派教徒仍在德国、瑞士、尼德兰等地的平民中活动。德国农民战争后，在德国的闵斯特城，再洗礼派贫民又掀起了多次起义。1534 年，再洗礼派夺取闵斯特城市政权，成立公社，没收僧俗封建主财产，并平均分配给城市居民。当时主教和封建主围攻闵斯特公社 16 个月，起义于 1535 年 6 月失败。

(3) 马丁·路德派教徒的传播

农民战争打击了天主教会，许多教堂、修道院被毁。德国北部诸侯趁机夺取教产。为了维护既得利益，他们支持新教，设立新教教会以代替天主教。新教会取消了天主教会繁琐、豪华的仪式，代之以"廉俭教会"所要求的简单礼拜仪式，废除弥撒，撤除神像崇拜，废止向圣灵叩拜；仪式中用德文代替拉丁文，推广德文《圣经》。诸侯成为本地教会的首领。过去教会征收什一税、任免神职人员、制订教会法规、召开教会会议、审理教徒违犯教规等案件的权力，都由诸侯掌握。宗教法庭逐渐成为诸侯司法机构的一个部门。原来的教会财产一部分归教会，教士

---

① 《马克思恩格斯全集》第 7 卷，第 414 页。

担任世俗官职。

但德国南部诸侯在农民战争后仍坚持天主教信仰。神圣罗马帝国皇帝无疑是天主教的支持者。但当时皇帝查理五世和罗马教皇有矛盾。他曾率军进攻罗马,迫使教皇投降。同时南德天主教诸侯也害怕皇帝势力过分强大有损他们的独立。因此,北部新教诸侯一时力量虽处弱势,但仍能保持并逐渐发展他们的势力。1529 年,皇帝召开帝国会议。会议仍认新教为异端,并禁止夺取天主教会财产。新教诸侯 6 人和 14 个帝国城市的代表联合提出抗议书,因而被称为“抗议者”(Protestants)。此后,在西方,新教一般称“抗议宗”或“抗罗宗”。(在中国,常以“基督教”一词单指新教,有时也称为“耶稣教”。)帝国会议后,新旧两派诸侯和城市各自结成联盟,互相对峙。旧教诸侯联盟较早瓦解(1536 年),新教逐步发展。

1550 年,查理五世颁布“血腥诏令”,把新教视为“异端邪说”,连阅读《圣经》也得论罪。在异端教派的罪名下被屠杀的各派新教徒约达 10 万人。皇权的增长也引起旧教诸侯的不安。新旧教诸侯结成反对皇帝的同盟,发动反对皇帝的战争。1552 年,皇帝战败。1555 年,订立《奥格斯堡和约》。《和约》承认路德派的合法地位,并承认诸侯有决定其臣民信仰的权力,即“教随国定”。但其他教派在德国仍处于非法地位。

德国的宗教改革运动曾影响并传播于欧亚各国。其中,西北欧的丹麦、瑞典、挪威的统治者在 16 世纪发动路德派宗教改革。在当地统治者的控制下,建立起路德派教会。

2. 瑞士的宗教改革

地处意大利、德意志和法兰西之间的瑞士,在 15 世纪已经形成由州郡联合的独立的联邦国家。但在瑞士,各州郡的发展是不平衡的。一部分州郡由手工业商业比较发达的城市领导,如日内瓦、伯尔尼、苏黎世等。在这些城市里已出现资本主义的工场手工业,也有活跃的商业信贷活动。有的州郡是经济上比较落后的乡村州郡,联邦比较松弛,往往受邻近地区各种势力的影响和控制,也受天主教和新教斗争的激荡。它们的独立自主只有通过斗争才能取得。而且,法国国王、德国皇帝和罗马教皇，都以瑞士农民作为他们征募雇佣军的对象，使瑞士州郡成为强大邻邦的政治工具。瑞士州郡团结起来，进而建立一个独立的、统一的瑞士国家，是瑞士社会先进阶层的要求。

(1) 茨温利的宗教改革

在马丁·路德发起宗教改革同时，在瑞士，以苏黎世城为中心，在茨温利(Huldreich Zwingli，1484—1531 年)倡导下，发动了宗教改革运动。

茨温利是一个瑞士小城市的官吏的儿子，青年时期是一个人文主义者，勤学古典拉丁文和希腊文，深受伊拉斯谟影响。他也是一个爱国者，对于瑞士州郡受强大邻邦势力的侵袭深有感愤。而瑞士天主教会人士的道德败坏使他颇多感慨。自 1506 年起他任格拉鲁斯教堂神甫。他钻研《圣经》，对天主教会的教义和仪礼产生怀疑以至反感。在 1517 年，他已经对人说，在《圣经》里找不到教皇统治的根据。1518 年，他反对教皇使者出卖赎罪券。1519 年，他出任苏黎世市大教堂的神甫。他的反对教廷在瑞士售赎罪券的主张，得到苏黎世市议会的支持。次年，他又公开发表反对天主教会教仪和教义的主张。他从各方面提出宗教改革的理论，并在苏黎世议会和人民的支持下，实施他的主张，主要是在 1522 年至 1525 年。苏黎世成为当时瑞士宗教改革运动的中心。

茨温利认为，基督教信仰应以《圣经》为权威，与《圣经》不一致的就得反对。与路德一样，他也强调信心。但路德认为，人要获得上帝的拯救、被上帝选召，就在于人的信心。茨温利说，人由于已得上帝选召和拯救，便终将产生对上帝及其救赎人类的恪信。和路德一样，他主张废除修道制度、废除神职人员独身制，赞成修道士还俗和教士结婚。茨温利在 1524 年结婚；次年，路德结婚。他反对天主教的繁琐仪式，反对圣像圣物的崇拜。他的教会比路德的更为廉俭，教堂里的祭台和祭衣被取消了，弥撒不再举行，圣餐礼变得很简单：在布道和祷告后把圣餐礼上用的未发酵的面饼和酒放在一张桌子上；信徒围桌面坐，身穿俗人服装的牧师把饼、酒分发给信徒们。原来茨温利对圣餐的看法不仅与天主教不同，也与路德派不同。路德认为饼和酒虽然不会“化体”为基督的肉与血，但经过祝祷，饼与酒和基督的肉与血结合于一体，好像火与铁结合成一体一样。而茨温利则认为,圣餐只是用以纪念基督因救赎世人而受难的一种象征性礼仪。饼和酒不会变成基督的血肉,也不会同基督的血肉结合成一体。茨温利派的教会组织比较民主:教区牧师由教士推选,各教区代表大会决定教会重要事务。州郡政府对教会有最高监督权。

在茨温利的影响下,苏黎世全州行动起来了。其他几个以城市为中心的州郡,也行动起来。但就在瑞士,仍有坚持传统天主教的州郡。瑞士附近,教皇的势力、皇帝和信天主教大诸侯的势力还很强大。情况复杂,斗争尖锐。曾经有一些宗教改革家争取路德派和茨温利协调,使改革运动团结起来。1526 年,路德、茨温利和其他新教派的领导人物在马尔堡举行会议,可是,由于对圣餐的不同看法,路德和茨温利发生争论,几乎不欢而散。据说在散会前茨温利含泪对路德伸出友谊之手,但路德不承认茨温利派是他们同一派的道友,拒绝与他握手。

开始,茨温利派的发展比路德派顺利。可是,瑞士各城市、州郡的分歧,意大利、德意志天主教势力的强大压力,使苏黎世的处境越来越艰苦。茨温利派同天主教势力的战斗展开了。茨温利作为苏黎世的随军牧师参加了战争。1531 年 10 月,苏黎世军战败,茨温利战死。瑞士新教各城市因战争失利而遭受打击。而在瑞士、南德等地,茨温利派信仰仍有流传。在茨温利去世后 10 年,加尔文确立了他在日内瓦的领导权。于是,以日内瓦为中心的瑞士,成为新教派的又一圣地。

(2) 加尔文在日内瓦的宗教改革

加尔文(Jean Calvin,1509—1564)是法国人,其父曾任主教秘书。青年时,加尔文在巴黎大学攻读拉丁文和神学,在奥尔良学法律。在路德派思想的影响下,他在巴黎参加了宗教改革活动。法国政府和教会对新教徒的迫害使许多人死亡。加尔文于 1533 年离开法国,其避难地是瑞士和斯特拉斯堡。在瑞士的巴塞尔,他撰写了一部维护、阐述新教信仰的著作《基督教要义》,并于 1536 年在巴塞尔出版。《基督教要义》不仅是加尔文派,也是整个宗教改革运动中新教徒最重要的理论著作。此书于 1536 年初版至 1559 年定版,23 年间不断充实内容修订再版。初版后的 6 个版本都同前版有很大不同。最后定版的篇幅已为初版的

5倍。

在瑞士各城市中,日内瓦的宗教改革是比较后起的。在瑞士西部,最强有力的新教城市是伯尔尼。自茨温利去世,苏黎世遭受沉重打击后,伯尔尼成为瑞士新教运动的中心。在伯尔尼,领导教徒运动的是法国宗教改革家法雷尔(Guillaume Farel,1489—1565年)。在伯尔尼的支持下,法雷尔也在瑞士其他州郡发动宗教改革运动。日内瓦自15世纪下半叶以来受意大利萨伏依公爵家族统治,其天主教主教也受萨伏依家族的支持与控制。1530年,日内瓦市民在新教派的伯尔尼和弗赖堡两州的支持下打败萨伏依军队,取得自治;但宗教上仍受天主教主教控制。新教旧教斗争剧烈。1535年,日内瓦市民击退天主教主教和萨伏依公爵的武装,并为维护独立进一步推行宗教改革,法雷尔受委托主持改革。1536年,加尔文拟去斯特拉斯堡,法雷尔让他负责日内瓦的改革。法雷尔不是一位有组织能力的政治家,而加尔文,不仅有理论,也是一位有组织、行政能力的宗教改革家。加尔文认为,有必要按照《圣经》的启示,改组并建立新的教会组织。可是日内瓦情况复杂,有一派市民反对加尔文改革的严格措施。1538年,加尔文被迫离开日内瓦,到斯特拉斯堡等地流动讲学。1541年,日内瓦市民又请加尔文回日内瓦主持改革。此后23年,加尔文领导日内瓦,使日内瓦成为加尔文派的神权共和国。

加尔文是比路德和茨温利晚一辈的宗教改革家,其思想受到这两位前辈启发,有了新的发展。在路德和茨温利那里尚没有形成一套新的系统的神学理论,相比之下,加尔文是一位思路更清晰、论证更缜密的神学家。新教的大宗派有共同的特征,如强调上帝的权威和圣经的启示,主张因信称义等,从而否认罗马教会的权威,也否认教会所强调的繁琐、虚华的仪礼的作用。在这些方面,加尔文发挥得更加彻底,并有自己的特征。

加尔文神学的中心思想是上帝的无上权能,上帝决定一切、支配一切。这不是一般的决定,而是每一个人、每一件事都由上帝决定。这是一种预定论。路德等新教领袖都主张事物的变化、人的命运均由上帝预先决定,而加尔文的预定论发挥得更明确、更彻底,其内容也更适应资本原始积累时期新兴资产阶级的需要。路德的因信称义说认为：通过“信心”，人同上帝发生了新的关系，上帝就把基督的“义”归到人的身上，从而使人得到拯救。路德强调的是预定得救的人怎样得救，而加尔文强调的则是：一些人被上帝选中成为“选民”，因而获得信心，获得拯救；另一些人被上帝摒弃，成为“弃民”，不能获得信心，从而被永远罚入地狱。这些都是上帝预先决定的，任何力量都无法改变。

可是，加尔文的预定论同宿命论是不同的。按照加尔文的理论，上帝的预定，人们是无法知道的。每一名信徒都应该深信自己能够成为上帝的选民，所以应该通过积极的行动和不懈的努力来证明自己能够成为选民，获得拯救。那么怎样才能证明自己是上帝的选民呢？加尔文为此制定了相关的教义、教仪、道德规范和行为准则，从而也为新的教会制定了一套新的组织体系。

世上的一切，人的一切，都由上帝预定，任何人都不能改变的这种极端的预定论，正是资本主义萌芽、社会经济变动剧烈时期的人们思想的反映。在旧的经济社会秩序破坏，新的经济社会秩序正在形成的世界中，在商业竞争、社会变化迅猛的情况下，冒险者可能取胜，也可能失败，个人的能力才智，往往无能为力；人的命运受未知的至高的经济力量的摆布。按照加尔文的说法，人们的成败是由上帝的“神圣计划”所规定的。

加尔文认为，能够证明自己是否是上帝选民的依据，是事业上的成功与否。这里所说的事业也包括工商业与高利贷等。加尔文把人的富有和贫困都看成上帝的预定的计划，发财致富是获得神恩的标志。这一点与路德不同，因为路德并不特别鼓励工商业，也反对放款取息。

加尔文和路德一样否认以教皇为首的教阶制的权威性，否认主教制，可是路德对于建立一个新的自治的教会机构并不重视。路德事实上是把新教的领导、管辖权力交给了世俗的统治者。加尔文却要求他的教会是一个自治的组织机构。加尔文派教会是由信徒推选的长老和牧师共同治理的。牧师专管宗教方面的事务，包括诵经、布道、主持仪礼等；长老则是从事世俗职业的信徒，经选举而为管理教会的骨干，其主要职责是维持秩序、道德和纪律。加尔文派的教会组织具有共和与民主的形式，这种形式有利于教会的独立发展，有利于教会领袖同一般信徒保持密切的联系，也有利于领袖对一般信徒的控制。在天主教的法国，在尼德兰、苏格兰等地，都有加尔文派的相对独立的自治组织。至于日内瓦，由于全体居民都是加尔文派的成员，教会和政府官员虽然是各有职责，但政、教之间的分工合作有矛盾也有困难。在加尔文不宽容的全民教会的观念下，终于使这个小邦成为加尔文领导下的神权共和国。

加尔文不仅使日内瓦神权共和国有严密的组织，而且有严格的纪律和严峻的道德生活，教会对管理和生活的干预可谓无孔不入。教职人员对每一个教区的居民每年至少有一次"家庭访问"(这在1550年由政府正式规定)。宗教法庭管得很宽，从异端、巫术、渎神到婚姻、家庭、生活都在其列。在法庭审询记录中，有审理一个62岁的妇女同一个25岁的男子结婚的案件。加尔文对信徒生活要求以严厉著称，跳舞、玩牌皆被禁止，连家庭舞会也不准举行。禁止酒馆开业，禁止艳歌淫曲，饭前饭后应感谢神恩，取名亦应以《圣经》人名为依据。在加尔文晚年，还规定二次犯法者应头戴特制的帽子游街示众。对异己分子的严刑酷罚，加尔文也超过其他新教派别。曾因逃避异端罪而离井背乡的加尔文，在1553年主持了对著名的西班牙人文主义者、医生塞尔维特(1511—1553)的审讯，并以反对"三位一体说"的罪名将他用火刑处死。而这位塞尔维特原是加尔文的老相识。

加尔文在日内瓦是同反对派、反对他的人们的斗争中巩固加强其领导地位的。在日内瓦，咒诅、痛恨他的不乏其人。他的住宅的窗口曾遭到火槌的袭击。近乎冷酷的严厉作风是引起人们反对他的原因，但这种作风主要还是他同反对势力斗争中的产物。日内瓦信奉他的人是占支配地位的。西欧各地的新教信徒汇聚日内瓦听他的说教，受他的领导。来自法国的许多新教信徒更是他的有力的支持者。日内瓦的加尔文派牧师主要由法国的新教徒担任。据说在当时日内瓦担任牧师的日内瓦人不到十三分之一。1559年，他创办了一个宗教学院，又办了各级宗教学校。这些学生就成为西欧各地传播加尔文派的新一代的骨干。苏格兰宗教改革家约翰·诺克斯说，日内瓦是"使徒时代以来世上最完善的基督的学校”。日内瓦被称为“新教的罗马”。加尔文是“日内瓦的教皇”。

3. 英国的宗教改革

英国的宗教改革别具一格。它不是由一位教会内的宗教改革家发动的,而是由一位国王出于完全世俗的动机通过行政命令和立法措施实行的。

这位国王是亨利八世(1509—1547 年在位)。当他在位初期,在马丁·路德在德意志发起宗教改革以后,英国很快就受到改革运动的影响。而在当时,亨利八世是受到罗马教皇赞赏的正统“信仰维护者”。他曾把路德的著作列为禁书,并为天主教会的 7 种圣礼(7 件圣事)写了辩护文(1521 年)。英国天主教会拥有全国地产的五分之一至三分之一,享有各种特权,成为国王统治的重要支柱。英国天主教会的领袖约克大主教、枢机主教华尔赛(Wolsey),十几年中是亨利八世朝廷中权势显赫的大臣。可能是因为国王、贵族和新贵族觊觎教会财产,也可能因为国王要集中政治权力,但最直接的导火线是亨利八世的婚姻问题,使他和罗马教皇最后决裂。

亨利八世的原配王后凯瑟琳是西班牙阿拉贡的公主、神圣罗马帝国皇帝查理五世的姑母,也是亨利的寡嫂。亨利同凯瑟琳的感情不好,并另有情妇安·博林。他请求教皇准许他与原配离婚,并认可他与安·博林的婚姻关系。教皇害怕查理五世,拒绝了亨利的请求。于是,亨利八世于 1529 年把华尔赛的职务解除,并召开国会,揭露天主教会人士的罪恶,并由国会通过一系列法案,否定罗马教廷对英国教会的管辖和干涉,禁止英国教会向罗马教廷缴付贡金(1533 年)。1534 年,国会通过《至尊法案》,授予国王以英国教会元首称号。安·博林被加冕为王后(1533 年)。《乌托邦》的作者托马斯·莫尔(Thomas More)是亨利八世的枢密大臣,由于拒绝为承认国王的教会元首地位而宣誓,就以叛逆罪被斩首(1535 年)。在 1536—1539 年间,国王封闭了修道院,没收了它们的地产、房屋、财物。被没收的地产,除成为王室所有外,有的送给国王宠臣,不少以半卖半送的价格卖给租地农业家和富裕市民。

英国王室每年因此增加了 10 万金镑以上的收入，新贵族和新兴资产阶级的经济力量也增强了。这一事件促进了英国的资本原始积累。“在 16 世纪，宗教改革和随之而来的对教会地产的大规模盗窃，使暴力剥夺人民群众的过程得到新的惊人的推动。”[①]这就是亨利八世所倡导的宗教改革，由此产生了独立的国教会或圣公会，亦称安立甘教会(The Anglican Church)。

亨利的宗教改革出于世俗的目的，他不像宗教改革家那样，对教义、教仪有自己的改革主张。亨利八世达到了他的要求：他掌握了对英国教会的最高领导权，没收了修道院和教会的财产，安・博林也如愿成为王后(只是她在加冕 3 年后被亨利处决，亨利又与新的对象结了婚)。英国的路德派信徒对英国的宗教改革是受到鼓舞且抱有很大期望的。可是，已经增强了政治权力和经济力量的亨利不仅想保持现状，而且害怕新教改革家的改革主张会损害他的统治利益。于是，在 1539 年，他通过教会颁布了取缔宗教分歧的“6 条法令”。法令肯定了天主教的圣事，肯定圣餐中饼、酒“实体转化”说，并规定凡否认上述教义和仪礼的皆为异端罪，得受火刑和没收财产的惩罚。“6 条法令”对英国改革运动中的新教信徒是一个严重的打击。许多人因此被捕、被杀。“6 条法令”也被称为“血腥法令”。一批批的英国新教徒逃往欧洲大陆。在德意志的新教城市如法兰克福、斯特拉斯堡，在瑞士，都有大量的英国流亡者。这些在瑞士和南德城市的英国新教徒主要受加尔文派的影响。他们的回国和他们与祖国的联系，为加尔文派在英国的传播打下基础。

继亨利八世的爱德华六世在位期间(1547—1553)，继续加强国教会对全国宗教信仰的控制。但当玛丽继位为英国女王(1553—1558)后，形势大变。玛丽是亨利八世前妻的女儿，她与天主教的堡垒西班牙的未来国王腓力结婚，并同罗马教皇重新联合。天主教势力卷土重来，亨利八世以后的宗教改革被镇压，新教徒被判为异端，或被判火刑，或被瘐毙狱中。她恢复梵蒂冈在英国的财产及征税权，并与西班牙结盟

① 《马格思恩格斯全集》第 2 卷，第 227 页。

对法国作战，引起国内新贵族、市民和资产阶级的广泛反对。这位被称为“血腥的玛丽”的女王登位 5 年后去世。继承她王位的是她的妹妹伊丽莎白(1558—1603)，即亨利八世后妻安·博林的女儿。在伊丽莎白为女王后，英国国教会的统治地位和国王对国教会的最高权力重新确立。“女王陛下乃本国唯一最高统治者”，否认教皇的权力；所有神职人员必须效忠女王，否则革职。她亲自审订英国国教会的教义，颁布“39 条信纲”。她规定国教会的仪礼应以《公祷书》为准则。她按照统治的需要吸收了各新教派的教义和仪礼，但同时也保留一些旧天主教的教义和仪礼。她既反对天主教势力，也不允许国教会以外的其他新教派在英国流行。

国教会以外的新教派已经传入英国。尤其适合新贵族和资产阶要求的加尔文派在英国有越来越多的信徒。伊丽莎白在位期间，苏格兰建立起加尔文派的苏格兰教会。16 世纪 60 年代在英国出现了不遵守国教的加尔文信徒，他们中很多人主张“纯洁法”教会：要求清除国教会中的天主教影响，反对教会上层和封建统治者奢侈、浮华的生活，因此被称为“清教徒”。70、80 年代，英国加尔文派开始建立自己的教会。16 世纪末，清教徒中又分裂成为两派：一派是主张由长老领导教会的“长老派”；另一派是主张所有信徒共同管理教会，每个教会完全独立的“独立派”。

4. 宗教改革在法国和尼德兰

对天主教会专制垄断的不满，对天主教神学的怀疑，早在马丁·路德之前，在法国的人文主义者中间已经发端。埃塔普尔的扎克·勒非弗(约 1455—1537)是一位从事古文字研究和翻译，注释《圣经》的学者。1512 年他发表了《保罗书信》的拉丁文新译本，10 年后又发表了《福音书注释》，随后又用法语翻译《圣经》。早在《保罗书信》的注释中他就提出了因信得救的思想，否认圣餐的实体转化说。他的一位门徒布利松涅是莫城主教，也是一个思想比较开明的改良家；他的另一个学生法雷尔后来流亡出国在瑞士从事宗教改革，正是他邀请加尔文到日内瓦。

接着，由马丁·路德发动的德意志的宗教改革运动和茨温利的改革思想的浪潮冲击法国。法国的思想界受到影响，不少人积极响应。

但法国政、教上层对新教思想的压力也在加强。法国宫廷对宗教改革有不同看法,国王法兰西斯一世(1515—1547)的态度也因国内外政治条件的变化而举棋不定,但总的倾向是维护天主教的传统的统治地位。巴黎大学的神学院——索邦和巴黎高等法院——巴力门,是维护天主教势力的两大中心。莫城主教区由于受到国王之妹玛格丽特的庇护,曾一度是勒非弗等倾向新教人士的活动中心。但是强大的压力和改良派在斗争上的软弱使莫城小组成员星散,勒非弗只能在玛格丽特的宫廷里避风。社会上新教信徒是活跃的,1534 年,巴黎街头新旧教两派张贴海报,闹得满城风雨,甚至在国王寝宫门前也张贴着新教徒斥骂天主教会的海报。在斗争剧烈时,法兰西一世采取日益严酷的镇压新教徒的政策。

法兰西斯一世之所以坚持天主教会统治的政策,主要是因为在世俗政权和罗马教皇的关系上法国国王的地位与德意志的诸侯不同,也与宗教改革前英国国王的地位不同。法国国王从腓力四世以来有同教皇斗争并取得胜利的历史。1516 年,法兰西斯一世同教皇利奥十世订约,规定法国教会神职人员由国王任命,教会大部分收入收也归国王,罗马教廷只享受主教的第一年薪俸的收入,即所谓“初熟之果”。法国天主教会不仅在经济上,也在政治上是法国王权的重要支柱。新教的流行对法国的专制王权是一种潜在的威胁。法兰西斯一世在本质上是天主教权威的维护者。只是在意大利战争中,神圣罗马帝国的皇帝查理五世是他的主要敌人;而新教的德意志诸侯是查理五世的对手;敌人的敌人就成为他的朋友。这种情况使他对国内的新教徒采取容忍的态度。但是,这只是政策上的权宜之计。法兰西斯一世与他的后继者对宗教改革运动进行镇压,是法国专制王权合乎逻辑的基本政策。

随着镇压的加强,新教在法国的发展也变得更加迅速。加尔文派的传播和力量的增长更是惊人。加尔文派开始在法国广泛传播不会早于 16 世纪 30 年代末 40 年代初,因为加尔文的名著《基督教要义》拉丁文于 1536 年初版,1539 年的拉丁文修订版于 1541 年在法国出版。而在 20 年左右的时间后,加尔文信徒至少已发展到数 10 万人。1559 年就有 40 万信徒在巴黎集会。在南部法国,信徒更加集中,城市市民、新兴资产阶级律师和中下级官吏，多属加尔文信徒。受到价格革命冲击的中小地主中，以及对现状不满的某些大封建主中，也都有加尔文派信徒。这些加尔文派信徒被称为胡格诺派(Huguenots)，意为联盟者。他们迅速发展的人数，他们的对现状的不满，以及他们的自成体系的组织，使胡格诺派成为“国中之国”。

教派的对立，加上政治的社会的因素，终于在法国爆发了长达30多年的内战胡格诺战争(1562—1594)。战争的最终结果是亨利四世登位为国王(1589—1610)。他是一个胡格诺派教徒，改信了天主教。他在进入巴黎，赢得法国的统一局面后4年，颁布了允许法国人民信仰自由，保证胡格诺权利的法令：“南特敕令”(1598年)。受内战残破的法国在亨利四世的统治下得到复兴。但是，天主教和加尔文派的教派对立并没有消除。在亨利四世被刺身死后，占统治地位的天主教同胡格诺派的矛盾加剧。黎塞留摧毁了胡格诺派的武装城堡，而1629年的“恩典法令”，仍允许胡格诺派的信仰自由。可是，在“恩典法令”后50余年，在1685年，路易十四废除“南特敕令”，连黎塞留给加尔文派的“恩典”也撤消了，加尔文教派被宣布为非法，信徒遭受残暴的镇压和屠杀。数十万加尔文派信徒被迫离开法国，流亡到尼德兰、不列颠、德意志等地。① 胡格诺派是法国工商业的骨干力量，他们的离去带走了他们的企业和财富，也带走了手工业的技术和经营方法，对于法国经济是一个巨大的损失，而对于尼德兰、英、德，则是推动生产发展的力量。留在法国的加尔文信徒还是不少的。他们或被迫改信，或阳奉阴违地过着他们的宗教生活。作为一个教派，胡格诺派已不存在了。

尼德兰(相当于今荷兰、比利时、卢森堡和法国东北部一部分)在15世纪时是属于法国勃艮第公爵领地，后因婚姻继承关系成为哈布斯堡家族的领地。哈布斯堡族的查理被选为神圣罗马帝国皇帝，即为查理五世。查理是西班牙国王外孙。1516年，因西王去世无嗣，查理继承

① 伏尔泰在《路易十四时代》上说：“法国损失大约50万住民”。(中译本，第536页)。据近代学者研究，当时离开法国出亡的胡格诺信徒约为25万，其中去尼德兰者约10万人，去不列颠和德意志者，各约8万人。见 J. B.. Norras. Huguenats 一文(*History Today*1961年4月号，第274页)。

王位，称查理一世，尼德兰成为西班牙领地。1556 年查理之子腓力二世继位为西班牙国王(1556—1598)，尼德兰仍属西班牙。

中世纪中期以来，尼德兰经济发达是西欧经济最先进地区之一。南方以毛织业和麻纺织业著称；北方除纺织业外，以造船、航海、渔业闻名。16 世纪初地理大发现后殖民贸易迅速发展，面临大西洋的尼德兰，经济地位变得更加重要，安特卫普、阿姆斯特丹等是世界性的海港。资本主义经济在这里发展较早，也较显著。

西班牙对尼德兰的统治，使尼德兰在经济上、政治上蒙受巨大的损害。西班牙把尼德兰作为它的一个非西班牙的属地，是它经济上搜括、掠夺的对象。对于西班牙在世界各地的殖民地，尼德兰商人是没有直接通商的权利的；西班牙还提高运往尼德兰的羊毛税额，禁止尼德兰同英国的贸易来往，并拒绝支付拖欠尼德兰银行的国债。尼德兰经济繁荣的后果是使尼德兰把果实给予西班牙，而自己却不能吃到。而且，比之英法的王权，西班牙的封建君主专制是落后的专制政权。西班牙政府抑制、破坏尼德兰自治，它用中世纪的天主教神权统治压制尼德兰人民。西班牙的宗教裁判也是用来压制尼德兰的重要工具。

而尼德兰正是反对天主教的各种新的教派滋长、流行的地方。尼德兰经济的发展和社会条件的迅速变化，特别是资本主义关系的成长，使它成为新教派流行的肥沃上壤。而且，西班牙以天主教作为专制统治的支柱和武器，尼德兰人民反对西班牙，更促使他们接受新教派，并以新教信仰作为反抗西班牙的武器。

早在马丁·路德之前，在尼德兰的城市贫民中已流行再洗礼派，路德发动宗教改革后，尼德兰贵族和城市市民，纷纷接受路德派的主张。稍后，加尔文派传入，在尼德兰迅速而广泛流传。新兴的资产阶级，城市工商业者，部分新贵族和富裕农民，纷纷接受加尔文派。16 世纪中叶以后加尔文派成为起主导作用的新教。在 16 世纪后半叶发动的尼德兰资产阶级革命中，加尔文的宗教改革成为革命的旗帜。

5. 天主教会对宗教改革运动的回应

(1) 特棱特宗教会议

为了对付宗教改革运动，重振天主教会，天主教会教皇和各教会代表在意大利邻近德国的特棱特(或译特兰托)举行会议。会议分成3段时间举行:1545至1547年,1551至1552年,1562至1563年。

会议决定新教是异端,排斥了与新教和解的可能性;天主教的教条、教义和教仪全部正确无误,必须严格遵守;天主教会的传统与《圣经》有同样的权威性;《圣经》应以教会传统使用的拉丁文译文为依据,而且唯有教会才有权解释《圣经》;教徒必须靠神甫施行圣事才能得救;僧侣和神职人员仍须保持独身;圣像和圣徒的遗体和遗物的崇拜仍应保持;在组织上坚持教皇是教会的最高权威。会议研究了学校的《圣经》教学问题,又规定教区神甫应在教堂讲解《圣经》。

然而,会议的经过暴露出天主教阵营矛盾重重。教皇和皇帝有矛盾,第一次会议经过8年谈判才召开,就是因为教皇和皇帝争夺对教会的领导地位;教皇与主教之间也有矛盾:教皇称主教权力来自教皇,主教则称他们的权力来自上帝、基督。

会议的决定并不切合实际。如被判定为异端的新教,事实上已在西欧许多地区和国家流行,无法抑阻;1555年的奥格斯堡会议已承认在帝国内诸侯有确定自己宗教的权利,因此,第三阶段的特棱特会议只能讨论有关天主教本身的问题。又如,神甫必须独身的规定也行不通;在讨论中巴伐利亚公爵代表就指出,有100个神甫中,至少有95人纳妾,而"娶妾税"已成为主教的一项重要收入。

但应承认,特棱特会议基本上稳定了受宗教改革冲击的天主教会阵营的阵脚,它在教会的管理组织方面,在教会生活方面,标志着在新形势下天主教会调整的起点。

耶稣会

天主教会反对宗教改革运动,力图恢复并加强教会威信的另一行动,是耶稣会的产生。

耶稣会的创立者伊纳爵·罗耀拉(Ignatius Loyola,1491—1556)是一名西班牙贵族,军人。他在疗伤的过程中深悔以往犯下的罪行,转而虔信耶稣。经过短期的隐修和苦行后,他进大学学习。他所著的《精神锻炼》主要阐述灵魂净化、心神紧跟上帝的方法,成为以后耶稣会士的必读手册。1539年他建立耶稣军组织,或称耶稣会。1540年得教皇批准为修会，罗耀拉自 1541 年至去世皆为会长。

耶稣会的宗旨是重新树立教会和教皇的权威，同新教异端做斗争，并使全世界异教信徒皈依基督教。为了完成这一任务，耶稣会加强组织，严格纪律。其总会设于罗马，会长为终身职，他在若干助理协助下，总揽会务，决定一切，并任命各分会长。耶稣会强调服从，下级服从上级，全体服从会长。会长直接对教皇负责，并听命于教皇。服从是会士训练的主要内容，是否服从是会士优劣的标准，也是他们道德的准绳。

耶稣会的一般工作是布道说教。它不主张会士隐修、苦行，而使他们深入社会各阶层，特别重视他们在社会上层分子中进行活动。它选修会士担任欧洲一些国家宫廷与权贵的忏悔师或宗教顾问，争取他们为天主教会的权益而排斥新教。16、17 世纪的欧洲，宗教斗争和政治斗争密切联系。耶稣会士参预政治阴谋，玩弄权术，以至策划暗杀。如耶稣会史学家埃斯科巴说："一个统治者如不能皈依（天主教），就把他杀死。"

耶稣会重视训练教育。它举办各种学校、训练与大学。对于上流社会出身的子弟，更予以长期的、精心的培养与深造。耶稣使宗教训练和知识传授密切结合，并使知识为布道传教服务。在知识教学上，它开设各门人文学科和自然科学的课程。自 16 世纪后期起，欧洲天主教地区的高等教育逐渐都被耶稣会士所掌握。

耶稣会士在亚洲、非洲和美洲各地也有广泛的传教活动。他们曾在印度、日本传道，被称为"印度使徒"的方济各·沙勿略就是罗耀拉最初成立的小团体成员。16 世纪晚期至 17 世纪前期（即明末清初）来华的天主教传教士罗明坚、利玛窦、罗如望、艾儒略、汤若望、南怀仁等，皆为耶稣会士。

耶稣会成员人数在 1556 年罗耀拉去世时约为 1000 人；到 1626 年为 15544 人；到 1749 年再上升为 22589 人。耶稣会士的活动越来越引起西欧一些国家各阶人士的戒忌和反对，有的国家则明令取缔。1773 年，教皇被迫下令解散耶稣会。但会士仍有活动。1814 年，教皇又予以恢复。

三、基督教和资产阶级革命

1. 尼德兰资产阶级革命

尼德兰革命在本质上是尼德兰资产阶级领导的反对西班牙封建统治的革命,同时也是尼德兰人民反抗西班牙对尼德兰“殖民地式”压榨的民族独立斗争。以加尔文派为主的各派新教反对天主教专制压迫新教的斗争,是这次革命导火线和革命内容的一个组成部分。

革命是以 1566 年 8 月到 10 月底的破坏圣像运动肇始的。这一运动以加尔文派为中心,由各派新教徒数万人参加。在尼德兰的 17 个省中,有 12 个省广泛发动。群众捣毁了教堂、修道院 5500 所左右。

西班牙的腓力二世政权把尼德兰视为“曾受异教传染”的国家,必须加以镇压。马德里派往尼德兰去镇压革命运动的总督阿尔巴公爵说:“对于上帝和国王,保留一个贫穷的国家,都比魔鬼及其同谋者异教徒保留一个繁荣的国家好些。”异教、异端,正是天主教的西班牙残酷镇压屠杀尼德兰人民的“理由”。1567 年阿尔巴的“除暴委员会”的镇压对象,从他颁布的 18 条叛国罪中可见,主要针对新教徒。阿尔巴在统治尼德兰的最初一年半中就处决了 6000 人,这些人基本上是新教徒。

在西班牙施行恐怖统治后一个短暂的时间中,尼德兰有一个暴风雨前的短暂的沉寂。但不久,人民的斗争展开。海上游击队“海上乞丐”在各地活动。新的革命军也组织起来。1572 年在北方诸省起义独立,革命军和革命政权建立起来。在北方,镇压反动的天主教神甫、砸毁天主教堂和修道院的行动到处出现,各地的什一税普遍停付。革命军的领袖奥伦治的威廉,原来是天主教徒,在 1572 年被推为政治领袖时,宣布改信加尔文教。

1576 年,天主教信徒占多数的尼德兰南方各省和新教流行的北方荷兰、西兰省,签订“根特协定”,共同反对西班牙。在这一协定中,南方保留天主教信仰,但承认加尔文派信教自由。北方以新教为主,原来天主教会财产,由革命政权收归国有,南方对这一事实也予以承认。革命斗争的成果是西班牙承认尼德兰北部的独立(1609年,1648年正式承认)。新的资产阶级共和国——荷兰共和国诞生了。在荷兰共和国,宗教自由的原则确立。这是一个历史性的收获。

2. 英国资产阶级革命

正如尼德兰资产阶级革命一样,17世纪的英国革命爆发的原因和进行过程中,也存在着宗教派别的斗争。有的教会史上把英国革命说成是英国的宗教战争。

16世纪后半纪至17世纪中叶英国宗教斗争的主要内容是加尔文派反对国教会。清教徒——英国的加尔文派教徒,这名词约始于1564年。16世纪晚期,清教徒已分化为温和的长老派和激进的独立派。长老派主张在组织上以长老制代替国教会的主教制;独立派则要求他们与国教会分裂,反对教会从属于国家政权,主张各个教堂独立自主,只成立联合性质的组织,不设立行政性的总机构。16世纪晚期产生的公理会同样主张各教堂独立自主,主张全体教徒以民主方式选任牧师,也是独立派运动的产物。17世纪初期产生于英国和荷兰的流亡者中的浸礼会(主张成年受洗,并主张受洗者全身浸入水中),也是从独立派分化出来的教派。无论长老派或是独立派,在伊丽莎白时期都是被压制、被镇压的。但是,它们的信徒、它们的力量,在伊丽莎白统治后期迅速发展。

1603年,伊丽莎白去世,死后无嗣,都铎王朝终止。苏格兰国王詹姆斯继为英王,称詹姆斯一世(1603—1625),英国开始了斯图亚特王朝的统治。詹姆斯仍兼任苏格兰国王,但两国各有国会,并未合并。詹姆斯一世和他的后继者查理一世(1625—1649)在位时期,封建专制政权和新兴的资产阶级、新贵族之间的矛盾尖锐剧烈,难以调和。詹姆斯一世和查理一世对于反映资产阶级和新贵族利益要求的加尔文派实行严酷的镇压;如詹姆斯强调君权神授,强调英国专制王权和国教会的统治不可分离,提出“没有主教,就没有国王”。对于旧的天主教会势力,他们不惜拉拢;同英国长期对立的天主教国家西班牙,英国王室则通过婚姻关系加强联系。斯图亚特王朝国内外政策的反动,激起英国除旧封建贵族和国教会上层以外的各阶层人民的广泛反对。英国国会也强烈反对政府的国内外政策。1629 年国会被查理一世解散后，长达 11 年(1629—1640)内英国成为无国会的专制统治时期。在斯图亚特原来的统治基地苏格兰，又因查理一世力图推行“倾向天主教的英国国教”，激起苏格兰人民的反抗斗争，爆发起义(1638 年)。查理为了筹集对苏格兰战争的军费，不得已于 1640 年 4 月重新召集英国国会；国会猛烈抨击国王政策，3 星期后，这届国会又被解散，史称“短期国会”。但苏格兰军队的进攻和英国国内财政经济上的严重问题，使英王政府不得不进行新国会的选举和召开新的国会。这届国会从 1640 年 11 月继续到 1653 年 4 月，史称“长期国会”。资产阶级和新贵族的代表中，清教徒取得显著优势。

于是，尖锐的斗争展开，革命战争接着爆发。1642 年查理一世率武装搜捕国会反对派领袖，而伦敦市民武装起来支持国会，有的州郡的自耕农赶到伦敦声援。查理一世离开伦敦，在北部集结军队宣布进击国会。拥护国王的“圆颅党”和国会军武装对抗，并进行激战。苏格兰国会出兵帮助英国国会。

在国会军中，一位杰出领袖奥利弗·克伦威尔(Oliver Cromwell，1599—1658)组织了一支主要由自由农组成的志愿的千人骑兵队。他的军队纪律严明，作战勇敢，有“铁军”之称。国会军打败王军的第一次大捷的战役(1644)以“铁军”为主力。1645 年，他由国会授权组织新军。新军打垮了王军的主力。国王查理一世被囚(1645)。王党在各地所挑起的战事被国会军所平定。1649 年 1 月 30 日，查理被处死。5 月，宣布英国为共和国。1653 年 12 月，克伦威尔为英格兰、苏格兰、爱尔兰的终身护国主。1655 年 1 月，国会停止活动，克伦威尔独揽大权。

清教徒是革命队伍中的核心力量。长期国会里多数是长老派。他们多为大资产阶级和贵族，政治主张比较温和，一度主张和国王谈判。独立派是国会军的主力，克伦威尔就是独立派的。在国会军战胜王党后，独立派清洗了国会中的长老会势力，但独立派内部出现了分化：士兵和部分军官主张取消君主制，也反对寡头政治，要求议会民主选举，保障宗教信仰自由，主张废除一切特权和什一税，实行财产税；他们称为“平等派”。但是，在国会军的高级军官镇压下，平等派失败。比平等派更激进的是“掘地派”，其成员多为乡村和城市平民，主张人民不仅应有选举权，还应该得到土地。但是，他们也被克伦威尔的军队所镇压。

平等派和掘地派主要是在政治和社会问题上反对掌握大权的独立派，在宗教上，新的派别也从独立派中分化出来。强烈主张教务公理的浸礼会派是在17世纪初叶形成的。而最强烈地主张各教堂独立自主、教务公理的是公谊会派(即贵格派，亦称教友派)。它在17世纪中叶由乔治·福克斯(死于1691年)所创。它在教义上认为教会和《圣经》都不是绝对权威，主张取消一切宗教仪式，不举行洗礼、圣餐，宣传内心的宗教。它认为每个教徒都能直接领受“圣灵”的感动而讲道——“贵格”(Quakers)，即为颤抖之意，即领受圣灵的人，“在神的话语前，震惊颤抖”。因此它反对教堂设立牧师，礼拜时也没有固定仪式。它受到克伦威尔政权的镇压，但英国和英国以外仍有它广泛的信徒。

克伦威尔去世(1658)后，英国政局不稳。1660年，流亡荷兰的查理一世的儿子回英国，复辟封建王朝，称查理二世(1660—1685)。英国国教会的统治又恢复了，而且，其他新教派的活动皆被禁止。许多清教徒被投入监狱，或逃亡国外。詹姆斯二世的统治(1685—1688)更向右转，为了恢复君主专制，他企图恢复罗马天主教。英国资产阶级和贵族普遍反对，引起政变。1688年，信奉加尔文派新教的荷兰执政者奥伦治的威廉，詹姆斯二世的女婿，被迎立为英国国王，称威廉三世(1688—1702年在位，和他同时称女王的玛丽，1688—1694年在位)。国会通过《宽容法》规定：恢复天主教以外的各教派的信教自由。国教会仍保持统治地位。而经历了诸多变化的国教会在教义和教仪上已经加尔文派化了。

3. 法国资产阶级革命和自然神论

天主教会是法国封建统治的支柱。它参与法国统治集团，其主教修道院和教堂都是拥有大地产的大地主，它干预司法和行政，垄断思想意识。16、17世纪，天主教会已受到文艺复兴和宗教改革的冲击。但是，由于当时法国封建君主专制还具有对法国社会经济发展的适应性，天主教会在封建专制政权的维护下保持着统治地位。18 世纪，相应法国封建统治的日益腐朽、反动，天主教会上层的统治越来越成为各阶层人民痛恨、反对的对象。特别在思想意识领域，教会成为一切先进思想斗争的主要对象。

启蒙运动是法国资产阶级革命的思想准备，或是说，它是法国资产阶级革命在思想上的前奏。启蒙运动较之以前任何反封建反教会的思想运动有更锋锐、更强大的战斗力。这是由于 18 世纪已不同于 16、17 世纪，法国的封建统治出现了危机，法国的资产阶级也更加成熟。英国资产阶级革命为法国提供了启发，也在各方面予法国以影响。科学的发展、人们思想认识水平的提高，更向天主教神学提出了新的挑战。例如，唯物的无神论已经在反封建教会斗争中发挥它的战斗力。

应该充分肯定战斗唯物论在法国资产阶级革命的准备阶段和革命过程中的作用。但是也应该看到，18 世纪法国的唯物论还不是辩证的唯物论，而是机械唯物论。当时的唯物论者对人类社会的发展规律不仅不可能作出科学的阐释，而且还有唯心的成分。值得注意的是，连唯物无神论者自已也认为他们的理论“并不是为世俗人所建立的，甚至也不是为大多数人所建立的”。（霍尔巴赫：《自然体系》，中译本下卷，320 页。）他们自认他们的哲学体系“不是为群氓创造的”。因此，在启蒙运动中，在法国大革命进行过程中，对处于“封建制度里万流归宗地位”的天主教会[①]，战争的主要思想武器还不是唯物无神论。

在英国资产阶级革命中加尔文派是主要的思想武器。但是在法国，胡格诺派经路易十四的摧残后，已成为“沙漠中的教会”。在 18 世纪的法国已经不存在足以同天主教会抗衡的新教派。在法国天主教内部，也有反对派，如詹森派[②]。可是詹森派不成为群众性的新教派，它只是对知识界产生一定的影响的少数人的集团。

在启蒙运动中，在法国革命进行过程中，作为反对天主教会及其神体系的主要武器，是自然神论。

---

① 《马克思恩格斯全集》第 7 卷，第 400 页。

② 由詹森(Cornelis Jansen，死于 1638 年)所创。受加尔文派“先定说”的影响，反对天主教会。认为通过圣事等等方式获得神恩赎救的理论，反对耶稣会。

自然神论并不等同于无神论,因为它承认宇宙有一位上帝(神)的存在。可是,自然神论的上帝又不同于此前任何教派的上帝,而是"自然"与"理性"的准则。它反对迷信崇拜,更反对思想领域和信仰上的专制、垄断,而主张宗教宽容。自然神论产生于资产阶级革命前后,而它在法国资产阶级革命中产生了前所未有的作用。因为,从当时人们的认识水平讲,从资产阶级的阶级性讲,自然神论是资产阶级反封建教会最锐利的思想斗争武器。

孟德斯鸠(Montesquieu,1689—1755)讥刺教皇是魔法师,"有时他命令国王相信,三等于一,人们吃的面包并非面包,饮的酒并不是酒,如此之类,不胜枚举";认为上帝的形象是人根据自己的特征创造出来的。同时,他担心无神论"将产生人类放肆无羁的思想",说:"相信一个神的存在,却是很有用处的"。只是,他的上帝,必须按照确定不移的规律(即自然规律)创造和管理宇宙。

伏尔泰(Voltaire,1694—1778)是同天主教会及其神学斗争的最勇敢、最机智的斗士。他要"消灭卑鄙的东西",就是指天主教会的上层。他说《圣经》是婆罗门神话"拙劣的抄本";他强烈谴责宗教迫害,"迫害的风气是人类的大敌"。他同那些在神学圈子争辩的宗教改革家完全不同,说制造"原罪说"是"最荒唐的野蛮行为",他根本否认"三位一体"这一基督教仍公认的神学原理。可是他认为上帝是宇宙的推动,"上帝发一次命令,宇宙便永远服从。"他的理想是"哲学和开明宗教的联合",实现"一种可尊敬的有神论的美好远景"。

卢梭(Rousseau,1712—1778)的宗教思想比孟德斯鸠、伏尔泰保守。他一方面抨击天主教会,认为它是"这个世界最狂暴的专制主义","告诉我们的尽是一些荒谬的不合理的东西";但另一方面他又承认上帝的存在。伏尔泰认为理性不能否定上帝,从而不能否认上帝的存在;卢梭则认为,相信上帝,出自人的自然感情,或是说,出于人的内心的感情。

法国大革命的展开使革命人民的思想更向前推进。但在大革命中用来为革命服务的主要思想武器还是自然神论。法国资产阶级革命的高潮阶段——雅各宾专政时期(1793 年 6 月至 1794 年 7 月),出现了非天主教化的废神运动，而同时也出现造神运动。他们所造的神，是“理性之神”，是“最高存在”。总之，他们仍没有否定神的存在，不是无神论。至于大革命高潮以后的督政府阶段(1794—1799年10月)、执政府阶段(1799—1804)以至最后拿破仑称帝，法国资产阶级政权的宗教政策，就越来越向右倾斜。拿破仑本人是伏尔泰的信徒，但他为了维持和加强其资产阶级专政，就同罗马教皇签署协议。这个协议承认宗教信仰自由的原则，但同时也承认法国的天主教是大多数人的宗教。这个协议肯定了天主教会从属于国家，神职人员由国家任命，由国家支薪。这就是说，新生的资产阶级国家承认法国的天主教会，也仍是资产阶级统治人民的工具。

第五章　近代基督教

一、近代基督教在冲击中求发展

16 世纪以来的宗教改革运动，冲击了天主教会。马丁·路德派、加尔文派、英国国教会等新教会，在西欧各国先后建立。

天主教会受到的宗教改革的冲击，实质上是社会发展中出现的新事物、新思想和新力量对它的冲击。这种新事物、新思想、新力量，从宗教改革运动以来，一直在发展。从法国资产阶级革命到现代，不仅天主教，所有各派基督教，都受到了挑战。

西欧资本主义生产的迅速发展，经济的繁荣发达，社会生活的剧烈变化，其程度和速度都是空前的。尤其从 18 世纪最后 30 年中开始的英国工业革命（1769 年，瓦特制成蒸气机；1784 年，联动式蒸汽机制成，英国建立第一座蒸汽纺纱厂），在欧洲各国先后开花。在 18、19 世纪，欧洲基本上已经进入了资本主义的全盛时期。19 世纪末 20 世纪初，欧洲主要资本主义国家已进入帝国主义阶段。在物质文明迅速发展的过程中，"世俗生活"压倒"精神生活"。以"精神王国"作为基地的基督教，实在难以应付这些来自"世俗王国"的物质力量的挑战。

在欧洲社会关系的巨大变化中，最突出的是无产阶级登上历史舞台，工人运动空前发展。法国 1848 年革命中的六月起义，标志着无产阶级作为强大的革命力量在历史舞台上出现。1871 年的巴黎公社，是无产阶级政权的初次尝试和考验。1917 年，伟大的十月社会主义革命在俄国取得了胜利。

随之而来的，是社会主义运动的蓬勃兴起，是马克思主义的产生，是辩证唯物主义和历史唯物主义的发生、发展。以马克思主义的科学社会主义武装起来的社会主义运动的威力，已非过去任何社会运动所能比拟。基督教在中世纪，曾受到农民起义和异端运动的冲击；在16世纪，受到文艺复兴和宗教改革的冲击；在17世纪，受到披着宗教外衣的资产阶级革命的冲击；在法国资产阶级革命中，受到自然神论的挑战。现在，人民群众和人民运动有了马克思主义武装；基督教所面临的已是辩证唯物主义的无神论的致命冲击。

自然科学和科学思想无疑是基督教所受到的又一重大冲击。18世纪有牛顿，而19世纪有达尔文。1859年的达尔文的《物种起源》出版，证明人是猿猴的后代，这对上帝和上帝创世说等基督教神学的打击何等沉重。

政治上也出现了一系列新的变化。尼德兰和英、法资产阶级革命，民族国家的兴起和强大，如欧洲在19世纪中叶以后，新的民族国家发挥越来越重要的作用。意大利和德意志的统一和强大，对教会的权力更发生直接的影响。教会和国家的关系，无论对天主教或对各派新教，在新形势下，都有新的重要的问题。

基督教必须在越来越严厉的冲击和挑战中打开出路，力求发展。应该说，对于基督教，发展的条件和发展的余地，还是存在的。

第一，在法国资产阶级革命以后的欧洲，是资本主义上升、发达的阶段。19世纪被称为“希望的世纪”。20世纪，尽管资本主义已进入帝国主义阶段，但在发展不平衡的世界中，资本主义对生产的提高、经济的发展还有它的生命力。

占统治地位的欧洲和美洲的资产阶级，为了维护它的资本主义制度，为了加强它的统治，在受到无产阶级挑战的过程中，更加需要宗教——基督教作为它的工具。资产阶级还有它的力量，基督教得以依附资产阶级而有它的发展前途。

对于资本主义社会各阶层的人民讲，尽管他们在力争解放，在反抗压迫和剥削的斗争中，有了新的指导思想和武器，尽管在日益发展的科学的启迪下，认识水平和掌握规律的能力在不断提高，但是，当某些自然的社会的力量使他们还无法认识或无力驾御的时候，对于宗教信仰，他们还不可能摆脱或决裂。无神论的世界观在人类的历史长流中是一个方向，却也是一个发展的过程。

第二，基督教基本上是欧洲的宗教。欧洲各国资本主义萌芽发展的过程，正是它们殖民扩张的过程。殖民扩张，意味着欧洲，尤其是西欧一些国家的世界各地殖民、掠夺殖民地和殖民据点、进行殖民式的剥削掠夺活动。殖民活动促进了西欧资本主义的发展，促进了西欧商品货币经济在全世界范围内活动，也增强了欧洲一些国家资产阶级的统治力量。欧洲的殖民自资本原始积蓄时期以来 4 个世纪中继续发展，到 19 世纪至 20 世纪初登峰造极，造成欧洲一些强国在全世界称霸的局面。有的西方历史家称 19 世纪的世界史是“欧洲的世纪”。

欧洲的殖民列强都是基督教国家。它们的殖民事业是同传播基督教同时结合进行的。在近代历史上，殖民扩张和侵掠几乎同传教活动是同义词。对于天主教和各派教会，它们在欧洲所受到的冲击，却成倍地在欧洲以外的传教活动中得到报偿。因此近代基督教史家认为 16 世纪以后基督教“新生”了[①]。基督教在 16 世纪以后成为世界性的宗教。

二、天主教的传教活动

16 世纪以来受到沉重打击的天主教会，通过下列两个方面力求发展。一方面，调整、巩固天主教阵营，整顿、加强组织和管理；另一主面，利用它的宗教上的传统势力，发挥它在政治、经济、社会上的优势力量。以较近的估计数字讲，天主教徒在欧洲就约有 21280 万人。[②] 罗马教廷以其特殊地位，积聚大量资财（估计仅存款约有 335 亿美元以上，房屋器物值数十亿元，另有大量地产，在意大利就有 46 万公顷以上）。

---

① 赖德烈语。引自杨真《基督教史纲》上册，第 492 页。

② 本书为作者 20 世纪 80 年代初所作，这是当时的统计数字。目前大约为 28000 万

天主教发展的主要方向，是向欧洲以外的世界各地传教。它的传教活动，较新教各派为早。罗马教皇和他所属的各修会，积极进行传教活动。1622年，罗马教廷正式成立传信部(congregation of propaganda fide)，教皇本人负起传教责任。

但所有的传教活动都是与西欧天主教国家的殖民活动相结合的。15世纪末发现新航路的西班牙、葡萄牙是最早的殖民国家，亦是天主教国家。较后进行殖民活动的法国也是天主教大国。天主教的传教同殖民扩张、殖民掠夺从开始起就密切配合，教皇也直接插手。早在1494年，为了防止西、葡两国在殖民扩张中冲突，教皇为它们划分了势力范围。耶稣会士沙勿略在印度传道后又去日本传道时(1549年)是以葡萄牙大使的名义去日本的。

凡是天主教国家有殖民地和殖民活动据点的地方就是天主教会在欧洲以外地区、国家传教的区域和据点。葡萄牙殖民活动的范围是亚洲和非洲，而葡萄牙人的活动主要只在这一地区的沿海据点。他们在马来半岛、印度尼西亚群岛和附近岛屿拥有殖民地，但以后被荷兰人取代。葡萄牙人在南美洲的巴西也有大片的殖民地，最初他们在这里也没有深入内地。在印度他们也只有据点。日本在16世纪至17世纪初估计约有75万基督徒，但岛原起义(1637—1638)后，德川幕府于1639年颁布“锁国令”，只允许中国与荷兰两国在长崎通商，不允许其他国家进行传教等活动。直到1853年在美国的压力下才重新向外国开放。

天主教传教活动最值得注意的是美洲。北美的加拿大是法国天主教的活动地区。今日的美国也有天主教的活动，但来自英国等地的殖民者和传教士多为新教徒，是天主教的劲敌。天主教会用暴力、欺骗、引诱等手段在中、南美洲传教，使这一广大地区成为天主教主要传教活动和教徒最多的地区。在今天，南北美洲的天主教徒共约34100万以上，[①]超过欧洲天主教徒总数。

---

① 根据最新的《宗教年鉴》，这一数字可能已超过5亿。——编者注。

三、新教各派的发展

宗教改革后新教徒向海外移民，但人数不多。16 世纪至 17 世纪中叶，新教各派主要精力集中于它们在欧洲的存在与发展问题上。17 世纪中叶起，新教徒开始较多地向北美洲等地殖民、传教。新教国家如英国、荷兰，是传播新教的主要国家。新教派别众多，传教不如天主教会和天主教国家那样有比较统一的组织或系统。由国家发动、组织的传教，只是国家教会，如英国国教。其他派别的新教由各派教会分别行动，往往同海外移民相结合。而移民有种种原因，有的参加国家组织的殖民活动，有的出于经济上的考虑，也有的是因为政治上、宗教上遭受迫害。

新教各派是不断巩固、发展，又不断变动、分化的。这种变化、分化的主要原因是，新教各派本身是经济、社会、政治变化的产物，而为适应迅速变化的社会政治环境，它们也得作出相应的变化。

16 世纪晚期至 17 世纪的英国，经济、社会、政治变动剧烈，一些新的教派就先后产生、发展。如 16 世纪后期出现公理会，17 世纪初创始浸礼会，17 世纪中叶产生的贵格会（公谊会、教友会）等。资产阶级革命后的英国，圈地规模扩大。圈地产生的大量破产农民在失去生产资料后，无所依属，流浪各地，充斥城镇，成为工场主和农场主廉价的雇佣劳动者。18 世纪晚期起，工业革命开始，工厂先后设立，无产阶级大军逐步形成。社会成分和社会生活的剧烈变化，使传统的宗教已在群众中失去信仰。而新兴的资产阶级和新贵族较多地关心自己的经济利益和政治地位，不及考虑如何以新的宗教派别来适应新的形势。这种情况的发展，终于促使占统治地位的资产阶级和新贵族把促进宗教活动的问题提到日程上来。于是，从 18 世纪上半叶起，开始了由约翰·卫斯理（John Wesley，1703—1791）和查理·卫斯理（Charles Wesley，1707—1788）兄弟创首的奋兴布道运动。他们的信徒开始仅为英国国约翰·卫斯理在牛津大学就学期间集合了一些同道研究《圣经》和社会伦理，主张遵照宗教道德规范，做循规蹈矩的人。循道会名称由此产生。这一派主要要求信徒甘心忍受物质上的痛苦，求得内心的平安喜乐。这一派布道时，激发信徒"心灵奋兴"，并在传教集会上出现哭喊、欣喜的喧闹场面。值得注意的是，这一派的传教以劳动人民为主要对象，甚至在犯人中布道，以补过去正统国教会传道的空缺，并以小恩小惠和供应书报等宣传资料博得信任，从而赢得较多的信徒。

这一派传教的另一个重点方面是欧洲以外的地区，主要是当时英国的北美殖民地，1783 年独立的美国。美国独立后，美国循道会也成为独立的组织。1844 年分裂为南北两循道会；北部仍称循道会，传入中国后用该会差会机构英文名称 Episcopal Mission 之缩写 M. E. M. 的音译"美以美"为中译名；南方循道会传入中国后译称"监理公会"。美国循道会分化的支派尚有美普会、循理会等。美以美会、监理公会、美普会又于 1939 年合并成为卫理公会。

从循道会分化出来的独立组织尚有救世军。这是于 1865 年从英国循道会中依军队形式组成的国际布道机构，其传教活动扩展到 97 个国家。从美以美会中分化出来的 5 个小支派联合成为五旬节会(1906 年)。19 世纪末 20 世纪初，美国一些保守派神学家坚持以《圣经》为绝对唯一的权威等神学理论，写了以《基本要道》为总称的小册子，被称为基要主义。五旬节会在教义上主要奉行基要主义的见解。

从循道会的发展、分化可见，教义、教仪和组织方式基本相同的教派，在不同时期、不同条件、不同地区，可以分化成新的教派。世界范围的传教活动更使新教派别复杂化。如英国国教会，即圣公会，在苏格兰、北爱尔兰、威尔士等，皆有圣公会，在美国亦有，但组织都是独立的。如浸礼会，在英国创于 1600 年；它以荷兰、德意志的再洗礼派为前驱。美国浸礼会是独立的。德国亦有独立的浸礼会(19 世纪受美国浸洗会影响而成立)。美国浸礼会于南北战争期分裂为南北二会，北美浸礼会传入中国后仍译称浸礼会，南美的浸礼会传入中国后译称浸信会。从浸礼会分化出的支派较多，如 18 世纪前叶在美国成立的友爱会(亦称会，为基督复临派和安息日派的综合性组织)，都是从美国浸礼会分化出来的。浸礼会这一系统与循道会这一系统一样，都是新教中人数、势力较大的宗派。至于在世界各地区、国家传教的组织——差会(Missions)也多发展成独立的派别，如在中国传教的差会内地会就自成一派。差会往往具有跨教派性，如英国产生的青年会(1844)与女青会(1855)；1885 年在巴黎成立的基督教青年世界协会，1894 年成立的世界基督教女青年会，1895 年更由美国人发起世界基督教学生同盟。因此，基督教派别越来越多。美国各派基督教都有发展。1916 年，美国基督教派别有 192 个以上。

新教在世界范围的传教活动自 17 世纪至 19 世纪始，以西欧各国为中心。其中，英国居重要地位。自 19 世纪晚期以来，美国已成为新教的传教中心。如 1958 年新教各派派往世界各地传教士共有 45000 人，其中 27733 人由美国新教各派所派遣。1976 年美国各派教会在国外有 45000 传教士，占全世界各国所派传教士人数的 60%。如果说 19 世纪被称为“欧洲的世纪”，在世界宗教活动上，20 世纪可称为“美国的世纪”。美国资本家和政府出于利用宗教以维护、加强资本主义制度统治的要求，也出于现实政治上的(如竞选依靠有关教会派别支持)、经济上的利益(美国天主教、各派新教和犹太教等在企业投资的宗教资本，估计约有 795 亿美元，它们所拥有动产、不动产数更为巨大)，以及对外扩张、渗透的需要，对宗教组织大力支持、扶植。基督教和资产阶级统治的密切关系，在美国宗教活动上可以从多方面反映。

从美国教派活动的情况可见美国教会活动的世俗化极为明显。教会和美国的政治、经济活动关系密切，各派教会为赢得政府和资本家支持，采用勾结、竞争，分化、联合等手段，各显神通。应该说教会从来就不是超世俗的神灵的事业和组织，但在资本主义社会中，过去社会教会所具有神圣的面纱已被撕破，为现实的经济、社会、政治利益而活动开始成为教会活动的主导内容。

第六章　基督教在中国

一、景　　教

基督教在中国流行不广。它在教徒人数最多的时候也不曾超过全部人口的百分之一。

关于基督教在中国最古老、最可靠的文献，是唐代的“大秦景教流行中国碑”。这块高 10 尺、宽 4 尺的黑色石碑，明朝时在西安市郊被发现(1625 年出土)，现在还大体完好地保存着。

景教碑立于公元 781 年。从碑文可知景教于 635 年(唐贞观九年)传入中国。碑文序文介绍了景教由阿罗本介绍到长安后 150 年间在中国发展的经过。

景教是基督教中的聂斯脱利派(Nestorianism)。它在公元 431 年以弗所宗教会上被判为异端，聂斯脱利被流放至死，他的信徒逐步向东方发展。阿罗本是聂斯脱利派的主教。他到长安后受到唐太宗的礼遇。景教碑上说：“真常之道，妙而难名，功用昭彰，强称景教”，是景教名称的来由。唐朝这个国际交往频繁的大帝国，对宗教是采取宽容政策的。在唐太宗以后，中经武则天统治时期的挫折，到 9 世纪中叶，景教是在发展的。公元 845 年(唐武宗会昌五年)唐武宗下令灭教对景教是一个沉重的打击。黄巢起义军围攻广州时(878 年)又有景教徒被害。景教全盛时不仅长安有“大秦寺”，其他各地也有。9 世纪后期迅速衰落。100 多年后，据一个宋代来中国的聂派教士的报告(980 年)，他在中国只找到一个基督徒。说景教完全在中国绝灭了，那也不是事实。流行于中国元朝初期的基督教也称景教，尽管它与唐代的景教谈不上有什么直接的联系。

蒙古人自成吉思汗崛起后建立元朝，完成统一中国事业的是忽必烈。忽必烈所建立的元朝存在的时间不到100年（1271—1368）。元朝又是中国历史上国际交往发达的大帝国。在元朝，“色目人”包括西域和各外国人，在政治地位上仅次于蒙古人，而高于“汉人”。至于南宋遗民，成为被压迫被奴役的下等人，称“蛮子”。外国人在元朝的优越地位，是基督教在中国得以发展的重要条件。

元初景教的发展可以1278年任镇江府（官衔名“镇江府路总管府副达鲁花赤”）的马薛里吉思（原为中亚撒马尔干的一个医生）的提倡看到。他所建立的景教教堂，包括镇江4所、丹徒2所、杭州1所。杭州的景教教堂大兴普寺地处荐桥，1918年已成为菜场。景教信徒人数在元初的二三十年间约为3万人。天主教由教皇派来的使节方济各会成员、意大利约翰·孟高维诺（John of Montecorvino）于1294年从印度来到北京（大都），1299年建教堂，以后又续建天主教堂。估计天主教徒亦约300人。景教和天主教在元朝统称也里可温教。为什么叫也里可温？学者有考证，但未有确论。

元朝的也里可温教信徒多为蒙古人与色目人，汉人较少。1368年元亡，这个浮在上层统治集团的宗教也随之迅速衰落。加上欧洲和中国的陆路、海路交通被信奉伊斯兰教的国家和阿拉伯人所垄断，明初又实行海禁，基督教在中国又有200年沉寂无闻的时期。

二、明末清初天主教在中国的传教

明朝在中国的统治276年（1368—1644）。著名的耶稣会传教士利玛窦（Matthew Ricci，1552—1610）于1601年达到北京，但得到万历皇帝的召见，已在明朝晚期，距离明朝的灭亡只有40多年了。在利玛窦死后近20年，明末农民大起义的帷幕已经拉开。

16世纪由罗马教廷和西欧天主教国家发动的殖民——传教的浪

潮也波及中国，但中国是个有悠久历史的统一的大国，与美洲的情况并不相同。耶稣会会长罗耀拉的亲密教友，被称为“印度使徒”的方济各·沙勿略，在印度、日本传教，拟来中国。1552 年到达广东沿海的上川岛，谋入广州未成，不久病逝。30 年后，意大利人罗明坚、利玛窦等耶稣会士来到澳门学习中文(1581 年)。1582 年，罗明坚皆同利玛窦到广东肇庆，利玛窦独自留下。几年后，他前往韶州传教，之后又到南雄、江西南昌、江苏南京和苏州等地活动，向明朝宫廷敬献礼物，并得皇帝允许居留北京。在 1601 年，他和其他稍后来华的耶稣会士，开始与明朝的官员、士大夫等上层人物结交，争取他们受洗入教，进一步扩大活动。当时中国的科学家徐光启(后任大学士)、李之藻(后任太仆卿)都曾领洗。

利玛窦去世时中国约有 2500 名天主教徒。以后，耶稣会士陆续来中国。如 1620 年就有 22 名耶稣会士到澳门转入内地；在这些人中，有意大利人金尼阁、德意志人邓玉函和汤若望等。他们都是对语言学、科学、技术有专门知识的人。他们之所以能取得明代上层人士中一些人的信任，主要在于：第一，有些教士，除学会汉语外，又熟读中国经史，利玛窦和稍后来华的意人艾儒略，都通晓中国儒家经典。他们用儒家著作论证基督教教义，如把中国古籍上的上帝和基督教的天主，说成是一个神。他们介绍欧洲的宗教信仰、地理、历史，翻译或编写成中文，又把中国的典籍翻译成拉丁文，介绍到欧洲。在沟通中西情况和文化上，他们是起了作用的；第二，他们介绍欧洲的科学技术，如天文、历法、数学、地理、兵工等，绘制地图，制造天文仪器，设计监制大炮等火器，修订历法。在明晚期，制造火器很能迎合摇摇欲坠的明朝统治者的需要。到明朝垂亡的时候，耶稣会士更有同葡萄牙一起武装维持明室的打算和行动。他们还开“历局”，修历法，更使许多有天文历算知识的传教士有机会进入朝廷任职，并结交廷臣。明正式开设历局在 1629 年，由徐光启、李之藻任正副监督，龙华民(意大利人)、邓玉函等皆参预管理，并监制天文仪器。汤若望于 1630 年到北京，继邓玉函管理历局。他们由徐光启领衔，编成了《崇祯历书》；第三，明末清初中国的动乱，增加了传教士活动和吸收各阶层人士加入天主教的机会。据 1650 年的估计，天主教在中国已有15万信徒。

但是，明末清初天主教徒出于自己的利益援明反清的行动一度曾引起新建立的清政权对天主教士的恶感。清初钦天监杨光先上疏参劾耶稣会士；杨在奏本上除了坚持以天圆地方的天文学说为基础的旧历法，反对以地圆说为基础的新历法外，更有力的一条耶稣会士的罪名是“图谋不轨”。于是，1664年，汤若望被捕下狱，次年释放，不久辞世。其他传教士也遭受到打击，被押送广州的有25人，有的潜居避风。这一事件过去不久，因为传教士对清朝廷表示忠心，又博得信任。1668年，比利时人南怀仁又被起用任钦天监，旋又任太常卿。在明末，汤若望曾受明朝廷之命监铸大小火炮500多尊。1682年，南怀仁又受清廷的命令铸制大炮数百尊。总体而言，在清朝初年，天主教是发展的。来华传教的天主教士，除耶稣会士外，又有其他修会的僧侣。从传教士给罗马的报告中估计，在1670年，中国约有教徒27万人以上。

可是，对中国天主教传教，接着来的是一次更大的挫折。这次挫折是由教皇挑起的。传教士内部发生所谓“礼仪问题”的争论，即对一般中国人对上帝、天的称呼问题，对中国教徒的祭祖祀孔问题等，有不同意见的争执。教皇竟因此于1704年下令为中国天主教徒订立“禁约”：中国信徒，不许用“天”字，亦不许用“上帝”字眼；不许祭孔子，不许祭祖宗，连入祠堂、吊丧、上坟，亦在禁止之列。1705年教皇使节带着“禁约”到北京传达。这种做法显然干涉了中国的内政，康熙皇帝予以拒绝。教皇使节也在被押解澳门后死去。教皇又于1715年重申禁约，并于1720年再度派遣使节到北京要求皇帝禁止中国天主教徒祭祖祀孔。康熙严辞拒绝，并把教皇使节驱逐出国。雍正即位后于1724年实行禁教。外国传教士或集中北京接受管束，或驱逐至澳门；天主教堂改为公所，禁止人民入教。乾隆又严令取缔传教士传教，并实行闭关政策(1757年)。但清朝廷的禁教并不严格，外国传教士的秘密传教和中国某些教徒的秘密活动继续进行。1700年中国教徒估计约30万，1800年减少到约20万，这还是一个不小的数目。比之西欧中世纪天主教国家对异端的疯狂镇压，中国皇帝还是宽容的。

三、新教徒来中国传教

第一个来中国的新教传教士是英国人罗伯特·马礼逊(Robert Marrison,1782—1843)。他受英国伦敦会差会的派遣,于1807年抵达广州。他在中国传教的同时还担任英国东印度公司的职员。1834年东印度公司垄断贸易权被取消后,英政府派商务监督来广州,马里逊任秘书兼翻译。此前,英国政府使臣来中国时,他也是秘书兼翻译。他翻译了《圣经》,编纂了《华英字典》,还在澳门创办了"马礼逊学校"。

美国自1810年起先后设立了对中国传教的新教差会,包括公理会、浸礼会、圣公会和美以美会。第一个从美国派往中国的新教传教士裨治文于1830年抵广州。接着来的是卫三畏和伯驾医生。他们在传教的同时也为本国搜集情报,煽动侵略战争。裨治文、卫三畏等编辑的《中国丛报》20卷(每月1期,每年1卷),向美、英等国提供了鸦片战争前后有关中国的政治、经济、地理、文化等各种资料。鸦片战争后强迫中国订立的不平等条件,这些传教士也都参预其事。伯驾于1855至1857年间任美国驻华公使,卫三畏长期任美驻华使馆的参赞、代办。由荷兰派来的新教传教士郭士立(或译郭实腊,德国人)从19世纪30年代初起,受雇于英国,乘间谍船在中国沿海一带多次搞侦察活动并贩卖鸦片。

从19世纪40年代初的鸦片战争英国侵略者武装侵略中国以后,法国、美国等资本主义国家接踵而来,强迫中国签订一系列不平等条约。不平等条约给传教士在中国各地传教、置产和进行有关活动的特权。于是,大批的传教士拥入中国。天主教的修会和外方传教会、新教(在中国,基督教一词常单指新教,又称耶稣教)各派组织的差会、来自沙俄的东正教,都在半殖民地半封建的中国,利用特权,在不同方面、不同程度上,与资本主义——帝国主义的侵略势力联系,进行活动。

到19世纪末,天主教会在中国的修会或外方传道会主要有耶稣会(1773年解散,1814年又由教皇恢复)、奥斯定会、多明我会、方济各会、巴黎外方传教会、遣使会、圣母圣心会、圣言会、仁爱会等。各修会的传教士共约800人,教徒1860年约40万,1900年约72万,到1921年扩张到约200万。抗日战争后,据1946年的统计,教徒人数接近328万。19世纪晚期以后,传教士在各地霸占大量田地产,进行高利贷活动;历次教案,教会又勒索大量的赔款,加上中外教徒的奉献,在华天主教修会的经济力量可谓雄厚,遍布各地的天主教堂都是当地的大地主。以耶稣会在徐家汇的总部为例:它在徐家汇陆续占地1700余亩,先后建造了教堂、修院、学校、藏书楼、天文台、圣心报馆、圣衣院、圣母院、善救院、育婴堂等,还拥有教堂武装和私设的公堂。

新教各派差会众多。欧美各大宗派在中国都有差会,也有跨宗派的差会组织,如内地会。而内地会系统又有分支组织。大小派别达100多个,一般各自为政。19世纪末,传教士多达1500人,其中英国传教士约占50%,美国传教士约占40%。教徒人数,1860年仅2000人左右,1900年增至约8万人。到中华人民共和国成立初年已达70万左右。新教差会活动经费,或自国内外教徒的捐献,或依靠资本家的资助。获得大量捐款的差会,不少拥有巨额资金,从事金融、股票等经济活动,取得利润。

在中国,基督教新旧各派传教活动的高潮主要是在鸦片战争后中国沦为半殖民地半封建社会时期。在殖民主义、帝国主义侵略中国的过程中,传教活动从总体上说是同侵略势力有联系的,有时还为侵略行动起了先锋队的作用。而且,来华传教士各有不同的动机,有的传教士对中华民族和中国人民确实犯下了令人不能容忍的罪衍。但是,不能说所有的传教士都对中国人民抱有敌意。对历史上传教士的活动及其后果应作具体分析。基督教在中国传播历史的研究,正是要对历史上基督教在中国的活动及其影响作出深入和中肯的评价。

论　文

LUNWEN

恺撒征服前高卢的社会结构和雏形国家[①]

高卢人，是罗马人对克尔特人的称呼。[②] 克尔特—高卢人最早可能是一个部落或部落集团。但在以后，相应克尔特人的迁徙、扩张和侵略，广大地区流行克尔特语。这些讲克尔特语的居民，统称克尔特人。公元前6世纪晚期以降，今日法国一带，先后被克尔特—高卢人征服。恺撒把克尔特—高卢人分布地区，皆称高卢。[③] 在恺撒征服全高卢以前，阿尔卑斯山以南的高卢人定居地区——山内高卢，已于公元前2世纪早期（前191年）被罗马征服；法国南部沿海的那滂高卢，则于前2世纪晚期（前120年）由罗马建立行省。文内所指的高卢，是指那滂高卢以北的广大高卢地区。

克尔特—高卢人是流行克尔特语言的各支不同种族、不同方言、不同发展程度的各族的总称。因此，本文所指高卢，在不同地区，亦有差别。恺撒在高卢这总名称下，又把高卢居民分为三系："整个高卢分为三个部分，一部分住着比尔及人，另一部分住着阿奎丹尼人，而那些用他们自己的话来说叫克尔特、我们称之为高卢人的，住在第三部分。所

---

① 本文根据1977年前旧作改写而成，载于《法国史论文》，人民出版社1980年版。当时，恺撒《高卢战记》中译本尚未出版。因此，文中关于《高卢战记》的引文，引自洛布古典丛书（The Loeb Classical Library）的爱德华（H. J. Edwards）的英译本（伦敦，1946年版）。这次重写，引文或采用任炳湘中译本（商务印书馆1979年版），或仍根据英译本译出。

② 克尔特人和高卢人，是两族人民，还是一族的两种名称，颇有不同说法。但即使指两族，一般认为这两族在恺撒以前已经混合为一族。罗马人称克尔特人为高卢人。

③ 恺撒：《高卢战记》第1卷第1节。

有这些人,彼此之间的语言、习俗和法律,各不相同。"[①]这三系居民的特点可能是:中部的高卢人,指罗马人心目中比较纯粹的克尔特—高卢人;北部的比尔及人,是克尔特—高卢人和日耳曼人的混合;西南部的阿奎丹尼人,指克尔特—高卢人和当地的前克尔特居民(如伊比利人)的混合。总的讲,他们都是高卢人。本文探索对象,包括上述三个系统发展情况不同的高卢人,但以中部高卢人为主。

恺撒征服以前的高卢,主要指公元前1世纪上半叶的高卢。当时的高卢人,已处于原始社会的最后阶段,即野蛮时代的高级阶段。恩格斯说,在野蛮时代高级阶段,所有氏族社会各机关,已经发展为军事民主制。[②] 恩格斯还指出,野蛮高级阶段,包括不同的发展阶梯,如塔西佗著作所描述的日耳曼人,"尚处于这个文化阶段的初期,而荷马时代的希腊人,已经准备由这个文化阶段过渡到更高的阶段了"。[③] 关于恺撒征服前的高卢人,马克思、恩格斯未作具体分析。他们究竟属于野蛮高级阶段中的哪一个阶梯?他们的社会结构怎样?他们的军事民主制表现怎样?这是本文所拟探讨的主要内容。

对于上述问题,学术界似尚未展开讨论,已有的有关论点,亦不一致。[④] 本文依据恺撒《高卢战记》等有关资料,认为在恺撒征服以前,高卢社会,就比较典型的中部高卢而讲,已经进入比荷马时代更高一级的发展阶梯。在那里,军事民主制的形迹虽依稀可见,却已处于衰落时期;作为文明时代里程碑的国家,已具有雏形,但尚未真正形成。高卢社会的这一时期,称为军事民主制时期,实属不妥,应称之为雏形国家时期。

一般认为,人类社会从军事民主制直接进入阶级社会;国家,已是

---

① 《高卢战记》第1卷第1节。

② 《马克思恩格斯选集》第4卷,第160页。

③ 《马克思恩格斯选集》第4卷,第22页。

④ 苏柯阿斯文在《原始文化史纲》中,认为克尔特人社会,同荷马时代的希腊社会一样,"正是军事民主主义的古典范例"。张锡彤中译本,人民出版社1955年版,第234页。匈牙利学者斯札波(Milklos Szabo)在《匈牙利的克尔特遗产》(*The Celtic Heritage in Hungary*)一书中,认为在克尔特人社会,"已出现有可能是国家的雏形"。斯札波:《匈牙利的克尔特遗产》,布达佩斯1971年版,第24页。

从军事民主制机构发展而来的阶级统治机关。本文提出，在古代高卢，在军事民主制和国家形成之间，还存在着一个雏形国家时期。[①] 是否妥当，提供讨论。

一、克尔特—高卢人，"铁的种族"

为了阐明恺撒征服前高卢社会的性质和它所处的社会发展阶段，有必要在生产力发展水平上和社会结构上，把当时高卢社会和荷马时代的希腊社会，进行比较研究。但是，关于史前高卢社会经济情况，资料颇有不足。希腊和高卢的经济发展，条件亦有不同。如希腊在一个较小的地区内发展，同古代东方交流频繁；克尔特—高卢人在长期迁徙、扩张过程中，不断和各个不同的原始部落接触、融合，分布地区广大(中欧、西欧，东至小亚细亚)。把两者加以细致的比较，殊多困难。因此，本文拟把荷马时代希腊和克尔特—高卢的发展，从它们总的发展过程的主要内容，分析它们所属发展阶段的生产力水平和生产关系的性质。恩格斯说："铁剑时代，但同时也是铁犁和铁斧的时代。铁已在为人类服务，它是在历史上起过革命作用的各种原料中最后和最重要的一种原料。"[②]荷马时代(约前 12 世纪至前 8 世纪初)的希腊社会，是青铜时代和铁器时代的交替时期。希腊铁器时代的开始，约在荷马时代中期，即公元前 10 世纪。[③] 在荷马史诗较晚形的段落里，常常提到铁制的武器，提到武器作坊里制造盾、甲、盔、铁板等，有冶铁的鼓风箱，炼铁的铁锤和铁钳，还提到民间艺工中有铁匠。[④] 前 8 世纪希腊诗人希西奥

---

① 笔者认为，在军事民主制和真正雅典国家形成之间，有一个雏形国家时期。这在古代高卢如此，在古代希腊雅典国家形成过程中，也有这种情况。

② 《马克思恩格斯选集》第 4 卷，第 159 页。

③ 苏联科学院主编《世界通史》第 1 卷，三联书店 1959 年版，第 894 页。

④ 荷马史诗《伊利亚特》中提到的铜武器比铁多 14 倍；较晚形成的《奥特赛》中提到的铁，要比在《伊利亚特》所提到的多 1 倍，但提到的铜和青铜，仍然比铁多 4 倍。参见狄雅可夫，尼可尔斯基合著《古代世界史》，高教编审处 1954 年版，第 269—270 页。又参看塞尔格叶夫：《古希腊史》，高教出版社 1955 年版，第 127—128 页。

特,说他自己所处的时代,是"铁的种族"的时代。[①]

中欧和西欧的铁器时代,分两个阶段,第一阶段为赫尔斯塔特文化(前10世纪至前6世纪晚期),第二阶段称拉坦纳文化(前6世纪晚期至前1世纪晚期)。考古学家认为赫尔斯塔特文化同克尔特人有相当密切的关系。[②] 至于拉坦纳文化分布地区,基本上相当克尔特人的分布地区。就时间上讲,拉坦纳文化时期也和克尔特人的活动时期相吻合。西欧考古学家德·那伐罗说:"广义地讲,拉坦纳文化本来是克尔特文化,但是,在拉坦纳的早期阶段,这并不意指所有的克尔特人都受到它影响。以后,它的影响也传播到非克尔特地区。"[③]克尔特人,借用希西奥特的话,可谓是"铁的种族"。

在高卢的东部,考古发掘到的铁器遗物,最早的属于赫尔斯塔特晚期和拉坦纳开端时期,即前6世纪晚期至前5世纪。在当时,短剑、匕首、长剑、笨重的一面锋刃的弯刀等,已在中欧到高卢东部一带广泛使用。如东高卢的柏桑松附近,发掘到的古代墓葬近800处,其遗物包括赫尔斯塔特晚期至拉坦纳各时期的铁剑、铁矛和青铜矛头等。高卢东北部马恩河流域及附近地区发现50处以上的"车葬墓"(人车合葬),内有四轮车、两轮车和铁制武器。高卢西南近比利牛斯山一带,也有赫尔斯塔特晚期和拉坦纳初期的墓葬。[④] 前5世纪以后,拉坦纳文化在法国分布更广,铁器和其他器物更多。如在阿列斯-圣-兰(即古高卢的阿来西亚)和伯夫雷山(即古高卢的毕布拉克德),发掘到前2世纪的大量形式不同的铁制农具和家庭器皿。[⑤] 采矿、炼铁,在高卢历史上有比较悠久的传

---

① 引自哈蒙(N. G. L. Hammond):《希腊史》(*A History of Greece*),牛津大学出版社1963年版,第96页。

② 惠勒(R. E. M. Wheeler):《西方的史前时代》(*The Prehistoric Era in the West*),见《欧洲文化,其起源与发展》(*European Civilization, its Origin and Development*)第2卷,牛津大学出版社1935年版,第220—221页。

③ 奈罗(J. M. de Novorro):《克尔特人的到达》(*The Coming of the Celts*),见《剑桥古代史》(*The Cambridge Ancient History*)第7卷,剑桥大学出版社1928年版,第41—42页。

④ 《剑桥古代史》第7卷,第43—45页;《欧洲文化,其起源和发展》第2卷,第221—233页。

⑤ 希塔内特(C. Hignett):《高卢的征服》(*The Conquest of Gaul*),见《剑桥古代史》第9卷,1932年版,第538页。

统。恺撒《高卢战记》说,高卢有巨大铁矿,高卢人了解、掌握采矿技术。[①]

铁制武器和农具,青铜饰物和金饰物,用陶轮制作的陶器以至釉瓷器,这些丰富多彩的遗物,说明在恺撒征服前高卢的手工业以至农业,已有相当高度的水平;手工业和农业,也已开始分离。自拉坦纳中期(约前300年至前100年)起,货币已在高卢采用。仿照希腊形式、较后仿照罗马形式,但由高卢人自己铸制的货币,在高卢各地大量发现。[②]这说明,相应手工业和农业的分离,出现了直接以交换为目的的生产,即商品生产。高卢以南和地中海区域,北和日耳曼人,都有频繁的贸易活动。高卢境内,商业和经济交往也颇活跃。考古学家认为,今日法国的索恩河上的夏龙,即古高卢的卡皮隆弩姆城,原是南、北高卢商业路线上的关卡站。[③] 自然,对恺撒前高卢的手工业和农业的分离、商品生产和商业活动,不能过分强调;但也不能忽视它在高卢社会发展过程中的作用。在恺撒当时,高卢各地已出现许多城堡或城镇。如当时高卢各族以坚壁清野方法反抗罗马侵略军时,在别都里及斯族领土内,一天之中,就烧掉二十个以上城镇。[④] 一般认为这些城堡或城镇,主要是设防的军事要地,并非手工业、商业中心。但这些城镇的存在,在当地经济活动上,必然发生一定的保护作用或一定意义上的中心作用,[⑤]如粮食的贮存,手工业品和农、畜业产品的交换中心等。

可见,在荷马时代,这个行将跨入但尚未进入阶级社会的希腊原始社会晚期,希腊人制造、使用铁器的历史的两个世纪(前10世纪初至前8世纪初)。而在高卢,在恺撒征服前,铁为高卢人服务已近5个世纪(前6世纪晚期至前1世纪中叶)。恺撒征服前夕高卢社会生产力发展水平,比之荷马时代,已跨前了一步。以铁为标志的生产力的进一步发展,使高卢原始社会产生各种新的因素,产生新的生产关系,从而促使原始社会逐步分化、瓦解。

---

① 《高卢战记》第7卷,第22节。

② 《剑桥古代史》第7卷,第46—47页。

③ 《欧洲文化,其起源和发展》第2卷,第246页。

④ 《高卢战记》第7卷,第15节。

⑤ 《欧洲文化,其起源和发展》第2卷,第250页。

二、社会结构

在荷马时代的希腊，土地所有权属氏族公社所有的原则还存在着；普通公社成员用抽签方式分配到的土地，一般是平等的。但当时希腊，氏族贵族和氏族一般成员之间已有较大的差距。军事首领（巴西勒斯）、氏族贵族和神庙，除了拥有大量畜群和金银财宝等动产外，在土地分配时，还可以获得特别为他们留出的土地，称为特留地。"特留地是在部落制度内产生的私有财产的萌芽。"①荷马史诗中可以看到军事首领拥有大庄园和"宫室"的描述。② 氏族显贵、特别是权势日益增长的军事首领，已经拥有相当数量的奴隶。估计在军事首领奥德修斯的家庭里，有女奴 50 人，男奴 40—50 人左右。③ 奴隶除家务服役外已参加某些生产劳动。

关于克尔特—高卢社会，由于恺撒以前缺少文字史料，有待考古学材料补充。"克尔特地区的墓葬发现物表明，早在赫尔斯塔特时期，在统治阶级和下层等级之间已有明显的分化。马恩战车葬和首领墓说明，虽然这些首领或国王可能不曾统治过很大的领土，他们已拥有可观的财富。"④马恩墓葬中有两或三人同时附葬的现象，考古学者认为是殉葬习俗的表现。⑤ 殉葬，说明奴隶的存在。从马恩河到索恩河上流，正是恺撒时期两个主要的族塞广尼族和爱杜依族定居地方。可见在这一带的高卢人，在恺撒以前几个世纪，已经开始社会阶级分化。往后，高卢原始社会的分化、瓦解，与日俱增。在前 2 世纪晚期，希腊旅行家曾叙述高卢阿浮尔尼族"国王"留力乌斯的豪华生活：大批的同族人跟随

---

① 汤姆逊(Gedrge Thormson)：《古代希腊社会研究，史前爱琴》(*Studies in Ancient Greek Society, The Prehistorical Angean*)伦敦，1945 年版，第 328—329 页。

② 塞尔格叶夫：《古希腊史》，第 116—122 页。

③ Я. А. 林茨曼：《论荷马时代奴隶制度的历史地位》，东北师范大学《科学集刊(历史)》1956 年第 1 期。

④ 《剑桥古代史》第 7 卷，第 72—73 页。

⑤ 《欧洲文化，其起源和发展》第 2 卷，第 233 页。

着他，许多游吟诗人陪着他，他带着大群猎狗，坐在银饰的车上，向群众撒出一把把黄金；他在三千步见方的封闭式广场上用满桌婚宴般的食物款待来客，等等。[①] 蒙森说，这些描述是夸张的，但他又说，这并非纯属虚构。[②] 这位阿浮尔尼族"国王"的生活，比之荷马史诗中某些巴西勒斯富豪好客的情况，看来是有过之而无不及。

到公元前1世纪中叶，高卢社会又有发展。当时，在高卢，特别在中部高卢，社会贫富分化和阶级对立的程度，显然超过荷马时代的希腊。在荷马史诗中的希腊，氏族一般成员还是占有份地的自由群众，他们和氏族贵族之间的矛盾对立的严重性不很显著。而在恺撒笔下的高卢，统治、剥削阶级和被统治、被剥削阶级之间的矛盾对立相当突出。

高卢社会的统治阶级，由两个集团组成：贵族（恺撒称为"骑士"）和特鲁伊德教教士[③]。贵族是氏族部落的上层——氏族部落首长、军事首领以及他们的后裔。他们利用职权、特权，占有较多、较好的耕地，成群的牲畜和其他资财，并以此对民族一般成员进行巧取豪夺。在政治上，他们是主要官员；在军事上，他们是武装力量的骨干。特鲁伊德教士同样是氏族部落的上层。他们是祭司也是法官。他们不仅享有免服军役、免纳军税和豁免一切义务的特权，而且影响政局，分享政权。[④] 由于特鲁伊德教是流行全高卢以至不列颠的宗教，教会上层具有超部落或部落联盟的权威。这个教会无疑拥有巨大财富。前2世纪晚年，罗马一个统帅曾掠夺那滂高卢多罗沙城一个特罗伊德教圣殿，其圣库库藏中金银器皿、财宝之富，令人目眩。[⑤]

从恺撒对高卢"普通群众"的叙述，可见荷马时代希腊那样土地属氏族公有、氏族普通成员通过抽签分配份地的制度已经破坏。高卢平民，比之荷马时代希腊社会的平民，地位明显恶劣。恺撒说："至于普通

---

① 蒙森(Theodor Mommsen)：《罗马史》(*The History of Rome*)，狄克逊(W. P. Dickson)英译，第3册，"人人丛书"本1930年版，第158页。

② 蒙森：《罗马史》第4册，第207页。

③ 《高卢战记》第6卷，第13节。

④ 关于特鲁伊德，见《高卢战记》第6卷，第13—14节。

⑤ 蒙森：《罗马史》第3册，第172页。

群众，处境简直跟奴隶差不多；关于他们自己，不敢有所作为，也从不参加会商。他们绝大多数，由于负债，由于受租赋的重荷，或受权势人物的暴行，使自己对贵族处于奴役地位；事实上，贵族对他们拥有像主人对待奴隶那样的权利。”[①]恺撒的上述叙述，说明在高卢，氏族成员的份地占有权已转变为土地私有权。在这基础上，债务契约和土地抵押便继续发生。当土地抵押、出卖尚不足偿清债务的时候，人身抵押是必然的后果。“古老的氏族制度……绝对没有办法能在自己的结构内部给货币、债权人、债务人以及逼债等找到立足之地。”[②]高卢大多数平民沦于不同程度的奴役状态的事实，正是高卢土地氏族公有制破坏、氏族制度破绽百出的表现。

高卢旧的氏族制度在迅速分化、瓦解，氏族普通成员在分化，氏族贵族也在分化。恺撒说，高卢的贵族“按照他们每人在出身和资财上的重要性，他们周围的扈从和依附者的人数也因此不同。这是使他们以威信和权力被人所知的一种方式”。[③] 扈从和依附者的出身、身份及其对主人的关系，具体情况不详。他们多数出身平民；其中某些人，也可能是破落的氏族贵族。值得注意的是，高卢少数有权势的贵族，个人可以控制大量的扈从和依附者。在厄尔维几族，一个有野心的贵族奥尔及托列克斯，为了对抗本族掌权集团对他的公审，“在预定审讯的那天，奥尔及托列克斯把他所有的家人（除一般家族成员外，包括奴隶、仆役和扈从）从各地集中到审判的地方，数达万人之多，他还把数目同样很大的全部被保护人和债户都招来，依靠这些人，他才避免受审”。[④] 按厄尔维几族全部人口总数为263000人，其中能作战的壮年战士不过8万人。一个贵族，竟拥有一两万奴仆、扈从、被保护者和债户，这使蒙森惊叹说，这样的一个人，“如其说是一个部落的成员，不如说是一个独立的君主”。[⑤]

① 《高卢战记》第6卷，第13节。

② 《马克思恩格斯选集》第4卷，第109页。

③ 《高卢战记》第6卷，第15节。

④ 《高卢战记》第1卷，第4节。

⑤ 蒙森：《罗马史》第4册，第209页。

恺撒所说高卢大多数平民的地位“跟奴隶差不多”，并不等于说，他们已经是奴隶。恺撒著作中另外提到高卢的奴隶。如当罗马军营受纳尔维族重重包围时，为罗马驻军向恺撒递送乞援急件的，便是纳尔维族一个叛徒维尔几哥的奴隶：维尔几哥“以自由的希望和巨大的报酬说服一个奴隶递送急件”[①]。恺撒在叙述高卢的习俗时说：“在前一代，甚至连奴隶和依附者，只要认为是他的主人心爱的，常在（主人的）正式葬仪完毕时一起火焚（殉葬）。”[②]高卢社会奴隶人数以及奴隶在生产劳动中的地位，无记载可稽。但在大多数平民地位接近奴隶的情况下，债务奴隶人数亦不断增加。

高卢氏族普通成员，除沦为奴隶或各种依附者外，还有不少人逃离本族，在高卢各地流亡、求乞或成为“暴徒”、“强盗”。恺撒记载：“此外，还有从高卢各地赶来的大批亡命之徒和强盗，抢劫的习气和对战争的嗜好，使他们抛弃农活和日常劳动。”[③]恺撒对这些因不堪忍受本族权贵压榨而逃离本族的平民诬蔑攻击，就是由于他们人数众多，使罗马对高卢的侵略军感受到威胁。德来维里族首领英度辛马卢，为了准备反罗马斗争，一面发动、训练本族的武装力量，采办马匹，另一方面，他“以极大的酬报把全高卢的亡命之徒和罪犯都吸引到他的旗帜下来”。[④] 反抗罗马侵略的高卢著名领袖维琴盖托里克斯就“在四郊，他征召乞丐和流浪者”[⑤]来组织义军。高卢氏族部落的成员，从个别到成群，挣脱了氏族部落的界限，在全高卢的山林、田野、村庄过着流浪、乞求生活，以至汇成一支武装力量，这种情况，正是对高卢的氏族部落分化、瓦解的另一个方面的生动说明。

高卢氏族制度的日暮途穷，还可从家庭制度的变化中看到。当时高卢氏族不仅已分化出家长制大家族，而且已经分化出一夫一妻制的小家庭。[⑥] 一夫一妻制家庭，“它的最后胜利乃是文明时代开始的标志

---

① 《高卢战记》第 5 卷，第 45 节。

② 《高卢战记》第 6 卷，第 19 节。

③ 《高卢战记》第 3 卷，第 17 节。

④ 《高卢战记》第 5 卷，第 55 节。

⑤ 《高卢战记》第 7 卷，第 4 节。

⑥ 《高卢战记》第 6 卷，第 19 节。在本节，恺撒记述夫妻积蓄私产。这笔私产，夫死妻继，妻死夫继。

之一”。[①] 家庭制度是伴随社会阶级分化、阶级矛盾的发展而演变的。恺撒著作中很少有关于当时高卢社会阶级矛盾和阶级斗争情况的具体叙述。但恺撒提到:“在高卢,不仅每个国家,每个部落区和地方,而且几乎在每个个别的家庭,都有党派。”[②]可见,社会阶级矛盾、阶级斗争已经普遍而且尖锐。

三、军事民主制的衰落

“在荷马的诗中,我们可以看到希腊的各部落在大多数场合已联合成一些小民族……在这种小民族内部,氏族、胞族和部落仍然完全保持着它们的独立性。”[③]这些小民族的内部组织是:(1) 由各氏族首长组成的议事会,(2) 人民大会,(3) 军事首长。这三种组织“构成了发展为军事民主制的氏族社会的各机关”。[④] 关于高卢,从恺撒著作中可见,它的氏族部落也已联合成相当于恩格斯所说的小民族。但是,它们内部的组织机构,同荷马时代希腊的制度,已有差别。

恺撒征服高卢前,高卢有 60 个以上的小民族。“这六十二个民族又分成几百个部落。”[⑤]这些小民族部有它们基本固定的领土和疆界,对它们,恺撒有时称之为“族”(populus),有时称之为“国家”(civitotes)。它们的发展水平是不同的。它们是否已发展成为国家,将在下面讨论。族下面的单位组织是“帕格”(pagus),蒙森称它为“部落区”。[⑥]

---

① 《马克思恩格斯选集》第 4 卷,第 57 页。

② 《高卢战记》第 6 卷,第 11 节。

③ 《马克思恩格斯选集》第 4 卷,第 100 页。

④ 《马克思恩格斯选集》第 4 卷,第 106 页。

⑤ 基佐(M. Guizot and Madame Guizot De Witt):《法国史》(*History of France*),勃来克(Robert Black)英译第 3 卷,纽约伦敦联合出版社版,第 17 页。

⑥ 蒙森:《罗马史》第 4 册,第 208 页。按蒙森称 pagus 为“clan - canton”。“clan”应译作氏族。但在蒙森著作中,常混淆氏族和部落,恩格斯对蒙森看法有分析批判(见《马克思恩格斯选集》第 4 卷,第 118—123 页)。Pagus,就其人数讲,可能有数万人之多,作为氏族单位,简直不可想象,本文因此译为“部落区”。

较大的族，人口颇多。据恺撒记载，北部比尔及人中的俾洛瓦契族，可提供战士 10 万人，[①]其人口总数约近 40 万。高卢东部的厄尔维几人，人口总数 263000 人，[②]下分数个部落区，[③]每个部落区的人口平均约 65000 人。

在《高卢战记》中，军事民主制的机关在高卢某些族里还存在着，但这些族基本上都属于北部比尔及人分布的地区。比尔及人各族在作战前夕召开的战士大会，相当于荷马史诗中的人民大会，比尔及人的德来维里族首领英度辛马卢在发动全族人民进行反抗罗马侵略的战争时，召集了战士大会。恺撒说："这（大会）标志战争的开始；遵照通行的法律，全体成年人按照习惯武装集会；最后参加会议的一个人，在群众面前受各种酷刑处死。"[④]也在德来维亚族，英度辛马卢和钦杰多列克斯为争夺首领地位而斗争，后者有全体贵族支持，但因前者得到氏族部落普通成员拥护，以致贵族们到恺撒处乞援时感叹："在国家利益上采取措施，非他们的能力所能及"[⑤]，这就是说，贵族们不敢在人民大会上公开同钦杰多列克斯提出同恺撒议和的主张；人民大会在德来维里族重大的军事、政治决策中，还发挥重要的作用。厄勃隆尼斯族首领安比奥力克斯对罗马军队派去谈判的代表说："人民对他有多少权威，他对人民也有多少权威，这是他的统治权的前提。"[⑥]各氏族首领组成的议事会，在比尔及人各族中也保存着。恺撒通称这些议事会为元老组成的元老院，这是把罗马政府机关的名称搬到高卢来了。至于军事首长，恺撒也按照古罗马的称呼，称之为海克斯（rex），英译为"国王"，而古罗马的海克斯，如恩格斯所指出的，就是军事首长。[⑦] 比尔及人中的苏威西翁尼斯族，由盖尔巴为海克斯，"由于他的公正和智慧，他受到普遍拥戴，负

① 《高卢战记》第 2 卷，第 4 节。

② 《高卢战记》第 1 卷，第 29 节。

③ 《高卢战记》第 1 卷，第 12 节。

④ 《高卢战记》第 5 卷，第 56 节。

⑤ 《高卢战记》第 5 卷，第 3 节。

⑥ 《高卢战记》第 5 卷，第 27 节。

⑦ 《马克思恩格斯选集》第 4 卷，第 123 页。

有军事行动的最高责任。”[①]看来，他还是一位受人民拥护的军事首领，并不是高踞在人民头上的国王。索底亚德族的阿狄亚都安纳斯，没有勒克斯的称号，却拥有600个热诚的支持者作为他的伙伴，是全族的统帅，[②]显然是个军事首长。

上述关于高卢社会原始民主传统的情况，发生于比尔及人地区。比尔及人的社会发展，比之中部的高卢人，是落后一段距离的。在比较先进的高卢人各族里，军事民主制已经衰落了，贵族制正在逐步代替原始民主制。

高卢中部的爱杜依族，在恺撒当时，是全高卢最著名、最重要的一族，高卢许多重大的政治事件和军事活动，都同它有联系。因此，恺撒提到它比提到其他高卢各族为多。可是，恺撒在有关爱杜依族的记述中，没有讲到人民大会，也没有注意到它的氏族部落普通成员在社会政治中的作用。恺撒说，在这个族里，有两个每年一选的长官[③]，其中一个长官享有国王的权力。在公元前52年，两个有势力的贵族竞选具有国王权力的长官职位时，族内发生两派斗争。两个竞选者之一，得贵族拥护；另一个是“按照国家的传统，在政府官员的继任受到干扰时，由特鲁伊德教士选出”[④]。可见，在选举全族最高长官时，氏族普通成员不发生作用。当两派斗争尖锐时，“全国拿起武器，元老分裂，每个竞选人都有他的追随者”[⑤]。以后，他们请恺撒来解决纠纷。恺撒召集了“全体元老，会同斗争中的双方，和他一起在特乞几亚会谈”[⑥]。始终不见平民群众和人民大会的作用。事实上，如恺撒描述，高卢平民“关于他们自己，不敢有所作为，从不参加会商”[⑦]。这一叙述本身就说明原始民主制的消失。在人民无权的条件下，军事首长，即使仍以海克斯的名义存在，也已经不是军事民主制的机关了。因为军事首长一般“必须是或者由人民

① 《高卢战记》第2卷，第4节。
② 《高卢战记》第3卷，第22节。
③ 《高卢战记》第1卷，第16节。
④ 《高卢战记》第7卷，第33节。
⑤ 《高卢战记》第7卷，第32节。
⑥ 《高卢战记》第7卷，第33节。
⑦ 《高卢战记》第6卷，第13节。

选举的，或者为人民公认的机关——议事会或人民大会——所认可的"①。

于是，在高卢各族比较普遍地掌握统治权力的，只有元老们和元老院了。在高卢北部的比尔及人各族中，元老院还保持着氏族首领的议事会的性质，但是在中部高卢元老院已经不是"为人民所公认的机关"。第一，氏族分化瓦解了，贵族成为平民的对立面，成为平民的压迫者和剥削者。第二，元老院是排挤了人民大会和军事首长的地位而成为最高统治机关的，它的掌权，正标志它的脱离人民的性质。

军事民主制已经衰落。但代替军事民主制机关的，是否就是真正的国家权力机关？这是本文拟进一步分析的问题。

四、雏形国家

恩格斯说，真正的国家权力机关最后代替氏族制度的机关，是一个长期的过程。② 国家的形成，是指真正的国家权力机关的确立。在高卢古代的历史上，军事民主制已经衰落，国家已经"部分地改造氏族制度的机关，部分地用设置新机关来排挤掉它们"③，恩格斯所说的"萌芽的国家"④已在发展的阶段。在这阶段中，真正的国家机关还没有最后代替氏族制度的机关。这个阶段，我们称之为"雏形国家"时期。

恩格斯指出国家区别于氏族组织的主要特点有二⑤。第一点是：国家按地区来划分它的居民，即居民的地区联系代替了氏族的血缘关系。在恺撒征服前的高卢各族，地区联系的因素已在发展。高卢居民很早从事农业，有长期的定居历史。高卢各族的氏族部落，都有它一定的领土和疆界。在同一块土地上，祖祖辈辈长期劳动、繁殖，一个几万

---

① 《马克思恩格斯选集》第 4 卷，第 102 页。
② 《马克思恩格斯选集》第 4 卷，第 105 页。
③ 《马克思恩格斯选集》第 4 卷，第 105 页。
④ 《马克思恩格斯选集》第 4 卷，第 106 页。
⑤ 《马克思恩格斯选集》第 4 卷，第 167—168 页。

人的部落联盟发展成为二三十万人口的族，一个几千人的部落，成为几万人的部落区，地区联系的重要性，显然在增长。高卢氏族，大致已按农村公社的形式定居。而私有制和剥削关系的发展，社会的分化，又不断破坏公社所有制，从而逐步瓦解氏族的血缘联系。一方面，地区联系的因素加强；另一方面，血缘关系的因素衰减，这是恺撒以前高卢社会发展的基本趋向。

国家的第二个特点是自居于社会之上的公共权力的设立。这种“权力”，是指政府机关、法庭、监狱和武装队伍等。高卢中部一些族里的元老院、长官、掌握审判权的特鲁伊德教士、贵族等，都是自居于社会之上并日益同社会脱离的“力量”。爱杜依族的元老院，是贵族的主要统治机关。由元老院选出的两个长官，“对他们同族国民掌握生杀之权”。[①] 这一族的最高长官的选举，除了元老外，还有特鲁伊德教士插手。他们的最高长官达维西埃库，便是特鲁伊德教的头子。高卢各族的军队，还是由各族人民组成的，但也发生了变化。在不少族里.军队的主力是骑兵，步兵居于次要的地位。恺撒向那些降服于他的高卢各族征集武装时，主要征集骑兵。而骑兵，就是由贵族组成的武装力量。恺撒称高卢贵族为“骑士”，便与此有关。

“为了维持这种公共权力，就需要公民缴纳费用——捐税。捐税是以前的氏族社会完全没有的。……官吏既然掌握着公共权力和征税权，他们就作为社会机关而凌驾于社会之上。”[②]恺撒提到高卢普通群众受到贡税重压。这贡税是指平民向个别贵族交纳的租税、押金，还是指平民向统治机关交纳的赋税，情况不详。但高卢各族统治机关向人民征收某种捐税和对来往商品征收关税的事，是存在的。当时流行的征税方式是包税制：政府通过投标的形式，让一个有权有势的贵族承包税额，并由这个贵族在集征税款后交给政府机关。这是高卢个别贵族发财得势的一条重要途径。恺撒说到爱杜依族的一个贵族杜姆诺力克斯：“几年以来，他以一个低额价格承包了关税和其他爱杜依的捐税，唯

① 《高卢战记》第1卷，第16节。

② 《马克思恩格斯选集》第4卷，第167—168页。

一的原因是，他出了一个承包价，没有人敢反对他。”[①]

综上所说，在恺撒征服前的高卢，主要在中部高卢，许多族的氏族制度机关，已经开始转变为国家的机关。可是，这些机关只能说是国家逐步形成过程中的雏形国家的机关。

列宁说，研究国家问题，“我们始终都要记住历史上社会划分为阶级这一基本事实”。[②]“国家是阶级矛盾不可调和的产物和表现”[③]。“国家是阶级统治的机关，是一个阶级压迫另一个阶级的工具”[④]。国家的形成，标志着人类第一个阶级社会的开始。“奴隶主和奴隶——是第一次大规模的阶级划分。”[⑤]人类社会发展史上的第一个阶级社会，“是以奴隶制为基础的社会，即奴隶占有制社会”。[⑥] 第一次出现的真正的国家，是奴隶主阶级的统治工具——奴隶制国家。

奴隶主和奴隶的矛盾，在原始社会内部已经出现。但这一矛盾在原始社会内部还不是社会的主要矛盾。在原始社会晚期，较普遍地存在于氏族部落之内的矛盾，是氏族贵族和平民之间的矛盾。贵族和平民之间的矛盾，如恩格斯所指出的，也是阶级对立。[⑦] 但是贵族和平民之间的阶级对立，还不足以构成社会第一次大规模的阶级划分的事实。

首先，高卢的氏族贵族和氏族平民的矛盾和分化，是在氏族制度内部发生、发展的。它们同氏族制度的关系，是辩证的：既有矛盾对立的一面，又有相互依赖、彼此统一的一面。它们的成长依靠从氏族制度中吸取的营养，而它们的成长又要分化、瓦解氏族制度。

恺撒时期，在高卢一些先进的族里，氏族制度已经由于贵族和平民对立的发展而处于分化、瓦解的阶段。可是，氏族制度还没有退出历史舞台。高卢各个独立发展的族，在组织形式上，还是原始社会的部落联盟。族以下的单位——部落区，已经从“血缘部落”向“地区部落”发展，

---

① 《高卢战记》第 1 卷，第 18 节。

② 《列宁选集》第 4 卷，第 45 页。

③ 《列宁选集》第 3 卷，第 175 页。

④ 《列宁选集》第 3 卷，第 180 页。

⑤ 《列宁选集》第 4 卷，第 45 页。

⑥ 《列宁选集》第 4 卷，第 45 页。

⑦ 《马克思恩格斯选集》第 4 卷，第 115 页。

却仍保存着部落的组织。氏族、胞族的组织依然存在，也应该是事实。氏族贵族，既是富豪和奴隶主，又是氏族部落的首领。他们从氏族部落中逐步获得特权势力，亦以氏族部落组织作为他们权势的根据地。氏族公产、平民份地的被侵占，平民的被奴役，基本上皆在氏族部落范围内进行。从《高卢战记》可见，高卢各族的当权人物，几乎没有一个不是氏族首领或首领的后裔。这些贵族，不能也不愿完全废弃氏族制度。可是，正是这些氏族贵族，为了达到进一步压榨平民的目的，又逐步把氏族制度的机关改造成国家机关。这就是氏族贵族所处的矛盾地位。氏族平民的地位也是矛盾的。他们受剥削、受奴役的境况，使他们反对氏族贵族。然而，他们既怀念他们以往在氏族中的平等地位，又不愿丧失当前还保存着的往古以来的公共权利，如牧地、森林等公地的使用，氏族内部的某些民主传统等。他们不能也不想切断与氏族的联系。

第二，氏族贵族和平民本身，都是在不断分化的阶级。恺撒时期高卢社会出现了扈从、依附者、被保护人、债户、债务奴隶、流浪汉、乞丐和强盗，甚至还出现了雇佣的骑兵①，说明贵族和平民的分化、瓦解何等迅猛！贵族和平民这两个阶级，都只能是很不稳定的过渡性的阶级。这种不稳定性或过渡性，正是高卢社会动乱斗争的基本原因。

不稳定的过渡性的阶级，只能产生不稳定的过渡性的国家权力机关。这就是雏形国家。高卢的雏形国家，正是以不稳定性作为它的令人瞩目的特征的。恺撒当时厄尔维几族的贵族统治集团看来是由原来的氏族部落首长组成的。贵族阶级在分化，于是，一个最显赫、最富有的贵族奥尔及托列克斯“出于篡夺王位的野心，在贵族中策划了一个阴谋”。当他的阴谋被揭发后，他发动了近两万人与统治集团对抗。② 最后，他是失败的，而厄尔维几族统治机构的脆弱不稳固，亦由此可见。前述爱杜依族贵族统治集团中的派别斗争，恺撒曾作了较具体的叙述。在爱杜依，特鲁伊德教祭司很有势力。流行全高卢的特鲁伊德教分享雏形国家的统治权，并不表示国家权力机关的强固，恰恰是国家机关不成熟的表现。

---

① 《高卢战记》第1卷，第18节。

② 《高卢战记》第1卷，第2—4节。

高卢的国家形成过程，是复杂、曲折的过程。高卢各族，内外矛盾重重，暴力活动频繁。高卢南受罗马侵略，东北受日耳曼侵扰。在高卢，几十个族分立，互相征战。在恺撒时，已有某些比较强大的族，使一些较小的族成为它的附庸。而大族之间，争雄称霸，常有战争。族内矛盾、斗争，已如上述。而族内斗争又和族外纠纷关联。高卢原始社会的最后阶段，就是这么一幅斗争尖锐复杂的图景。这些情势，也是高卢国家形成迟缓的原因。

当高卢社会从原始社会进入奴隶制社会的过程中，罗马侵略军征服了它。某些资产阶级学者说罗马的征服者把高卢引入了文明社会，这是颠倒历史的说法。恺撒对高卢的侵略，干扰以至打断了高卢自己独立发展的道路。如果高卢不被罗马征服，高卢就要自己举步跨入“文明时代”。

载《法国史论文集》，人民出版社，1980 年

西欧从奴隶社会向封建社会过渡中的几个问题

一、社会形态的更替和社会革命

"社会革命"一词，是马克思提出来的。马克思说："社会的物质生产力发展到一定阶段，便同它们一直在其中活动的现存生产关系或财产关系(这只是生产关系的法律用语)发生矛盾。于是这些关系便由生产力的发展形式变成生产力的桎梏。那时社会革命的时代就来到了。"①

马克思所说的社会革命，泛指所有社会形态的更替，泛指社会发展上的飞跃或革命性的变革。在这里，马克思并没有为社会革命作出其他规定。按照马克思的社会革命的涵义，历史上一种社会形态为另一种更高级的社会形态所代替，都是社会革命。

在马克思以后，某些历史唯物主义的理论著作却对社会革命作了比较狭隘的理解②。这些著作为社会革命规定了三条基本特征：一、一种社会形态为另一种社会形态所代替，是通过社会革命来完成

---

① 《马克思恩格斯选集》第 2 卷，第 82—83 页。

② 在革命导师的著作中，斯大林是这样说的："在新生产力成熟以后，现存的生产关系以及体现这种生产关系的统治阶级就变成'不可克服的'障碍，即只有通过新兴阶级的自觉活动，只有通过这些阶级的暴力行动，只有通过革命才能扫除的障碍。"见《论辩证唯物主义和历史唯物主义》，《斯大林文选》，人民出版社 1962 年版上册，第 206 页。

的。二、“没有先进阶级的自觉的暴力行动，衰朽的生产关系是不能为新的生产关系所代替的。”[①]三、先进阶级的革命行动，“首先要推翻没落阶级的政治统治，要夺取政权”。[②]

上述社会革命的三项特征，是从近现代史上一些社会革命中归纳出来的。无产阶级革命，尼德兰、英、美、法的资产阶级革命，都具有这些特征。问题在于，这些从近现代一些国家的革命中归纳出来的特征，是否可以概括历史上所有社会形态的变革？

社会历史发展的实际告诉我们，历史上不同社会发展阶段，不同国家或地区的社会形态的更替，有不同的内容或形式。一种社会形态向另一种社会形态过渡，是通过先进阶级采取暴力行动夺取政权来完成的，历史上只有上述社会主义革命和资产阶级革命，没有其他。

人类社会循序发展的几种社会形态，标志着社会历史从低级向高级发展的阶梯。而社会形态的每一种变革，不仅有不同的类型，而且，相应社会发展的不同阶段，变革本身也有低级和高级之分。马克思和恩格斯曾经指出，在较高级的社会形态的变革中，比之在较低级的社会变革中，“非统治阶级和正在进行统治的阶级之间的对立，也发展得更尖锐和更深刻。”阶级斗争“在否定旧制度方面”，又比过去“更加坚决、更加激进”。[③] 以今推古，或以古类今，是非历史主义的。

无产阶级社会主义革命，是以公有制的、无剥削的社会主义社会代替私有制的阶级剥削社会。它是历史上最深刻的、最高级的社会形态的变革。它同以往从一个阶级剥削社会过渡到另一个阶级剥削社会的变革，有根本的区别。资本主义社会代替封建社会，比之社会主义代替资本主义，无疑是较低一级的社会变革。如果说，向社会主义过渡没有和平过渡的先例，那么，从封建社会向资本主义社会的过渡，既有资产阶级领导的、采取暴力斗争手段夺取政权的资产阶级革命，也有许多国家是通过和平变革的形式过渡到资本主义社会的。德国是通过“普鲁

---

① 康士坦丁诺夫主编：《历史唯物主义》，人民出版社 1955 年版，第 272 页。

② 参看上书。本文引语见加克：《马克思主义的革命理论》，人民出版社 1953 年版，第 3 页。

③ 《马克思恩格斯选集》第 1 卷，第 54 页。

士道路"过渡到资本主义的。"俄国在1861年也发生了变革,结果一种社会形式被另一种社会形式所代替——农奴制被资本主义所代替。"[①]日本通过明治维新,完成了从封建社会向资本主义社会的过渡。

某些从狭隘的涵义上理解社会革命的理论告诉我们,封建制度代替奴隶制度,也要通过社会革命。他们把这一阶段的社会革命,称为奴隶革命[②],并且,说成是和资产阶级革命基本相同的革命。"封建制度代替奴隶制度,资本主义代替封建制度……也都通过革命。""所谓革命,就是意味着被压迫阶级使用革命的暴力,意味着革命战争。奴隶革命是这样,资产阶级革命也是这样。"[③]我们不能同意这样的论点。我们认为,封建社会代替奴隶社会,较之资本主义社会代替封建社会,是较低一级的社会变革。两者是在生产力和生产关系矛盾发展不同水平上发生的不同的社会变革,不能等量齐观。从世界各国的历史看,我们看不到所谓奴隶革命,也看不到其他具有资产阶级革命相同特征的社会革命。

在中国,在有关中国古代史分期问题的各家学说中,都不曾证实中国奴隶社会和封建社会的交替是通过奴隶革命来完成的。日本封建社会代替奴隶社会,也没有通过先进阶级采取暴力行动夺取政权的革命。印度社会从奴隶制向封建制过渡的历史中,看不到奴隶革命。西亚、北非原属拜占庭帝国统治的地区,一般认为是经过阿拉伯人征服才进入封建社会的。拜占庭帝国(东罗马帝国),约在公元7、8世纪从奴隶制国家转变为封建国家。这一转变主要是通过封建化的军事贵族——奴隶主贵族——取得政权而完成的,基本上是改革的形式。

一般认为封建社会代替奴隶社会是通过奴隶革命的说法,是以西欧的历史为依据的。下文我们就要分析,在西欧奴隶社会和封建社会交替之际,并不存在奴隶革命,也并不存在和资产阶级革命类似的社会革命。

---

① 《列宁选集》第4卷,第54页。

② "奴隶革命"一词,首先似见于斯大林的讲话。斯大林说:"奴隶革命把奴隶主消灭了,把奴隶主剥削劳动者的形式废除了。"《列宁主义问题》,第493页。

③ 《列宁主义万岁》第5节。《红旗》1960年第8期。

二、西欧历史上是否存在过奴隶革命

主张西欧历史上存在过奴隶革命的主要论点是：罗马奴隶主的统治，是"被长期的、反复的、绵延不断的奴隶革命所打垮的"[①]。

"长期的、反复的、绵延不断的奴隶革命"指什么呢？看来，它是指奴隶起义。否则，所谓奴隶革命，便是抽象不可捉摸的名词了。但是，把奴隶起义说成是奴隶革命，实际上是混淆了阶级斗争和革命的概念。这种概念上的混淆，也混淆或歪曲了社会历史发展的真实面目。第一，它把社会历史的一般发展时期和革命时期混为一谈，从而搞乱、颠倒了社会发展的不同阶段。第二，它歪曲了奴隶阶级、奴隶起义的历史地位和作用，从而歪曲了社会革命。

革命是阶级斗争的最高表现。两者内在的联系，不容抹杀；但两者的区别，也不容忽视。奴隶和奴隶主两个阶级之间的斗争，是奴隶社会生产力和生产关系矛盾的表现，它贯穿于奴隶社会的始终。在奴隶社会一般发展时期，奴隶制关系既和生产力有矛盾，却还给生产力的发展留下余地。至于马克思所说的"社会革命的时代"，是指奴隶制关系已经成为生产力的桎梏时期；或是指如恩格斯所说的罗马奴隶社会"陷入了绝境"[②]的时期。

奴隶起义，长期存在于罗马奴隶社会。从公元前 2 世纪初年起，奴隶起义的规模已越来越大。公元前 2 世纪下半叶，出现了波澜壮阔的两次西西里起义（公元前 132 年和公元前 104 年）。在这两次起义中，起义军都曾建立政权。公元前 1 世纪 70 年代，意大利发生了罗马历史上最伟大的一次奴隶起义——斯巴达克起义（公元前 73—前 71 年）。列宁称这些起义为"奴隶解放战争"，并说，罗马奴隶主政权受到斯巴达克大起义的"震撼和打击"[③]。可以说，公元前 2 至前 1 世纪的奴隶起义

---

① 《列宁主义万岁》第 5 节。《红旗》1960 年第 8 期。

② 《马克思恩格斯选集》第 4 卷，第 146 页。

③ 《列宁选集》，第 4 卷，第 51 页。

的规模和它对罗马奴隶主统治者的打击作用，至少并不小于此后在罗马帝国发生的奴隶起义。但是，公元前 2 至前 1 世纪，还是罗马奴隶社会发展的上升阶段。如果把当时发生的奴隶起义都说成是奴隶革命的组成部分，等于把六七百年的罗马历史都说成非革命不能摆脱绝境的社会革命的时代。这样，罗马历史的分期问题，就不免一片混乱，不堪收拾了。

革命，不仅意味着旧制度的灭亡，更重要的是，它意味着新制度取代旧制度。在奴隶社会里，奴隶阶级是反奴隶主阶级斗争的主力。任何打击奴隶主统治的斗争，都和奴隶们的反抗斗争不可分割。但是，奴隶阶级并不是一个体现新的生产方式的阶级；奴隶起义，不能使新的封建制度代替旧的奴隶制度。因此，在马克思所说的“社会革命的时代”中，奴隶阶级的地位和作用，有其局限性。且看下列两种基本情况：

第一，在新制度取代旧制度的斗争中，奴隶阶级并不是也不可能是领导力量。列宁说得很清楚：“我们知道，奴隶举行过起义，进行过暴动，掀起过国内战争，但是他们始终未能造成自觉的多数，未能建立起领导斗争的政党，未能清楚地了解他们所要达到的目的，甚至在历史上最革命的时机，还是往往成为统治阶级手下的小卒。”[①]西罗马奴隶制帝国的崩溃和封建国家在西欧的建立，是通过奴隶、隶农、贫农起义和蛮族入侵各种力量进行错综复杂的斗争而取得的。奴隶阶级的地位和作用，说明它仅仅是各种力量中的一种力量。把当时参加斗争的所有力量概括为奴隶革命，就要歪曲这场巨大的社会变革的真实面貌。

第二，正如封建社会的农民起义“总是陷于失败”[②]一样，奴隶起义也绝不会最后取得胜利。列宁在概述罗马社会的奴隶起义后，指出：“最后，这些奴隶有的惨遭屠杀，有的被俘虏，遭受奴隶主的酷刑。”[③]列宁所列举的公元前 2 至 1 世纪的奴隶起义的命运是这样，公元 4 至 5 世纪西罗马帝国灭亡前夕的奴隶起义的命运，也是这样。罗马帝国晚期西欧最强大的奴隶和隶农起义巴高达运动，是在西罗马帝国最后垮

---

① 《列宁选集》第 4 卷，第 55 页。

② 《毛泽东选集》合订本，第 588 页。

③ 《列宁选集》第 4 卷，第 51 页。

台前不久被镇压下去的。奴隶阶级的斗争，只能在奴隶社会的范围内发挥作用。如果突破奴隶社会的圈子，其代价就是奴隶阶级本身的灭亡。马克思恩格斯指出，奴隶和奴隶主的斗争，最终是"各阶级同归于尽"。[①] 在新的封建社会里，奴隶，作为一个阶级，只能作为旧社会的残余而苟延残喘。

从奴隶社会向封建社会的变革，按照马克思所说的关于社会革命的基本涵义，是社会革命。但如果说这一革命就是奴隶革命，这就意味着这一革命是永远不可能取得胜利的革命，即它永远不可能完成使奴隶社会向封建社会过渡的任务。这是对马克思主义革命理论的歪曲。

在西欧历史上，不存在奴隶革命。在世界各国的历史上，也看不到所谓奴隶革命。把奴隶革命作为历史上革命的一种类型，是名不正、言不顺的；这种说法，在理论上说不通，在历史上也找不到根据。

三、在罗马奴隶社会内部，是否已经形成了体现新的生产方式的先进阶级？

在西欧历史上，有过典型的资产阶级革命，却没有封建主阶级或农奴主阶级的革命。产生这种现象的重要原因在于：封建制度和奴隶制度之间的关系，同资本主义和封建制度之间的关系有所不同；封建因素在奴隶社会内部发展的情况，同资本主义在封建社会内部的情况，也有所不同。

资本主义和封建制度之间的差距，比封建制度和奴隶制度之间的差距大得多。马克思在他的著作中，多处把农奴制和奴隶制并列，并以此与资本主义生产形态相对比。马克思指出，资本主义和农奴制、奴隶制的不同，表现在资本"所占有的不是劳动者，而是他的劳动"。[②]

资本积累的条件之一，是必须具有大量的自由劳动者。"自由劳动

---

① 《马克思恩格斯选集》第 1 卷，第 251 页。

② 马克思：《资本主义生产以前各形态》，人民出版社 1956 年版，第 37 页。

者有双重意义：他们本身既不像奴隶、农奴等那样，直接属于生产资料之列，也不像自耕农等那样，有生产资料属于他们，相反地，他们脱离生产资料而自由了，同生产资料分离了，失去了生产资料。”[①]生产劳动者从奴役或隶属地位解放出来，是使他们成为劳动力的自由出卖者——雇佣工人——的一个基本方面。因此，在封建社会中，资本主义是作为和封建制度相对立的因素而发展的。封建制度的解体，是资本主义发展的前提。封建土地所有制不破坏，封建行会制不解体，资本主义土地所有制不可能形成，大量的雇佣工人不可能出现，资本主义工场手工业不可能发展。资本主义关系的体现者——资产阶级，从它开始产生起，便是一种和旧的封建制度相对立的社会力量。西欧最初的资产阶级分子，并不是从封建主阶级内部分化出来的，而是从城市市民中产生的。“从中世纪的农奴中产生了初期的城市的市民，从这个市民等级中发展出最初的资产阶级分子。”[②]尽管资产阶级在发展过程中曾经不可避免地同占统治地位的封建主阶级发生过这样或那样的关系，但当资产阶级在经济上的力量发展成熟时，它就成为反封建统治的资产阶级革命的领导阶级。

封建制，尤其是它的早期的也是最基本的形态——农奴制，和奴隶制相比，固然具有不同的特征，却具有明显的共同性。马克思曾经把奴隶制和农奴制作为同一种类型的生产关系的形态。[③] 他曾说，奴隶制和农奴制都是从原始公社制发展而来的生产关系：“奴隶制和农奴制只是这种建立在部落制度上的财产的继续发展。”[④]他指出，劳动者的人身不自由或人格的依附性，他们的直接属于生产的客观条件或直接属于生产资料，是奴隶制和农奴制的共同特征[⑤]。这些共同性，说明在奴隶制和农奴制之间，存在着内在的密切联系。恩格斯说，中世纪的农奴制

---

① 《马克思恩格斯全集》，第 23 卷，第 782 页。

② 《马克思恩格斯选集》，第 1 卷，第 252 页。

③ 马克思：《资本主义生产以前各形态》，第 37、39 页。

④ 马克思：《资本主义生产以前各形态》，第 29 页。

⑤ 马克思：《资本主义生产以前各形态》，第 25、37 页。

"包含了古代奴隶制的许多成分"。[1] 同样,我们可以说,古代的奴隶制也包含着中世纪农奴制的许多成分。

由此可见,罗马奴隶社会内部的封建因素——主要是隶农制,并不是作为奴隶制的对立因素而发生、发展的。它并不以奴隶制的解体或破坏作为它发展的前提。相反地,它是作为奴隶制的辅助因素,依附奴隶制而发展的。罗马奴隶主,在一定的条件下,认为剥削隶农符合他们经济上、政治上的需要;他们在剥削奴隶的同时,又剥削隶农,对于他们的阶级利益,有利无损。因此,在罗马,"中世纪农奴的前辈"隶农[2]的主人并不是脱离奴隶主阶级而存在的农奴主,而是既剥削奴隶又剥削隶农的奴隶主。在罗马奴隶社会里,像中世纪晚期资产阶级那样体现先进的生产方式的先进阶级,并没有形成。

在罗马历史上,隶农制的发展对奴隶制所起的补充和调整的作用,是主要的方面。

公元前 1 世纪中期,在斯巴达克起义后,意大利的奴隶主,由于害怕大规模奴隶起义,不敢把大量奴隶集中使用,就逐渐把奴隶制大庄园的部分土地分割成许多小块,或让破产农民佃租,或给奴隶、被释奴隶耕种,坐取收成。这些分地耕作的奴隶或小农佃户,即为隶农。但奴隶主始终保留奴隶作为生产劳动者。史料证明,在公元前后近 200 年中,隶农劳动一般都分布在奴隶制庄园外围,受奴隶主的剥削[3]。公元 2 世纪末至 3 世纪末,罗马奴隶制危机,隶农制迅速发展。应该说,当时隶农制的发展,并不是奴隶制危机的原因,而是危机的产物。公元 4 世纪前半期,罗马帝国取得暂时稳定的局面,此后,西欧奴隶主的统治继续维持到公元 5 世纪后半期西罗马帝国灭亡。

罗马奴隶主统治能够渡过危机以至能在一个相当长的时间里挣扎存在,有种种原因;而隶农制的流行,对罗马社会生产力和生产关系的日益尖锐的矛盾,起了一定程度的调整和缓和作用。隶农制的发展,客

---

① 《马克思恩格斯全集》,第 19 卷,第 364 页。

② 《马克思恩格斯选集》,第 4 卷,第 146 页。

③ A.π・卡日丹:《罗马帝国封建关系形成史上某些争论不决的问题》,见《罗马奴隶占有制崩溃问题译文集》,科学出版社 1958 年版,第 71 页。

观上固然是罗马社会经济发展的大势所趋，而奴隶主阶级主观上对它也起了促进和推广作用。

公元 2 世纪末年以降，隶农制流行，隶农逐渐成为罗马社会的主要农业生产者。

罗马奴隶主的地位，也相应地发生了变化。罗马帝国晚期的大地产(Saltus)，同过去的奴隶制大庄园(Lafifundium)有所不同。大地产已发展成为经济上、政治上相对独立的单位，同罗马奴隶主政权保持一定的独立性。大地产上的主要农业生产者是隶农。大地产主利用势力，使附近日趋破落的中、小地主接受“保护”，成为他们的隶农，从而扩充土地、扩充隶农。这些大地产具有中世纪封建领地的某些特点。大地产主，同过去的大庄园奴隶主已经不同，可以说是封建化过程中的奴隶主贵族。

但是，我们不能同意某些史学家的下述论点。这些论点主张，大地产“是与奴隶主占有制对立的”“豪门地主的所有制”；大地产主乃是“在封建制度替代奴隶占有制度时”的“先进阶级”[①]。这种论点推论说，在 3 世纪，“旧奴隶主集团”已经失败[②]；到 4 世纪，“奴隶主的所有制遭到最终的失败”[③]；“已经谈不上奴隶占有制社会形态的存在了”[④]。和社会形态的变革相应，“君士坦丁的统治不是奴隶占有制的反动统治，而是经济上作为新兴统治阶级的大地主胜利的形式”。[⑤] 我们认为，在帝国晚期的罗马社会，尽管封建关系有发展，但依旧是奴隶社会，奴隶劳动仍广泛使用[⑥]。在罗马帝国最后崩溃以前，帝国仍是奴隶主阶级统治的帝国。就大地产讲，它在经济上、政治上的相对独立，并不足以说明它在生产关系上已起了根本的变化。隶农已是大地产上的主要农业生

---

① E·M. 施塔耶尔曼：《关于奴隶占有制瓦解问题》，见《罗马奴隶占有制崩溃问题译文集》，第 17、19 页。

② 《罗马奴隶占有制崩溃问题译文集》，第 39 页。

③ 《罗马奴隶占有制崩溃问题译文集》，第 15 页。

④ 《罗马奴隶占有制崩溃问题译文集》，第 42 页。

⑤ 《罗马奴隶占有制崩溃问题译文集》，第 39 页。

⑥ A. P. 科尔松斯基：《论 4—5 世纪罗马帝国西部各省中奴隶，被释奴隶与科洛尼的地位》，见《罗马奴隶占有制崩溃问题译文集》，第 93 页。

产者，但大地产主直接经营的土地上的劳动者，仍是奴隶[①]。人数众多的手工业劳动者和男女婢仆，也是奴隶。甚至，在较普遍地使用隶农劳动的基督教会大地产中，也广泛使用奴隶劳动[②]。在大地产里，奴隶制经济还相当牢固地保持着自己的阵地。大地产主逐步封建化的情况是存在的，可是，决不能说他们已经从奴隶主阶级转变成"与奴隶主占有制对立的""先进阶级"。最多，只能说他们既是奴隶主，又是隶农主，一身而二任焉。而这"一身而二任"的地位，正说明他们没有脱离他们的奴隶主阶级的阶级立场。

包括大地产主在内的隶农的主人没有跳出奴隶主阶级的圈子，从罗马隶农地位的变化不稳定的情况，更能说明。在罗马历史上，在不同时期、不同地区，隶农的地位各不相同。在隶农制发展时期，隶农的基本情况是：依附于土地，独立经营自己的小经济；一度曾经拥有生产工具的所有权。这些，正是他们和中世纪农奴地位相似的地方。而在罗马帝国晚期，隶农一般已经失去了生产工具的所有权。"隶农介乎古典的奴隶和中世纪农奴之间的地位，主要取决于隶农没有生产工具的所有权。"[③]可见，隶农的地位是变动的，而变化的趋向，是向奴隶的地位靠拢。罗马帝国晚期人民反奴隶主统治的斗争中，奴隶和隶农往往联合起义，这说明两者地位的接近。隶农地位和奴隶地位的接近，是由于隶农和奴隶所处的社会，依旧是以奴隶制关系为基础的社会，也由于统治他们的是奴隶主政权，更由于直接统治、剥削他们的，还是奴隶主，而不是封建农奴主。

如果在罗马帝国晚期已经形成了和奴隶制对立的、体现新的生产方式的先进阶级，而且，从 4 世纪起，"新兴的统治阶级的大地主"已经掌握帝国政权，那么，西欧从奴隶社会向封建社会的变革，已经基本完成；晚期的罗马帝国，已经进入一个新的时代。按照这样的说法，我们对当时罗马发生的一系列历史现象，就无法理解。在罗马帝国的历史

---

① A. F. 根普：《晚期罗马帝国的特利布塔里和因奎林》，见《罗马奴隶占有制崩溃问题译文集》，第 137 页。

② A. P. 科尔松斯基：《论 4—5 世纪罗马帝国西部各省中奴隶，被释奴隶与科洛尼的地位》，见《罗马奴隶占有制崩溃问题译文集》，第 89 页。

③ 苏联科学院：《世界通史》第 2 卷，三联书店 1960 年版，第 1162 页。

上，为什么看不到由先进阶级——大地产主所领导的任何革命运动？为什么 4 至 5 世纪的罗马世界还是处于非革命就无出路的绝境之中？为什么当时奴隶、隶农、贫民的反抗斗争如此广泛普遍、声势浩大，而这些斗争打击的对象，既是罗马奴隶主政权，又是各地的大地产主和其他奴隶主？为什么西罗马帝国历史最后一幕的内容，正是奴隶主政权和各地大地产主一起垮台的历史？为什么西欧新兴封建国家的统治者，并不是这个"先进阶级"大地产主阶层？

历史告诉我们，在罗马帝国晚期的罗马奴隶社会内部，并没有形成像西欧封建社会晚期的资产阶级那样的先进阶级。帝国晚期的大地产主或豪门贵族大地主，并不是和奴隶主阶级对立的先进阶级，而是和奴隶主阶级有血肉联系的阶级，或是说，它基本上还是奴隶主阶级。

四、蛮族征服是西欧从奴隶社会向封建社会变革中的决定性力量

西罗马帝国是在奴隶、隶农、贫民起义和蛮族大举入侵中灭亡的。而某些主张"奴隶革命"说的著述，把西罗马奴隶主政权的垮台，片面地归功于"奴隶革命"或奴隶和隶农起义。但历史的真相并非如此。奴隶、隶农起义诚然严重地打击了罗马帝国，却不能最后摧毁奴隶主的统治，更不能建立新型的政权。给西罗马奴隶主政权以最后冲击的，是蛮族——各支日耳曼人（德意志人）。在西罗马帝国的废墟上建立起最早的封建国家的，是各日耳曼王国。恩格斯在指出帝国晚期的罗马世界"只有一次彻底革命才能摆脱这种绝境"以后，没有阐述这次革命的内容和形式。在后文，他所说的乃是："德意志野蛮人把罗马人从他们自己的国家里解放出来"。[①]

以下，就是日耳曼人胜利的历史：公元 378 年，迁入罗马帝国的西哥特人和罗马人民联合起义，取得阿德利亚堡战役的胜利。公元 5 世

① 《马克思恩格斯选集》第 4 卷，第 147 页。

纪初，西哥特人在领袖阿拉力克率领下，远征意大利，410 年，在罗马奴隶等支持下，攻陷罗马城。419 年，西哥特人又在高卢西南部和西班牙北部建立第一个蛮族王国——西哥特王国。日耳曼族的汪达尔人等，越过西班牙，在北非建立汪达王国。455 年，汪达尔人又攻入意大利，洗劫罗马城。5 世纪中叶，勃艮第人在高卢东南部、苏维汇人在西班牙西北部建国。476 年，西罗马帝国的最后一个皇帝被日耳曼雇佣兵首领奥多亚克废立，奥多亚克成为意大利的实际统治者。481 年，征服高卢北部的法兰克人建立王国。12 年后东哥特人在意大利建国。568 年，伦巴第人征服北意建国。这些新建的日耳曼王国，尽管存在着不同程度的奴隶制和原始公社制残余，但是，基本上已是新型的封建国家。从此，西欧开始了封建社会的历史。西欧在从奴隶社会向封建社会这一根本性变革的过程中，决定性的力量应该是入侵罗马的日耳曼各族。

我们这样说，是否是在宣扬"外因决定论"，从而违反了辩证唯物论的基本原理呢？我们认为，辩证唯物论并不排除外因的作用。在一定的条件下，通过内因，强有力的外因是可以起决定作用的。

恩格斯在分析了欧洲历史上奴隶社会的生产力和生产关系矛盾的发展以后，接着说："在大多数情况下，这种矛盾是通过另外的比较强盛的公社对衰落的公社进行暴力的奴役（例如马其顿以及后来的罗马对希腊的奴役）而解决的；要是这些比较强盛的公社本身也是以奴隶制为基础的，那么这里发生的就仅仅是中心的转移和这一过程在较高阶段上的重复，直到（罗马）最后被一个用另外一种生产形式代替了奴隶制的民族征服为止。"[①]这里所说的"被一个用另外一种生产形式代替了奴隶制的民族所征服"，就是指罗马被日耳曼人所征服。

再举两三个外因通过内因而起决定作用的历史上的例子作为旁证。在古代和中世纪之交，西亚、北非原属拜占庭领土的地区，通过阿拉伯人的征服，完成了从奴隶社会向封建社会的变革。在中世纪和近代之交，资产阶级"把一切民族甚至最野蛮的民族卷到文明中来了……它迫使它们在自己那里推行文明制度，即变成资产者。一句话，它按照

① 《马克思恩格斯全集》第 20 卷，第 676 页。

自己的面貌为自己创造出一个世界”。[①] 在中国，在英国的侵华战争（鸦片战争）后，中国开始了半封建半殖民地的历史。

怎样理解日耳曼人的入侵罗马，是通过罗马奴隶社会的内部因素而发生决定性作用的？

第一，罗马社会内部生产力和生产关系矛盾的尖锐化，广泛、剧烈的反罗马奴隶主统治的人民斗争，垂死的奴隶制的种种征象，为日耳曼人推翻西罗马帝国的统治、建立新的国家，打下了基础，创造了条件。大举入侵罗马世界的蛮族，如果没有罗马奴隶社会内在的尖锐矛盾，如果没有罗马奴隶、隶农和贫民起义的直接、间接的支持和配合，要取得胜利，是很难想象的。

第二，对于罗马社会，日耳曼人并不完全是外部力量。在公元4世纪晚期蛮族大举入侵罗马帝国以前，日耳曼各族和罗马，早已有各种不同方式的交往。日耳曼人先后陆续迁移、定居罗马帝国境内者，已经不少。在罗马奴隶、隶农、仆役、侍卫人员中，在雇佣军的各级军官和士兵中，都有人数众多的日耳曼人。同时，在帝国晚期，苦难深重的罗马人民，“都不得不逃到罗马人民的敌人那里去，以免变成不公正迫害的牺牲品。他们到蛮族那里去寻罗马的仁爱，因为他们不能在罗马人那里忍受野蛮的非人待遇”。[②] 这样，在罗马人民起义队伍中，在哗变的军队中，有蛮族；在侵入罗马的蛮族中，有罗马人民。西欧社会制度的交替，其内外因素互相交错。

第三，西欧封建制度的起源，有日耳曼成分，也有罗马成分。通过日耳曼征服，这两种成分结合起来，发展成为封建制度。

新旧统治阶级的更替，是新旧社会更替的标志。新建立的民族国家的统治阶级，主要是以国王为首的封建贵族阶级。这些封建贵族，就是日耳曼人在进行战争中的各级军事首领及其扈从队。通过掠夺、占领、封赐，这些人“得到了大片人民的田地”，[③]都成为大地主。因此，马

---

① 《马克思恩格斯选集》第1卷，第255页。

② 撒尔维亚：《神的统治》第5卷，引自科瓦略夫：《罗马史》，三联书店1957年版，第970页。

③ 《马克思恩格斯选集》第4卷，第149页。

克思恩格斯说，封建主义“起源于蛮人在进行侵略的军事组织中”①。

封建贵族不同于奴隶主贵族，主要由于他们对生产劳动者剥削、奴役方式不同。封建贵族在他们的大地产上，仍然剥削、奴役大量的隶农和奴隶。但是，出于种种原因，他们按照他们古老传统的剥削奴隶的方式，来剥削大地产上的被奴役的劳动者。日耳曼人在塔西佗时期已有了奴隶，只是，奴隶的地位和古代罗马的奴隶不同，他们“每人都有自己的一所房屋和一个家庭……奴隶主只从奴隶那儿索取一定数量的谷物、牛和衣服”②。这种日耳曼式的奴隶的地位，基本上近似罗马社会中的隶农。可以说，古代日耳曼的奴隶和古代罗马的隶农，都是“中世纪农奴的前辈”。日耳曼的征服使这两家“前辈”交流汇合，使他们成为依附于土地、交租服役，有自己的生产工具和自己的经济的农奴阶级。大地产中的奴隶的待遇，也和罗马帝国时期的奴隶不同了。他们变成了日耳曼式的奴隶，加入了农奴的行列。古代奴隶社会使社会上的非奴隶成分（包括隶农制）向奴隶制转化。中世纪封建社会，使社会上的前封建成分向封建制转化。这是社会历史发展的飞跃。

但是，社会发展要完成这种飞跃，必须具备一个根本的前提：和先进的社会制度相适应的生产力。没有相应的生产力水平，日耳曼原始社会晚期的家长奴隶制，绝不可能转化为封建农奴制。蛮族的军事首领及其扈从队，也不可能成封建社会的统治阶级。日耳曼征服所以能对西欧社会制度的变革产生深远的作用，主要由于当时西罗马帝国的生产力水平为它准备了条件。马克思、恩格斯说：“蛮族人占领了罗马帝国，这一事实通常被用来说明从古代世界向封建主义的过渡……封建主义绝不是现成地从德国（日耳曼）搬去的；它起源于蛮人在进行侵略的军事组织中，而且这种组织只是在征服之后，由于被征服国家内遇到的生产力的影响才发展成为现在的封建主义的。”③

---

① 《马克思恩格斯选集》第 1 卷，第 81 页。

② 塔西佗：《日耳曼尼亚志》第 25 节，见《阿古利可拉传·日耳曼尼亚志》，商务印书馆 1959 年版。

③ 《马克思恩格斯选集》第 1 卷，第 80—81 页。

中世纪西欧的政权、教权与封建制度[①]

一、西欧封建社会的政权与教权关系是二元的关系

在世界三大宗教中，基督教在欧洲封建社会的作用，特别引人注目。在佛教、伊斯兰教流行的国家里，除了自己的宗教外，还有其他宗教。但在欧洲封建社会的全盛时期，对于绝大多数欧洲人，基督教是垄断他们信仰、支配他们思想的唯一宗教。“中世纪只知道一种意识形态，即宗教和神学”[②]，这是指基督教和基督教神学。在欧洲封建社会，每个居民是国家的属民，又是教会的属民，“教会教条同时就是政治信条”[③]。在那里，国家的权力——政权，和教会组织的权力——教权，都是封建主阶级统治人民的权力。

同样是基督教国家，西欧基督教（罗马公教或天主教）国家，和东欧基督教（希腊正教或东正教）国家，政教关系又有其不同的特征。东欧的拜占庭帝国和后来的俄罗斯帝国，帝国皇帝兼任教会领袖，政教合一，称皇帝教皇制（Caesaro - Papism）。西欧情况则不同：

第一，“世俗王国”的首领是国王或皇帝，但西欧教俗人士都承认，“精神王国”的首领却是上帝在世上的代表，使徒彼得的后继者罗马教皇。教皇确立他对西欧教会的实际领导权，有一个长期的过程。在11

① 本文论述范围，在时间上，指5世纪至15世纪；在地域上，指今日法、德、意。

② 《马克思恩格斯选集》第4卷，第231页。

③ 《马克思恩格斯全集》第7卷，第400页。

世纪前,西欧各国的教会和修道院,基本上受国王或皇帝控制。虽然这样,对于罗马教皇是西欧教会领袖这个罗马帝国晚期以来的传统,国王和皇帝尊重它,并在不同时机中利用它、依靠它。矮子丕平废墨洛温王朝、立加洛林王朝,事先得到教皇支持。752 年,教皇代表大主教卜尼法斯在法兰克贵族、主教大会上为丕平举行新王登位的宗教典礼——涂圣油礼;两年后,罗马教皇又为丕平重新举行涂圣油礼。800 年,罗马教皇在圣彼得大教堂为查理加上皇帝的皇冠。可见,国王、皇帝为了使他们的王权"神圣化"和"合法化",就需要得到教会的"加冕"和"承认"。

就在 11 世纪以前,教皇不仅没有放弃他对各地教会的领导权,而且在努力加强。教皇派遣传道团到各地,就为了加强他对各地教会的控制。韦力布罗特(克里曼)在教皇旨意下于 7 世纪末、8 世纪初在莱茵河下游非立西亚传道,教皇册封他为非立西亚大主教。8 世纪上半期,卜尼法斯在教皇授意下在莱茵河以东地区传教,建立几个主教区和修道院。722 年,教皇封卜尼法斯为传道主教,738 年,又封他为大主教兼教皇使节。西欧许多势力雄厚的修道院,直属教皇。11 世纪晚期以后,以教皇为首的罗马天主教会,已发展成为西欧"封建制度的巨大的国际中心"。[①]

第二,在西欧封建制度的全盛时期,以国王为首的封建等级制同以教皇为首的教阶制这两个系统,虽然彼此渗透,以至很难划分界限,但是在组织上,它们始终是两个平行的系统,没有教士身份的世俗封建主,不可能是各级教会组织中的成员。

"在中世纪,随着封建制度的发展,基督教成为一种同它相适应的、具有相应的封建教阶制的宗教。"[②]可是,必须承认,以教阶制形式表现出来的教会的组织系统,在西欧封建等级制形成以前早已存在。吉本把"基督教共和国的团结和纪律,它在罗马帝国中心逐渐成为一个独立而日益增强的国家"作为基督教成功的原因之一。[③] 吉本这种国中之国

---

① 《马克思恩格斯选集》第 3 卷,第 390 页。

② 《马克思恩格斯选集》第 4 卷,第 251 页。

③ 爱德华·吉本:《罗马帝国衰亡史》,"近代丛书"本,第 1 分册,纽约,第 383 页。

之说,似有夸大,但基督教会重视它的组织纪律,确是它不同于其他宗教的一种传统特征。在奴隶社会,组织性不可能不带有等级性。如主教和神甫,在罗马的基督教会内便已存在。基督教的组织及其对组织纪律的重视,是它从古代保留到中世纪的传统。在中世纪,教会的教阶制受到封建等级制的影响,更有发展;而同时,它也受到封建等级制的侵蚀以至破坏。教会为了整顿、加强它的组织系统,进行了一系列的努力,终于取得了胜利。

可见,西欧封建社会中的政权与教权关系,是二元的关系。它们相辅相成,关系密切;但各有其主,自成系统,因此它们之间存在差别、矛盾。大致讲,政权与教权的关系,在西欧社会封建化过程中,以相互利用、勾结为主要方面;在封建制度全盛时期,以争夺、斗争为主要方面。这种政权与教权的二元关系,在宗教领袖兼皇帝的阿拉伯帝国,在皇帝兼宗教领袖的拜占庭帝国,在佛教流行的东方各国,或是看不到,或是不明显。它只是中世纪西欧历史的一个特征。

政权与教权是为西欧封建制度、封建主阶级服务的两种权力。它们的地位和相互关系,是由西欧封建制度发展决定的,是西欧封建制度特征的反映。同时,这两种权力的并存及其相互关系,对于西欧封建制度的确立与发展,又具有不容忽视的作用与影响。

二、罗马成分和日耳曼成分的二元结合,是政权和教权二元关系产生的社会基础

同世界许多地区、国家相比较,西欧封建制度的形成,有它自己的特殊道路。第一,它是二元成分结合的产物,即罗马成分和日耳曼成分的结合;第二,这两种成分,在它们母体的前封建社会里,发展不稳定,发育不健全。西欧封建社会政权与教权的二元关系,就是在这种土壤上产生、发展的。

西欧封建社会的基本阶级是农奴阶级和农奴主阶级。农奴制有两个来源:古罗马社会的隶农制和古日耳曼社会的日耳曼式的奴隶制。

西欧封建社会的统治阶级——农奴主阶级，也有两个组成部分：从罗马奴隶社会留下来的大土地占有主，从日耳曼原始社会的军事首领、扈从队和其他氏族首领转化来的大土地占有主。

罗马奴隶社会里的隶农，是“中世纪农奴的前辈”。[①] 隶农的地位不稳定，“到了 4 世纪晚年，法学家可能说，这个不幸的阶级（指隶农）几乎处于奴隶的境地了，近一个世纪以后，隶农和奴隶的区别不再存在了；隶农已是他们出生的土地的奴隶”。[②] 说隶农和奴隶的区别不再存在，是不确切的。隶农有自己的经济，并以小生产形式进行劳动，这是隶农不同于奴隶的地方。但当时隶农一般已没有生产工具的所有权，他们的处境日趋恶劣，以致接近奴隶。[③] 这是总的趋向。

大规模地使用隶农劳动的，是罗马晚期的大土地占有主。他们虽然对罗马奴隶主政权保持一定的独立性，可是，在西罗马帝国瓦解过程中，他们在许多地区和帝国政权、军队保持这样那样的联系。他们只能是向农奴主阶级演变过程中的奴隶主。

基督教会作为一个团体，在西罗马帝国晚年，在罗马大土地占有主中，已经是经济上、政治上、社会上力量最雄厚的成员。政府和豪门世族对教会不断慷慨捐赠，大批中、小地主纷纷向教会献地纳身，托庇求靠。教会的势力从城市深入广大农村，也深入豪门世族大土地占有主的势力范围，并处于举足轻重的地位。据息多尼阿·阿波利奈里的《书简》所述，在西罗马帝国崩溃以前，教会在高卢境内已是拥有过多土地的大土地占有者。[④] 6 世纪罗马教皇格利高里一世，被认为是当时西欧的最大地主。[⑤] 而格利高里的产业，并不包括西欧全部教会财产。教会的财富和特权，主要来自罗马奴隶主政权和奴隶主上层权贵。越在帝国晚期，它所接受的财产和特权越多。只要帝国还存在，只要奴隶主阶

---

① 《马克思恩格斯选集》第 4 卷，第 146 页。

② 《剑桥中世纪史》第 1 卷，1975 年版，第 53 页。

③ 苏联科学院主编：《世界通史》第 2 卷，三联书店 1960 年版，第 1129—1130 页、第 1162—1163 页。

④ 引自汤普逊：《中世纪经济社会史》，商务印书馆 1961 年版，上册，第 102 页。

⑤ 汤普逊：《中世纪经济社会史》上册，第 165—167 页。

级还保持它的统治地位，它不会饮水自断水源。在西罗马帝国瓦解过程中，教会为维护摇摇欲坠的奴隶主政权，或与罗马地方军政当局合作，或在帝国已经丧失控制的地区和城市，积极发挥它的辅助或代理奴隶主政权的作用。在匈奴人阿提拉进攻西欧的过程中，451 年，高卢奥尔良城主教阿尼安努在匈奴大军兵临城下前夕，劝导市民鼓足勇气，等待罗马将领率军支持。匈奴到达特鲁瓦城时，主教卢普代表城市向阿提拉乞和。452 年，在匈奴大军进攻罗马之前，罗马主教利奥一世率使团说服阿提拉放弃对罗马的攻掠。这些主教，已是当时一些城市的主宰人物，而城市，乃是罗马帝国在各地区统治的中心。

西欧教会和其他大土地占有主从奴隶主阶级转变为封建农奴主阶级，是在西罗马奴隶主帝国彻底崩溃、日耳曼封建国家建立以后。奴隶主政权被奴隶、隶农起义和蛮族入侵打垮了；奴隶主阶级，不变也得变。而且，对于包括教会在内的罗马大地主，隶农已经是他们大地产上的主要生产劳动者。隶农在奴隶主阶级统治压迫下处境恶化，但他们原来就是人身被不完全占有、具有自己的经济和自己的生产工具的劳动者；只要改善他们的处境，恢复他们的原有地位，就能使他们“共有为耕种土地并从自己收成中拿出一部实物缴给封建主所必需的某种劳动兴趣”。[①] 这样，大土地占有主的地位和利益，仍能保持。

可见，罗马的大土地占有主，是在从奴隶社会向封建社会过渡中才逐渐形成为封建农奴主阶级的；新生的封建国家，也不是由他们首先建立的。他们的地位不够稳定，他们的力量尚欠坚强。他们必须同新形成的封建国家的统治阶级合作，才能成为统治阶级的组成部分，从而维护并发展他们的剥削利益和特权。

另一方面，西欧新建立的封建国家的统治阶级，乃是日耳曼原始社会中的氏族、部落上层，在侵略罗马帝国和建立日耳曼国家的过程中，通过掠夺、占领、封赐，刚刚形成的封建农奴主阶级。在日耳曼原始社会解体过程中，虽然也出现封建因素的萌芽，但是，并不存在农奴主阶级，也不存在农奴阶级。

---

① 《斯大林文选》上卷，第 200 页。

作为西欧农奴制来源之一的日耳曼式的奴隶制，是指公元1世纪晚期塔西佗《日耳曼尼亚志》中所描述的奴隶。他们“每人都有自己的一所房屋和一个家庭……奴隶主只从奴隶那儿索取一定数量的谷物、牛和衣服”。[①] “奴隶”这个名词，是塔西佗提出的。有的著作，也称它为“日耳曼的农奴”。[②] 恩格斯说，这是一种“比较温和的隶属形式”，它“给被奴役者提供了一个使自己作为阶级而逐渐获得解放的手段……这种形式大大胜过于奴隶制”。[③] 因此，说他们也是中世纪农奴的前辈，并不过分。

可是，这个中世纪农奴的前辈，只有在罗马社会生产力水平的基础上，在他们的主人成为新的封建社会和封建国家的统治阶级——封建农奴主阶级以后，他们才形成农奴阶级的组成部分。

日耳曼封建农奴主阶级是新生的，他们经验缺乏，力量薄弱，而面临的任务却是艰巨的。怎样使他们原来的氏族机构转化为国家机关？怎样建立一个和过时的罗马帝国不同的新型的封建国家？又怎样使他们的统治权巩固并持续下去？这些，都是有待历史考验的新课题。

日耳曼人最早建立的西哥特王国，在建立后不到90年，它在高卢的领土丧失殆尽。高卢东南的勃艮第王国独立的时间，不过40年。意大利、西班牙的日耳曼国家，在8世纪以后都不再存在。看来，这些国家都植根不深，经不起风吹浪打。只有法兰克王国存在的时间最长，对西欧的影响最大。法兰克胜过于其他日耳曼国家的因素，不止一端。其中一个重要的因素，是新形成的以国王为首的法兰克贵族大地主，取得了罗马帝国以来就存在的罗马—高卢大地主的合作。这种合作，主要是通过罗马天主教会来完成的。

天主教会同其他日耳曼国家统治者所信奉的阿利乌派教会不同，它是罗马帝国以来基督教的正统派，它在罗马—高卢居民中，在罗马军队中，有广泛的信徒。它保持一定的古代文化传统并具有帝国晚期以

---

① 塔西佗：《日耳曼尼亚志》第25节，见《阿古利可拉传·日耳曼尼亚志》，商务印书馆1959年版。

② 《剑桥中世纪史》第2卷，第653页。

③ 《马克思恩格斯选集》第4卷，第153页。

来的一些统治经验。它不仅拥有广大的地产，并且同许多罗马豪族大地主有频繁的交往和联系。

496年，法兰克开国君主克洛维率三千战士信仰天主教。这件事，对于失去罗马帝国政权依靠的教会是一种巨大的鼓舞，同样，对于克洛维的征服和建国事业也是强有力的支持。罗马教皇阿奈斯塔息乌写信给克洛维，表达教会对克洛维归信的热烈欢迎，并对他说："愿你是一根铁的支柱支持她(教会)；至于她，也会使你胜战一切敌人。"[①]事实证实了这封信上所说的话。6世纪希腊史家普洛可庇乌的记载告诉我们，驻扎在高卢的罗马军队，由于勃艮第和西哥特的阻拦，不能回师罗马；可是，他们不愿归附信仰阿利乌派的西哥特国家，却"愿意向法兰克投顺，为它服务，同时，献出他们为帝国驻守的防地"。[②] 这以后，通过伏伊尔一役，法兰克就迅速占有西哥特在高卢的广大领土。这些胜利，是和天主教会及其信徒的支持分不开的。

在军事征服的过程中，法兰克国家的统治阶级——封建主阶级——逐渐形成。恩格斯说，在法兰克，"逐渐形成的统治阶级，只能是一个大土地占有主阶级"[③]。关于法兰克大土地占有主阶级的产生，恩格斯举述了两类情况：第一，在法兰克"仍然留下很多罗马的大土地占有主"；第二，王权通过侵略战争，没收了大量土地。这些土地"增加的快，挥霍的也快。因为国王不断赠送土地给教会和私人，给法兰克人和罗曼人，给他的侍从和其他的宠幸者"。[④] 这两类情况说明，西欧封建社会统治阶级的形成，是来自罗马社会的罗马大地主和新生的法兰克大地主结合的产物。相应的两类大地主结合而成为封建主阶级，受他们压迫、剥削的劳动生产者，即隶农和日耳曼式的奴隶，汇合并转化为农奴和依附农民。在罗马大地主地产上从事农业生产的奴隶，在新的阶级的统治下，受隶农和日耳曼式奴隶的影响，也逐渐和农奴阶级合流。

---

① 见基佐：《法国史》，英译本，第1卷，第117页。

② 见E.埃利主编：《欧洲文化，它的起源与发展》第3卷，牛津大学出版社1935年版，第47页。

③ 《马克思恩格斯全集》第19卷，第542页。

④ 《马克思恩格斯全集》第19卷，第542页。

罗马成分和日耳曼成分结合的过程，就是西欧封建制度形成并确立它在西欧社会的统治地位的过程。

国家是统治阶级镇压和剥削被压迫阶级的基本手段。在西欧，日耳曼国家代替罗马帝国，标志着封建制度和封建主阶级确立统治地位的开始。可是，新生的日耳曼封建主阶级的不成熟性，造成新生的封建国家权力的脆弱性。西欧封建制度的日耳曼成分和罗马成分的结合，是当时社会发展的必要的也是必然的趋向。在西欧较早建立的西哥特、勃艮第等国家里，罗马成分和日耳曼成分结合的过程已在进行。但是。它们的结合不稳固，矛盾重重。上述普洛可庇乌的记载可以说明问题。法兰克王权和天主教会的结盟，对于新形成的法兰克大地主和罗马—高卢大地主的结合，是强有力的推动力量，是使罗马成分和日耳曼成分结合的催化剂。西欧对建主统治阶级让教会保持它的组织和力量，并使教会组织和国家组织作为两种权力系统同时并存，彼此合作，对于确立和巩固它的统治地位，是必要的。

三、西欧封建制度发展过程中政权与教权二元关系的发展

政权和教权的并存和合作的必要性和必然性，不仅体现在西欧封建制度统治地位的确立过程中，也体现在西欧社会封建化过程中，即西欧封建制度发展过程中。

封建化，指在封建关系主导下，各种前封建关系逐渐向封建关系转化。封建化，是世界各国封建社会初期共有的现象。可是，西欧社会的封建化却具有它自己的特征。第一，前封建关系大量存在。封建关系在前封建社会发展很不成熟，是这一现象存在的主要原因。农业奴隶，自罗马帝国晚期以来已显著减少，奴隶转化为农奴，受到阻力较少。而自由农民转化为农奴与依附农民则是一个艰难而又漫长的历程。在法兰克兰国，既有罗马—高卢人的自由小农，更有人数众多的法兰克自由农民。第二，封建化的范围广大。在原来罗马帝国疆域以外，莱茵河以东、多瑙河以北的广大地区，存在着许多尚未踏入文明社会的各支日耳

曼部落,它们曾被法兰克和以后的神圣罗马帝国所征服。此外,北欧的诺曼人,中欧的斯拉夫人等,都同西欧的日耳曼国家有频繁的接触、冲突以至互相侵略。这些蛮族进入封建社会,是西欧社会封建化的重要内容。对于西欧封建主阶级,封建化是十分艰巨的工作。

法兰克国家在西欧封建化过程中,发挥了重要的作用。而在封建化的每一个阶段、每一个方面,政权与教权都彼此合作、互相支持。在某些方面,教会不仅起了世俗封建主同样的作用,而且起了他们所不能起的作用。恩格斯在《法兰克时代》生动地描述了教会"采用捐献、勒索、欺骗、诈骗、假造证据以及其他带有刑事犯罪性质的勾当而巧取豪夺"自由农民的土地,并使他们沦为依附农民和农奴的情况,都是教会在封建化过程中立下的"功劳"。在莱茵河以东蛮族地区的封建化,是教、俗封建主扩大封建领地,并使当地自由居民农奴化的过程。法兰克统治者的侵略、占领,同教会的传道、设修道院、立主教区,都是互相配合的行动。卜尼法斯在巴伐利亚等地的传教活动,有的教会史家虽然说"他(卜尼法斯)把他的工作看作是一种纯粹的宗教工作而不是政治工作",但仍不得不承认卜尼法斯的活动为查理帝国打下了基础[①]。查理曼前后花 33 年时间血腥征服萨克森,他的军事行动是同传教活动同时进行的。他把萨克森人的信仰天主教作为向他臣服的标志。在他颁布的敕令里规定:杀死主教、教士者处死;坚持异教信仰(萨克森人原来的信仰),拒绝信仰天主教,甚至不奉行教会的礼仪,星期五吃肉,大斋期间不禁食的,也得处死。教会在国家保护下新设的主教区和修道院占领萨克森大片土地,是由农奴和依附农民耕种的封建领地。

政权与教权的并存与合作,促进了西欧社会的封建化。封建化又使教会的经济、政治力量不断增长,从而使政、教二元关系进一步发展。"高卢教会的黄金时代,是在法兰克人信奉基督教以后才开始的。"[②]墨洛温王朝的国王希尔佩里克常常慨叹:"看,我们的国库变得多么空虚!看,我们所有的财物,全都送给教会了!"尽管国库日虚,国王和各阶层

---

① 卡尔·比尔梅耶:《教会史》,英译本,第 2 卷,"中世纪",第 19 页。

② 《马克思恩格斯全集》第 19 卷,第 544 页。

居民向教会捐献大量土地和动产，始终“漫无止境”[①]。“据罗特估计，在7世纪末，高卢教会的全部土地，不是少于而是多于土地总面积的三分之一。”[②]7世纪后，除查理·马特曾大量没收教产外，教会地产是增加的多、减削的少。“教会的免税土地占有中世纪欧洲全部地产的三分之一到二分之一。”[③]教会的经济收入，除地产的地租、信徒的“捐献”等来源外，还有全体居民向它缴纳的什一税。约在查理大帝时期，什一税开始成为由国家强制人民向教会缴纳的捐税[④]。查理大帝征服萨克森后，国家不向当地居民普遍征税，却令他们向教会缴纳什一税。

教会经济力量的增长，是同它在政治上、司法上的特权的加强同时进行的。“主教和教士一般享受重要的法律上的特权。自614年以后，教士在受到刑事诉讼时，只能由主教裁判。主教本人，只能在教会的会议上被传讯。而且，更重要的，世俗人士也欢迎让主教作为他们之间的纠纷的仲裁人。”[⑤]相应于封建制度的发展，教会在它庞大的地产上，可以享有不受国家官员或法官巡查土地、巡讯居民的特权，有向它领地上的自由居民征收捐税、贡赋以至司法审判的特权。当查理大帝在位时，在皇帝之下，世俗贵族和教会上层形成封建主阶级中两个势均力敌的组成部分。查理派往各地巡视的两人一组的巡按使，一人是主教，一人是伯爵。五月校场是查理亲自主持的封建主阶级代表会议，会上教会上层和世俗封建贵族分列两边，各有平等的发言权。查理曾召开宗教会议十六次，其决议由皇帝以敕令公布，有法律作用。就在查理作战时，“主教、修道院院长、宫廷教士以及他的侍从”，组成皇帝身边的参谋总部[⑥]。查理大帝承认，教会封建主和世俗封建主，是帝国统治的“二元”权力。

西欧政权与教权并存局面的产生和发展，有它历史的必然性。决

---

① 《马克思恩格斯全集》第19卷，第544页。

② 《马克思恩格斯全集》第19卷，第546页。

③ 汤普逊：《中世纪经济社会史》下册，第294—295页。

④ 《剑桥中世纪史》第2卷，第144页。

⑤ 《剑桥中世纪史》第2卷，第144页。

⑥ 《查理大帝传》，商务印书馆1974年版，第96页。

定这种现象的基本原因，就是西欧封建制度的罗马成分和日耳曼成分，从母胎、出生到成长，都带有它的不完备性和软弱性。从而，西欧封建制度的统治，需要驾驭国家权力和教会权力这两驾马车才能前进；单靠政权或单靠教权，单车匹马，则不堪胜任。

中世纪西欧国家的不完备性如此突出，以致很难把它们和近代国家作比较。近代国家所具有的一些基本条件，如主权、领土、居民等，在中世纪西欧国家都不具备。比之世界其他主要封建国家，西欧封建国家的不完备性，也比较明显。国家是否统一，是否有充分发挥作用的强有力的中央政权，是衡量一个国家权力强弱的重要尺度。秦以后的中国，就有长期统一的政治史，有中央集权的君主专制政府。但是，在封建西欧，在绝大部分时间、绝大部分地区，国家支离破碎，国家中央政权的代表——君权，极度衰落。且看 5 至 13 世纪 800 年间西欧政治历史概况。法兰克是西欧中世纪早期的主要的封建国家，而墨洛温王朝在克洛维以后 240 年，拥有全法兰克国王名义的只有 5 个国王，在位共 31 年。这 5 个国王中的 2 位，又都是 4 岁登位的"空头国王"。加洛林王朝曾保持全国统一六十几年，而其后的 170 年都是分裂割据的局面。在中世纪"封建制度的中心"的法国[①]，当加佩王朝代替加洛林王朝时，已进入封建制度的发达阶段。当时法国，封建主各自为政，政治权力分散割裂，国家仅是一个空虚的概念，名义上的国家首脑——国王，"没有和任何一个固定的地域发生联系"。[②] 正如法国史专家瑟诺博斯所说，封建制度是"君权的瘫痪"。[③]

天主教会能不能代替国家成为封建主阶级阶级统治的主要机器？不能。国家权力作为阶级统治的最基本的工具，主要由于"构成这种权力的，不仅有武装的人，而且还有物质的附属物，如监狱和各种强制机关"[④]。西欧教会在基本上并不具备这些条件。从西罗马晚期到中世纪初期，教会的发展，依赖国家的武装和强制机关。在封建制度发展过程

---

① 《马克思恩格斯选集》第 1 卷，第 601 页。

② 瑟诺博斯：《法国史》，商务印书馆 1972 年版，上册，第 116 页。

③ 《法国史》，商务印书馆 1972 年版，上册，第 106 页。

④ 《马克思恩格斯选集》第 4 卷，第 167 页。

中，教会逐渐分享了行政上、司法上的部分权力；在武装力量上，从查理·马特时期起，教会也配备武装随军作战[①]。但是，西欧教会没有也不可能代替国家权力。而且，如果说国家权力的强大需要一个强有力的中央政权的存在的话，那么，西欧教会权力的发挥，也有待一个强有力的中枢或领袖的存在。罗马教皇长期以来是西欧教会的领袖，但教皇对西欧各地教会的实际上的控制权力，在教皇和神圣罗马帝国皇帝斗争取得胜利以后，才基本树立。

西欧社会封建化的任务繁重，而国家或教会，作为阶级统治手段，其力量比较薄弱，这就需要两个权力组织在互相依赖中并行发展。但是，一个统治阶级有两个权力组织作为它的统治手段，这一事实本身就说明西欧封建主阶级统治集团内部矛盾对立的不可避免。

封建化过程，是封建主阶级掠夺土地和劳动力的过程。兼并土地，意味着扩大权力。在法兰克墨洛温王朝时期，国王不断赠送土地给教会和私人，而这些土地的赠送，“在绝大多数场合下，都是真正的馈赠，赠送的土地成为自由的、世袭的、可以出让的财产”[②]。教会的主教们“在许多地方，攫取了对于周围伯爵领地和公爵领地的统治权，并利用豁免权和教会的牢固组织作他们的护符。”[③]查理·马特的采邑制，是西欧封建制度发展中的一个重要步骤。采邑与封土原来“是为了统一帝国，将豪绅显贵跟王室永久联系起来，从而加强王室，而结果却导致王室的彻底削弱、豪绅显贵的独立和帝国的瓦解”[④]。上述过程，说明西欧封建制度是在封建主阶级内部错综复杂的矛盾中发展的。这种矛盾，导致教会封建主和世俗贵族的独立性增强，君权削弱，国家分裂。其中教会，由于它是保持着相对独立的组织系统的组织，拥有越来越多的土地与特权，其财富与权力迅速增长。恩格斯说，在西欧封建制度发展时期，教会兼并、扩充土地的情况，是“当时土地关系的本质因素”[⑤]。而教

---

① 《剑桥中世纪史》第 2 卷，第 146 页。

② 《马克思恩格斯全集》第 19 卷，第 543 页。

③ 《马克思恩格斯全集》第 19 卷，第 543 页。

④ 《马克思恩格斯全集》第 19 卷，第 543—544 页。

⑤ 《马克思恩格斯全集》第 19 卷，第 544 页。

会的土地，正是以教会权力为凭借。教会，是以君权为中心的国家权力的伙伴，它也需要依靠政权来增强它的权力；可是教会力量的加强，却往往以削弱君权为代价。

直到查理大帝时期，教会地位，基本上从属于国王或皇帝的权力。查理让教会成为帝国统治的二元权力之一，是期望它成为加强君权和维护帝国统一的力量。但历史证明他的愿望并未实现。在查理去世以后，在西欧封建制度的充分发展时期，教会的财产与权势在不断增长，而君权却在不断削弱。查理大帝的继承人虔诚者路易在位时已经表示：皇帝并不是教会的主人，在某种意义上，皇帝是教会的仆人①。10世纪晚期，当加佩王朝代替加洛林王朝时，在使休·加佩登位的活动中，发挥决定作用的主要角色，是西法兰克教会首脑人物里姆斯大主教阿戴尔贝隆②。这情况说明，政教二元关系在查理大帝后已发生变化，"帝国结成伙伴的两个部分，已经逐渐陷入对立"③。

四、西欧封建制度的特征和政教矛盾的复杂化、尖锐化

马克思说："所谓基督教国家，就是基督教对国家的否定，而绝不是基督教在国家的实现。……所谓基督教国家，就是不完备的国家，基督教则是它的不完备性的补充和神圣化。"④西欧封建国家的长期君权失堕，统一破坏，是同教权与政权并驾齐驱的现象分不开的。但是，不能认为政、教二元关系的存在是西欧长期封建分裂的决定因素。因为政、教二元关系本身乃是西欧封建制度形成、发展过程中的产物，是西欧封建制度的特征决定的。

国家分裂、君权瘫痪的基本原因是什么？自然经济占统治地位，是一个重要的因素。可是，在许多君权强大、长期统一的封建国家里，自

① 见《欧洲文化，它的起源和发展》第3卷，第97—98页。

② 基佐：《法国史》，英译本，第1卷，第236—237页。

③ 《欧洲文化，它的起源和发展》第3卷，第98页。

④ 《马克思恩格斯全集》第1卷，第431页。

然经济也占统治地位。可见,西欧封建分裂、君权失堕的特殊现象的产生,应该有它特殊的原因。这种特殊原因,就是西欧封建制度的特征。

封建制度的基础是封建土地所有制。西欧封建土地所有制值得注意的特征有两个方面:第一,土地所有权和统治权的密切结合。马克思说:"工业上的最高权力成了资本的属性,正像在封建时代,战争中和法庭裁判中的最高权力是地产的属性一样。"[①]马克思这一分析主要是从西欧封建时代的历史中概括出来的。第二,土地所有制带有等级的性质,即马克思恩格斯所说的"封建的或等级的所有制"[②]。

把上述两个方面作为西欧封建上地所有制的特征,是从相对的意义上讲的。这两个特征,曾在历史上不少封建社会中存在。但在西欧封建社会的历史上,这两个特征根深蒂固,并得到充分发展。它们的完整性和普遍性,显然超过其他封建社会中的类似现象。它们的影响,及于西欧社会的各个方面。

在西欧,人身统治权是土地所有权的属性这一特征,渊源于农奴制——封建社会农民人身依附的终极形式。从封建社会开始,西欧封建主统治阶级是大地产主阶级。在这大地产上的劳动者,基本上就是身份不自由的农奴和依附农民。封建主的土地所有权和人身占有权已开始结合。西欧社会的封建化,又扩大了农奴和依附农民的队伍。在封建制度发达阶段,以农奴制庄园为细胞的封建领地,构成西欧社会经济上、政治上独立的单位。西欧农奴制的发展,在各地区是不平衡的;但较之世界其他各地的封建社会,它有显著的典型性和普遍性。西欧农奴制的特征是说明西欧土地所有制特征的一个重要方面。在世界许多封建社会里,土地所有权曾和各种不同程度的封建特权有联系,可是,没有像中世纪西欧那样:土地所有权和政治统治权密切结合,私权和公权很难划分。

等级制度,是各国封建社会的共同现象,而西欧的封建等级制源远流长。西欧领主和附庸之间的权利与义务关系,"起源于蛮人在进行侵

---

① 《马克思恩格斯全集》第 23 卷,第 369 页。

② 《马克思恩格斯选集》第 1 卷,第 28 页。

略时的军事组织"[1],即日耳曼人原来的各级军事首领及其扈从队之间的封赏与效忠关系。相应于封建制度的发展,在封建主之间,通过领地的分封再分封,形成层层的领主和附庸关系。而土地所有关系,是形成封建主阶级内部联系的唯一纽带[2]。土地所有关系不仅规定了社会等级地位,而且,以土地为纽带的身份等级制度"已成为国家组织中被确认的、在行政上正式起作用的要素了"[3]。进一步,"以前由国王和伯爵直接行使国家权力的方法,日益让位于一种间接的方法"[4]。封建等级制事实上代替了封建国家机关。在封建西欧,封建等级制这一金字塔式的结构,正是压在广大劳动人民头上的封建统治机构。

可见,在西欧封建制度的发展、发达阶段,土地所有权是决定一切的权力。土地所有权和统治权的一致,又和社会等级关系一致,就在制度上规定了拥有领地的封建主在政治上的独立性。这就是说,西欧封建制的特征,使西欧国家中央政权瘫痪、封建主裂土自立的政治局面制度化了。

这种局面使国家权力和教会权力的关系发生变化。君权,是国家权力的代表。君权的衰微,意味着国家权力的低落。恩格斯称法兰克的衰弱的君权为"国家权力的残余"[5]。教会封建主,包括主教和修道院院长,是封建大领地的主人和统治者。他们同包括国王在内的世俗封建主的关系,只能是一般的领主和附庸的关系。国王在名义上是他们的领主,而他们也有许多附庸。主教、修道院院长等大封建主的独立性,同公爵、伯爵等大封建主是一样的。但是,另一方面,主教、修道院院长等教会大封建主的地位,同公爵、伯爵等世俗大封建主,又有明显的不同:后者是封建等级制的一个组成部分;前者既是封建等级制的一个组成部分,又是教阶制的一个组成部分.是教会组织系统的成员。

---

① 《马克思恩格斯选集》第1卷,第81页。

② 西欧封建等级所有制中封建主所有权的性质问题,可以讨论。本文认为,当时西欧领地的分封、再分封,是封建主阶级内部封建土地所有权的瓜分形式。每个封建主对于他的领地的权利,是所有权,不过,这是有条件的所有权。

③ 《马克思恩格斯全集》第19卷,第556页。

④ 《马克思恩格斯全集》第19卷,第557页。

⑤ 《马克思恩格斯全集》第19卷,第558页。

教会组织系统和封建等级系统混淆了;可是,这两个系统之间,仍存在差别,存在矛盾。

封建等级制和教会阶梯组织的混淆,表现在教会权力受到世俗封建主权力的侵蚀。这种侵蚀,主要表现在两个方面:一、教会自上到下的各级神职人员的叙任,逐渐受到各级封建主的直接、间接的控制,连教皇的选任也不例外。国王、皇帝以至封建诸侯出卖神职,作为他们封建收入的重要部分;教会上层,也参加神职买卖的活动。二、神职人员私自结婚生子,甚至修道院院长也养男育女。僧侣和神职人员独身的传统破坏了。这两种情况的发展,足以使教会组织系统瓦解。教会组织本身不能掌握神职人员的选任,是对教会组织的根本威胁。神职人员婚配生子,子孙又有继承权(这是封建传统),这样一个世袭的祭司阶级将会出现,而教会组织及其地产也将被许多世袭的祭司家族所割裂。封建分裂,使国家黯淡无光。而"国家最黑暗的时刻,也是教会最黑暗的时刻"。①

值得重视的是,在国家权力支离破碎,教会组织濒于瓦解的西欧,自10世纪后期起,由于经济发展和城市兴起,阶级矛盾与阶级斗争日趋复杂化、扩大化、尖锐化。西欧封建主阶级面临这样的挑战,既加强君权,又加强教会组织的力量,不能不是他们的阶级要求。应该说,在西欧封建制度的充分发展阶段,归向君权的向心力同封建分裂的离心力已在进行斗争。君权也曾力图与教权结盟以增强它的权力。例如,德意志皇帝曾通过扩充教会领地、扩大教会的"鄂图特权",使教权成为皇权的有力支持者。12世纪法国王权开始强化中,也曾尽过发挥教会与修道院的作用。但是,在当时,向心力显然还不能克服离心力。至于教会,由于尝到了受世俗封建主势力侵蚀、控制的苦果,它对在君权控制下搞政、教合作,既不甘心,也具有戒心。

于是,天主教会利用它的庞大地产以及和地产联系在一起的权力、利用它长期存在的组织体系和注重纪律训练的传统,利用它所控制的神职人员和修道院,利用它在意识形态上的垄断地位,同时,也利用君

---

① 托铁:《帝国与教皇制》,伦敦1901年版,第5页。

权衰微的形势，发动了教会革新运动。

运动的主旨是加强教会纪律、重整统一的教会组织系统。在分裂、混乱的西欧，组织纪律无疑是一种力量。运动反对神职买卖，实际是反对世俗统治者的神职任命权。运动坚持神职人员独身，禁止他们"纳妾"或"姘居"(指神职人员婚配)。这些加强纪律、整顿组织的主张，又集中于一条：服从教皇，使教会各级机构和人员不受世俗封建主的侵扰和控制。这个运动从修道院革新运动——克吕尼运动——开始，结合教廷和教会机构的改革，发展成为由教皇领导的教会革新运动。克吕尼修道院革新运动，发动于10世纪，在10世纪下半叶至12世纪初，趋于全盛。自11世纪中叶起，几个克吕尼派的教会革新家连续担任教皇，接着运动在西欧全面发动。从11世纪下半期起，教皇和德意志皇帝的斗争延续了近两个世纪，斗争以教会的基本胜利而告终。整个运动，前后达300多年。

封建分裂，国家权力破碎，是教会胜利，教权强大的主要的历史条件。德意志皇帝具有与教皇争夺西欧统治权力的力量，主要由于德意志社会封建化的进程落后于法兰西与意大利，德意志的封建制度还没有得到充分发展，神圣罗马帝国的皇帝还具有由中小封建主支持的力量。教会取得胜利，是由于德意志封建制度的进一步发展。在教皇与皇帝斗争中的德意志，尤其在腓特烈二世以后的德意志，逐渐陷入了封建分裂和君权瘫痪的局面之中。在运动中，法国国王与教皇妥协，其主要原因也在法国王权衰弱，没有力量同当时以教皇为首的教会革新运动相抗衡。

国家权力的弱小，更给予半个欧洲的国际性的组织——天主教会以胜利的机会。从中世纪开始以来，西欧各地区的封建化和基督教化同时进行，并且有统一行动的传统。以教皇为首的教阶组织和修道院的活动领域，一贯是超国家的。国家的基本职能是对内压迫人民、对外防御外敌或进行扩张。这些基本职能，国家无力完成。教会便以超国家的权力组织的地位，代替国家为封建主阶级执行对内压迫人民、对外进行侵略的职能，从而提高它的权势。同教会革新运动同时进行的十字军东征，是由教皇发动，西欧各国君主、各级封建主和意大利商人参加的对东方的侵略战争。法国南部阿尔比异端运动的镇压，是在教皇旨意下，以法国北部封建主为主力，由各地教士僧侣参加的共同行动。

因此，教会革新运动的胜利，标志以教皇为首的教会在全西欧范围内的领导权的确立。13 世纪初年的教皇英诺森三世，废黜、拥立德意志皇帝，控制西西里国王，使英国、波兰、匈牙利、丹麦、葡萄牙臣服，也使法国国王不敢对他违抗。他直称教皇是“世界之主”，实际上，他已是当时西欧世界的最高权威。

五、城市和商品货币关系的发展与君权的胜利

天主教会的权力，成为压倒国家的权力；教会组织，成为西欧“封建制度的巨大的国际中心”。这是西欧封建社会历史令人瞩目的特色。

但是，教会的超国家的权力，并不持久，也不可能持久。这是由于：第一，封建主阶级统治权力的分崩离析，是对西欧封建主阶级统治的严重威胁。教会只能相对地摆脱封建分裂势力的侵蚀，保持自己相对独立的权力系统。然而，它不仅不可能否定封建分裂，而且，它正是利用封建分裂，利用君主之间、封建主之间的矛盾冲突，来抬高它的权力地位。同时，教权与君权，过去曾是长期合作的同伙，现在，彼此对立的因素日益增长。若肯定教会是西欧统一的向心力的中心，必然阻碍国家权力的集中与君权的增强。教会的超国家的权威的树立，并不标志西欧封建主阶级统治力量的加强，只能说明它依然虚弱。第二，西欧教会的权力，来自西欧封建制度。教会曾运用它的全部力量，包括它的经济、政治、社会的力量和它的神学与教条，为西欧封建秩序服务。它处于西欧“封建制度里万流归宗的地位”[①]。在西欧封建制度充分发展的阶段，它的权力登峰造极，它成为停滞不动的保守势力的总代表。但是，正当它在教会革新运动中逐步取得胜利的时候，西欧封建社会内部的新因素已在成长。对于西欧封建社会中出现的新因素、新形势，教会

---

① 《马克思恩格斯全集》第 7 卷，第 400 页。

不仅不能适应，而且格格不入。谁违背历史发展的潮流，谁必将被历史证明它的虚弱性和腐朽性。

西欧封建社会中出现的新因素，是城市和商品货币经济。在13世纪，这些新因素已有显著的发展。13世纪，是西欧封建制度和教会权力都已达到顶峰的时期。但是，城市和商品货币经济的发展，改变了西欧社会已有的格局。自然经济与西欧封建制度所具有的特征这两个方面，是西欧封建分裂与中央政权失堕的根源。而城市和商品货币经济的发展，使自然经济逐步让位，使西欧封建制度的特征逐步衰退。从而导致具有自己特征的西欧封建制度发生变化，使教会权力走向下坡。这里，主要以在西欧社会发展中具有先进性、典型性的法国为例进行分析。

在西欧封建社会，城市和商品货币经济仍然受封建生产方式的束缚与限制，"因而本身还保持着封建的性质"。[①] 可是，正如恩格斯所指出的，它们也是与封建制度相对立的、促进封建制度瓦解的因素。"但是不管手工业及其市民手工业者多么微小，多么受限制，他们还是有足够的力量来推翻封建社会；他们至少是在前进，而贵族却是停滞不动的。"[②]尽管西欧城市和封建经济有联系，但它仍有相对独立的发展道路。在11世纪至13世纪，西欧城市普遍展开了反封建主的斗争。如在法国，许多城市通过斗争获得了自治权，建立了自治机构，称为"公社"。城市在政治上的相对独立的地位，是它在经济上相对独立地发展的反映。城市在西欧封建社会的地位与作用，同世界其他各国的封建城市很不相同。

恩格斯进一步指出，西欧市民阶级使用"一件对付封建主义的有力武器——货币"[③]，正是"货币关系排挤了人身关系和货币贡赋排挤了实物贡赋"[④]，从而，在西欧某些经济发展的地区，"在那里，主与奴都已经向变为地主与佃农迈出了踏实的一步，因而封建主义的政治制度在农

① 《马克思恩格斯全集》第21卷，第449页。
② 《马克思恩格斯全集》第21卷，第449页。
③ 《马克思恩格斯全集》第21卷，第449页。
④ 《马克思恩格斯全集》第21卷，第450页。

村中也丧失了它的社会基础”。[①] 这里说得很清楚：相应西欧城市和商品货币经济的发展，农奴制开始衰落，封建领主所有制逐渐被地主所有制所代替，以领地分封为基础的封建等级制，以及封建领主对他领地上的居民的政治上的统治权力，都在逐渐退出历史舞台。总之，西欧封建制度所具有的特征，产生西欧封建分裂的社会经济基础，在动摇和瓦解。

城市和市民所使用的“对付封建主义的有力武器——货币”，既对西欧封建制度的特征起瓦解的作用，也会动摇作为西欧封建保守势力支柱的天主教会的权威。教会权力同这些新因素，不能不处于对立的地位。但是，国家权力的代表——君权，却与教权处于不同的地位。在君权与教权长期的竞逐和斗争中，君权处于劣势，甚至受教权的抑制。而君权的劣势，主要由于国家权力被封建领主割裂所致。在封建主统治阶级中，君权的孤立可说明它的虚弱。于是，当市民阶级以一种新生的、日益发展的力量出现时，君权就认定它是可以利用的新盟友，它会给君权的增强打开新的出路。特别是，君权反对国家分裂，要求国家统一；而城市和商品货币经济的发展，既为反对封建分裂、促进国家统一提出了新的要求，也创造了新的条件。在法国历史上，君权的增强是在城市兴起、发展过程中进行的。法国国王利用市民的金钱、人力去打击、削弱各地大封建主的势力，提高了君权。

君权，同当时的进步因素——城市以及与城市有关的新因素——结盟，使它本身成为“进步的因素”，“在封建主义表层下形成着的一切革命因素都倾向王权，正像王权倾向它们一样”[②]。君权同城市的结盟，予君权以新的生命力。西欧封建制度从原来土地所有权和统治权相结合的封建领主所有制，向地主与佃农关系的封建地主所有制的过渡，受城市和商品货币经济的影响。发展中的君权，以地主所有制作为它的经济基础，又对地主所有制起了促进作用。过去，封建等级制代替了国家机构；现在，以君权为核心的等级君主制的国家机构，又代替了封建

① 《马克思恩格斯全集》第 21 卷，第 450 页。
② 《马克思恩格斯全集》第 21 卷，第 453 页。

等级制。在受君权控制的等级会议中,市民代表和教会代表、贵族代表并列,说明君权与城市的联盟对于提高君权的作用。君权与城市的联盟,又对西欧封建制度向新的阶段发展发挥了有力的推动作用。这一现象,在世界其他国家封建制度发展的历史上并不存在;它只是西欧封建制度在演变过程中出现的特征。

当君权发展到专制君主制阶段时,恩格斯曾经注意到这种情况:法国"17 世纪和 18 世纪的专制君主制……它使贵族和市民等级彼此保持平衡"①。这里所说的市民等级,即指资产阶级。这一情况,使人们联系到:城市从它兴起时起,已具有和封建制度相对立的性质;城市的发展,又使它成为资本主义发展的主要园地。君权,当它开始强化时就与城市结盟;当君权提高到专制君主制时,它又在封建贵族和资产阶级之间搞平衡。这些情况多少可以说明:西欧君权与城市联盟的传统,在以后的历史中,仍以变化了的形式出现。这些情况也说明:君权对于西欧封建社会发展中的新因素、新形势,有它的适应性。

然而,不能由此产生一种误解:似乎西欧君权曾是一种超阶级的权力。封建社会的君权,始终是为封建主阶级服务的。西欧封建社会中出现反封建的因素或力量,是西欧社会发展的客观现实决定的。对于这些因素或力量,君权加以利用,并在一定时期内彼此支持,这在不威胁封建主阶级阶级统治的范围内,并不足以构成对君权的阶级性的怀疑。而且,君权这种做法,实在有它不得不这样做的原因。原因主要就在西欧封建主阶级统治力量的薄弱。君权的长期衰微,封建分裂的长期持续,教权与政权的长期并存,都是西欧封建主阶级统治力量薄弱的表现。教会权力的强大,乃是利用国家权力的分散、割裂的情况。而教会虽然取得对西欧的统治权力,但由于它不能改变西欧封建主阶级内部四分五裂的局面,它的庞然大物的外貌,并不能掩盖它本身的虚弱。教权,基本上代表封建领主的利益,代表那些坚持旧的领主制、主张分裂的封建主的努力。君权,基本上代表封建地主的利益,或是说,它代表那些倾向于向地主所有制转变的封建主的利益,它力求统一。

① 《马克思恩格斯选集》第 4 卷,第 168 页。

就西欧封建主阶级讲，对于一个能够克服封建分裂、促进国家统一的君权的树立，是符合它的阶级利益的。君主在不同时期用不同的手段，以达到它巩固、提高统治权力的目的，正表明它在为封建主阶级利益的服务上，是发挥了作用的。

由此可见，西欧的封建君主制，具有它不同于其他封建国家的君主制的特征。西欧反封建的新因素、新力量能够在较长的时间内有一个充裕发展的机会，同这个特征的存在是分不开的。

不断前进的君权，同故步自封的教会，在新的历史条件下较量，其优胜劣败的情况，已和过去不同：11 世纪至 13 世纪发生于德国皇帝与教皇之间的冲突，以教皇的胜利而告终；而 14 世纪初年法国国王腓力四世和教皇卜尼法斯八世的冲突，却以国王的胜利而告终。14 世纪中，教皇成为“阿维农之囚”凡 70 年，接着是两个教皇以至三个教皇并存的教会分裂。君权蒸蒸日上，教权江河日下。

可是，当封建制度还在西欧占有统治地位的时候，天主教会还在不同国家和地区保持它不同程度的权力。在法国，仍有教权，只是它越来越屈从于君权。在意大利中世纪全部历史中，没有出现过一个中央政权，教皇以教会首领与教皇国君主的双重身份进行活动。在德意志，神圣罗马帝国成为既不神圣、又非罗马、更非帝国的怪物。帝国皇权和法国君权所走的道路不同，它成为被历史唾弃的反动势力；它只能和教皇结盟，从而使教权依旧是压迫、剥削德意志人民的主要权力。在西欧，德意志社会发展的相对落后，同德意志统治权力的反动、虚弱，看来是有一定联系的。作为资产阶级革命前奏的宗教改革运动发生于德意志，并非由于德意志资本主义关系的发展较西欧其他各国先进，而是由于德意志封建统治权力比较保守、反动，也比较薄弱。

载《历史研究》1980 年第 1 期

西欧封建社会史应划分为领主制和地主制两个阶段

——以法国历史为例①

在我国，也在苏联，史学界把世界各国封建社会的历史划分为三个阶段，即按封建制度的形成、发达和衰落划分为早期、中期和晚期。晚期，也是资本主义关系在封建社会内部成长时期。三阶段的年代界限，世界各国不同。在西欧，"我们可以极明确地指出西欧的相应年代来"。② 即5世纪是封建社会早期的开始。11世纪至15世纪是封建制度发达时期，15世纪末至英国或法国资产阶级革命的爆发，是封建制度的衰落时期。

世界各地区的封建社会史是否能按上述三阶段划分？存疑之处颇多。看来，三阶段论是以西欧，主要是以法国和英国的历史为依据的。但是，就以作为西欧"封建制度中心"③的法国封建社会史为例，如果把它纳入上述三个阶段的框架，就会出现不少令人难以理解，甚至被人误解、曲解的地方。

本文即将阐述：三阶段论所说封建制度，是西方一般所指的封建制度，实际上是指封建领主制，但西方史学界承认，自13世纪晚期至15世纪晚期，是封建领主制的衰落时期。从15世纪晚期起，封建领主制已基本上退出历史舞台。

自15世纪晚期至法国资产阶级革命，法国仍是封建社会，可是占

---

① 本文有些资料，由王渊明同志提供补充。

② 苏联科学院编：《世界通史》第3卷序言（中译本1961年三联版）。

③ 《马克思恩格斯选集》第1卷，第601页。

主导地位的封建所有制，已是地主制。地主制在封建制度发展史上是一个发展的阶段，并不是衰落阶段。地主制也有它的衰落时期，那是在17世纪晚期至18世纪晚期。而在地主制阶段的上升时期(15世纪晚期至17世纪晚期)，法国社会经济、政治、文化各个领域都呈现兴盛发达的景象，三阶段分期论把这一时期说成是封建制度的衰落阶段，是名不符实的。

本文亦将申论，资本主义在封建社会内部的萌芽、成长，并不意味着封建地主制的衰落。两者的矛盾关系有一个发展过程。只有在两者关系中对立、排斥成为主要方面时，推翻封建地主制度和地主阶级的统治才成为资本主义和资产阶级进一步发展的前提。

一、封建领主制和封建地主制的交替

三阶段分期论关于封建制度的概念，是以马、恩、列、斯有关的论述为依据的。而马、恩、列、斯所指出的封建制度的特征，就是西欧封建领主制的特征。

封建主占有生产资料——土地，这是世界各国封建制度共同的基本特征。而西欧封建领主制下的土地所有制还具有下列主要特征：

第一，农业生产者是“作为不自由的人出现的”[①]，人身被领主占有，并被束缚在土地上；他们是农奴或不同程度的依附农民。封建社会，常被马克思主义经典著作称为“农奴制社会”。

第二，领主的土地所有权和政治统治权结合。农民的人身依附使领主能够“从直接生产者身上榨取无酬劳役”，从而这种经济形式“决定着统治和从属关系”[②]。

第三，土地所有制同封建等级制相结合。马克思、恩格斯把封建制也称为等级所有制[③]。土地所有权的分配(分封、再分封)，决定着各级

① 《资本论》第3卷，人民出版社1975年版，第890页。

② 《资本论》第3卷，第891页。

③ 《马克思恩格斯选集》第1卷，第28页。

领主之间的封主和附庸关系，而封主和附庸之间又有按封建传统规定的权利和义务。领地除了分封、继承以外，不得任意转让、出卖。因此，土地所有权是有条件的、不自由的。

具有上述特征的西欧封建领主制在13世纪晚期已出现衰退现象，在14、15世纪则普遍衰落。西方中世纪社会经济史专家一般认为14、15世纪是西欧封建制度的衰落阶段，称之为中世纪后期。如J. W. 汤普逊的《中世纪经济社会史》终于13世纪；他另写《中世纪后期经济社会史》以阐述13世纪晚期、14和15世纪欧洲社会经济的剧烈变化和封建制度的衰落。苏联学者在他们所写的《14至15世纪西欧历史进程总结》中说："14、15世纪是西欧国家封建所有制整个体系发生深刻变化的时期"，"是封建所有制经济实现形式的衰落和解体时期，这种所有制在西欧是通过典型的领地制体现出来的"。[①]

法国局部地区领主制的衰落现象，在13世纪已经出现。13世纪在法国一些"人口密集、靠近活跃的城市地区，无论如何，劳役地租已经消失"。[②] 劳役地租折变为货币地租或货币、实物混合地租，意味着农民摆脱奴役或人身依附地位。早在13世纪以前，诺曼底农奴制已衰落。巴黎地区的农奴释放活动从13世纪40年代起迅速发展。到14世纪20年代，农奴制几近消失。[③] 在14、15世纪，在法国极大部分地区、绝大多数农村人口中，农奴和依附农民已转变为身份自由的佃农。

于是，封建领地的基层单位，领主榨取农民的基本组织——封建庄园，迅速瓦解。庄园中的份地，成为由佃户世代耕种、交纳租额长期不变的货币地租的"桑斯制"(censive)租地。桑斯佃户除向地主交纳按契约规定的租金外，有权把土地传给后代，出卖、出租和典押。原来庄园中的领主自营地，逐渐成为定期的、租额按期变动的出租土地，其中大

---

① A. H. 契斯托兹沃诺夫等：《14至15世纪西欧历史进程总结(综合资料概要)》节译，卢增光译。见《世界中世纪史研究通讯》总第3期，第113、115页(世界中世纪史研究会，1982年)。

② G. 杜比：《法国乡村史》第1卷，法国塞耶1975年版，第511页。

③ 《剑桥欧洲经济史》第1卷，剑桥1966年版，第336页。G. 富尔坚：《中世纪巴黎地区的乡村》，巴黎1964年版，第161—162页。

部为分成制租地。

封建主自领主变为地主,其地位发生变化。他们同直接生产者的关系,主要已经是经济上的契约关系。他们丧失了对领地农民的人身占有权,从而削弱以至丧失了对当地居民在政治上的统治权和司法上的审判权。封建等级制破坏了,不自由的、有条件的土地所有权,转变为土地可以自由转移、出卖的无条件的、自由的土地所有权。恩格斯概括地指出:"在 15 世纪,封建制度在整个西欧都处于十分衰败的状态。"[①]杜比从法国农奴制的废除说明封建领主制的解体:"无论如何,农奴制的废除在查理七世和路易十一时已达到一个临界点。16 世纪的领地几乎是没有农奴的领地,而 1340 年的领地,还常常是有农奴的领地。"[②]

在 15 世纪晚期以后 300 年,法国封建社会占主导地位的生产资料所有制是地主制;地主制阶段已经代替了领主制阶段。

封建地主制仍属封建制度的范畴,社会性质仍属封建社会。这是由于:第一,封建主阶级是统治阶级。他们的成员,由领主演变为地主,包括世袭贵族(佩剑贵族)和教会封建主。他们拥有全国大部分土地所有权。封建地租,是他们主要的剥削方式。城市富商、新兴资产阶级和富农购买了部分土地。而这些新的土地所有主,只有少数雇佣雇工兴办农场,大多数仍如其他封建主那样收取货币和实物地租。这就是说,许多富商、资产阶级加入了地主阶级的行列,成为"长袍人物"或"长袍贵族"。第二,领主制遗迹的保存。劳役租和农奴制在法国局部地区存在。旧封建领主的某些特权和潜在势力仍存在。

但是,在地主制阶段,领主制的特征,即使有遗留,也在不断消失。没有一个确切的数字说明法国在地主制下农奴和自由农民比例的变化,大致讲,在 16 世纪时,农奴和依附农民的人数不会超过农村人口的五分之一。而作为地主剥削的主要对象的自由佃农的人数,迅速增长。

---

① 《马克思恩格斯全集》第 21 卷,第 450 页。

② G. 杜比:《法国乡村史》第 2 卷,第 138 页。

桑斯制租地在16世纪已相当普遍;17世纪,它约占全国土地的半数[①]。分成制租地发展显著,尤其在16世纪"价格革命"后更广泛流行。富裕的桑斯佃农也以二地主身份用分成制形式出租土地。在17、18世纪时,分成制租地在法国到处可见。[②]

王权的增强是同领主制的衰落、地主制的兴起息息相关的。很明显,在不断打击分裂割据的大贵族领主的过程中,直辖于国王的领地才能不断扩充,国王的权力才能不断强大。15世纪晚期路易十一打垮拥兵自立的大领主,完成法国的基本统一,树立中央集权的专制君主政体,是法国封建地主制阶段代替领主制阶段的标志。封建专制君主政权,是封建地主制的政治上层建筑,是地主阶级利益的集中体现。

过去隶属于领主的农奴和依附农民,现在已成为统属于君主政权的身份自由的臣民;佃农除了向地主交纳地租外,还得向政府交纳直接税。过去领主法庭掌握领地居民的司法审判权,现在,自由农民的财产继承和转移权、自由迁徙权、民事契约签订权等,已由国家法律承认,他们可以在王家法庭上提出申诉以维护自己合法的权益。领主法庭在某些地方以变态的形式残留着,但它已变成贵族"高贵地位的象征和小小的经济方面的来源,而不再是一个真正的权威仲裁机关了"。[③]

总之,在领主制阶段,国王虽然有"第一贵族"的名义,但实际地位是大贵族领主之一。因此,大领主以大领地为地盘,扩展土地和王室抗衡,并不违反封建惯例。在地主制阶段,国王已被全国封建地主承认为他们的统治者。封建内战的性质亦有不同,那是在封建主承认王权在全国统治地位的前提下争权夺利。在胡格诺战争中,亨利四世取得王位的合法继承权是胜利的关键。黎赛留同大封建贵族的战斗中,主要是凭借"王权至上"而获胜。

---

① 苏联科院主编:《世界通史》中译本,第5卷上册,第127—129页。波梁斯基:《外国经济史》(封建主义时代)三联书店1958年版,第10章第1节。

② 《剑桥经济史》第1卷,第710页。马克·布洛赫:《法国农村史》,伦敦1978年版,第147页。

③ 《剑桥近代史》第1卷,剑桥1934年版,第398页。

二、封建地主制阶段是封建制度的发展阶段

三阶段分期论把15世纪晚期至资产阶级革命这一时期，说成是西欧封建制度的衰落阶段，这是令人难以理解的。

一种社会制度的盛衰，是同全社会的盛衰密切联系的。这就是说，应该从社会生产力和生产关系、从经济基础和上层建筑的矛盾运动中来考察某种社会制度的历史地位和作用。15世纪晚期以后的西欧社会，尽管在剧烈的变化中曾出现曲折，各国不同的特殊条件又产生发展不平衡的情况，但从经济、政治、文化各个领域进行综合的分析，从发展的趋势进行动态的分析，当时并不是衰落、下降的阶段，而是发展、上升的阶段。

社会的发展、前进，说明地主制代替领主制是封建制度的一种发展，而不是它的衰退。地主制和领主制在社会经济发展中不同的地位和作用，从它们和商品货币经济的不同关系中可以看到。而商品货币经济的发展，正反映西欧社会生产力发展的水平和动向。领主制对城市和商品货币经济，在一定程度上能够适应、利用，可是，这种适应、利用，很有限度。商品货币经济的深入发展，到处侵蚀、排斥、破坏领主制。"货币关系排挤了人身关系和货币贡赋排挤了实物贡赋"。[①] 在领主制阶段，在某些商品货币经济发展的地区，"在那里，主与奴都已经向变为地主与佃农迈出了踏实的第一步，因而封建主义的政治制度在农村中也丧失了它的社会基础"。[②] 显然，恩格斯所指的封建主义是指封建领主制。

可见，商品货币关系是领主制瓦解，地主制发生、发展的杠杆。在地主制阶段，社会各阶层都直接、间接参加市场活动。关于城市市民和新兴资产阶级的经济活动，本文留待下面阐述。这里要提到的是：商品货币经济是资本主义萌芽、成长的前因，并不是后果。在农村，封建地主已经离不开城市与商品货币关系，他们的生活必需品、奢侈品、武器都得通过货币交

---

① 《马克思恩格斯全集》第21卷，第450页。

② 《马克思恩格斯全集》第21卷，第450页。

换。自由佃农和自耕农对自己的剩余产品有了完全的支配权,他们以出售农产品取得货币,又以货币交租纳税、购买必需品,成为市场上不可缺少的卖主和买主。于是,社会生产和经济活动,向更深、更广的幅度展开。

法国在地主制阶段开始前夕以及发展过程中,经历几次破坏性很大的、长期的国内和国际战争,但战争创伤迅速恢复,社会经济持续向上发展。这些事实都说明,以地主制占主导地位的封建制度,是适合社会生产力发展水平的先进的关系。"百年战争"对法国的破坏是严重的。如果"百年战争"后的法国是封建制度的衰落阶段,那么,法国即使取得战争的胜利,在社会经济上仍将一蹶不振。而事实上,15 世纪后期至 16 世纪前期,却是法国经济复兴并日趋繁荣的时期。经济的发展和国家的富裕,是法兰西斯一世再度发动意大利战争的主要原因。延续 60 多年的意大利战争(1494—1559 年)和接着发生的历时 32 年的内战——胡格诺战争(1562—1594 年),使法国满目疮痍。而亨利四世即位后国内恢复和平统治仅 12 年,法国又成为经济发达、国力雄厚的强国。17 世纪的法国,国内战争和对外战争的干扰不断,而路易十四亲政后科尔柏进行改革 21 年(1662—1683 年),法国又成为欧洲经济、政治、军事力量最强盛的大国。两个世纪来法国民族统一事业日趋巩固,国势日趋强大,封建专制君主权一步又一步地发展到达顶峰,这些现象可以说明,封建地主制同它的政治上层建筑基本上是相适应的。

地主制阶段法国在文化上的繁荣兴盛,是地主制富有生命力的又一方面的表现。16 世纪法国在文艺复兴运动中占有辉煌的一页。16 世纪前期的拉伯雷和后期的蒙田,不仅是法国,也是全西欧人文主义的著名代表人物。17 世纪,文艺复兴文化在法国继续发展。在文艺复兴影响下,形成一代新潮流、新风格的古典主义文化,在法国,较之西欧其他国家有更典型、更丰硕的成果。那是在路易十四在位时期。就连伏尔泰这样目光锐利的启蒙思想家,也在他的名著《路易十四时代》中,称这个时代为世界历史上文化技艺臻于完美的四个兴盛昌隆的时代中"最接近尽善尽美之境的时代"。①

① 伏尔泰:《路易十四时代》,商务印书馆 1982 年版,第 5—7 页。

三、早期资本主义和封建地主制的关系

三阶段分期论把封建社会后期说成是封建制度的衰落、瓦解以及资本主义在封建社会内部萌芽、成长的时期，意在告诉人们：资本主义的兴起就是封建制度开始衰落；资本主义发展一步，封建制度就得衰退一步。这种说法，是不符合历史现象辩证发展的真实面貌的。

三阶段分期论所指的封建制度是封建领主制。在封建领主制同资本主义之间，的确存在着格格不入的排斥性。在领主制下，劳动者的人身是受束缚的、不自由的；封建等级制下的领地的所有权，也是受约束的、不自由的。封建庄园经济基本上是同商品货币经济绝缘的，封建领主的分裂割据，严重阻碍全国统一市场的形成。资本原始积累的渠道，大多被封建领主制堵塞了。封建领主制同资本主义的关系已非本文论述范围。因为，当资本主义关系产生的时候，封建领主制已被地主制所代替。然而，既然三阶段分期论把封建制度的领主制和地主制混在一起，本文认为有必要对以地主制为主导的封建制度同封建社会内部的资本主义之间关系的主要方面，予以阐述。

认为资本主义的成长始终都以封建制度的衰退为条件的论点，是把封建制度和资本主义之间的对抗、斗争绝对化了，这是对封建地主制同资本主义关系一种误解或曲解。不容否认，地主制作为封建制度的一种形态，不可能不保留领主制的遗迹。因此，在封建地主制和资本主义之间，一开始就存在着对立和斗争的因素。可是，由于地主制和资本主义都是在社会生产力提高的基础上，商品货币经济向纵深发展的产物，由于地主制是排挤了领主制的基本特征才能发展的，因此，在地主制的上升、发展时期，在资本主义萌芽、成长的早期，在两者的关系中，相互适应、相互补充和相互利用，是主要的方面。

资本主义在它发展的早期，是正在形成中的不成熟的生产关系，具有不稳定性和柔弱性。不稳定性，不仅表现它同封建城市的商品货币经济不可分割，也表现它同封建地主经济有多渠道的联系；柔弱性，使

它对占统治地位的封建地主制和地主政权具有依赖性。封建地主制的发展,基本上符合资本主义的需要。地主制下农民的人身自由,标志他们贫穷分化的开始。而农民的分化,既为资本原始积累,又为资本主义关系深入农村创造条件。法国没有发生英国那样的圈地运动,资本原始积累和资本主义的发展不如英国迅猛。但法国也有雇佣雇农的农场,农民也不断分化出大量的无产者和半无产者。[①] 在法国早期资本主义企业中占重要地位的毛织业、麻织业中,分散的手工工场一直占有很大的比重。而分散手工工场的工人,无疑是农村中的半无产者。

和农民自由同时,是土地所有权转移的自由。土地所有权的自由是农村分化的前提,也是使地主阶级和资产阶级相互沟通的主要渠道。法国"长袍贵族"人数增长迅速。"法国贵族的大部分都产生于 16、17 和 18 世纪。"[②]这些新产生的贵族,显然不是由旧领主转化来的"佩剑贵族"。对"长袍贵族"的人数、地位、作用增长的评价,应一分为二:它对资本主义的发展有不利的一面;可是,它予法国贵族以新的血液,也是影响法国经济、社会、政治、文化适应资产阶级要求的重要因素。文艺复兴的巨子蒙田,路易十四时经济改革的主要负责人科尔柏,都是"长袍贵族"。

从 15 世纪后期以来,法国的专制君主政权都提倡工商业、发展国内外市场,为资本原始积累,为兴办手工工场作出努力。其中最值得重视的是两个时期:亨利四世为法国资本主义的成长打下坚实的基础,路易十四时科尔柏任职时期是巨大发展时期。他们都以政策和资金支持,补助资本主义工商业;他们都是重商主义的实践家,为法国的资金积累和工业品打入国际市场作出了重要贡献。似乎,为封建地主贵族服务的专制君主政权,同样也为新兴的资产阶级服务。马克思说:"君主制度发生在一个过渡时期,那时旧封建等级趋于衰亡,中世纪市民等

---

① 1708 年,法国沃邦元帅在他的著作中说,法国有十分之一的人民处于乞丐状态,一半左右的人民几近赤贫,只有十分之一的人境况较好。引自《剑桥近代史》第 5 卷,第 30 页。这是 18 世纪初年的情况。但冰冻三尺,非一日之寒,由此可推想此前法国农民的分化。

② D. 约翰逊编:《法国社会和革命》,剑桥 1976 年版,第 98 页。

级正在形成现代资产阶级,斗争的任何一方尚未压倒另一方。"[①]恩格斯认为当时"国家权力作为表面上的调停人而暂时得到了对两个阶级(按:指地主贵族和资产阶级)的某种独立性"。[②] 本文未把这一历史时期作为过渡时期,而认为是封建地主制阶段。本文亦未把专制君主政权作为对贵族和资产阶级保持独立性的调停人,恩格斯所用"表面上"、"暂时"等词,表示他也没有否认专制君主政权的封建性。然而马克思和恩格斯的分析揭示,在封建地主制、地主阶级和资本主义、资产阶级之间,相互适应、补充和利用,是当时它们关系的主要方面。

文艺复兴从总体看,从趋向和影响看,是新兴资产阶级的文化思想运动。人文主义以"人的解放"为口号,强调人性、人权以及反对教会的神性、神权,肯定现世生活的追求、享受以反对修道士的禁欲主义和教士的虚伪讲道,重视个人的才智、能力以反对封建等级制的家世、门第观念。但是,人文主义所反映的,正是正在形成过程中的不成熟的资产阶级的思想。"从 15 世纪中叶起的整个文艺复兴时代,在本质上是城市的从而是市民阶级的产物,同样,从那时起重新觉醒的哲学也是如此。哲学的内容本质上仅仅是那些和中、小市民阶级发展为大资产阶级的过程相适应的思想的哲学表现。"[③]新兴的形成中的资产阶级反对封建领主制的传统思想,如反对天主教会及其神学的思想垄断,反对家世、门第的等级观念,是旗帜鲜明的。但是对于新兴的发展中的地主阶级的思想,就主要方面讲,是彼此适应、互为补充的。尽管法国的封建专制君主政权曾把天主教会作为它统治的支柱,但是我们不仅很少看到反对专制君主政权的人文主义思想家,而且,文艺复兴的著名人物多少都同上流社会有这样、那样的关系。同时,封建地主阶级中固然不可避免也存在维护天主教权威的顽固势力,可是,出身于社会上层的人文主义者并非罕见。法兰西斯一世晚年镇压宗教改革运动,而他和他的妹妹玛格丽特都是文艺复兴著名的倡导者。曾任波尔多法院法官、波尔多市市长和王室往来频繁的蒙田是法国后期人文主义的代表人物。

---

① 《马克思恩格斯全集》第 4 卷,第 340 页。

② 《马克思恩格斯全集》第 4 卷,第 168 页。

③ 《马克思恩格斯全集》第 4 卷,第 240—250 页。

在蒙田身上，我们看到了资产阶级和地主阶级在思想上的结合。

古典主义是17世纪的资产阶级文化流派，也是封建君主专制政权同资产阶级妥协的产物。古典主义的思想核心是理性主义，这就使它具有反对盲目信仰、反对宗教教条、开辟自由的抽象思维的内容。它提倡一切需要有一个中心的标准，要有法则和规范化，要服从权威。这就表现它拥护专制君主政权，承认封建地主阶级统治下社会秩序的合理性和典范性。

四、封建地主制和封建专制君主政权的衰落

从17世纪晚期起，封建地主制进入衰落时期。地主制的衰落，是同它和资本主义的关系由适应、协调转变为对立、排斥的过程基本一致的。

法国资本主义的发展，不如英国、尼德兰迅速；但在17世纪晚期，资本主义经过两个世纪的历程，已取得巨大进展。国债、包税、卖官，是法国资本原始积累的重要方式；在重商主义政策下发展对外贸易、殖民扩张等，又使法国积累了大量资金。发展国内外贸易的条件，如海上和内河航运的开发，日趋具备。资本主义生产的主要形式集中的手工场，在采矿业、铸炮业、火药制造业、军服业、毛毯业、造船业、毛纺织业、麻纺织业、丝纺织业、印染业、印刷业、冶金业、金属加工业、玻璃业、皮革业等，都有发展。毛纺织业、麻纺织业和花边业中的分散的或分散和集中相结合的手工工场，在城市附近的乡村中广泛分布。资本主义已从早期的不成熟时期进入到成熟时期。资产阶级的羽毛已经丰满。它已经成为社会上最重要的经济力量，代表社会生产力的水平和经济发展的趋势。因此，地主封建主和资产阶级之间裂痕的深广，标志封建地主制衰落的程度。

地主封建主利益的集中体现是专制君主政权。资本主义和封建专制君主政权之间的裂痕，主要表现在下列几个方面：第一，原始积累所得的巨额资金，不是施用于资本主义企业的扩大再生产，而是消耗于日

益增大的封建性开支;为维持封建统治和对外扩张而用的军费、战费和庞大的官僚机构的费用,为补偿已丧失领主主要特权的世袭贵族而支出的巨额的高薪、年金和赏赐,以凡尔赛宫这个金钱的"无底洞"为中心,为"典型"的宫廷和大贵族、高级教士的穷奢极欲生活的挥霍。路易十四晚年,政府财政收支连年出现巨额赤字,1705 年为 1 亿列弗,1708 年为 1 亿 5 千万利弗。在他去世时(1715 年),留下一笔 26 亿利弗的巨债。由于货币跌值,这笔国债折合 1760 年的货币,约为 45 亿[①]。第二,封建政权已以工商企业主作为主要剥削对象。1643 年,法国财政总收入约为 7 千万利弗,其中达依税为 4400 万利弗。1683 年财政总收入总额为 1 亿 1 千万利弗,其中达依税仅为 3500 万利弗。达依税是以农民为征税对象的直接税,其余税收是以工商业者为主要对象的间接税,可见政府征税的重点已从农业转向工商业,资产阶级首当其冲。此外,各种摊派、勒索、罚款等,往往落在资产阶级头上。第三,从领主制阶段遗留下来的阻碍资本主义发展的一些障碍仍到处可见。政治上的统一和统一市场,虽已基本形成,但各地的度量衡制度还是不统一的。政府对于城市的封建行会仍采取保护政策,直到 18 世纪中叶,法国尚有总数达二万的行会。[②] 政府还以对待行会手工业的观点对待资本主义企业,如对纺织品的基本规格有严格规定,违者处罚。[③]

封建政权对资产阶级从利用转化为压榨,发生于路易十四统治晚期。象征性的事件是政府对信奉加尔文派的胡格诺派的镇压。胡格诺派信徒中,很多是工商业者、新兴资产阶级。路易十四对他们的镇压,出于树立信仰上的专制以加强政治上的专制,又出于对城市市民、资产阶级和南法居民中那些潜在的反对派进行打击。1685 年,国王颁布"枫丹白露敕令",宣布废除"南特敕令"。迫令胡格诺派改信天主教,否则,加以迫害。在 1685 年前后十几年的时间里,不少不愿改宗的胡格诺派信徒潜逃,不少被捕受苦役以至被杀,不少家庭、财产被抢劫或没收。徙居国外的手工业者、商人、企业主等约有 40 万。许多城市的工

---

① 《路易十四时代》,第 452 页。

② C. W. 科尔:《柯尔柏和法国重商主义的世纪》第 3 卷,纽约 1939 年版,第445 页。

③ 《柯尔柏和法国重商主义的世纪》第 2 卷,第 435—436 页。

商业受到沉重打击。如里昂和都尔丧失了四分之三的丝纺织机，诺曼底许多地区由于人口大量逃亡而经济显著衰落。圣·西门公爵在他的《回忆录》中说："全国四分之一地区人口减少了，破坏了商业，在每一个方面都削弱了国家。使全国长期陷于龙骑兵公开和明目张胆的抢劫中……把我国的制造业逐出国外，牺牲法国使外国繁荣和发达。"[①]

从路易十四后期表面化的封建地主阶级及其政权和资产阶级的对立，在18世纪扩大。法国包括资本主义企业在内的工商业在18世纪继续发展，资产阶级的经济力量更为壮大。但是，资产阶级始终是政治上无权的、受压榨的"第三等级"的成员。因此，资本主义生产方式虽然并未停止前进的步伐，而它所受到的"旧制度"的阻碍也越来越多。与此同时，封建主阶级及其政权则不断趋向腐朽、反动。国王本人已认为任何改革都属无望。如财政连年亏损，日益增加的国债成为政府经济的来源。有人向路易十五陈述这些情况时，他却冷冰冰地回答："偿还这些债务，只有宣告破产。"资产阶级已不再需封建政权的庇护了，而且，唯有同它斗争，把它推翻，才有自己的发展前途。

资产阶级这种反封建斗争，表现在文化思想上就是启蒙运动。孟德斯鸠和伏尔泰是启蒙运动前期的大师。在政治思想上，孟德斯鸠主张资产阶级革命后英国式的君主立宪制。伏尔泰主张开明专制，以后，又倾向君主立宪。他期望有一位思想开明、头脑理智的国王治国，而国王的权力应受限制。显然，他们都对当时法国的专制君主政权持批评以至反对的态度。如果同法国古典主义时期出现的那股拥扶当时封建专制君主政权和维护封建秩序的思潮相比较，可见思想跟着时代的步调，跨进了一大步。至于伏尔泰和孟德斯鸠坚决、尖锐地反对封建制度支柱的天主教会及其神学，更可见他们是法国历史上空前的反封建斗士。启蒙运动后期的狄德罗等以无神论反教会和宗教。卢梭的《社会契约论》否认君权神授说，反对君主制，主张共和制，而且提出人民主权的思想。从这些思想家的议论里，人们已经听到了资产阶级革命的号角声了。

---

① 《圣·西门公爵回忆录》第2卷，第3部分，纽约1936年版，第249—250页。

历史上的耶稣

本文就历史上耶稣的真实性问题和耶稣及其信徒早期传教活动的性质问题，提出了笔者个人的意见。本文认为：耶稣是一个历史人物，不是某一时期或某一教会虚构捏造的形象，耶稣及其信徒的传教活动是在当时犹太人反抗罗马统治、反对犹太上层压迫的斗争中产生的一个群众运动，不能因为他们进行宗教宣传的外表现象，否定他们在一定历史条件下斗争的正义性和积极作用。本文还认为：耶稣在传教中所坚持的一神主义与平等精神，为早期基督教的传播、发展创造了有利条件。

"基督教是犹太教的私生子。"[①]它是从犹太教脱胎而出的。基督教是罗马世界的产物，不能说它是从犹太输入而强加给希腊罗马世界的；然而，也决不能忽视它的犹太渊源和犹太因素。如果我们不研究它的犹太渊源，不考察它的原始状态，那么，我们对它的理解是不完整的，甚至可能是歪曲的。基督教脱离犹太教，成为自觉、独立发展的宗教，约在公元1世纪晚期，即在公元66年至70年的犹太战争之后。但在犹太战争以前，即从传统所说的公元30年前后耶稣的传道活动到犹太战争的结束，基督信徒已作为犹太教的一个革新派而存在、发展。这个教派，是"还不曾有自我意识"[②]的基督教，或是说，是基督教史前的基督教，我们称之为原始基督教。关于原始基督教，有许多问题有待进一步研究和讨论。有关耶稣的问题，就是一个长期争论未决的问题。本文

---

① 恩格斯：《致保·拉法格》，《马克思恩格斯全集》第38卷，第27页。

② 恩格斯：《论早期基督教的历史》、《马克思恩格斯全集》第22卷，第536页。

拟就耶稣的历史真实性问题、耶稣的真面目以及和耶稣有关的群众活动的性质问题，提出自己的看法，期望通过讨论，共同提高基督教史研究的学术水平。

一、从史料说明耶稣是历史人物

史料有关耶稣的记载，几乎都曾被人提出过疑问。但是，这些疑问，其本身都有存疑之处，不足以否定耶稣的存在。本文认为，从有关的历史资料分析，历史上是有过耶稣其人的。

记载耶稣的非基督教史籍，最早的是犹太战争的参与者、犹太史家约瑟福斯（约公元 37—100 年）的《犹太古事记》。这部著作的一段文字，直接提到耶稣，说“他是基督”，并说耶稣在十字架钉死后三天复活，他的信徒以他命名而称为基督徒等①。可是，在公元 2 世纪时，看过约瑟福斯著作的奥利金曾说，约瑟福斯“不相信耶稣是基督”②。可见，现存的《犹太古事记》中的上述一段文字，是 3 世纪以后被基督徒添加进去的赝品。但是，基督徒既然可以捏造一段话插入约瑟福斯的著作，也完全可能把他著作中的一段话改写。我们的看法是，约瑟福斯著作原来就有有关耶稣的记载，只是，那是否定耶稣是基督的记载。否则，奥利金所说约瑟福斯“不相信耶稣是基督”的话，就没有根据了。

《犹太古事记》中另一段文字提到，公元 62 年时，犹太教大祭司阿奈奴擅自召集犹太议事会，以“破坏律法”的罪名，判处“耶稣的兄弟雅各和其他某些人（或某些信徒）”以乱石击死的罪刑③。这段记载，某些学者仅以“约瑟福斯只有在这里而不在别处说到耶稣”为理由，判定它

---

① 约瑟福斯：《犹太古事记》第 1 卷，第 3 章，第 3 节。见《约瑟福斯全集》，惠斯顿英译，爱丁堡，1865 年版。

② 奥利金：《驳塞尔萨斯》，第 1 章，第 47 节。本文引自罗伯逊著，宋桂煌译：《基督教的起源》，三联书店 1958 年版，第 107 页。

③ 约瑟福斯：《犹太古事记》第 20 卷，第 9 章，第 1 节。

是伪作。我们既然没有理由肯定约瑟福斯根本不曾提到过耶稣，也就没有理由否定这段记述。正如阿·罗伯逊所说，上述这段文字，“曾被奥利金引述过三次，也许不是出于假托”。[①] 因此，约瑟福斯关于耶稣的叙述，诚属可疑，但若认为约瑟福斯从未提到过耶稣，也绝不是科学的结论。我们认为，约瑟福斯提到耶稣的可能性，实在比没有提到耶稣的可能性更大[②]。

在约瑟福斯稍后，在公元 2 世纪初叶至中叶的一些罗马作家的作品中，如普林尼上罗马皇帝图拉真书信，塔西佗的《编年史》，苏埃托尼乌斯的《诸恺撒事迹》等，都提到基督。小普林尼的书信（约公元 112 年）说到基督徒，也说到基督[③]。塔西佗在《编年史》上叙述公元 64 年罗马被焚事件时说，基督徒这派的“创始者的名字，叫做基督；他在提比略在位时，被巡抚彼拉多处以死刑；这种有害的迷信，一度受挫，又再度发生，不仅发生在病害的老家（按，指犹太），而且也发生在万恶汇集的首都本身（按，指罗马），并得到流行。”[④]在《诸恺撒事迹》的《克劳狄事迹》中，说皇帝克劳狄驱逐犹太人出罗马（公元 49 年），是由于犹太人“在一个基督的煽动下多次闹事”[⑤]；在同书《尼禄事迹》中，说基督徒是“信仰一种新而有害的迷信的人”[⑥]。普林尼、塔西佗、苏埃托尼乌斯等都是反对基督教的罗马作家。他们关于基督教徒和基督的记述，看不出有作伪的动机和可能。应该说，这些记载是可信的。可见，在当时罗马上层社会，对于基督教是由一个叫基督的人创立的，已是普遍承认的事实。

有的著作认为，塔西佗、普林尼等只提基督，未提耶稣，可见耶稣的

---

① 罗伯逊：《基督教的起源》，第 107 页。

② 约瑟福斯的《犹太古事记》，曾叙述施洗约翰（见《犹太古事记》，第 18 卷，第 5 章，第 2 节）。这段记载，一般认为可信。施洗约翰和耶稣的密切关系，在《新约》福音书上多次描述。把福音书和《犹太古事记》互相参证，亦可作为耶稣实有其人的一个旁证。

③ 在惠斯顿英译《约瑟福斯全集》附录“论文之三”中，附有普林尼信全文。本文引述据此。

④ 塔西佗：《编年史》第 15 章，第 44 节。

⑤ 苏埃托尼乌斯：《诸恺撒事迹·克劳狄》第 25 节。

⑥ 苏埃托尼乌斯：《诸恺撒事迹·尼禄》第 16 节。

存在有问题。我们认为,基督-弥赛亚(救世主),原是泛指,但在基督徒讲,它是专指耶稣的。有的著作认为耶稣是这样著名的人物,而在流传迄今的罗马作品中不曾叙述他的生平事迹,可见耶稣的历史真实性实属可疑。我们认为,不同作品的写作,有不同的要求和重点。某些罗马著作提到基督,未提耶稣,或对基督语焉未详,不能因此而否定耶稣-基督在历史上的存在。

关于耶稣生平事迹和言行的记载,主要见于《新约》四福音书。《新约》是基督教的经典,它编写的目的是传道、宣教,而不是历史的记述。可是,如果由此认为"所有四福音传道者和所有的使徒都是捏造人物"①,"耶稣和他的亲信门徒-使徒都是神话人物"②,我们也不能同意。因为在世界历史上,许多民族、国家的远古历史,宗教性的、神话性的作品,比比皆是。印度婆罗门教的经典四部《吠陀》经,就是我们研究印度史的重要古文献。印度史诗《摩诃婆罗多》、《罗摩衍那》充满神话,而它们的史料价值岂容抹杀。以神话传说为主要内容的《伊利亚特》和《奥德赛》,恩格斯完全肯定它们是阐明国家形成以前希腊社会的主要史料。如果否定《旧约》的史料价值,巴勒斯坦的古代历史将一片黑暗。可以说,全盘否定宗教经典和神话传说的历史性,是对古代历史研究的一种虚无主义的表现。关于基督教起源的历史背景,我们可以也应该从《新约》中进行探索。

诚然,对于《新约》福音书做去伪存真的工作,并不容易。四福音书写成的时间,距离耶稣活动时期相隔数十年至百余年不等。并且,福音书在各不同时期,曾受不同地区教会的增添删改。因此,福音书内容歧异矛盾,以致近代学者对它的分析研究颇多困难,对各福音书成书时间的考证存在意见分歧。

但是,是不是如某些学者所说的那样,由于"各福音书之间有很大的分歧",由于"它们(福音书)受到多次的改编",因此,"要在它们中间找到最古老的核心,几乎是不可能的"。③ 我们的答案,恰恰与此不同。

---

① 科瓦略夫著,王以畴译:《古代罗马史》,三联书店 1957 年版,第 940 页。

② 苏联科学院主编:《世界通史》第 2 卷,三联书店 1960 年版,第 935 页。

③ 科瓦略夫:《古代罗马史》,第 940 页。

且对有关各福音书具体分析上存在的分歧意见，暂置勿论，但可以注意一件由多数学者所公认的事实：来自不同时间、不同方面的福音书内容，通过口头记诵和文字记载流传下来，实属源多流长。福音书的资料来源，完全可能包括从耶稣活动时期到它们成书这一长期内的各种传说和记载。它们的多次改编以及改编后内容上存在的分歧、矛盾，正说明它们还保存着原始的或接近原始的资料，也正有利于我们“找到最古老的核心”。而且，各种不同的传说、记载，都归附到耶稣身上，就是历史上存在过耶稣其人的说明。如果耶稣仅是某一时期、某一教会虚构、捏造的形象，这个虚构的耶稣，怎么能得到不同时期、不同教会流派的人数日益增多的广大基督徒的信任？

由此可见，基督教的、非基督教的有关资料，都向我们说明，耶稣是一个历史人物。有待我们进一步分析研究的问题，就是耶稣究竟是怎样的一个历史人物。为了辨识耶稣的真面目，我们就要在福音书存在的矛盾、歧异中来进行探索。

二、关于福音书上两个耶稣形象的分析

福音书所记载的耶稣的言论，前后矛盾。在福音书上，似乎有两个不同的耶稣，在宣传不同的道理。我们从三个方面，来看耶稣在传道时所讲的两种不同的调子。

第一，天国的观念，是耶稣在传道时最引起信徒们关注的关键问题。但天国怎样？耶稣在回答这个问题时，有两种互相矛盾的答案。

一种答案是：天国是不可捉摸的未来世界。天国什么时候到临？耶稣给人一个神秘莫测的回答：“但那日子，那时辰，没有人知道。”[①]天国在哪里？耶稣的答案虚无缥缈：“上帝的国来到，不是眼所能见的；人也不得说。看哪，在这里，看哪，在那里；因为上帝的国就在你们心

① 《马太福音》，第24章，第36节，见中华圣经会印发《新约全书》，1946年版。

里。”[①]为什么天国是这样不可捉摸呢？原来耶稣告诉人们，在今生今世，根本看不到天国："我的国不属这世界。"[②]

可是，在福音书上，对这个问题耶稣另有一种不同的答案。耶稣在开始传道时，就大声呐喊："天国近了。"[③]他叫他的12个大弟子："随走随传，说：天国近了。"[④]他对人们说："我实告诉你们，站在这里的，有人在没尝死味以前，必看见人子降临在他的国里。"[⑤]"人子（或作上帝的国）近了，正在门口了。"[⑥]他答应信徒："人为我和福音撇下房屋，或是兄弟、姐妹、父母、儿女、田地，没有不在今世得百倍的。"[⑦]这个天国，多么现实！它不是属于彼岸世界的，而是在今世就能出现的现实的王国。

第二，怎样才能争取进入天国？或是，怎样实现这个天国？耶稣有两种不同的回答。

耶稣提出两条诫命，作为"律法和先知一切道理的总纲"：除了"爱主你的上帝"外，就是"爱邻人如爱己"。[⑧] 看来，"爱"，是通往天国的主要道路。"爱邻人"，原来包含着爱同胞、爱同志的意义。可是，福音书另一些地方所记载的耶稣的话，是把爱说成是爱敌我不分的一切人了。"你们的仇敌要爱他，恨你们的要待他好，诅咒你们的要为他祝福，凌辱你们的要为他祷告。有人打这边的脸，连那边的脸也由他打，有人夺你的外衣，连里衣也由他拿去。凡求你的，就给他，有人夺你的东西去，不用再要回来。"[⑨]这样，人们不仅对于一切残酷的压迫和剥削，要忍耐到

---

① 《路加福音》，第17章，第20—21节。

② 《约翰福音》，第19章，第36节。

③ 《马太福音》，第6章，第17节。

④ 《马太福音》，第10章，第7节。

⑤ 《马太福音》，第16章，第28节；参见《马可》第9章，第1节，《路加福音》，第9章，第27节。

⑥ 《马可福音》，第13章，第29节。

⑦ 《马可福音》，第10章，第29节，参见《路加福音》，第18章，第29—30节。

⑧ 《马太福音》，第22章，第39节；《马可福音》，第12章，第29—31节。"爱邻人如爱己"这句话，根据伦敦"不列颠和外国圣经会"出版的《圣经》，中译圣经作"爱人如己"。我们认为，"爱邻人"和"爱人"，含义是不同的；英译本的"爱邻人"，是比较确切的。

⑨ 《路加福音》第6章，第27—31节；《马太福音》，第5章，第39—42节，又，第6章，第44节。

底（“唯有忍耐到底的，必然得救”[①]）；而且，要“怀着感激的心情接受任何拳打脚踢”[②]，要“心里柔和谦卑”[③]、逆来顺受地接受一切欺凌压榨，甚至面临所有的侮辱、逼迫、毁谤，都“应当欢喜快乐，因为你们在天上的赏赐是大的”[④]。

福音书上的另一个耶稣，却提出了另一条截然不同的争取天国的道路。劝人“忍耐到底”必然得救进天国的前一个耶稣，已变成急不可耐，要求积极以行动争取天国的耶稣：“我忍耐你们要到几时呢”[⑤]，“我是何等的迫切呢”[⑥]。他主张用大刀阔斧的手段，为天国开辟道路。“凡不结好果子的树，就砍下来，丢在火里。”[⑦]耶稣就主张通过斗争，通过暴力，促使天国的实现：“我来，要把火丢在地上。倘若已经着起来，不也是我所愿意的么！”[⑧]“你们不要想我来，是叫地上太平。我来，并不是叫地上太平，乃是叫地上动刀兵。”[⑨]“自施洗约翰到如今，天国容忍暴力，暴力者凭武力去取得它。”[⑩]

第三，对天国的观念和态度问题，实质上正是耶稣对当时现实的统治势力的看法和态度问题。在耶稣当时，巴勒斯坦已在罗马帝国统治之下——南部的犹太，已是罗马的一个行省；北部的加利利和外约旦，是罗马势力下的一个小附庸国。以耶路撒冷为中心的犹太教会上层，包括撒都该人和法利赛人，依附罗马统治势力，并与它勾结，共同压迫

---

① 《马可福音》第 13 章，第 13 节；《马太福音》，第 10 章，第 22 节，又第 24 章，第 13 节；《路加福音》，第 21 章，第 19 节。

② 恩格斯：《桑维耳代表大会和国际》，《马克思恩格斯选集》第 2 卷，第 447 页。

③ 《马太福音》，第 11 章，第 29 节。

④ 《马太福音》，第 5 章，第 12 节；《路加福音》，第 6 章，第 20—23 节。

⑤ 《马可福音》，第 9 章，第 19 节；《马太福音》，第 17 章，第 17 节。

⑥ 《路加福音》，第 18 章，第 8 节。

⑦ 《马太福音》，第 7 章，第 19 节。

⑧ 《路加福音》，第 12 章，第 50 节。

⑨ 《马太福音》，第 10 章，第 34 节。

⑩ 《马太福音》，第 11 章，第 12 节。本文引文，依据伦敦“不列颠和外国圣经会”出版的《圣经》。阿·罗伯逊的《基督教的起源》中所引用的《圣经》，版本不同，意义大致和本文引语相同：“从施洗约翰到如今，天国总是用暴力取得的，暴力者凭武力去取得它。”但中译《新约》译作：“从施洗约翰的时候到如今，天国是努力进入的，努力的人就得着了。”我们认为，这译文是篡改了原义的。

剥削巴勒斯坦人民。耶稣怎样对待罗马统治势力和犹太教会上层？按照福音书的记载，也有两个不同的耶稣，对当时巴勒斯坦的统治者采取不同的态度。

一种态度是妥协、顺从。耶稣对于撒都该人和法利赛人，是谴责、揭露的。可是他的批诉、揭露，主要是指他们在宗教信仰上不真诚虔敬，在伦理道德上虚假伪善。至于对罗马统治势力，福音书上不少地方表现对它维护，也借耶稣的口，劝人守法、服从。耶稣劝人不要因逃税而触犯统治者[①]。他要人偿还一切债务，否则，就活该关在监狱里当囚犯[②]。他不仅劝人遵守犹太教的诫命，不偷盗杀人[③]，而且反对一切武装斗争，包括反抗反动统治的斗争："凡动刀的，必死在刀下。"[④]他用诡辩式的语言劝人顺从罗马统治势力对犹太人民的压榨："恺撒的物当归给恺撒，上帝的物当归给上帝。"[⑤]照福音书的描述，当耶稣被捕将判刑时，罗马在犹太的巡抚彼拉多，似乎是一个意图开脱耶稣的好人。上文所引"我的国不属这世界"这句话，就是耶稣对彼拉多说的，目的是表白他不想反对罗马统治。

可是，福音书上的另一个耶稣的形象，对于当时巴勒斯坦的统治势力和统治秩序，就是采取不妥协的反抗斗争的态度的。这个耶稣，通过对天国图景的描述，表达他主张把现存的统治秩序颠倒过来，建立新的秩序的要求："然而有许多在前的将要在后，在后的将要在前。"[⑥]"凡自高的必降为卑，自卑的必升为高。"[⑦]"他叫有权柄的失位，叫卑贱的升高，叫饥饿的得饱美食，叫富足的空手回去。"[⑧]福音书中也留下耶稣准备推翻罗马统治、反对犹太教会腐朽上层，意图恢复往日古犹太全盛时

---

① 《马太福音》，第 17 章，第 27 节。

② 《马太福音》，第 5 章，第 26 节；《路加福音》，第 13 章，第 59 节。

③ 《马太福音》，第 19 章，第 18—19 节；《马可福音》，第 10 章，第 19 节。

④ 《马太福音》，第 26 章，第 52 节。

⑤ 《马太福音》，第 22 章，第 21 节；《马可福音》，第 12 章，第 17 节；《路加福音》，第 20 章，第 25 节。

⑥ 《马可福音》，第 10 章，第 31 节；《马太福音》，第 19 章，第 30 节。

⑦ 《马太福音》，第 23 章，第 12 节；《路加福音》，第 14 章，第 11 节。

⑧ 《路加福音》，第 1 章，第 52—53 节。

期的大卫王国的资料。耶稣为什么从加利利到耶路撒冷去?是不是打算趁逾越节的机会,向大群来自各地的犹太教徒宣传他的反抗罗马统治和犹太教会上层的主张?应该说,这完全是可能的。我们看到:耶稣及其追随者在向耶路撒冷"进军"的途中,拥握着耶稣的信徒们,高喊口号:"和散那(欢呼)!奉主名来的,是应当称颂的。那将要来的我祖大卫之国,是应当称颂的。高高在上,和散那!"[①]一路上,门徒们都在宣扬耶稣是"奉主名来的王"。[②] 看来,耶稣这一群人还没有关于武装起义的充分准备。但是,他曾要门徒"卖衣服买刀"[③]。当耶稣被人围捕时,曾有门徒起来拔刀反抗[④]。只是由于寡不敌众,他的门徒方才逃散。因此,犹太省的罗马巡抚彼拉多以"犹太人之王"的叛逆罪对耶稣判处钉十字架的死刑,全属事出有因,查有实据的。福音书记载被拉多曾说:"并没有查出他(耶稣)什么罪案"[⑤],这记载,可以说是对当时实际情况的一种笨拙的篡改。

福音书上出现了两个耶稣的形象。一个耶稣认为天国是虚无、抽象的彼岸世界,宣扬"爱敌人",宣扬忍耐得救,屈辱有福;主张对现存统治势力妥协、顺从,对压迫者、剥削者卑躬屈膝。这个耶稣,我们姑且称之为"第一耶稣"。而福音书上的另一个耶稣,认为天国就是能够在现世出现的现实王国;主张通过斗争,通过暴力,促使天国实现;主张推翻反动的统治秩序,建立新秩序;主张反抗罗马统治势力和犹太教会上层,建立"大卫王国"。我们称这个耶稣是"第二耶稣"。究竟,哪个耶稣是历史上真实的耶稣呢?

按四福音书的编纂完成,约在公元 2 世纪中叶。自公元 66—70 年的犹太战争失败后,公元 132—135 年的犹太人民起义又经剧烈斗争后失败。当时,散居罗马各地的犹太人,普遍受到罗马帝国统治者和罗马

---

① 《马可福音》,第 11 章,第 9—10 节;《马太福音》,第 22 章,第 9 节。

② 《路加福音》,第 19 章,第 38 节。

③ 《路加福音》,第 22 章,第 36 节。

④ 《马可福音》,第 14 章,第 47 节;《马太福音》,第 26 章,第 51 节;《路加福音》,第 22 章,第49 节。

⑤ 《路加福音》,第 23 章,14—15 节。

上层社会的怀疑、妒嫉和压迫。被人认为来自犹太的邪恶信仰基督教，处于极为不利的地位。基督教要在罗马帝国政权下求生存、求发展，要保障犹太信徒的安全，要争取更多的非犹太的罗马臣民归信，非迎合罗马奴隶主政权不可，非取好于罗马奴隶社会的上层不可。“第一耶稣”的形象，就是在这样的条件、这样的要求下塑造出来的。公元二世纪的基督教会，也只能塑造“第一耶稣”，绝不可能塑造“第二耶稣。而有关“第二耶稣”言行的资料，只能出于巴勒斯坦较古的历史材料，只能来自犹太战争以前直到犹太战争当时的历史传统。这些资料，经过时间的历程，对于历史上的真实耶稣，不可能没有夸大、误解以至歪曲；而且资料本身，也具有含混和矛盾不一致的性质。可是，从相对的意义讲，它是比较接近历史的原始核心的，是比较符合历史上耶稣的真实形象的。

自然，我们的分析是否正确，还有待我们对耶稣当时巴勒斯坦的社会历史条件和社会斗争，作进一步的考察研究，才能得出结论。

三、从公元1世纪上半叶巴勒斯坦的社会历史条件、人民运动和教派活动，来考察耶稣及其信徒的活动

耶稣之死，约在公元30年前后。[1] 他的公开进行传道活动的时间，前后不会多于一年半。[2] 在这么短促的时间里，有不算少的群众追随耶稣，其影响又这么深远，这不能用宗教神学的说法（如耶稣施行奇迹、耶稣为赎罪上十字架以及死后复活等）来解释，也不能把他说成是天才的群众领袖或创造性的宣传家。只能说，他的传道活动，是当时巴勒斯坦一带犹太人民风起云涌的群众运动的产物。同耶稣在一起的群众，无疑是受压迫、榨取的苦难的下层犹太人民。“基督教同任何大的革命运动一样，是群众创造的。”[3]这群众运动，如其他群众运动，开始是自发地

---

① 关于耶稣上十字架的年份，在公元29年、30年或33年，有争论。参看《剑桥古代史》第10卷，第649页，注4。

② 马修斯：《新约时期巴勒斯坦的历史》，纽约1927年版，第189页，注1。

③ 恩格斯：《启示录》，《马克思恩格斯全集》第21卷，第11页。

形成的。可是在运动的发展中，出现了像耶稣那样的群众的代表人物或核心人物，他说出了人民群众的疾苦和要求，群众信任他、拥护他，甚至把他当作救世主基督，这是完全可能的。承认当时巴勒斯坦的群众运动是原始基督教的渊源，也没有理由否认群众运动中涌现的历史人物耶稣。

只是，要了解耶稣，要认识耶稣的真面目，必须从当时犹太人民运动产生的背景、渊源中，从运动的性质中去考察。在耶稣生活的时代里，掠夺、奴役、压榨犹太人民的，是罗马统治势力及其帮凶——巴勒斯坦地区的地方军事贵族和犹太教会上层。犹太民族曾有受外族侵略和统治的长期的痛苦经历。但罗马势力对巴勒斯坦的蹂躏和占领，它的抢劫、屠杀和奴役，它的日益烦苛的赋税以及它企图荡平犹太民族特性、民族信仰的种种措施，已使苦难深重的犹太人民不能再忍受下去。发生于公元1世纪60年代、历时4年、战斗空前剧烈的犹太人民反罗马大起义——犹太战争，是犹太人民一系列反罗马斗争运动发展的必然结果。耶稣以及他周围的人民运动，就是这个时代的产物。

在耶稣公开活动以前90余年，罗马势力已经侵入巴勒斯坦。公元前63年，庞培的罗马侵略军屠杀了约12000个犹太人，又向犹太人勒索了一笔数达10000塔兰特[①]的巨款，并使犹太成为罗马叙利亚省的一个部分。公元前54年，克拉苏又侵入犹太，抢劫圣殿，掠得财物亦在10000塔兰特以上。稍后犹太一度独立，而罗马的叙利亚总督又出兵侵略、镇压，把30000个犹太人掠卖为奴隶(公元前43年)。接着，罗马扶植军事贵族希律作为巴勒斯坦地区的国王，由希律用军队和特务统治巴勒斯坦达30余年(公元前40—公元前4年在位，号称“大王”)。希律大王死后，罗马让他的三个儿子分治其国。被罗马封为犹太国王的阿奇洛，曾不止一次镇压犹太人民起义，其中一次，屠杀犹太居民达30000人。罗马的叙利亚总督又带兵进掠巴勒斯坦，大肆烧杀掳掠，把2000个起义者钉死于十字架，把30000个犹太人掠卖为奴隶。公元6

① 塔兰特，这里指古代希伯来塔兰特。据蒙森：《罗马帝国行省史》说，每一希伯来塔兰特，合390英镑(见《罗马帝国行省史》第2卷，第187页的附注)，这是19世纪末年的比价。这样，10000塔兰特是相当于3900000英镑的巨款。

年,阿奇洛被罗马废黜,犹太成为罗马的直辖行省。这以后,重赋苛税,一重又一重地压榨犹太人民。他们向罗马交纳人头税,又交纳土地或农产品税,税额约为犹太人谷物收入的三分之一,酒和油的半数,果树收获的四分之一。此外,还有关卡税、市场税、盐税、过路费、过桥费等苛捐杂税①。并且,犹太人全部收入的十分之一,按照犹太的传统,是作为向耶和华圣殿的贡献,交纳给犹太教会的祭司的。广大犹太人民,处于水深火热之中,在死亡线上挣扎。

更使犹太人感到严重威胁的,是犹太的民族信仰——犹太教,在罗马统治下,有被消灭的危险。犹太人,包括居住巴勒斯坦和散居地中海各地区的犹太人,从可记忆的年代起,祖祖辈辈长期崇拜上帝耶和华,信仰犹太教。对耶和华崇拜的任何威胁,在犹太人看来,就是对他们民族存亡的威胁。可是,"罗马帝国在消灭各民族政治和社会特性的同时,也消灭了他们独特的宗教"。② 对犹太人,罗马帝国可能是通过消灭他们的特有的宗教来消灭这个民族的政治和社会特性的。犹太人敏锐地感觉到,对他们上帝的侮辱,正是对他们民族的侮辱。反之亦然。

例如,在犹太人的观念里,他们只向上帝纳税——向耶和华圣殿交纳什一贡礼。当犹太沦为罗马行省,罗马长官在犹太调查户口、征收人头税时,犹太各地,纷纷起义反抗。起义领袖加利利人犹达斯鼓动同胞起来进行反罗马斗争时说:对罗马人纳税,"是对世俗人(按指罗马人)像对上帝那样崇奉为主人",因此,谁纳税,谁就是向世俗人屈服的懦夫③。当彼拉多为罗马犹太省总督时(公元 26—36 年),他命令罗马军队带着绘有罗马皇帝像的旗帜开进耶路撒冷城,犹太人认为带偶像进城是对上帝、对犹太律法的侮辱,群情激昂;大批群众蜂拥到罗马总督驻地恺撒里亚向彼拉多请愿。在罗马军队三重包围、面临屠杀的威胁

---

① 巴森:《罗马帝国行省史》第 2 卷,第 187 页附注。

② 恩格斯:《布鲁诺·鲍威尔和早期基督教》,《马克思恩格斯全集》第 19 卷,第 333 页。

③ 约瑟福斯:《犹太战争史》(*Wars of the Jews*)第 2 卷,第 8 章,第 1 节。又见《犹太古事记》第 8 卷,第 1 章,第 1 节。

下，犹太群众伏地五天五夜，坚持不散；彼拉多怕激起事变，只有把皇帝画像撤出耶路撒冷城。彼拉多又因扩建耶路撒冷水道，动用圣殿财库，群众骚动又起；罗马军队对人民群众毒打屠杀，死者不可胜计[①]。罗马皇帝卡里古拉（公元 37—41 年），命令犹太人民对他像对上帝那样崇拜，犹太人民闻讯震惊，各地酝酿起义。后因卡里古拉死去，他的命令得暂不执行[②]。公元 50 年左右，耶路撒冷除酵节（即逾越节）时，由于一个罗马士兵在圣殿作一个猥亵动作，引起群众暴动，在罗马军队镇压下，死者约有万人[③]。

事实上，自希律死后，特别自罗马把犹太作为行省、直接征税后，巴勒斯坦一带人民起义运动，此起彼伏，从未间歇。如希津死后不久，即从耶稣出生时起，加利利的犹达斯、约旦河谷的西门（曾为奴隶）犹太南部的阿斯朗琪等，各举起义旗帜。后两者，曾自立为王。尽管他们受到罗马及其帮凶武装的镇压，而起义者经过一个时期的潜伏活动，又再度兴起。如加利利的犹达斯，在公元 6 年稍后，又起来号召犹太人民展开抗税斗争，重揭义旗。我们在下文将再提到，这位犹达斯，正是犹太教中一个重要教派狂热派的创始人。从约瑟福斯的记载，又可见犹达斯的两个儿子，约在公元 48 年被罗马总督逮捕钉死于十字架[④]。犹达斯的另一儿子曼那汉，是犹太战争开始时犹太起义领袖，曾自立为王[⑤]。加利利的犹达斯一家，不愧为公元 1 世纪犹太反罗马斗争中的英雄家庭，他们父子领导反罗马斗争，前后达大半个世纪。约瑟福斯著作中还提到，在腓力克斯为犹太总督时期（公元 52—62 年）被捕的犹太大盗伊里查，曾横行巴勒斯坦 20 年[⑥]。其他关于人民反抗、群众骚动的记载，不拟一一列举；而仅从上述记载，就可以说明，从公元前后直到犹太战争，在巴勒斯坦，罗马虽然统治了城镇及其附近地区，但山乡僻野，遍布

---

① 约瑟福斯：《犹大战争史》第 2 卷，第 9 章，第 2—4 节。

② 约瑟福斯：《犹太战争史》第 2 卷，第 10 章，第 1—5 节。

③ 约瑟福斯：《犹太战争史》第 2 卷，第 12 章，第 1 节。

④ 约瑟福斯：《犹太古事记》第 20 卷，第 5 章，第 2 节。按犹达斯，《新约》"使徒行传"亦有记载（见"使徒行传"第 5 章第 37 节）。中译《新约》，犹达斯译作犹大。

⑤ 约瑟福斯：《犹太战争史》第 2 卷，第 17 章，第 8—9 节。

⑥ 约瑟福斯：《犹太战争史》第 2 卷，第 13 章，第 2 节。

犹太人民的反抗火种，埋伏着待机起义的武装力量。

这就是耶稣所处时代巴勒斯坦地区的社会历史条件和人民反抗斗争的概况。苦难深重、不堪忍受的犹太下层人民，对于当时统治当局和统治制度的态度，只能是敌视、反抗。从这样的人民群众运动中涌现出来的人物——耶稣，不可能是福音书上的"第一耶稣"，而只能是"第二耶稣"。"嗳，这又不信又悖谬的世代啊，我在你们这里要到几时呢？我忍耐你们要到几时呢？"[①]"要快快给他们（按指犹太同胞）申冤。"[②]这些出于耶稣之口的话，正是犹太下层劳动人民的内心呼声。"天国近了。"这个天国，是在现实世界能够实现的"大卫王国"，在这个天国里，"倒转了从前的世界秩序"[③]。这些耶稣的话，也是犹太人民的迫切要求。当我们了解犹太武装起义者长期在巴勒斯坦的山区、河谷、荒漠继续斗争时，我们就能理解耶稣所说要在这世界"放火"、"动刀兵"，要通过暴力取得"天国"等话，不过是当时现实斗争情况的反映。在耶稣前后，都有犹太起义者称王，那么，作为"大卫的子孙"的耶稣，被拥护他的群众拥立为"犹太人之王"，也并不是意外的事。

诚然，耶稣的活动表现为宗教运动。我们也把耶稣及其信徒看作一个教派，一个犹太教内的革新派。只是，在几乎人人都是耶和华信徒的古代犹太社会，要在政治、社会运动和宗教运动之间划分界线，是不可能的。耶稣这个教派——以后我们称为原始基督教，正同耶稣当时的犹太教各教派一样，都是在耶和华名义下提出自己的政治、社会主张的集团。近代许多学者，为了探索基督教的渊源，曾分析原始基督教和犹太教其他教派的关系。我们认为，如把犹太教各派看作是具有不同观点、主张的政治社会集团，从而分析其相互关系，这对于我们认识耶稣及其信徒们活动的性质，是有作用的。

约瑟福斯曾说，犹太教内存在四个教派（他称为哲学派别），即撒都

① 《马太福音》，第 17 章，第 17 节，《马可福音》，第 9 章，第 19 节。

② 《路加福音》，第 18 章，第 8 节。

③ 恩格斯：《布鲁诺·鲍威尔和早期基督教》，《马克思恩格斯全集》第 19 卷，第 329 页。

该派、法利赛派、埃赛尼派和狂热派(中译《新约》中,译作奋锐党)[①]。耶稣对于撒都该、法利赛,是始终采取对立态度的。在上述四派中,同耶稣这一派比较接近的,是埃赛尼派和狂热派。

不少学者对埃赛尼派和原始基督教的关系都颇为重视。埃赛尼派和原始基督教,从它们实行财产共有、鄙视财富到它们的某些崇拜仪式,类似之处颇多[②]。但两派之间存在的歧异比它们相似的地方更多。如埃赛尼派有一套关于灵魂不朽、命运主宰一切的理论[③];可是,耶稣的教训很少讲教义哲理,不谈灵魂、命运。两派虽然都主张财产共有,而埃赛尼派成员辛勤劳动,并规定每天劳动 5 小时[④];耶稣则要他的信徒学天上的飞鸟,"也不种,也不收",学野地里的百合花,"也不劳苦,也不纺线"。[⑤] 埃赛尼派共产公社不蓄私产,严格到这样程度,以致其成员因除名脱离公社,生活无依无靠,往往饥寒而死。[⑥] 耶稣及其信徒,游行传道,有时忍饥耐寒,有时则有吃有喝,"不要为生命忧虑吃什么、喝什么,为身体忧虑穿什么"。[⑦] 埃赛尼派是一个组织严密的秘密教派,参加这个教派者,必须经过一定时间的锻炼、考验;正式入会时,必须郑重宣誓遵守戒律;教内等级森严,从低级到高级分为四等,低级必须服从高级;信仰上、生活上,清规戒律甚多[⑧]。而耶稣这一群人,组织松懈,信徒成分庞杂,税吏罪人皆可收容,对信徒只要求信心坚贞,不计较律法上的条条框框。我们认为,耶稣及其信徒和埃赛尼派,是两个独立的派别,

---

① 约瑟福斯:《犹太古事记》第 8 卷,第 1 章,第 2 节;第 8 卷,第 5 章,第 9 节,《犹太战争史》第 2 卷,第 8 章,第 2 节。

② 埃赛派和原始基督教类似之处很多,如:埃赛尼派成员实行财产共有,鄙视财富,成员外出旅行,不带任何东西,饮食住宿,皆由同派道友供应:选举执事,管理本派公共财产,每天日出之前向上帝祷告等。

③ 约瑟福斯:《犹太古事记》第 8 卷,第 1 章,第 5 节;第 8 卷,第 6 章,第 9 节。《犹太战争史》第 2 卷,第 8 章,第 11 节。

④ 约瑟福斯:《犹太战争史》第 2 卷,第 8 章,第 5 节。《犹太古事记》第 8 卷,第 1 章,第 5 节。

⑤ 《马太福音》,第 6 章,第 25—29 节。

⑥ 约瑟福斯:《犹太战争史》第 2 卷,第 8 章,第 8 节。

⑦ 《马太福音》,第 6 章,第 25 节。

⑧ 约瑟福斯:《犹太战争史》第 2 卷,第 8 章,第 8—10 节。

前者受后者的影响，是事实；但有的学者，说耶稣这派“大概是埃赛尼派的一个支派”[①]，这是夸大失实的说法。

埃赛尼派对巴勒斯坦政治、社会斗争的态度，从已有资料，颇难捉摸。约瑟福斯说埃赛尼派“他们按照正义消除愤怒，并节制情欲。他们以忠诚著称，是和平的执行者”[②]。有的学者依据约瑟福斯叙述，认为埃赛尼派是一个主张忠顺、和平，反对斗争的教派，并且，进一步推论说，耶稣这一派也不免和它相近似。我们既不同意把埃赛尼派概括地说成是只主张忠顺、和平，不主张斗争，甚至是消极避世、坐等救世主来临的教派。约瑟福斯曾说到埃赛尼派颇得希律大王尊重，但这主要由于希律同这一派某一成员有私人友谊关系。[③] 1947 年在死海附近洞穴中发现埃赛尼派文卷，说到这一派曾受到犹太教大祭司的迫害，其领袖“正义之子”被杀害，信徒受严刑拷打。如果文卷有一定的历史依据，那么，埃赛尼派是经历过一番现实斗争的风暴的。埃赛尼派对罗马统治者的态度，很少具体记载。而在犹太战争中，他们对罗马人英勇战斗，被捕后纵受严刑摧残、烈火烧身，仍视死如归，坚贞不屈。约瑟福斯说：“对于死，若为光荣而死，他们（埃赛尼）把死看作胜于长生；的确，在我们同罗马人的战争中，有很多事例证明他们在考验中具有伟大的灵魂……面对他们的迫害者，他们从未摇尾乞怜，也从未淌下一滴眼泪。”[④]

如果我们把耶稣及其信徒的活动作为犹太人民群众运动的一支，如果我们从阶级斗争和民族斗争的形势来分析犹太教内革新运动的动向，耶稣这一派和狂热派的关系，实在值得我们重视。我们感觉，有关基督教起源的某些著述，对它们两者关系的重视，似有未足。我们认为，了解狂热派在公元 1 世纪犹太人民运动中的作用，是使我们搞清耶稣活动的性质和基督教起源的一个重要方面。

狂热派，或奋锐党，是约瑟福斯所提犹太教内四派中最年轻的一派。它是犹太人民反罗马统治、反犹太教会上层斗争的产物。它在加

---

① 罗伯逊：《基督教的起源》，第 117 页。

② 约瑟福斯：《犹太战争史》第 2 卷，第 8 章，第 6 节。

③ 约瑟福斯：《犹太古事记》第 15 卷，第 10 章，第 4、5 节。

④ 约瑟福斯：《犹太战争史》第 2 卷，第 8 章，第 10 节。

利利人犹达斯创导反对人头税斗争中出现。犹达斯这位著名的犹太起义领袖，即为这个教派的创始人[1]。这一派的斗争方向很明确：力争犹太民族从罗马奴役下解放出来[2]。他们的上帝之国，实际上是现实的独立自主的犹太王国。关于争取上帝之国实现的道路，他们不仅主张暴力斗争，而且在行动上一直在进行暴力斗争。犹达斯父子四人的死，都是同反罗马、反犹太教内反动势力的斗争，联系在一起的。从公元初年到犹太战争，犹太人民的解放斗争，也都是同狂热派的活动联系在一起的。这个教派发展的迅速，它在犹太人民中影响的扩大，远非其他犹太教派所能及。约瑟福斯是在犹太战争中投降罗马的法利赛，他抱着又敌视又惊异的态度叙述狂热派，说巴勒斯坦"所有种种不幸，都是从这些人（狂热派）产生的，（犹太）民族受这派教义的感染，到达不可置信的程度；暴力战争一个接着一个，落在我们身上，我们丧失了那些经常缓和我们痛苦的朋友们；而大批匪盗以及我们的显要人物的杀害者，也都出现了"。[3] 西卡里党，或小刀党（"西卡里"意为"带小刀的人"），即是狂热派在发展过程中（约在40年代）出现的一个支派[4]。西卡里成员，不仅在乡村僻郊活动，也在耶路撒冷的大庭广众之中，刺杀那些和罗马统治者勾结的为非作歹的犹太教会上层人物（即约瑟福斯所指的"显要人物"）。狂热派及其支派西卡里，在犹太战争中，正是犹太人民同罗马侵略军浴血战斗的主要力量；尤其西卡里党人，更是犹太战争中坚持到最后的英勇战士。

从狂热派的主张和行动可见，在某些重要方面，它同犹太其他教派有不少差异不同之处，而它同耶稣这一派却有明显类同或比较接近。第一，犹太教派中，撒都该是罗马统治的帮凶；法利赛派成员有参加反罗马斗争的，但总的讲，法利赛同罗马势力是妥协的，有时是勾结的。埃赛尼在犹太战争中对罗马侵略者坚持斗争，宁死不屈，但在犹太战争

---

① 约瑟福斯：《犹太古事记》第18卷，第1章，第1节，第6节。

② 约瑟福斯：《犹太古事记》第18卷，第1章，第1节，第6节。

③ 约瑟福斯：《犹太古事记》第18卷，第1章，第1节。

④ 约瑟福斯：《犹太古事记》第20卷，第8章，第5节；《犹太战争史》第2卷，第8章，第8节。

以前,它的政治态度不明朗。狂热派和它们不同。它自始至终坚持反罗马的武装斗争,始终是犹太人民中反罗马的主要力量。而耶稣,就是以“犹太人之王”的叛逆罪被罗马的犹太巡抚判处钉十字架的死刑的。耶稣身后的原始基督教对罗马统治的态度,基本上也是对立的。且看《启示录》,它的作者对罗马统治者的仇恨是多么强烈。在反罗马的立场上,埃赛尼派和耶稣信徒是一致的。第二,撒都该派等旧教派,都是成员人数不多的社会集团:法利赛人数目最多不会超过 6000[①],埃赛尼派约 4000[②],撒都该人数更少。这些集团的活动,谈不上是群众运动。狂热派固然是一个社会集团,但它是群众运动的产物,也在群众运动中不断发展,并得到日益众多的犹太人民群众的拥护,它本身就是一个群众运动。耶稣及其信徒的活动,也是群众运动,这同狂热派是相同的。第三,耶稣这一派和狂热派本身的群众性,是由这两派成员的阶级成分决定的。耶稣信徒和狂热派成员,基本上都是犹太社会受压榨的劳苦大众。在犹太战争揭幕时,围攻犹太上层当权派的官邸、烧毁文件和一切有关债务的簿据、契约的群众,就由狂热派及其支派西卡里党人领导。约瑟福斯说,他们焚毁契据文件,就由于他们都是负债累累的穷苦债户[③]。相反地,撒都该派和法利赛派,却是犹太社会上层或中上层分子的集团。埃赛尼派自成公社,拥有公社所有的公产,其情况亦和狂热派不同。第四,在耶稣当时,撒都该、法利赛和埃赛尼等教派,已是比较老成、比较保守甚至比较腐朽的教派。狂热派是在耶稣童年时期方才出现的新派别,它是年轻的、发展中的、战斗性的革新派。在这一方面,耶稣这一派是同它相似的或是更年轻的革新派。耶稣及其信徒们和狂热派的具体关系怎样,未见文献记载。但从福音书,我们看到耶稣反对撒都该人和法利赛人,没有提到埃赛尼派,而它记载着:耶稣的十二个亲信门徒中,就有一个狂热派,(奋锐党)西门,这不能是一个凭空杜撰的记载。耶稣信徒中包括狂热派,应该是两派成员之间有比较接近关系的说明。

---

① 约瑟福斯:《犹太古事记》第 17 卷,第 2 章,第 4 节。

② 约瑟福斯:《犹太古事记》第 8 卷,第 1 章,第 5 节。

③ 约瑟福斯:《犹太战争史》第 2 卷,第 17 章,第 6 节。

另一个值得重视的，是施洗约翰及其信徒这一派别。施洗约翰和耶稣关系的密切，人所共知。对耶稣施洗的，是约翰；约翰被捕，耶稣接班传道。很可能，耶稣最初的信徒和追随者，基本上是原来跟从约翰的群众。尽管在某些枝节问题上，耶稣和约翰的看法不同（如关于禁食）；而总的讲，耶稣继承约翰的主张，甚至也继承了约翰所倡导的群众运动。

施洗约翰，一般承认，史有其人。但施洗约翰是怎样的人物，说法颇有不同。我们认为，这位身披皮毛、腰束皮带、吃蝗虫野蜜、在旷野传道的先知，是一个对现实政治、社会问题极为关切，斗争性很强的人物。约翰是被罗马所封的加利利、外约旦一带的封君希律·安迪帕（希律大王之子）处死的。福音书上说，希律"因他兄弟之妻希罗底的缘故，并因他所行的一切恶事，受了约翰的责备"，因而逮捕约翰[①]。希律所行恶事是什么，这里没有说明；而从这里可见，约翰的被捕以至被杀，出于政治原因。约瑟福斯记载："当时，很多人拥到他（约翰）身边，听了他的话大受感动；希律，恐怕约翰对人民的巨大影响会加强他的力量，并倾向引起一次叛变（因为人民在约翰的劝告下，似乎准备去做任何事情），于是认为最好还是把他处死……"[②]原来希律·安迪帕害怕约翰"引起一次叛乱"。约翰在旷野对群众呼喊"天国近了"[③]，严厉地宣告："现在斧子已经放在树根上，凡不结好果子的树，就砍下来，丢在火里。"[④]这些话，都有它的现实意义。上述耶稣所说天国"凭暴力取得"的话[⑤]，也是受约翰启发的。否则，罗马的加利利封君为什么会害怕约翰煽动群众叛乱？并且，在约翰死后，在耶路撒冷的圣殿里，犹太教的祭司长、文士、长老等还不敢在群众面前否定"约翰的洗礼是从天上来的"，因为他们害怕若怀疑约翰是先知，"百姓都要用石头打死我们"[⑥]。

---

① 《路加福音》，第 8 章，第 19—20 节。

② 约瑟福斯：《犹太古事记》，第 8 卷，第 5 章，第 2 节。

③ 《马太福音》，第 3 章，第 2 节。

④ 《马太福音》，第 8 章，第 10 节。

⑤ 《马太福音》，第 11 章，第 12 节。

⑥ 《路加福音》，第 20 章，第 4—6 节，《马可福音》，第 11 章，第 30—32 节。《马太福音》，第 21 章，第 24—27 节。

上述分析说明,狂热派、施洗约翰、耶稣等的活动,都是目标一致、性质相同的群众运动。它们反对罗马势力的统治,反对犹太教会反动的上层集团;它们的要求,同广大犹太下层人民的利益一致。从地区上说,这些运动影响全巴勒斯坦,而比较活跃、比较集中的地区,基本上都在巴勒斯坦北部加利利一带。狂热派的创始人、起义领袖犹达斯是加利利人。耶稣活动范围,主要也在加利利。施洗约翰的活动,在加利利东部的约旦河。在加利利的山谷海边,在约旦河两岸,是犹太人民反压迫、反奴役斗争很活跃的地带。狂热派、施洗约翰和耶稣的信徒,活动在同一个地区,彼此之间,岂能没有来往联系!耶稣的信徒中有狂热派,约翰的信徒中也会有狂热派。从三个派别产生的时机上说,它们都是在犹太人民反罗马、反犹太反动上层的斗争蓬勃发展的过程中产生的群众运动。三派成员,并不是抱着对现实斗争悲观失望的情绪来搞宗教活动的,而是在他们的民族上帝耶和华名义的号召下,有决心、有信心地进行犹太民族解放的现实斗争的。

我们不能由于他们进行宗教宣传的外表现象,从而否定他们在当时历史条件斗争的正义性质、积极意义和进步作用。

宗教是人民的鸦片烟。马克思主义的这个论断是科学真理。但是,怎样理解这个论断?我认为,在一定的社会历史条件下,人民的活动,人民的斗争,同宗教这鸦片烟不得不发生密切关系,这是历史的必然,任何个人的意志都不可能改变。在这样的条件下,对当时的阶级斗争和民族斗争,就要透过宗教的外衣,按照它们的本来面目来进行分析和评价,不能由于它们具有宗教活动的形式,从而歪曲或否认它们原有的性质、意义和作用。在古代巴勒斯坦,和犹太教无关的政治、社会斗争,几乎是不存在的,难道因此就改变当时巴勒斯坦一切人民运动的性质吗?或是,因此而抹杀它们在历史上的意义和作用吗?

四、耶稣言行对早期基督教广泛传播的作用

耶稣所领导的群众运动,在活动了十几个月以后,便受到沉重的打

击——耶稣被捕并被钉死于十字架。我们可以称耶稣及其信徒是一个教派：犹太教的一个革新派，或原始形式的原始基督教。可是，我们不能说它已经是一个有一定组织的、稳固的团体。它的教义，还未定型；它的成员，还未固定，流动性较大，以致我们粗略估计耶稣信徒的相对数字，也不可能。但是，这个以耶稣为中心的群众运动，富有生命力。耶稣在他的信徒的心目中，威信很高，印象很深，从而，他被崇奉为基督。在他死后，甚至出现广泛流传的神话：耶稣以他的死救赎人类；他死而复活，后又升天。信徒们相信他会重新降临，主持审判，开建天国。关于耶稣的信徒们怎样在他死后重整旗鼓，传道树信，整顿并发展原始基督教组织，关于原始基督教的性质和演变，这些问题，拟另文讨论。本文只讨论一个问题：基督教基本上是罗马帝国的产物；在罗马帝国内日益发展的基督教，为什么要以犹太教内一个革新派的领袖——耶稣——作为崇信的对象？或是说，耶稣的言行对于早期基督教的发展有什么作用？这个问题，牵涉的方面较多，本文只提出三点粗略的看法，以供讨论。

第一，耶稣坚持了犹太教的一神主义，也改革了犹太教的一神主义，使对耶和华的一神崇信，赋有新的灵活性和生命力。一神主义胜于多神主义，不仅出于阶级社会君主集权国家对它的需要，也由于宗教从多神信仰向一神信仰的发展是低级向高级的发展。在罗马帝国时，东方某些民族、国家的宗教，已有从多神向一神发展的趋向；但是，比之犹太人的耶和华信仰来，还有较大的差距。犹太人的耶和华信仰，是世界最古老的一种一神主义。它在发展过程中，曾战胜许多部落、民族的多神主义，也吸收了某些部落、民族神信仰的某些方面；它使“许多神的全部自然属性和社会属性都转移到一个万能的神身上，而这个神本身又只是抽象的人的反映”[①]。罗马帝国对许多民族征服的后果，是这些民族的“旧有的民族神就灭亡了”[②]。许多民族神的灭亡，固然由于这些民族的独立被罗马摧毁，也由于这些民族信仰大多处于低级的多神信仰阶段，它们本身比较脆弱。犹太民族的根深蒂固的耶和华一神信仰的

---

① 恩格斯：《反杜林论》，《马克思恩格斯选集》第 3 卷，第 355 页。

② 恩格斯：《路德维希·费尔巴哈和德国古典哲学的终结》，《马克思恩格斯选集》第 4 卷，第 250 页。

遭遇，就和其他民族的信仰不同。罗马征服了犹太人，而犹太人的上帝耶和华，不仅未因民族被征服而灭亡，而且，它以后又以基督教上帝的身份，征服了罗马人的脆弱的多神信仰。

可是，古老的犹太教到了耶稣的时期，已经存在许多繁琐的、形式的、腐朽的、僵死的东西。犹太教内部，也出现了各种不同的改革要求。法利赛派的出现，对保守、死硬的撒都该派，是一种改革；而法利赛派的主张，却使犹太教走上繁琐的、形式主义的以至弄虚作假的另一条死胡同。埃赛尼严肃、虔信、清高、节欲，可是，他们在戒律上、生活上的过多的条条框框，使这一派只能成为一个闭关自守的小团体。狂热派在政治、社会斗争中是前进的力量，而在宗教上，似乎没有提出新的改革的主张。耶稣，在教义上没有提出新的条条。然而，他在他的言行中，通过删除腐朽、僵死的条条，给耶和华信仰以新的生机。他无视戒斋、禁食，反对把安息日看作绝对化，不主张形式上的净洁，他对待、处理各种“不端”行为，同犹太教原来的清规戒律有不同的意见。耶稣为了破除犹太教律法的繁苛，只以两条诫命作为总纲，其中主要的一条，就是“你要尽心、尽性爱主你的上帝。这是诫命中的第一，且是最大的”。[①] 耶稣原来只想改革犹太教，其后果却为一个新宗教——基督教的胜利打下了基础。

第二，耶稣保卫了犹太民族信仰，同时为耶和华信仰的世界化打开了门窗。

一部犹太民族史，除了短暂的时期外，就是一部受外族侵略、奴役、掳掠的历史。犹太族人，出于不同原因，移植、散居亚、非、欧各地的为数甚多。犹太人认为，耶和华既是犹太民族的上帝，又是全世界各族人民的上帝，这就使耶和华信仰有发展成为世界信仰的可能。可是，照犹太人的想法，耶和华的世界上帝的身份，正是为增强犹太民族的自信和自尊服务的。耶和华以犹太人为“选民”，他是犹太民族存在的象征，是犹太人民希望的寄托。从根本上说，犹太人认为，耶和华还是他们民族的上帝，犹太教仍是具有排外性的民族宗教。

以耶稣为中心的群众运动，是犹太民族解放斗争的一个组成部分。

---

① 《马太福音》，第 22 章，第 37—38 节，《马可》，第 12 章，第 29—30 节。

在这意义上，耶稣是民族信仰的保卫者。这一点，对于耶稣在广大犹太人民中树立威信，很是重要。早期基督教的基本信徒是犹太人。基督教在非犹太人中传播，主要以犹太信徒为媒介或核心。没有犹太人的广泛分布和活动，很难想象基督教能在罗马帝国各地迅速流行。

犹太战争以后，基督信徒从犹太教的一个支派，开始成为一个新的宗教而独立发展。这主要由于：一方面，犹太战争使犹太教的活动中心耶路撒冷以及在耶路撒冷的耶和华圣殿遭到毁坏，犹太教会受到破坏，教徒星散。于是，原来受腐朽、反动的犹太教会统治集团压制的教派，有独立发展的机会，信徒有自由选择的机会。另一方面，原始基督教内部，有一个斗争的过程：主要是保罗派和巴勒斯坦犹太基督徒之间的斗争；后者主张保持耶和华信仰是民族信仰的传统，对罗马统治采取反对态度；前者（保罗派）主张使耶和华信仰罗马化——世界化，对罗马统治采取妥协顺从的态度。犹太战争的结果，使保罗派占了优势，并使它逐渐取得基督教会内部的统治地位。福音书里“第一耶稣”的形象，基本上是保罗派教会塑造出来的。

上述关于基督教形成过程中的一些问题，我们不拟在本文作具体分析。在这里，我们要说明的一个具体问题是保罗派坚持把犹太教一个革新派的领袖耶稣作为他们所崇信的基督，其原因是：（一）耶稣作为犹太教民族信仰的保卫者，对于争取散布于罗马帝国各地的犹太人归信基督教，有重要作用。（二）耶稣作为犹太教的革新者，主张删改犹太教律中的条条框框，主张废除犹太教仪式上的繁文缛节，使耶和华信仰富有新的生机，也为耶和华信仰从民族信仰转变为世界信仰而打开门窗。犹太教的繁文苛律，是犹太教徒和非犹太人之间形成隔膜的重要因素。如割礼，就使许多愿意改信归宗的非犹太人望门却步。“基督教没有造成隔绝的仪式，甚至没有古代世界的祭祀和巡礼。它这样否定一切民族宗教及其共有仪式，毫无差别地对待一切民族，它本身就成了一个可行的世界宗教。”[①]

---

① 恩格斯：《布鲁诺・鲍威尔和早期基督教》，《马克思恩格斯全集》第 19 卷，第 334 页。

第三，耶稣信徒之间的平等精神，为早期基督教的广泛发展打下基础。

耶稣这一派有一个“本质特点，即新的宗教哲学倒转了从前的世界秩序，它在穷人、苦难人、奴隶和被排斥的人中寻找信徒，蔑视有钱人、有势力的人和有特权的人”。[①] 这一特点，决定耶稣信徒之间的平等地位。耶稣“就伸手指着门徒说，看哪，我的母亲，我的兄弟。凡遵行天父旨意的人，就是我的兄弟姐妹和母亲了”。[②] “但你们不要受拉比的称呼，因为只有一位是你们的夫子，你们都是兄弟。”[③]上帝之下，人人平等。

这种平等精神，比之被特权僧侣集团控制的犹太教会，比之等级森严的埃赛尼派[④]，都是明显的对照。原始基督教和初期的基督教会，基本上保持了耶稣以来信徒平等的传统。

这种教徒之间的平等精神，对于罗马帝国统治下受奴役、压迫、剥削、歧视的奴隶和被释奴隶、穷人和无权者，具有巨大的吸引力。罗马帝国社会的下层劳动人民，既丧失经济上、政治上的基本权利，又因他们本族信仰被排斥，从而丧失了原有信仰的安慰。可以想象，当他们听到基督教会宣传耶稣的话：“凡遵行天父旨意的人，就是我的兄弟姐妹和母亲了”，他们会感到，这话多么动人心弦，又多么予人安慰。早期基督教之有生命力，能够迅速发展，重要因素之一，就是耶稣基督要求他的信徒平等互爱。在大多数基督信徒的心目中，耶稣成为爱怜的象征。于是，力求投靠、依附罗马奴隶主统治势力的基督教会，利用耶稣对信徒讲和爱，对被压榨、受欺凌的人民讲怜恤的话，加工塑造了“第一耶稣”，以代替“第二耶稣”。具有人民性、斗争性的耶稣及其信徒这一派别，被改造成诱使人民向人民的敌人驯服、屈从的基督教会。

载《世界宗教研究》，1981 年第 1 集

---

① 恩格斯：《布鲁诺·鲍威尔和早期基督教》，《马克思恩格斯全集》第 19 卷，第 329 页。

② 《马太福音》，第 12 章，第 49—50 节。

③ 《马太福音》，第 23 章，第 8 节。

④ 约瑟福斯：《犹太战争史》第 2 卷，第 8 章，第 10 节。

对《历史上的耶稣》一文的反省

任致远著　刘赛眉译

"人们说人子是谁?"[①]对此问题,答案层出不穷。以往曾有人说这位人子是洗者约翰,有人说是厄里亚、耶肋米亚,或先知中的一位。现在,胡玉堂君在《历史上的耶稣》[②]一文里,从另一个角度来回答这问题。他认为,耶稣只是一位失败的革命家。

在那篇长达一万五千字的文章里,胡玉堂君是在当日的社会及政治脉络中去介绍耶稣这个人。胡君分析了一切与基督有关的文件(尤其是四部福音),以探索耶稣的出身。结果,他从自己的立场给予了这位基督宗教的创始人一套解释。对基督徒而言,这篇文章极具挑衅性。事实上,胡先生的马克思观点不仅使我们深入反省,而且亦使得我们对他的解释不能不表示立场。本文除了表示出一个基督徒的立场以外,尚期对耶稣真相的了解和研究有积极的贡献。

《历史上的耶稣》一文的简单撮要

胡玉堂先生是一位杰出的历史学家。顾名思义,该文一开始便探讨耶稣这个人的历史性。作者旁征博引,所引征之文件皆出自名史家之手,譬如:科瓦略夫、奥利金、小普林尼及塔西佗等。根据他最后的

---

① 《马太福音》十六 13 。

② 《世界宗教研究》1981 年第 1 期,第 84—100 页。

结论：耶稣的确是历史上的一个人，且与教会的建立有关。胡君的论证颇有根据，文章亦写得不错。若与《基督教史纲》的作者杨真的立场[①]比较，该文已有进步。

当证实了耶稣的历史性之后，作者随即探讨四部福音，在福音中找出了耶稣的两个形象之后，便把全文带入了高峰，也进入了整个问题的核心。现且引述该文中的一段，读者便可见端倪：

> 福音中出现了两个耶稣的形象。一个耶稣认为天国是虚无，抽象的彼岸世界，宣扬爱敌人，宣扬忍耐得救，屈辱有福，主张对现存统治势力妥协、顺从，对压迫者、剥削者卑躬屈膝。这个耶稣，我们姑且称之为"第一耶稣"。而福音书上的另一个耶稣，认为天国就是能够在现世出现的现实王国；主张通过斗争，通过暴力，促使天国实现；主张推翻反动的统治秩序，建立新秩序，主张反抗罗马统治势力和犹太教会上层，建立"大卫王国"。我们称这个耶稣是"第二耶稣"。[②]

接着，胡君发出一个问题：究竟哪个耶稣才是历史上真实的耶稣呢？他分析了当时的社会和政治背景，例如：当时犹太人为罗马人所统辖；巴勒斯坦的社会里阶级分裂；宗教迅速衰萎；在犹太境内，不同的党派林立，其中包括法利塞党、撒都该党、热诚派（狂热派）、和厄色派（埃赛尼派）。耶稣就是出现在这个充斥着不满和动乱的环境中。

耶稣的宣讲很快便得到民众的接纳而获致很大的成功。他成为一个反罗马人及反犹太领导阶层的民众运动的领袖，然而，最后却失败了，被钉死于十字架上。他死后，他的门徒便把他说成是弥赛亚，且扬言他是为了救赎人类而致命，后来从死者中复活，升入了天堂。从此，初期教会逐渐广传于地中海一带。不久，初期教会又为罗马势力所降服，在保罗宗徒的感召下，那时教会便捏造了"第一耶稣"的形

---

① 《鼎》第二期，圣神研究中心出版 1980 年，第 22 页。（见该书的《书评》）。

② 对于耶稣的行动是反抗罗马人的解释，可以追溯至雷玛奴的著作（其遗作于 1778 年出版，可参考《热罗尼莫圣经注释》一书，第 41 页）。稍后，Heidelberg 的艾斯勒又在其著作（*Lesous Basileus or Basileusas*，1929—1930）中重申这样的解释。直到今日，这种解释在犹太人的编史工作上（趋向于饶恕犹太民族）以及在近代的解放神学上仍然继续沿用。

象，他是一个理想化了的人物，而教会团体的信仰也愈来愈趋于精神化。在犹大战争爆发以后，保罗的一党开始取得领导地位。为了教会能够继续生存在这个奴隶的社会，也为了适应当时的环境，他们把耶稣原来是很绝对的教训变得很相对化。这位本来是革命家的耶稣，现在摇身一变而成为人类的救主：爱代替了暴力；建立王国变成了永生。

胡玉堂君向基督徒提出挑战

对于胡君这篇文章，基督徒不能毫无反应。首先，对我来说，他的文章有好些地方似乎是积极的：

——既然胡君是在马克思主义的思想架构中来分析“历史上的耶稣”，很自然他会坚持，认为是当时的经济、社会和政治现实铸造了耶稣的言行。这些言行则被贫苦和受压迫的群众视为是正义和解放的出发点。可是，对于那些一心支持政府的现存制度的社会阶层，耶稣的言行则给他们很大的威胁。这一点实在可以解释为何耶稣如此仓猝地被追捕和处决。胡君向我们的神学解释提出了挑战，这些神学解释往往没有理会到对于耶稣之死可作如下的解释：在他的时代里，由于他与各种人物的冲突争执，使他不能不对当时的情况采取立场，然而，正因此就导致了他的死亡。倘若不清晰耶稣时代当权者之间的争执，我们很难正确地评价耶稣的先知性行为。耶稣虽然被卷入这些争斗当中，但他却完全超越他们，他甚至拒绝落入他们各种把戏的圈套中。著名的《圣经》诠释学家约阿希姆·耶利米亚虽然曾审查了一些与当时有关的社会和文化因素，但所做的研究仍属有限。

——在四部福音中，耶稣的某些言语和立场的确有互相冲突的现象，胡君提出这些矛盾冲突的现象亦属合理。在教会的历史里，常常都趋向于以启示之言是绝对真理为原则，以及以这个既神圣又一体的制度性教会亦是“绝对真理”为基本事实，欲消弭这些矛盾，减低差异，给予这些矛盾合理的解释。然而，在福音中呈现出来的耶稣的形象，并非如此和谐与一致。自从步特曼的著作问世以后，诠释学家都接受这种看法，就是：在《圣经》的某些环节，耶稣的末世性宣讲流露出“彻底改革”的期望，可是，在另一些地方，耶稣的宣讲又似乎是准备着一个遥不可及、不能预见、难以鉴别的事件的发生。

——的确，在福音中显示出来的耶稣，有时是谦柔的，有时却很强硬。耶稣实行的变化多端更说明他是接近尘世，而非天使或遗世独立的一位。事实上，许多信徒未曾了解到，爱可以是强硬的，它是焚烧的火焰。

——无论说“第一个耶稣”与“第二个耶稣”之间有冲突的观念是如何牵强，我们很难完全否定它。胡玉堂君说，在公元2世纪的基督徒社会中，人们不可能效法“第二个耶稣”。

那么，20世纪的基督徒，尤其是为教会整体而言，今日又可能效法这个耶稣吗？我们岂又比得上耶稣对当时犹太社会的彻底投入？是否我们亦把这个安慰人心但却不入世的“第一个耶稣”的形象永远加于福音中（真正的）基督之上？

胡君的挑战对我们颇为有益。它可以作为促进共同研讨的出发点。与一位以唯物论观点看《圣经》的作者分享可以使我们的研讨更为丰富，胡玉堂君的例子就是一个证明。

消极的因素

然而，这篇文章在许多方面不能使人感到满意，它所给予的未能满足读者的渴求。根据我的意见，作者在他的文章中，有某些地方应当再深入地研究，好使其断言更有分量。显然，胡君是一位杰出的历史学家，文章中最精辟的一部分要算是对耶稣时代巴勒斯坦的分析。

但另一方面，作者似乎并未获知最近所盛行的诠释学技巧以及各种现代研究的结果。下面就是我要提出质疑的部分：

——作者似乎并未兼顾到在希腊和印度神话与福音之间有显著的

差别。新约是在一切事件发生后的数十年间立刻写成，因此，它不仅是写成于目证人尚生存之时代，而且，其资料亦来自见证人的报道。

——至于犹太主义，胡君说它那时正处于解体的状态，其实，事实并非如此，经过了70年代以及130年代的英雄式叛变之后，犹太主义仍屹然存在，甚至在20世纪经历了许多迫害之后，它还是生存。

——虽然，一开始胡君就描述福音是教会各种不同形式的和已经很古老的经验的记载，可是后来当他把福音的资料分类时，他却忘记了先前的理论。如此，我们要问：胡君以何标准去把福音中的言行划归给"第一个耶稣"或"第二个耶稣"？胡君实在没有把福音放在它自己的时空中来了解。最后，我们很难同意胡君所说的：福音书的编成是在公元150年。[①]

——我们可以同意胡君所说的，基督宗教对罗马帝国常常采取相当妥协的立场。其实，在无数迫害的环境中已经足够紧张的了，我们又岂能谴责这些曾经抵抗罗马极权主义至死的人表现得懈怠与散漫呢！

——胡君断言施洗约翰和耶稣属狂热派似乎没有根据。事实上，弥赛亚的前驱——施洗约翰更像是厄色派人。当耶稣宣讲复活、民众运动以及正视天主的旨意时，他似乎更靠拢在法利赛人的一边。至于耶稣反对法利塞人的态度。也许可以用下面的事实来解释：(一)一般来说，与我们愈接近的人，愈容易激怒我们；(二)初期教会与法利赛人的活动有冲突。——由于马克思主义的意识形态很深地支配着作者的整个分析，因此，他的理由很难正确。为马克思主义者而言，耶稣必须是狂热派者，他的出身也必须是政治性的。作者的意识形态背景，使他不能真正地了解到耶稣在当时的社会中的处境。

——他把福音中的某些言行划归给"第一个耶稣"或"第二个耶稣"的标准是来自恩格斯所发展的马克思理论。这种理论如果用作探询和

---

① 今日没有人会说，福音的编辑工作直到公元150年才完成。在杜平根学院作此肯定的学者，已在20世纪为《约翰福音》第18章残篇的发现所推翻(当时还有其他的发现)。《约翰福音》是最后写成的，日期是在公元第2世纪的初叶，因此，是在公元100年至150年中间(Rylands Papyrus)。参阅《热罗尼莫圣经注释》，第584至585页。

研究的工具可能很有趣，但它不能够构成一项假定。一方面，作者力求科学化，但另一方面，他所用的方法在许多方面确实表现出有教条主义的性质。

——面对着上述的宗教现象，作者徘徊在两种注释之间：

（一）第一种是马克思主义的注释，这种解释把耶稣说成是民众运动的“产品”和“解释者”。他的目标是要倾覆罗马帝国主义的政制，这政制受到犹太社会中上流阶级所接纳、所支持。

（二）第二种注释隐约承认犹太民族的真实宗教经验及耶稣的信仰。罗马人的占据并未能压抑犹民对耶和华的信仰，这一点与其他被征服国家在其宗教传统上所发生的种种恰好相反。

信仰似乎甚至成为叛变的主要动机。就我们所知的耶稣的宗教行动来说，作者胡君所选用的福音章节颇值得注意：首先，他提到耶稣对犹太主义死守繁文缛节的解放；[①]接着是信仰的召唤；最后是教导爱主爱人，因为一切人仍是兄弟姊妹。[②] 这些福音的章节都被聚集在该文的最后一段中，而这一段文字则充满了赞扬“爱”和“怜恤”的字眼。

最后，会不会作者是因为面对着这一真正的宗教事实而感到尴尬，不知道在马克思的思想范畴称应当如何把它归类？纵然胡君是极力削弱信仰对犹太人和初期信徒的影响力，他也不得不承认这里有一个极为复杂的现象，它既不易完全解释，亦不易全部分析。尤其是耶稣本身，更难把它归类，因为，纵使胡君把他视为是企图颠覆政府的狂热派者，他最后亦称扬他的博爱和怜悯。

从某方面来说，该文缺乏内在的逻辑反而有利于作者，因为这一点说明了他是可能跳出马克思分析的思想架构而去领悟福音的信息的。他文章中最末的一段的确可能中悦许多基督徒：“‘凡遵行天父旨意的人，就是我的兄弟姐妹和母亲了’，他们会感到，这话多么动人心弦，又多么予人安慰。早期基督教之有生命力，能够迅速发展，重要因素之

---

① 《马太福音》六 25。

② 《马太福音》廿二等。

一，就是耶稣基督要求他的信徒平等互爱。”事实上，胡君亦明白到，最后只有爱才能够完全解释耶稣的行为。

其实，耶稣并未曾宣讲“隐退”，亦未曾宣扬“叛民”。在福音中，我们实在找不到耶稣曾建议过解决政治策略的方案。事情原本就很简单，群众遇见了耶稣之后，发现了自己有改革社会不义制度的责任。耶稣从不逃避经济、社会和政治的现实；他清楚地指出这些制度必须改变，但，至于要不要改变或用何方法去实行改革，则由人自己去决定。如此，耶稣是召唤人去运用人们的心、理智和自由。与耶稣相遇时，那些身负重担的人会感到被召唤勇敢应付，这样一来，压迫者在放弃压迫和加强压迫之间便要抉择。因为耶稣与受压迫者站在一边，故他为自己带来了迫害，这迫害是拒绝悔改的当权者加给他的。贫穷人听到了这个喜讯就知道这是天国来临的确实标记，这喜讯并非叫他们只是退隐，而是叫他们公开地抵抗一切使人本身和整个社会割离的因素。

结　　论

《历史上的耶稣》一文之写成颇不简单，其研究亦相当有趣。可惜，胡玉堂君未能阅览一些近期的文件，获悉诠释学上及历史研究方面的最新发展。如果胡君有机会一读此等文件，他的文章会显得更有权威。盼望中国的图书馆内多设置各种科目的现代化藏书，好使他们的研究员能够有机会更深入地从事研究工作。这样，他们才能够与国外的学者交流。毫无疑问，如果能够与从事同样研究工作的中国学人分享心得，将使许多专家学者欣悦万分，而且，双方亦必定会在交流中达到彼此互惠。

今日正值中国实行“四个现代化”并十分坚持“精神文明”之际，作者也许可以用他对耶稣教训的研究来与国内所标榜出来的理想作比较，并指出二者之间的异同。这样做会使到他的文章对目前的现况更具有值得欣赏的价值。如果人们阅读中国的报章，他们不难发现，许多受到重视的“价值”并不与福音背道而驰，例如：不自私和不自利的精神，无私地服务他人、不畏艰辛与死亡、自我牺牲的精神等。这一切美好的品德都是中国的报章所不断地赞扬的。[①] 因此，胡君文章的最后结论既然称扬“怜恤”与“博爱”，它将会是更有效，并能成为一切持有不同观点但却对交谈开放的人们的基本接触点。

最后，我愿意对曾经协助过我并给予我指示的各位表达谢意，这篇文章的完成，有赖他们的帮忙。

① 例如：《浙江日报》1981 年 4 月 2 日“发扬精神文明”。又见《云南日报》1981 年 5 月 2 日，等等。